A PARENT'S GUIDE TO
GIFTED CHILDREN

James T. Webb
Janet L. Gore
Edward R. Amend
Arlene R. DeVries

わが子がギフティッドかもしれないと思ったら

ジェームス・T・ウェブ
ジャネット・L・ゴア
エドワード・R・アメンド
アーリーン・R・デヴリーズ……著

Shiori SUMIYA
角谷詩織……訳

問題解決と飛躍のための実践的ガイド

春秋社

我々の家族のなかで、また世界中で、我々が出会ってきた数多くのギフティッド児に本書を献ぐ。

彼らとその家族とによって、我々は情熱を与えられ、刺激を受け続けている。

凡例

傍点は原文のイタリックを示す。
原註はアラビア数字で示す。
訳者による註は［　］もしくは＊で示す。
本文中、未邦訳の書名は初出に原題を付して示す。

邦訳版出版によせて

本書に書かれている助言や知恵は、著者たちが何十年にもわたりギフティッド児やその家族らとかかわり続けた経験から生まれたものです。本書が執筆されることになった経緯には、以下のようなことがありました。

一九八〇年、当時一七歳のギフティッドの青年が自殺しました。その青年の両親はDr.ウェブのもとを訪れ、わが国に、ギフティッド児の親がわが子をよりよく理解し、わが子とよりよい関係を育むことができるよう支援するような団体や組織はないかと尋ねたのです。この青年は心理的支援を受けていたにもかかわらず自ら命を絶ち、両親はその答えを探し求めていました。国中の組織を調べ、そのような組織は一つもないことがわかったとき、Dr.ウェブは自身が心理学の教授であったライト州立大学で、ギフティッド児の親を支援するプログラムの始動を決めたのです。このプログラムは、現在、SENG（Supporting Emotional Needs of Gifted）として働き続けています。

SENGでは、ギフティッド児の親が互いに悩みを分かち合ったり情報交換をしたりしています。八週間にわたり毎週一度集まり、分かち合います。まとめ役のリーダーたちは、ギフティッド児がいる家庭で頻繁に問題となるテーマがあることに気づきました。それが、完璧主義、理想主義、意思疎通、自律、意欲などです。そして、リーダーたちはこれらの多くのテーマをもとに、ギフティッド児の親のための書籍を出版する必要性を感じました。本書の各章は、ＳＥＮＧプログラムでの各週のテーマとされていたものです。そして、『ギフティッド児を育てる *Guiding the Gifted Child*』という書籍が出版されました。その著者は、Dr.ジェームス・ウェブ（Dr. James Webb）、ベティ・メクストロス（Betty Meckstroth）、ステファニー・トーラン（Stephanie Tolan）の三人です。この書籍は一〇万部以上もの実績を生み、米国心理学会（American Psychological Association）から表彰されました。今日でも名著であり、米国内でのギフティッド児の親の支援団体で用いられています。ギフティッド児の親たちが、彼らの子どもについて互いに語り合っていたことに端を発した書籍なのです。

本書（*A Parent's Guide to Gifted Children*）は、『ギフティッド児を育てる』の内容に最新の内容を盛り込んだ改訂版です。本書もまた、まず、よい親となるためにはどうすればよいかという考えに基づいています。一方、『ギフティッド児を育てる』の出版以降、ギフティッド教育の分野に大きな発展が見られました。そのため、本書では、『ギフティッド児を育てる』にはないテーマが二つ盛り込まれています。それが、非同期発達あるいは不均衡な発達、二重にエクセプショナル《例外的な・並外れた》（twice-exceptional）つまり２Ｅの概念です。２Ｅとは、一つあるいは複数の分野でギフティッドでありながら、別の分野では障害のある子どもを指します。『ギフティッド児を育てる』出版以来、これら二点はギフティッド教育分野での重要なテーマとなりました。

ギフティッド児の多くが非同期発達を示すことが知られています。つまり、一見、実年齢よりも大人びて見えるのですが、ときに実年齢よりも幼く見えることがあるのです。この非同期発達あるいは不均衡な発達が原因で、ギフティッド児の友だち関係や学業に大きな困難が生じることがあります。

２Ｅに関しては、数学などの特定の分野で早熟であるのに対し、他の分野では大きな遅れを見せ、ときに学習障害などがあるギフティッド児がいることが知られています。このことから、２Ｅの子どもたちは特別な教育指導や個別指導が必要となります。以前は、ディスレクシア（読字障害）やディスカリキュリア（算数障害）などの障害があるとギフティッド児の判定を受けることができませんでした。ひとりの子どもには一つのラベルしかつけられないという考えがあり、そのような子どもは、ギフティッドのラベルではなく、通常、特別支援のラベルが貼られていました。今日の2Eの概念は、二つの標準から外れた特性のある子どもは双方の特性に応じた教育を受けることができるということを意味しています。

本書は、あなたの手元にいつも置かれ、あなたの子どもと共に生きる間、幾度も読み返されることでしょう。本書を一気に通して読むより、あなたのご家庭のニーズに合った章から読んでください。また、本書にある考えや方法を最初からすべて行おうとするのではなく、少しずつ、ゆっくりと実行してみてください。

Dr.ウェブは、子どもの人生に与える親の影響は他のいかなる要因よりも群を抜いて重要だと確信していました。彼は、親たちと話すことが大好きでした。教師、家族、友人、地域の人々もまた子どもに影響を与えますが、親が子どもの成長や発達に与える影響は、それらいかなる影響よりもはるかに大きいと、彼は信じていました。よい親は、悪い教師のもとで過ごさなくてはならない年月をも克服できる、その子の人生の確固たる礎を築くことができるとも確信していました。

ギフティッドであるあなたの子どもは、あなたの喜び、大いなる喜びでありましょう。一方、その子の特性――激しさ、完璧主義、理想主義、非同期発達など――ゆえに、育児は困難極まるものでもありましょう。本書は、あなたがギフティッドであるその子を、健全で申し分のない大人へと導く助けとなるでしょう。

ジャネット・L・ゴア、M. Ed.

はじめに

ギフティッド児を育てるのは、まるでスリル満点な乗り物ばかりの遊園地で生活するかのようだ。あるときは微笑み、あるときは息をのむ。またあるときは叫び声をあげ、あるときは笑いころげる。あるときは驚きのあまり思わず見入ってしまい、またあるときはただ茫然と立ち尽くす。あるときは誇らしく思い、またあるときは気が狂いそうなほどにどうしようもない思いに、ただ泣くことしかできなくなる。[1]

〜キャロル・ストリップ（Carol Strip）&グレッチェン・ハーシュ（Gretchen Hirsch）

ギフティッド児の親の人生は喜びと笑いに満ちている。ギフティッド児に胸をときめかせられ、その勢いに圧倒させられる。わが子が驚異的な勢いで物事を成し遂げていくのを見るのは、この上ない喜びでもある。同時に、この社会を生きるにはあまりにも賢すぎ、習得が早すぎ、あるいは才能のありすぎるわが子に、不安や恐怖すら覚える親も多い。わが子の頭の回転の速さを誇りに思う一方、この子の才能を存分に伸ばしてあげられるのだろうかという別の新たな責任を思い、不安に苛まれるかもしれない。わが子のギフティッドネス〔ギフティッドの特性〕を否定したり、なかったことにしたがり、「普通」の子にしようと躍起になることもある。「そうねぇ。うちの子は確かに他の子よりも賢く発達も早いかもしれないけれど、『ギフティッド』ではないと思います。賢さ以外は他の子と何も変わらないですから」のように。

親がこのように半信半疑になったりアンビバレントな感情が生じたりするのは、「ギフティッド」が何を意味するのかを理解できていないためであることが多い。「ギフティッド」ということばそのものを聞いたことがない親もいる。あるいは、ことばは耳にしていても、それを天才とか神童とか、あらゆる面で他の子どもよりもずば抜けて秀でているものだと誤解している場合もある。一つか二つの分野でだけとびぬけた力をもつような場合は、その子がギフティッドかもしれないと思うには至らないことがある。

親を混乱させるもう一つの要因として、「すべての子どもがギフティッド」という考えがある。たとえば、教師たちは「私たちの学校では、どの子もギフティッドだと考えている」とか、「どの子も学ぶ力がある」のように言ったりする。このことばの意味するところは、どのような子どもでも十分な時間と励まし、教材などが整っていれば実際何でも学ぶものだという考えだ。このような考えはとらえどころがないばかりか、正確とは言いがたい。すべての子どもに、各学年での読み書き算の最低基準を保証しようというのが国や州の政策だ。しかし、実際は、この最低基準の到達も非常に難しい子どももいるし、他方では、ギフティッド児などは学習障害がなければ、当該学年の二〜三年先の最低基準もたやすく習得できてしまう。

ギフティッド児は普通の子とまったく同じか？　普通の子と何ら変わらない面も多い。ギフティッド児だって、友だちがほしいし、おもちゃで遊びたいし、家族が大好きだし、新しいことができるようになるのはうれしい。しかし、他の子よりもたやすく新しいことができるようになる子どもがいるのも事実だ。幼稚園に入る前に本を読める、足し算ができるという子どももいる。しかも、誰からも教わったわけではないのに、だ。そして、この習得の早さが学校生活を難しくさせる。学校では「みんな一緒に」と足並み揃えたやり方のほうが教師にとってやりやすく、早くできてしまう子どもは「みんなができるまで待っていてね」と言われるためだ。また、新たなスキルの学習の際には、全員同じ量だけ反復練習するよう求められる。習得の早いギフティッド児は、学校で習うときにはすでにそれができてしまっていたり、あるいは、あまり反復練習せずとも習得できてしまったりする。そのため、学校の勉強に非常にがっかりし、新鮮なことや興味深いことを何も学べないでいると、学校が嫌いに、さらには大嫌いにもなる。

　どんな子どもでも、その潜在的な力を伸ばすには大人の導きと励ましが必要だ。運動能力の秀でている子どもは特別な指導を受けたりクラブやチームに入るなどして、その力を伸ばすことが奨励され、音楽の才能のある子どもは音楽のレッスンを受けたり楽団やオーケストラに入ったりして、その才能を伸ばすことが奨励される。学術的な才能のある子どもも同じだ。知的、創造的、芸術的分野で、あるいは、その他の分野で高い可能性を示す子どもにも、その才能を伸ばせるような機会が必要だ。標準的なカリキュラムで十分やりがいを感じられる子どももいるが、習得の早い子どもはそうではないことがほとんどだ。彼らには、この標準を超えたカリキュラムが必要となる。しかし、諸々の事情が重なり、学校がそのような機会を設けることは残念ながらほとんどないのが現状だ。

　なかには「聡明な子どもに特別な支援は不要だ。そのような子どもは結局いろいろな点で有利なだけだ[2]」と考える教育者もいる。しかし、実際問題としてギフティッド児は教育支援を必要としており、その必要性は彼らの長所ともいえる特性そのものから生じている。習得の早い高度な学習者だからこそ、特別な学習の機会が必要なのだ。彼らは標準とは異なる特性をもつエクセプショナル《例外的な・並外れた》な子どもであり、その特性に合った特別な支援を必要としている。これは、学習に困難を示すエクセプショナルな子どもが、彼らに合った特別な支援と配慮を必要とするのとちょうど同じだ。

　ギフティッド児の親のなかには、わが子が学校の勉強を軽々とこなしてしまうにもかかわらず、さらに特別な支援が必要だなどと、周囲には言いにくいと考える人もいる。ギフティッド児のための特別なカリキュラムやプログラムが学校にある場合でさえ、わが子の高い能力に合った教育的配慮をなかなか求めようとしないこともある。そのように遠慮する親の心中には、罪悪感があることもある。「学校には、うちの子よりももっと支援を必要としている子どもがいるのだから」と考えてしまう。しかし、親や教師はカリキュラムをその子のレディネス〔学習に対する準備が整っていること〕に合うように調整したり、子どもたちが「じっと待つ」のではなく、どんどん前進していけるようにすべきだ。

　ギフティッド児が必要とする支援は、その才能を伸ばすための教育支援だけではない。社会性や情緒面での支援も必要としている。ギフティッド児も友だちがほしいし、人に受け入れられたいと思う点では、他の子どもと変わらない。しかし、ギフティッド児は対人関係上の困難を経験することがある。異質な特性があるために、友だちを見つけることが難しくなるかもしれない。自分よりも習得ペースがゆっくりな友だちをじれったく思うこともあるだろう。また、他の子にとっては興味のもてないような、より高度なことに関心があるために、孤独を感じることもあるだろう。彼ら自身が日常的に経験する感情の揺れとの折り合いをつけていけるよう、親や教師は支援する必要がある。また、自分の異質性を受け入れ、多様な人々がいることで世界が豊かになることを理解できるよう支援することが求められる。

　ギフティッド児を育てているあなたがたの多くは、それが非常に骨の折れることだとすでに実感していることだろう。ある母親は冗談半分にこう言った。「私の息子はギフティッドネスに侵されています[3]」。あなたはギフティッド児と同じ屋根の下で暮らしていることだろう。ということは、その子は心満たされ、責任感があり、社会に貢献し、社会に認められる一員として成長していくはずだ。医学や法律といった名声高い分野で活躍するかもしれない。科学の進歩に貢献するかもしれない。あるいは、ベストセラーとなるような作家になるかもしれないし、大統領になるかもしれない！　そんな期待に胸を膨らませているはずだが、どうだろう？　いや、実は必ずしもそうではない。高い可能性を秘めながら、それを活かせないでいるギフティッド児がいる[4]。才能以外の要因により才能の開花が阻まれることがある。そして、それは社会性や情緒的要因によることが多い。なぜか？　その答えは単純ではない。

まず一つに、学校や社会にはギフティッド児に対するアンビバレントな評価が存在し、繊細さや激しさなど、ギフティッド児をギフティッドたらしめているものが非難の的となることが多い。家でも学校でも、「あなたは繊細すぎる。激しすぎる。変なユーモアのセンスねぇ。いつもクリエイティブである必要があるの？　どうしてルールというルールに片っ端から理由を求めるの？」と言われる羽目になる。その子はこのような批判をどう受け止めるだろうか？　これらのメッセージを心にしみ込ませ、そして、自分の何かが悪いのだと思い込むようになるかもしれない。

我々大人はギフティッド児の才能を評価する一方、それが標準を脅かすと、受け入れることができなくなる。ギフティッド児は都合悪く標準とは異なることが多い。そして、我々はその子にもっと「標準的な」枠に収まってほしいと望むことがある。たとえば、育児書には四、五歳、ときには六歳でできるようになると書かれているようなことを、二歳の息子ができてしまうことに母親が気づいたとしよう。この子は並外れており、標準にはあてはまらない。このとき親はどうするだろうか？　教育者にアドバイスを求めると、「あなたのお子さんは何よりもまず子どもです。ギフティッドネスはその後の問題で、お子さんの一部にすぎません」という答えが返ってくることも珍しくない。しかし、ギフティッドネスをその子から切り離すことはできない。その子の考え方、感じ方、言い方、やり方、あらゆることに影響する。つまり、その子が何者であるかの要となるものだ。周囲の都合の良し悪しで切り離せるものではない。ギフティッドネスは見過ごしたり、大した問題ではないと過小評価したりできるものではない。ギフティッド児は、根本的に異なる存在だ。ギフティッド児たちを全般的に見ると、発達が早く、ときに非常に早い。そして、その発達のしかたは他の子どもよりも強烈だ。[5]他の子どもよりも早くから抽象的な考え方をするようになり、[6]さまざまな刺激に対して通常よりも敏感に反応する。[7]

このことを他の側面からとらえてみよう。ＩＱが標準（一〇〇）よりも四五ポイント高い（一四五）子どもは、四五ポイント低い（五五）子どもと同程度、標準の子どもとは異質ということになる。ＩＱが五五の子どもに、何よりもまず、その子が子どもであるという大前提のもとに接し、補足的に精神発達遅滞児として接するように助言する教育者、小児科医、あるいは心理士*は滅多にいない。ＩＱが一四五の子どもも同じように、「脳が引き起こしている知的な潜在能力はその子のあらゆる面の根底に流れており、その子をその子たらしめているものであり、切り離すことができない。これは、ＩＱが高ければ高いほど顕著に現れる」[8]。ギフティッド児の支援のためには、まず、彼らがまったく標準とは異なる存在であることを認めなくてはならない。それができて初めて、彼らがどのように異なるのかを理解する段階に至る。ギフティッド児がみな同じというわけではないからだ。そして、最終的には、彼らの人生において大切な大人、影響力ある大人として、我々は彼らを導いていかねばならない。これは学業面ばかりでなく、社会面、対人関係面においても、そして、自分の力を発揮し伸ばしていく力をつけるという点においても必要だ。

独特で異質な存在でありながらも仲間や社会の一員であろうとすることは、難しい課題となるだろう。あるギフティッドのティーンエイジャーは、この困難を次のように表現した。

「『ギフティッド』や『タレンティッド』は、自由な週末だけ気軽につき合えるようなものなどではない。一年三六五と四分の一日、一日二四時間、人生のすみずみにまで影響を及ぼすものだ。まだ心の準備もできていないかもしれないのに大人にならざるをえなくしたり、何もかもがうまくいかず、苦しみもだえるしかないようにしてしまったりするものだ[9]」

ギフティッド児にとって、周囲になじむこととわが道を生きることとのバランスが重要課題だ。そのバランスはそれぞれに異なるだろう。そして、いずれの道にも必ずや困難や代償が伴う。この代償を受け入れていくことが、自己理解、そして最終的には自己実現に不可欠だ。本書がギフティッド児のあらゆる面――学業面、社会面、情緒面――の理解と支援の役に立てればと強く願う。

[*psychologist を心理士と訳出した。ただし、日米での心理士の社会的位置づけや医療専門家としての位置づけは異なる。米国では、専門職としての臨床心理学、心理学に対する社会的認識が日本よりも強い。一九四九年のボルダー会議にて、科学－実践者モデルが確立され、臨床心理士の専門性が明確に理念として示された。psychologist の資格取得のためには、博士号（Ph.D., Psy. D., Ed.D）の取得が必須条件である。また、そのために一年間のインターンシップが必要となる。学位取得後一年間の臨床研修を求める州が多い。医療専門家としての地位は医師とほぼ同等という位置づけにあり、psychologist が薬を処方できる州もある。なお、日本の現状として、国家資格の公認心理師有資格者に限定するのは不適切と考え、心理「士」とした。]

わが子がギフティッドかもしれないと思ったら　目次

第2章　ギフティッド児の特性　29

第3章　意思疎通――人間関係のカギとなるもの　59

第4章　意欲、情熱、アンダーアチーブメント　101

第5章　しつけとセルフマネジメント　145

第6章　激しさ、完璧主義、ストレス

第7章 理想主義、不幸感、うつ

第8章 知人、友だち、仲間

わが子がギフティッドかもしれないと思ったら——問題解決と飛躍のための実践的ガイド

序章

ギフティッド児は、多くの面で他の子どもと何ら変わらない。受容、導き、支援、尊敬、愛、保護、そして、生来の欲求を歪められることなく成長できる場が必要だ。彼らにも世界を理解し、そして、それを変革させていく力を身につけられるような教育環境が必要だ。[1]

〜アンヌマリー・ローパー（Annemarie Roeper）

親の重要性

親は、ギフティッド児――特に低学年のギフティッド児――の成長に非常に重要な役割を果たす。[2] ギフティッド児であることは喜びでもあり、ときに苦しみでもある。親は、子どもが自分の才能や心配ごと、世界の見方を家族みなで分かち合えるのだと気づけるよう支援できる。また、多くのありふれたことや身近な人々への感謝、世のなかに自分の居場所があるのだという感覚を育てることができる。なかでももっとも大切なのは、家庭を刺激的で安心できる基地にすることで、ギフティッド児がいつも自分を愛し、苦しみを理解し、心配してくれる家族がいるということがわかるよう支援することなのかもしれない。

我々の経験やこれまでなされてきた研究から得られた確信は、思いやりと正しい知識とをもって子どもを支える親こそが、もっとも有益な導き手であり問題を防ぐ力にもなるということだ。認知・情緒の発達は乳幼児期から始まり、主な行動パターンの多くが小学校入学までにはできあがる。幼児期つまり出生から四、五歳までは、実質的に親が子どもの支援の中心的役割を担う。

しっかりとした家庭基盤は、ギフティッド児が外の世界で疎外感を感じたり周囲となじめないと感じたりしているときには、特に大切だ。家庭は安全基地、充電の場所となり、彼らが外の世界で出会ったさまざまな辛い出来事を、大人の支援のもとに理解、解決していく場となりうる。家庭がそのような安全基地の役割を果たし、そして、もう一人か二人の大人、つまり先生や近所の人などが、ギフティッド児の自己概念を情緒的に支援できれば、たとえ大きな問題、さらにはトラウマを引き起こすような出来事に遭おうとも、彼らはその困難を耐え抜き、力強く前進していく。家庭でギフティッド児を支え励ますことで、彼らを導くだけでなく、成長後も自らよび起こすことのできる精神力の基盤を提供できる。

理想をいえば、親と教育者が協力して子どもの成長を導くのが望ましい。確かに教師の働きは、その年々に子どもの才能を伸ばすうえで重要な役割を担う。しかし、ギフティッド児の成長を長期的視野でとらえたとき、親が非常に重要だと我々は確信している。十分な教育の機会が得られないときにも親は教育環境を豊かにできるし、学校と話し合い、教育プログラムと子どもの興味、能力、学習意欲との折り合いをつけられるだろう。よい子育てとは、高い可能性を秘めたわが子を理解し、育み、導き、その弁護者となることだ。このような子育てを通して、一年あるいはそれ以上にわたる冴えない、あるいはネガティブな学校経験の影響をも乗り越えられるだろう。

ギフティッド児を育てるという孤独

ギフティッド児の親が育児に役立つ情報を得るのに悪戦苦闘することがある[3]。大半の親は、自分の子どもが公的教育段階に入るずっと前から、その並外れた特性や能力に気づいている。にもかかわらず、わが子の激しさや繊細さ、完璧主義、睡眠の少なさ、アレルギーなどといった性格や生理的特性までもが、ギフティッド児に見られることの多い典型的なものだと知っている親はほとんどいない[4]。このような親は、わが子が他の子どもとどこか違うと感じながらも、そのことについてどこでどのようにしたら役立つ情報やアドバイスを得られるのかがわからないでいる。誰にわが子のことを包み隠さず相談できるのだろうか？　学校やコミュニティでいうと、どこにいけば支援が得られるのだろうか？　このような疑問に対する答えを得られないでいる親は多い。

他の親に相談してみても、それが役に立ったり共感してもらえたりすることは滅多にない。たいていは、子どものやったことを大げさに言っているとか、子どもにいろいろなことが早くできるようにプレッシャーをかけていると思われる。ねたまれたり憤慨されたりすることもある。このようにして、ギフティッド児の親は他の親に、つまり、同じようにギフティッド児をもつ親ではない相手には、子育ての悩みを相談しようとはしなくなる。

小児科医などのヘルスケア専門家からも適切な支援は得られない。これらの専門家は、ギフティッド児やタレンティッド児のニーズにかかわる訓練をほとんど受けていない[5]。公立図書館ですら、聡明で創造性あふれる子どもの理解の助けとなる情報はほとんどない。

その結果、親はギフティッド児の特性に対して、種々入り混じった反応をするようになる。つまり、ギフティッドネスの現れとして成績がよかったり公式に表彰されたりすると、それを称えたり喜んだりする。一方、親自身や子どもが他の子は受けずにすむ検査をされるかもしれないと不安に感じたり、その才能ゆえに子ども自身が「自分は異質だ」とか「なじめない」と感じているのを見て心配したりもする。さらに、わが子の極端な繊細さ、激しさ、理想主義、公正さへのこだわりといった特性が、わが子の後々の人生を困難なものにするだろうと案じたりもする。

ギフティッド児神話

公立私立問わず、学校でのギフティッド児への理解不足、アンビバレントな対応、優先順位の低さは、彼らの学業面、情緒面のニーズをひどくなおざりにする風潮を助長している。一九七二年まで遡ると、米国教育省によるマーランド・レポート（Marland Report）では、次のように述べられている。「ギフティッド児やタレンティッド児は実際権利をはく奪され、心理的な傷と永続的な障害を負い、自身の才能を十分に発揮できなくさせられている……」[6]。あいにく、ほぼどの地域の状況もこのレポートが出された一九七二年とほとんど変わらない。

なぜギフティッド児に対する理解が進まないのだろうか？　ギフティッド児についての情報と支援不足の問題の背後には、ギフティッド児に関する多くの神話があるようだ。たとえばメディアでは、ギフティッド児は小さな変人として描かれることが多い。とてつもなく難しい数学の問題を解いたり、楽器を名演奏家のように演奏できたり、一二歳で大学に入学するような天才だとか、一日中本を読んだり練習したり勉強したりしているような子ども像となる。もう一つは、ギフティッド児には何の特別な支援もいらないという神話で、教育関係者に多く見受けられる。ギフティッド児はとても頭がよいのだから自分でその力を伸ばしていくだろうと考えられているのだ。さらに、ギフティッド児というのは学校の勉強がよくできたり、ある分野でずば抜けた力を見せたりする子どものことだとする誤解があり、これにより潜在的には力がありながらも目下成績の悪い子どもはギフティッドとは見なされないという事態が生じる。

　このような神話はギフティッド児の人生を困難なものとするため、正す必要がある。ギフティッド児にもさまざまなタイプがあり、ギフティッドネスのレベルもいくつかに分けられる。多くの分野に秀でたギフティッド児もいれば、数学や科学といった一つか二つの分野でのみ秀でているギフティッド児もいる。ギフティッド児のなかにも、学習障害、読字障害、ＡＤＨＤの子どもがいる（これらのギフティッド児は〝2E（二重にエクセプショナル）〟とよばれる）。なかには、慣習に合わせてうまくやっているように見えるが、それでもどこか人生すべてが世間と切り離されているように、また、「自分は異質だ」と感じているギフティッド児もいる。深刻な抑うつ状態に陥るギフティッド児もいる。以下は、ギフティッド児について広くいわれている神話だ。[7]

- ギフティッド児は通常、あらゆる学問分野においてギフティッドだ。
- ギフティッドネスは完全に生得的なものだ。
- ギフティッドネスは、まったくもって努力によるものだ。
- 子どもはみなギフティッドだ。
- 子どもがギフティッドなのは、親が無理やり仕込んでいるからだ。
- ギフティッド児は将来卓越者になる。
- ギフティッド児に学習上の困難がみられることはほとんどない。

- ギフティッド児自身は、自分が他の子どもとどこか違うということに気づいていない。
- ギフティッド児に秀でた力があることを伝えると傲慢になる。
- ギフティッド児の力は学校の成績を見ればわかる。
- ギフティッド児は通常きちんとしており、学習スキルもある。
- ギフティッド児にプレッシャーを与え続ければ、その可能性を開花させる。
- ギフティッド児の情緒面は知的側面と同様に早熟だ。
- ギフティッド児が情緒や対人関係の問題を抱えることは滅多にない。
- ギフティッド児は、他の人に自分の能力を見せるのを楽しんでいる。
- ギフティッド児の家族はいつも、わが子の秀でた能力や激しさ、繊細さを高く評価している。
- ギフティッド児の育児は他の子よりも手がかからない。
- 親はわが子のギフティッドネスに気づかない。
- 教師は、ギフティッド児にどのように応じたらよいかを的確に理解している。

これらの神話が流布し、ギフティッド児に関する確かな情報が欠けていることが、学校や社会においてギフティッド児のニーズが認識されなかったり、あまり注目されてこなかったことの主たる原因だ。

ギフティッド児にとっての困難

潜在的に知的能力の高い子どもはそうでない子どもよりも、ある点では有利だ。たとえばＩＱの高さは、不利な生活環境への対処能力を支える機能をもつ。[8] にもかかわらず、ギフティッド児は困難や問題に直面する。

学業不振や完璧主義、やるべきことの先延ばし、ストレスを経験する知的ギフティッド児はかなりいる。また、仲間やきょうだいにかかわる困難も、多くのギフティッド児が経験する。ギフティッド児に多く見られるタイプの抑うつがあり、このタイプの抑うつ状態に陥った青年ギフティッドは自殺のリスクも高い。[9] ギフティッドであるということそのものがリスクとなる場合もあることが示されている。[10]

彼らが経験する困難はギフティッドネスのレベルの影響も受け、並外れて高い知能や能力のあることが、必ずしも有利に働くとは限らない。「最適知能」の存在を提唱する研究もある。[11] たとえば、ＩＱが一二五〜一四五の人はとても利発なため、学校や職場での課題を難なくマスターできるが、周囲との違いが顕著になるほどには利発さは際立たない。そのため、彼らはＩＱが一五〇以上の人たちよりも周囲と調和している感覚を得やすい。我々の文化圏の大半のリーダーは、おそらくＩＱが一二五から一四五の範囲の「最適知能」に属する人々だろう。ＩＱが一四五以上の人は、自分が異質だという感覚や疎外感をも抱きやすい。成人では通常、居心地がよく自分を理解し受け入れ認められていると感じるような、わずかな仲間とだけ交際するようになる。

知能が高ければ高いほど、忍耐力を培うことは重要課題であり、同時に難題となることが多い。ギフティッド児は、自分からしてみれば明白なことをなかなか理解できない人を待つということに、フラストレーションを感じる。また、自分たちと同じようにものすごい勢いで猛烈に進むことのできない人たちと一緒に楽しんだり、彼らを受け入れたりすることがなかなかできない。[12] しかも、このような子どもは自分自身さえをもじれったく感じることが珍しくない。非常に高い基準を自らに課し、完壁主義で、そこに達することができないとひどく落胆したりストレスを感じたり取り乱したりする。

　ギフティッド児の親や教育者もまた困難を抱える。その子の成し遂げることによるのではなく、ありのままのその子に価値があるのだということを、ギフティッド児自身が理解できるよう支援していかねばならない。また、ギフティッド児自身が他の人々とどのように異なるのかを理解できるように支援する必要もあり、しかも、ギフティッド児の他者に対する忍耐力や理解を促すように取り組まねばならない。社会が機能するにはさまざまな職や技能が必要とされ、すべての職業や専門が価値あるもので尊ばれるべきものだ。ギフティッドネスは「他者よりも優れている」という類いのものではない。むしろ、「習得が早い」あるいは「ある分野において秀でている」と理解されるべきだ。このようなとらえ方こそが、ギフティッド児が否定的になったり他者を見下したりエリート主義に陥ることなく、他者を理解し受け入れるための素地となる。

　ギフティッド児には、自分が価値ある存在であり、標準とは大きく異なるが世のなかの一員であり、人々と同じ面もたくさんあることを理解できるようになってほしいと、我々は願っている。彼らには他の子どもとは異なる面があるが、同時に共通点もたくさんある。ギフティッド児は自分の異質さを人一倍鋭く自覚するため、帰属意識、尊重、情緒的安定を、他の子どもより一層激しく求めているのかもしれない。そして、帰属へのプレッシャーも強く感じている。親にできることは、このようなギフティッド児自身が、ゆっくりとではあっても、個としての自分と集団の一員としての自分とのバランスのとれる地点を見つけることができるように、わが子にいちばん適した方法で助けていくということなのだろう。

「ギフティッド」に代わる用語はあるのか？

「ギフティッド」というラベルからエリート主義を連想し、否定的にとらえる人も多い。また、それがあてはまるような人々を広く評価していないとして嫌う人もいる。一方、たった一つの分野で並外れて秀でている人と、さまざまな分野で並外れて優れている人とを同じ用語で表してよいのかと疑問視する声もある。また、なかには「ギフティッド」という用語は人の能力が遺伝に完全に支配されており、遺伝と環境の相互作用によってもたらされるものではないというふうに聞こえるといって嫌がる人もいる。[13]

十分厳密な用語とはいえないが、本書では「ギフティッド」を用いる。というのは、「ギフティッド」がそのような子どもたちを表すうえで特別正確な用語だからというのではなく、この語が論文や法律においてこれまで使われてきている馴染み深い包括的用語だからだ。[14] 確かに「ギフティッド」とよばれる人のなかにも多様な才能があり、そのレベルもさまざまで、個人差がかなり大きい。本書を通してギフティッドについて論じるとき、あらゆるギフティッドが同じであるとか、すべてのギフティッド児を同じやり方で教育したり対応したりすべきだというのでは決してない。本書で一般化するとき、我々は多様な対象を念頭において論じているということを、頭の片隅においていただきたい。

いつしか、より正確で、感情的なバイアスのあまりない新しい用語が出てくるかもしれない。そのときが来るまで、親や教師は「ギフティッド」という用語に付随する否定的な烙印を避けるために、「聡明な」とか「高い可能性を秘めた」「習得の早い」といった同義語を用いてもよいだろうし、昔から使われている「タレンティッド」を用いてもよいだろう。ただし、いずれの用語も、高い可能性や才能のある子どもや成人の多様さを十分にとらえているとはいえないだろう。

実践的提案

本書を通して我々が長年にわたり蓄積してきた情報を分かち合うことで、ギフティッド、タレンティッドの子どもたちが、困難を切り抜けて生きていくにとどまらず、大きく羽ばたくことができるような支援ができればと強く願っている。本書の内容は、我々が数十年にわたり、ギフティッド児とその親、教師とともに取り組んできた経験に基づいている。また、積み重ねられてきた研究成果もできる限り組み込んだ。さらに、ギフティッド児以外の親にも役立つ内容を含めた。

いくつかの注意点がある。我々の経験からすると、ギフティッド児の親は一般に、その子と同じくらい激しく熱心で、ときに性急だと思われる。読者のなかには、本書をすぐに読破し、本書から受けた示唆をすべて実行に移そうとする親もいるだろう。すべての章を一気に読み切った場合でも、一章ずつ読み進めた場合でも、どうか、すべての内容をいっぺんに取り入れようとしないでほしい！　本書に書かれていることを実行に移す前に、それらをよく吟味する時間をとってほしい。その後、まず一つのスキルを試し、それができるようになったら次のスキルへと進んでほしい。成功体験の積み重ねが大切だ。得られた示唆を一週間に一つか二つ実際に試すことで精いっぱいかもしれない。新たな試みの成果が家庭で見えてくるには、数日、ときには数週間かかるだろう。練習が必要だ。それぞれの方法をさらに改善、洗練させる必要があるかどうか吟味する時間も必要となるだろう。

本書で提案されていることのなかには、ギフティッド児に限らず子育て全般によいといえることも含まれている。適切な子育ては、子どもがギフティッドか否かにかかわらず大切だ。もちろん、ギフティッド児に特に広く見られる特性や行動に特化したアドバイスも含まれており、読者が子どもの才能をつぶすのではなく励ますうえでの助けとなるだろう。

本書では、親や教師だけでなく、ギフティッド児にかかわるあらゆる人々が、ギフティッド児の情緒面や対人関係面でのニーズをより的確に理解できるような枠組みを提示している。子どもの情緒的健康は、その家族を抜きには理解できず、ギフティッド児の情緒的ニーズの理解なしには家庭はうまく機能しない。このように考え、本書では家族と家庭内の人間関係に重点をおく。また、本書で述べられているギフティッド児に関する記述の大半が、成人ギフティッドにもあてはまることに留意してほしい。「リンゴは木からあまり遠いところへは落ちない」［子どもは親の後を継ぐ］ものだ。本書を手に取っている親の多くが、かつては自分自身がギフティッド児だっただろうし、以降の章で取り上げられている問題のいくつかを同様に経験していたのではないだろうか。本書を読み進めるなかで、「ああ、私が子どもだった頃に、こういうふうにしてくれていたらなぁ（気がついてくれていたらなぁ）！」と内心叫ぶことになるかもしれない。だが、希望をもってほしい。自己理解や洞察に遅すぎるということはない。そればかりか、あなたがこれまで経験してきた困難のなかには、あなた自身のギフティッドネスと関係するものもあることに気づき、それが安堵につながることもあるだろう。

本書では、理論的なものよりも実際に役立つアドバイスやヒントを提供していきたい。本書を通して、あなたとギフティッドであるあなたの子どもとのよい関係を育み、衝突の繰り返しを避ける手助けができればと願う。そして、幼いギフティッド児が自身の潜在的な力を十分発揮できるよう努力するなかで、自分自身や他者に対する理解や満足感を得られるよう役立ててほしい。あなたの子どもの知的、学術的、また、リーダーシップの才能ばかりでなく、思いやり、勇気、そして、創造性を育むことができればと願っている。

第1章　ギフティッドの定義

一〇歳のイーサンは、一見したかぎりでは終わりそうにない数理パズルを次から次へと解いては満足気な顔をしている。数理パズルで自分や他の人の知恵試しをするのが楽しいのだ。六歳のブランドンは、動物のぬいぐるみで空想遊びの世界に何時間も浸っている。その世界には政党やビジネスといったものも含まれている。六歳のローザは電車や飛行機の似ているところを聞かれると、「その二つはどちらも公共交通手段だわ」と答える。九歳のシャミカは音楽を聴くとうっとりとし、難しいメロディーをやさしく口ずさむ。四歳のローランドは、心で思い描いた複雑なデザインをかたちにしようとして、激しく指を動かしている。彼はまた州とその州都をすべて言える。五歳のラモントは、自分は読むことができないと言い張ってきかない。彼曰く、「僕はどの文字が集まるとどんなことばができるのかを知っているだけだよ」。二歳のマイカは、グレーと黒の区別ができ、アルファベットソングを歌い、アルファベットをほぼ完璧に読める。一五歳のサンジェイは、地方の高校で学ぶ数学をすべてマスターしてしまい、翌年は何をしたらよいかわからずに悩んでいる。彼の一一歳の妹は、人が誰かを殺したら殺人犯になるのに、兵士が爆弾を落として敵を殺すとヒーローになるのはおかしいと、熱烈に友だちと議論している。

このような子どもたちは、同じ年頃の子どもと比べたとき、高度な、あるいは違ったものの考え方や行動のしかたをしている。このような子どもたちは「ギフティッド」、「タレンティッド」、「クリエイティブ」とよばれる。いずれの呼称も正確とはいえないが、このようなタイプの子どもがいることを否定する人はいないだろう。しかし、真のギフティッド児は非常に稀にしかいないと考える人が多い。実際は広く一般に考えられているよりも、もっとずっと高い割合でギフティッド児は存在する。ほぼすべての学校、地域にギフティッド児はいる。学校や地域がギフティッド児の存在に気づいていないだけで、彼らは確かにそこに存在する。

なぜ、人々は身近にギフティッド児がいるとは思わないのだろうか？　教育者は必ずしもそのような子どもを見出す観点を知っているとは限らない。このような子どもの最適な判定方法や、彼らのよび方（「ギフティッド」、「タレンティッド」、「優秀な学習者」、「神童」等々）、さらには、教育などの特別なニーズをどの程度もち合わせ、学校での特別な教育支援や配慮を要するのかという点で、見解がさまざまに分かれる。

ギフティッドネスとは何か？

ギフティッド児はどのように定義されるだろうか？　ギフティッドネスにはどのようなものがあるのか？　ギフティッド児はあらゆる点で優れているのだろうか？　学校ではギフティッド児をどのように判定するのか？　ギフティッド児なら誰もがクリエイティブなのか？　ギフティッドかつ学習障害ということがありうるのか？　これらはいずれも、ギフティッド児という概念に初めて出会った親にとっては、とても重要な問題だ。

ギフティッド児の判定にあたっての定義や基準は州ごとに異なる。もっとも広くは、子どもの知的水準が上位三〜五％という計算に基づいている。この定義は、アメリカ教育省によるマーランド・レポート（一九七二年）に始まる。以下に記すマーランド・レポートによる定義は、「連邦定義」として折に触れて参照されるもので、ギフティッドの領域を複数あげている。

ギフティッド児やタレンティッド児は、資格を有する専門家により判定される、ずば抜けた才能ゆえに高い実績をあげることが可能な子どもである。このような子どもには、彼らの自己実現や社会貢献のために、通常学校で標準的に提供される教育プログラムとは異なる教育プログラムが必要とされる。高い実績をあげることが可能な子どもとは、実際目に見えて優れた成果をあげている子どもだけでなく、潜在的な可能性のある子どもも含む。その領域には、知的能力全般、特定の学問領域の才能、創造的思考や生産的思考、リーダーシップ能力、ビジュアル・アーツやパフォーミング・アーツ、精神運動機能がある。[1]

全米小児ギフティッド協会（National Association for Gifted Children：NAGC、www.NAGC.org）もまた、ギフティッドについて同様の説明と定義をしている。つまり、ギフティッドは、以下にあげる領域の一つあるいは複数のなかで、ずば抜けたレベルの実績をあげている人、あるいはそのような力が潜在的にある人としている。

- 知的能力全般
- 特定の学問領域

• 創造的思考
• リーダーシップ
• ビジュアル・アーツやパフォーミング・アーツ

マーランド・レポートやNAGCによる定義[2]は、いずれも単なる学業面での知的能力を超えた広範囲にわたる能力を網羅している。また、どちらもあげられている領域の一つあるいは複数でギフティッドでありうることを認めている。にもかかわらず、ほとんどの学校では、もっぱら知的能力全般と特定の学問領域といった、最初の二つの領域にのみ焦点が当てられている[3]。一般に「ギフティッドネス」は知能検査得点、学力検査得点、あるいは学業成績と同義のものととらえられてしまう。それはおそらく、それ以外の領域が、標準化検査や筆記テストで測定し簡単に得点化できるようなものではないためだろう。

マーランド・レポートやNAGCの定義は、就学前の子どもというよりは、主に就学年齢に達した子どもを想定しているという限界がある。実際、未就学児の学業成績や創造性、リーダーシップ、芸術・芸能の才能について云々いうことはほとんど意味をなさない。しかし、未就学児のギフティッドネスは、多くの場合、学びへの熱意、習得の早さ、猛烈な集中力、発達診断基準事項の到達年齢の早さに現れるだろう[4]。

知能は遺伝か？

わが子はもっぱら並外れた可能性をもって生まれてきたということなのか、それとも、自分たちの育児の結果そのような力を身につけてしまったのだろうかと考え込む親は多い。おそらくいつの時代も、知能の大部分が遺伝によって決まるのか、それとも環境からの影響を大きく受けたものなのかについての議論は絶えることがないだろう。一九六〇年代から今日に至るまで、世界各地で、一卵性双生児を乳児期に引き離し大きく異なる環境のもとに育て比較する研究がなされてきた。これらの一卵性双生児研究により、知能の類似性の高さ、少なくとも知能指数の近似性が明らかにされた。つまり、知能指数の近似性の少なくとも五〇〜六〇％は遺伝的要素に強く規定されることが示された[5]。また、一卵性双生児研究のなかには、人格特性や気質にも遺伝的要素が含まれることを示したものもあり、おそらく高知能に付随することの多い意欲や活力に影響を与えるだろうと考えられている[6]。さらに、遠く離れた地で生活し互いを知らない双子が、同じ職を選んだり同じタイプの結婚相手を選んだりするケースもある。

一方、環境もまた重要な役割を担う。ギフティッド児も他の子どもと同様、支援的な環境では元気に育つが、支援的でない環境で健やかに成長するのは難しい。情緒的にも教育的にも非常に豊かな環境のもとで成長すると、幼少期には知能指数も上がることが示されている。七、八歳くらいまでは、子どもの成育環境を豊かにすることで、知能指数が一〇〜二〇ポイント以上も上昇する可能性が示唆されている[7]。

ギフティッドネスを測る

ギフティッドの専門家の多くは、ギフティッドネスを、表に現れ出はじめている知識や技能と見なしている。つまり、ギフティッドネスは生まれたときから完全に備わった特性で、あらゆる場面でいつも発揮されるものではない。才能はむしろ経験や訓練を重ね、機会を得ることを通して養われ、成長し、開花すると考えられている。[8] 前述の定義では、ギフティッド児には、潜在的な能力がありながらも何らかの原因により才能を発揮できていないような、学業不振児や不利な条件にある若者も含まれている。このように、ギフティッドネスはすでに偉業を成し遂げているような人に限定されず、適切な訓練や機会が与えられれば、ずば抜けたレベルのことを成し遂げる可能性のある人も含まれる。言い換えれば、ギフティッドネスは、その人の成熟とともにより花開くこともある。

ギフティッドネスの定義からすると、子どもは、学問や知的な領域ばかりでなく、創造性、リーダーシップ、芸術領域においてもギフティッドやタレンティッドでありうる。相当な多様性がありながらも、これらの領域間には何らかの関連があることが多い。たとえば、リーダーシップ、創造性、芸術面でギフティッドの子どもは、必ずではないが、知的にもギフティッドであることが多い。[9]

知能やギフティッドネスという概念は厳密に定義できるほど単純ではなく、知れば知るほどますます多くの意味が見出される。一九〇〇年代初めには、知能といえば、言語能力や問題解決能力を中心に測定する標準化検査で示されるような知能指数（ＩＱ）による定義が中心だった。今日の知能の概念は、言語能力や問題解決能力以外にも処理速度や集中力など、より広い領域を含む概念とされている。

心理学者が多様な知能をより正確に測定できる検査を開発し続けるとともに（検査についての詳細は13章を参照のこと）、知能検査の結果は、教育者、心理学者、神経心理学者など、多くの専門家に広く用いられ続けている。

ギフティッド児は標準的な集団からどの程度外れているのだろうか？　専門家の間では何年にもわたり、知能指数はベルカーブの正規分布を示すだろうと想定されてきた。図１に知能指数のベルカーブを記す。

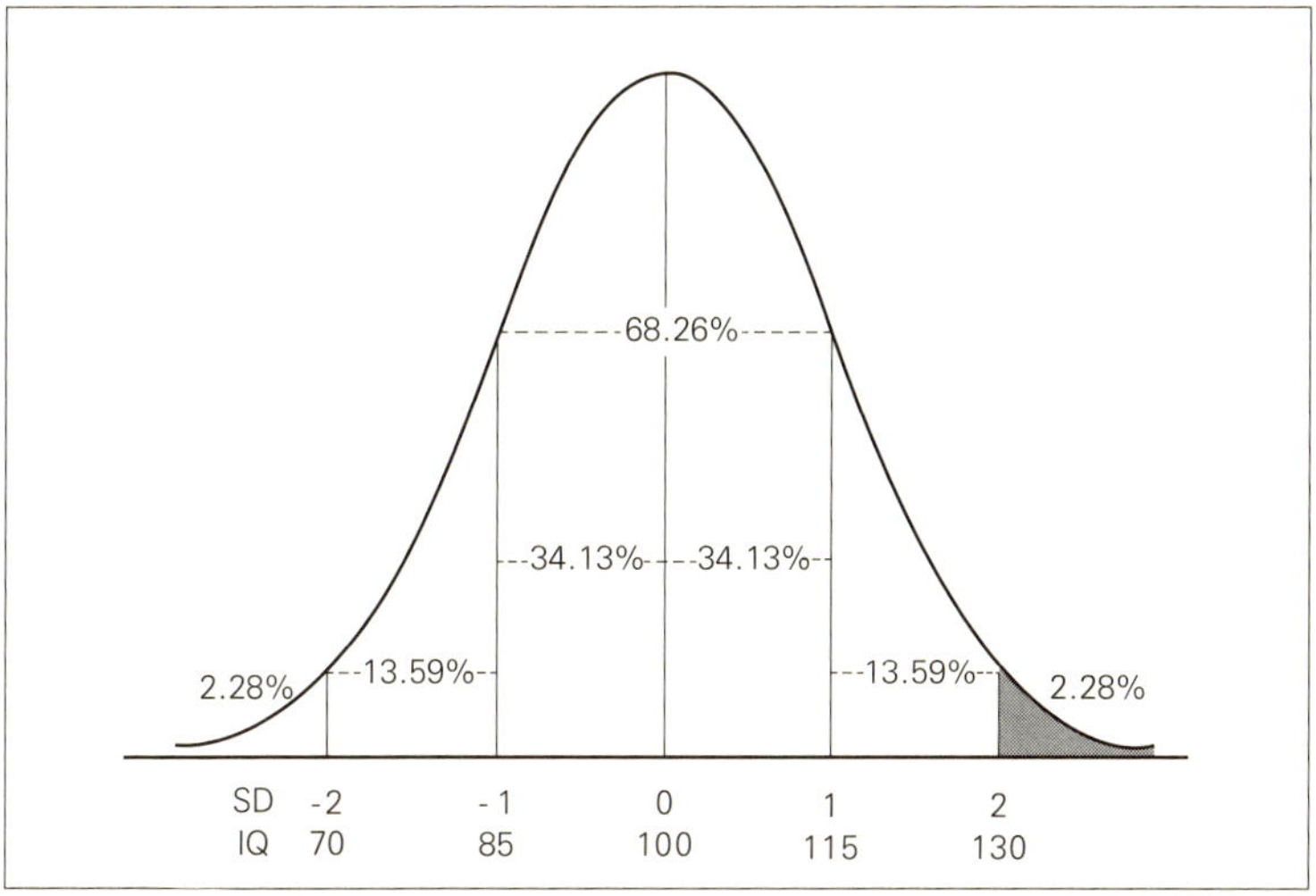

図1　知能指数の分布

図1に示すように、全体の三分の二の人がIQ八五〜一一五の標準の範囲内に入る。約三％（IQが一三〇以上）がギフティッドと見なされる可能性があり、ハイリー《高度の》・ギフティッド（HG：highly gifted：IQがおよそ一四五）とされる割合はさらに少なくなる。プロファウンドリー《極度の》・ギフティッド（PG：profoundly gifted）はもっと少なく、典型的には上位一％の十分の一（IQ一五〇〜一六〇）に相当する。

ほとんどの知能検査が、平均よりも四標準偏差高い得点（IQ一五〇〜一六〇）まで測定できる。IQが少なくとも一二五〜一三〇（平均一〇〇、標準偏差一五の検査での上位三〜五％）であることが、大半の州の教育制度におけるギフティッド児の認定条件となる。使用される検査は州や学校システムにより異なるが、大半は、知能や学業成績を測定するうえで同様の標準化検査を用いる。図1の右端の影になった部分が、各州や地域の教育制度でギフティッドの知的能力を反映したものとして多く用いられるパーセンテージとなる。

いずれの年齢においてもＩＱの平均が一〇〇となるように調整されていることに留意すると、ＩＱ一三〇のもつ意味の大きさがわかるだろう。[10] 歴史的に見て、大卒者のＩＱの平均が一二〇、重役、弁護士、科学者、医師の職に就いた人のＩＱの平均は一二五とされている。これらのデータから、ＩＱが一二〇から一二五の間にある人が、難易度の高い物事にうまく対処し、多くの職において成功しうる可能性をもち合わせていることがわかる。[11]

知能指数の分布を表すのに正規曲線が適切かどうかについては議論の残されるところだ。きれいなベルカーブは実際の分布を単純化しすぎだと考える専門家[12]もいる。また、知能指数の正規曲線は、両極がなだらかにならないはずで、むしろ、ＩＱ一五〇〜一六〇のあたりが「突き出る」形のベルカーブになっているという報告がある。これは、そのくらいＩＱの高い人の数が、多くの専門家が考えるよりももっと多いことを示唆しているということだろう。[13] 滑らかな正規曲線で示されるよりもずっと多くの人が高い知能レベルにあることは明らかで、また、そのような人々の能力は検査規準をはるかに上回るかもしれない。[14]

知能検査やその下位検査で測りうる最高得点を取る人もおり、そのような人は検査さえ許せば、もっと高い得点を取る可能性もある。このような人の得点は、特に最近の新しい知能検査の場合、その上限のために人為的に抑えられてしまう。[15] このような限界を超えて知能指数を推定する方法もあり、その場合のＩＱは一八〇、ときにはそれ以上にもなることもある。このようにギフティッド児の間での知能検査結果の個人差が非常に大きいため、「ギフティッド」という用語の不適格さに注目が集まり、「ギフティッド」という一語が非常に異質な集団をまとめて表しているという点が際立ってくる。

ギフティッド児といっても、このようにかなり多様性があるため、「ギフティッド」という語は彼らの非常に優れたスキルや才能を指し示すうえで真に妥当とはいえない。そして、このことが、そのような子どもの養育や教育を難しくしているのも確かだ。「ギフティッド」とよばれるカテゴリーのなかでも、その能力に相当の開きがあるため、ギフティッドネスの程度を表すために「マイルド《軽度の》(mild)」、「モデレート《中程度の》(moderate)」、「プロファウンド《大いに》(profound)」という語を用いる教育者や心理学者もいる。ハイリー・ギフティッドやプロファウンドリー・ギフティッドの子どもたちは、マイルドリー・ギフティッドやモデレートリー・ギフティッドの子どもたちとは、発達の様相も行動様式も劇的に異なる。[16]

ギフティッドネス測定のために知能検査を用いようが学力検査を用いようが、あるいはそれ以外の方法を用いようが、いずれもそれだけでは不十分で不正確な要素が含まれる。専門家がギフティッドの基準を設定したとしても、それに対する異論は必ず何かしら出てくる。実際、ギフティッドネスの評価基準は州や地区ごとにさまざまだ。ギフティッドネスの定義がまちまちであること、ギフティッドネスのタイプが多様であること、ギフティッドネスの測定方法がさまざまであることが原因で、ギフティッド児の判定やギフティッドをめぐる重要な問題解明のために必要な研究が難しくなる。

個別式知能検査の使用をめぐる論争や混乱はあるものの、その検査結果は依然として、学業成績や将来的な学業達成を予測するうえでもっとも強力な予測要因とされている。ただし、これは必ずしも人生での成功につながるとは限らない。[17] 知能検査を適切に用いることで、子どもたちの優れた点と弱点の双方を含めた能力について貴重な情報が得られる。[18] また、知能指数はギフティッド児の基本的な特性を説明するひとつの方法でもある。

ただし、知能指数は全体像の一部だけを映し出したものだ。ギフティッドであるということは、知能指数で示される以上の意味をもつ。つまり、ギフティッド児の行動特性はとても重要な意味をもち、それがその子の能力の高さを裏づけている。しかし、知能指数が同じだからといって、同じような人格や興味関心、能力、気質をもつわけではない。ギフティッド児自身のなかでも、領域ごとに才能の開きは相当にあり、また、その発達のしかたもばらばらだ。[19] たとえば、読書はものすごいのに数学は苦手だとか、パズルや機械関係の力は相当高いのに言語発達は平均的だったりする。知的能力は非常に高いのに運動能力や社会的スキルは非常に遅れていることもある。知識は非常に豊富でも、気配りなどの社会的判断力は非常に遅れている子どももいる。このような発達の凹凸を非同期発達という。この非同期発達が非常に多くのギフティッド児に顕著に見られるために、ギフティッドネスを定義づける特性として、その潜在的な能力や才能よりもむしろ非同期発達をあげる専門家もいる。[20]

この非同期発達がゆえに、ギフティッド児の集団は標準的な子どもの集団よりも異質で多様と見なされる。つまり、あるギフティッド児の特性や行動は別のギフティッド児とは大きく異なる。[21] これは当然のことだろう。知能のスペクトラムの低いほうの端に該当し、特別支援教育の個別指導計画(Special Education individual educational plans：IEPs)を受けている子どものニーズが個々様々であるため、その多様性は大半の親や専門家が容易に認識できる。このように、発達に遅れのある子どもたちに見られるのと同様の多様性が知的に発達の早い子どもの間にもあると考えれば、ギフティッド児の非同期性を理解しやすいだろう。ギフティッドのレベルが高ければ高いほど、その子のなかの非同期性の程度は大きくなり、優れている領域とそうでない領域の開きは大きくなる。[22] このことから、たとえば七歳のハイリー・ギフティッド児の読み能力は六年生レベルで、数的能力は四年生レベル、微細運動スキルは実年齢相当の二年生レベルということも珍しくない。一個人内で能力やスキルに非常に大きな開きがあるということは、その子の教育カリキュラムや所属学年を考えるうえでの重要なポイントとなる。顕著な非同期発達のある子どもは、たとえギフティッド児であっても個別指導計画が必要だ。

表1　ガードナーによる多重知能[24]

- 言語的知能――ことばの能力。多くは、知能検査や学力検査で測定される類いの力。
- 音楽的知能――音の調子やリズムの微妙な違いやパターンを感じ取ったり、音楽を演奏する能力。
- 論理数学的知能――帰納的推論や演繹的推論を用いて因果関係を理解する能力。数字のような記号を用いた抽象的なパターンを理解する能力。
- 空間的知能――空間次元を視覚化したり、その内部イメージを創造したり、物を効果的に意味をもたせて配列する能力。
- 身体運動的知能――身体的感覚を識別したり、体操やダンスなど身体の動きをコントロールする能力。
- 対人的知能――人とのコミュニケーションや関係性にかかわる高度な能力。人を理解し、導き、リードする能力。
- 内省的知能――自己についての鋭い感覚。内省や自己の気づきなど内的状態を高める能力。

知能は量的にだけでなく質的にも差が見られる。ギフティッド児のための教育プログラムは主に学業面でのギフティッドネスに注目したものだが、見落とされがちな知的能力もある。

多重知能

ハワード・ガードナー（Howard Gardner）の書、『知性の構造 *Frames of Mind*, 1983』は、学校での高い能力のある子どもたちに対する教育プログラムのあり方に影響を与えた。ガードナーが強調するのは、知能を一つと考えることの不適切さだ。彼は、概して互いに独立している「多重知能」（Multiple Intelligences：ＭＩ）の存在を強く主張した。この書が出版された後、さまざまな「多重知能」教材関連業界が生まれ発展した。ガードナーは、当初七つの独立した知能を提唱し、後にさらに追加している。[23]七つの知能を表1に記す。

ガードナーにより提唱された七つの知能のうち、言語的知能と論理数学的知能の二つだけが、ギフティッド児判定のための教育プログラムで通常重視されている知能となる。なかには、七つの知能すべてを含めた教育を施そうとしている学校もある。しかし、ギフティッド判定のプロセスにおいては、二つの知能以外の知能が考慮されることは滅多にない。それは、これらの知能においてどのような行動や基準をもってギフティッドと判定すべきかの判断が難しいからだ。二つの知能以外の知能を簡単に時間をかけずに測定する客観的検査はない[25]。

並外れた身体運動的知能や音楽的知能をもち合わせている子どもは、従来、学校外のスポーツ教室や音楽教室でそのニーズを満たしてきた[26]。学年が上がると、空間的知能は芸術の才能や機械関連の才能として認知されるようになる。中学校や高等学校では芸術や機械工学に関する選択科目で、美術、写真、機械製図、工芸、インテリアデザインなどの領域を扱うことができる。対人的知能にはリーダーシップの才能も含まれ、学校のクラブ活動や行事などで発揮される。内省的知能は自己についての非常に個人的な理解力であり、スクールカウンセラーや教師が気持ちや自己概念、自尊心について話し合いの場を設けるとき以外、気づかれることは滅多にない。

多重知能の概念のよい点は、知能やギフティッドネスの概念を広げている点、また、ギフティッド教育をより包括的にする可能性を示唆している点だ。ただし、これらすべての領域のギフティッドネスを含めると、ハイリー・ギフティッドのニーズを満たすことがこれまで以上に難しくなると訴える立場もある。他方、これらすべての領域の知能を考慮することで、高い能力のある生徒をもっと見出すことができるだろうと考える立場もある。確かに、七つすべての知能をさらに考慮すると、学校はカリキュラムをこれまで以上に個別化していかねばならなくなるだろうし、すべてのギフティッド児への教育を見直す必要が出るだろう。学校教育のなかで知能の定義を今よりも広げることがどれほど有効であるかについては、意見が分かれるところだ。しかし、ギフティッドの可能性のある子どもであれば誰もが言語的能力や数学的能力といった従来型の知能が高いわけではなく、多くの子どもが我々の世界に益となる分野で特別な才能があると見なす点については、ほぼ見解が一致している。公的教育において、あらゆる領域の知能に同じ重きをおいて伸ばしていくようにすべきだろうか。それとも、公的教育には適さないと考えられる才能の領域があるだろうか。社会全体としては、この七つの領域すべてについて、どこまでを学校のカリキュラム、特に、公的教育のカリキュラムに組み込むべきかを決めなくてはならない。

第2章　ギフティッド児の特性

ギフティッド判定方法の一つに検査があるが、それ以外に、行動特性を見て判断する方法もある。親や教師にとって行動特性はより身近な判断材料であることが多く、ギフティッドの判定プロセスで子どもの特性を十分考慮する学校もある。ひと言でギフティッド児とくくっても、個々の特性は非常に多様なため、ギフティッド児であれば誰もが以下の特性をつねに見せるというわけではない。ただ、多くのギフティッド児に見られる特性がある。ギフティッドにはさまざまなタイプがありながらも、共通の特性は実際に存在する。数十年にわたる膨大な資料から集約した共通特性を表2に記す。

親は、表2にある行動特性を注意深く熟慮する必要がある。多くの場合、特に第一子について、親は自分の子どもの能力を過小評価する傾向にあるからだ。実際、多くの親——特に父親——は、自分の子どもがギフティッドというカテゴリーに入るかもしれないということを受け入れられない。学校制度を通してあるいは個人開業の心理士から正式にギフティッドと判定された場合でさえ、わが子は本当はギフティッドなどではなく「がんばり屋」なだけだとか、たまたま検査の日に「ついていた」だけの「ギフティッドもどき」だと考えはじめる親もいる。あるいは、「しょせん検査だ。そんな点数、実際何の意味ももたない」と、検査結果がその子の学業や人生に影響など及ぼしたりしないと考えることもある。なかには「子どもには普通であってほしいのです」と、わが子にはギフティッドになってほしくないと率直に言う親もいる。

もっとも典型的な特性

表2にあげられた行動の多くが見られるのであれば、その子がギフティッドである可能性は非常に高く、それはその子の全生涯にわたり大きな意味をもつだろう。以下に、ギフティッド児のもっとも典型的な特性を詳しく解説する。

高度な言語能力

ギフティッド児の大半は、他の子どもよりも早く話しはじめる。なかには標準よりも遅れて話しはじめるギフティッド児もいるが、このような子どもは通常、話しはじめた当初から語彙が並外れて豊富で、止まることなく話し続けたり、ときには完璧なセンテンスで話しはじめたりすることもある。ギフティッド児の話す文章は複雑で、しかも幼少期からことばのニュアンスがわかり、「イラッとした」「ムッとした」「カッとした」の違いや「悟る」と「知る」の違いがわかったりする。また、単語を絶対的に正しく使うよう要求するかもしれない。言語能力が高いため、通常、結果的に類似と相違といった抽象概念の理解力が高まり、そうした抽象概念を取り上げて相手にも伝えるのを好む。たとえば、創造性を定義するように言われた一一歳のハイリー・ギフティッド児は、「それは、ドグマとカルマを融合することです」と答えた。[1]

表2　ギフティッド児の共通特性[2]

1	早ければ乳児期から並外れた注意力がみられる。
2	習得が速い。考えを素早く関連づけまとめられる。
3	多量の情報保持。記憶力が非常に良い。
4	年齢の割に並外れた語彙と複雑な文章構造をもつ。
5	言葉のニュアンス、比喩、抽象的な考えに対する高度な理解力がある。
6	数字やパズルを含む問題を好んで解く。
7	就学前に、ほぼ独学で読み書きスキルを身につける。
8	並外れた感情の深さ、感情と反応の激しさ、過敏さ。
9	抽象的、複雑、論理的で洞察力のある思考。
10	幼少期から理想主義と正義感がみられる。
11	社会的・政治的問題や不公正さ・不公平さへ関心を示す。
12	長時間の注意持続、粘り強さ、強烈な集中力。
13	自身の考えることで頭がいっぱい。白昼夢。
14	自身や他者のできない状態や遅い状態にいたたまれなくなる。
15	基本的スキルをあまり練習なしに早く習得できる。
16	鋭い質問。教えられたこと以上のことをする。
17	興味関心の幅が広い（ただし、一つの分野への強い関心を見せることもある）。
18	高度な好奇心。途絶えることのない質問。
19	実験や違う方法で試すことへの興味関心。
20	普通は考えないような方法や斬新な方法で考えやものごとをまとめる傾向（拡散的思考）。
21	鋭くときに並外れたユーモア、特にダジャレを使ったユーモアのセンスがある。
22	複雑なゲームや枠組などを用いてものごとや人を仕切りたがる。
23	想像上の友だちがいる（未就学児）。鮮明なイマジネーションがある。

言語能力が高いために、通常早くから本を読み始め、むさぼるように読むことが多い。自分で読むことがまだできない段階でも読み聞かせが大好きで（また、読んでとせがみ）、文字や数字の習得意欲が非常に高い。たいがい、「これ、なんて読むの？」と聞くだけで読み書きを自然にマスターしてしまう。親が読み書きをさせようと躍起になったり教え込んだりしているわけではない。

並外れた記憶力

ギフティッド児は人一倍意欲的に知識を吸収する。同年齢の子どもたちよりも早く、また、たやすく習得し、反復練習をあまりせずとも覚えられる。読み聞かせの際に間違いなどがあると、すぐにそれに気づく。なかにはフォトグラフィック・メモリー〔情報を写真に撮ったように記憶できる力〕をもつ子どももおり、本のページを隅々までありありと思い出せたりする。Concentration®〔神経衰弱のようなゲーム〕をしているときに、どこにどのカードがあるのか娘が素早く覚えてしまうと言う親がいたり、「電話番号を調べる必要がありません。息子に聞けば全部教えてくれるので」と言う親がいたりする。

ある二歳の男の子に『クリスマスのまえのよる』を読んでほしいとせがまれた親は、何百回となくそれを読む羽目になった。ほんの一つのことばを読み違えただけでも、その子はそれに気づき正した。ある日、その子は子ども用の椅子の上に立ち上がり、『クリスマスのまえのよる』の詩をはじめから終わりまで一つのミスもなく暗唱してみせ、家族中を驚かせた。どうやら、完璧に暗唱できると彼自身が思えるまでは披露を控えていたらしい。

強烈な好奇心

ギフティッド児は並外れて探求好きで、質問はとどまるところがない。特に「どうして？」という質問が多い。就学前の子どもから浴びせ続けられる質問に、たいていの大人は疲れ切ってしまう。「どうして、歯みがき粉は歯みがき〝粉〟っていうの?」「どうして星は光るの?」「どうしてお顔にしわがあるの?」。あらゆる事柄について、また、大人には失礼に聞こえるようなことでさえも質問し続ける。その子にしてみれば、失礼なことをしているつもりはまったくなく、ただ知りたいだけなのだ。

多岐にわたる興味関心

ギフティッド児の興味関心の多くは年齢の割に非常に高度で多岐にわたる。なかには、しばらくの間、一つのことに全身全霊を傾けた興味関心を示す子どももいる。一方、バッタが飛ぶように次から次へと興味関心が移り変わる子どももいる。このような子どもを見て、親や教師は「だらしがない」とか「移り気だ」と言っては落胆し、一つのことをやり遂げてから次のことに取りかかってほしいと願ったりする。このような特性を言い表した、ギフティッドの権威Dr.ジョージ・ベッツ（George Betts）の有名なことばがこれだ。「だから、クラリネットは買わずにレンタル！」。

ギフティッド児がいくつかのことに同時並行で取り組むのを傍から見る大人はイライラするかもしれないが、これは、ギフティッド児にはいたって普通の行動だ。いろいろなことに興味のあるギフティッド児は、取り組んでいるいくつかのことが中途半端になることがある。たとえば、まずジグソーパズルを組み立てはじめ、しばらくすると、パズルのピースを床に散らかしたままピアノの前へ行き、聞き覚えた曲を一本指で弾きはじめる。またしばらくすると、レゴ®を引っ張り出してきて飛行機を作りはじめるかもしれない。

その一方で、生まれつき興味関心の範囲が狭いギフティッド児もいる。その様子は、まるで視野狭窄とでも言えるほどのものだ。たとえば、マリアは現在七歳だが、三歳の頃から岩石の魅力の虜となり、収集、分類、一覧表作りなどをしている。[3] 彼女にしてみれば、他の人も同じようにこの魅力に惹きつけられないことが不思議だという。

試したがり

興味関心の対象が何であれ共通しているのは、ギフティッド児にとって一日が短すぎるということだ。どんなことでも実験したがり、周りの大人にとっては非常に残念な結果となることもある。好奇心のあまり、物がどのような仕組みで動くのかを調べずにはいられず、トースター、釣りのリール、電話などはバラバラに分解される羽目になるかもしれない。あるいは、混ぜたらどのような味、見た目、感触になるのか試さずにはいられず、いろいろな食べ物がぐちゃまぜにされるかもしれない。[4] ギフティッド児の実験により面倒なことが起こることもある。ある六歳のダンサーの女の子は、タップ・シューズを履いてガレージの車のボンネットの上で踊ったらどんな音が響くのか試してみたくなった。彼女の親がこれを歓迎できなかったのは言うまでもない。

強烈なイマジネーションと創造力

就学前のギフティッド児に、想像上の友だちが一人あるいは複数いることは非常に多い。この想像上の友だちは想像上のペットを飼っていたり、想像上の地に住んでいたりする。ある三歳のギフティッドの女の子は、今の家族と生活する前はウサギの家族と生活していたのだと言い張っていた。また別のギフティッド児は、家族との夕食に想像上の友だちも加えてほしいとせがみ、母親に席を用意してほしいと言ってきかなかった。[5] このような子どもたちにとって、想像上の世界はとてもリアルなものだ。

わが子に想像上の友だちがいるということで、情緒的な問題があるのではないかと心配する人もいるだろう。しかし、その子が人と情緒的に通いあっていれば、想像上の友だちはその子の知能の高さ、豊かなイマジネーションと創造性といった力を反映しているだけで心配はいらない。大人にもファンタジーの世界があることを忘れないでほしい。我々でも、本や映画のＳＦやミステリーという空想の世界に入り込むではないか。

非凡なユーモアのセンス

五、六歳になる頃には、ギフティッド児の強烈なイマジネーションと創造性は、並外れて高度なユーモアのセンスとなって現れることが多い。そして八～一〇歳頃までには、自分でなぞなぞやダジャレを作るようにもなる。たとえば「お腹の好きな色、知ってる？　オエ～ンジ」などと言っては三分間ずっと笑いころげている。他にこんなジョークもある。「二人のエスキモーがカヤックに乗っていました。とっても寒かったのでたき火をしました。そうしたら船が沈みました」。このジョークの落ちは、カヤックでヒートしてはいけないよ、というものだ。
ギフティッド児は、ことば遊びやおやじギャグが大好きだ。たとえば、「ねえ、〝abbreviation〟って〝略〟って意味なのに、なんで長いの？」「〝食パンスライサー以来の画期的な〟ってよく言うけど、食パンスライサー発明前は、なんて言ってたの？」［〝since sliced bread〟は、画期的なもの、という意味］「そもそも馬鹿者とお金がなぜ一緒になったの？」［〝馬鹿者と金はすぐ別れる〟という諺がある］「どうして接着剤は容器にくっついてしまわないの？」「〝phonetic〟は『音素記号』っていう意味だよね。でも、この読み方、そのままの音ではないよね？」。ギフティッド児のユーモアのセンス、ジョークやダジャレ愛に、周囲の大人はうんざりすることもあるだろう。

この強烈なユーモアのセンスは、ときに「うんざり」を超え、コミュニケーションそのものが影響を受けることがある。あるセラピストのもとに九歳のギフティッド児がやってきた。彼の不適切な行動を正そうと、セラピストはイギリスの作家、スティーブン・ポッター〔イギリスの自己啓発作家。皮肉交じりな文体を用いる〕を引き合いに出してみた。「やり方（how）を知っているのが知識人。それをすべきかどうか（whether）を知っているのが賢人だよ」。この子はこれを理解したうえでジョークを交えて答えた。「なんで天気の話（What does climate have to do with it）？」〔天気を尋ねる際の決まり文句 "How is the weather（whether）?" にかけている〕もちろん、セラピストは笑うほかなかった。

納得できる理由や理解を求める

並外れた創造力のために、ギフティッド児は慣習やしきたりに疑問を投じることがある。「どうして教会にはきちんとした身なりで行くの？」「どうしてコートの袖には、飾りだけのためにボタンがついているの？」「どうして大人が間違っているときに、子どもはそれを正してはいけないの？」。ギフティッド児はその理由を求めており、「そういうものなの」といった表面的な回答に納得することは滅多にない。

ギフティッド児は大半の人とはまったく異なるレンズを通して世のなかを見ている。聡明であればあるほど、そして創造的であればあるほど、世界を違った視点でとらえる。ただし、そんな彼らも、自分の見方が他者のそれとは異なることにはじめから気づいているわけではないということに留意すべきだ。彼らは彼らの視点で世のなかを見ながら成長するため、彼らにとってみれば自分の考えが標準であり、誰もが自分と同じように世のなかを見ているはずだと考える。ある五歳のギフティッド児は幼稚園の友だちが字を読めないことを知り、心底驚いた。彼女にとってこれは信じがたく、友だちはただ読もうとしていないだけだと考えるかもしれない。また、チェスの二手先まで容易に読めてしまう一〇歳のギフティッド児は、チェックメイトまでに必要な手がわからない友だちのことをまったく理解できない。

自分や他者にいたたまれなくなる

ギフティッド児はその激しさから、周囲を巻き込むほど驚異的に物事にのめり込んでいくが、同時に気が急いてしまいもする。他の子たちはなぜ自分の興味関心に同じように興味を示さないのか、また、なぜ問題の解法を理解できないのか、なぜ同じように素早く課題をマスターできないのかということを、悪気はないがなかなか理解できない。それが理解できないがために、周囲に対していたたまれなくなってしまう。みなが自分と同じように考えるわけではないことを、ギフティッド児は通常より多くの人生経験を積んで学ぶこととなる。

激しさと完璧主義とでもいうほどの理想により、ギフティッド児は、自分自身にもいたたまれなくなる。幼少期から完璧主義者の子どももいる。心の目で自分自身の可能性を見ることができるために、自身が理想にどれほど及ばないのかが見えてしまう。ギフティッドの幼児は、自分の微細運動能力［手先など細かい運動のスキル］にじれったくなることが多い。自分が何を作りたいか、何を描きたいか、あるいは何を書きたいかがよくわかっているのに、自分の小さな指が思い通りに動かないとき、彼らは非常に強いフラストレーションを感じる。

集中力の持続

ギフティッドの乳児は他の乳児よりも凝視時間が長く、ほぼどの年齢においてもギフティッド児の注意持続時間は長い。ただし、それは彼ら自身がそのとき興味のあることに対する集中であり、それは必ずしも周囲が注意を向けてほしいと思う対象と一致するとは限らない。多くのギフティッド児が読書、物づくり、お絵かきには何時間でも集中できる。そのようなときには、自分がしなくてはならない家のお手伝いなど「忘れて」おり、あなたの呼ぶ声など聞こえてすらいない。彼らの注意は非常に強烈、一点集中型で、無我の境地で没頭する。そして、人が気づかないような細かなことにも気づくだろう。ある一〇歳の男児はハリー・ポッター二巻をすでに四回も読んでおり、ホグワーツ魔法魔術学校でハリーと友だちが勉強したコースを全部覚えていると満足気に言っていた。また、ハイリー・ギフティッドの三歳の男児は、テレビでバスケットボールのスター選手が連続二〇回シュートを決めるのを見、自分も同じようにすると決めて三時間近くも練習してついにやり遂げた。子ども用のゴールリングではあるが、この歳の子どもとしては大変な偉業だ。それほどまでに長時間粘り続けるという意志の固さは類いまれだ。[6]粘り強さはギフティッド児から成人ギフティッドまで長期にわたり見られる特性である。[7]

複雑な思考

ギフティッド児は複雑さを求めている。未就学児でも、ギフティッド児は他の人々や物事を複雑な組織や体系のなかに組み込もうとするだろう。たとえば、複雑なルールのゲームを考え出し、さらにそのルールに特別な例外を盛り込むかもしれない。小学一年生の友だち――そのルールどころか、ゲームすらなかなか理解できない子どもたち――相手に、ギフティッド児はそのような複雑なルールのゲームを仕切りたがるが、たいてい、カオス、フラストレーション、拒絶、傷心に終わる。さらに、複雑さを求める特性ゆえに、特にルーティンワークを退屈に感じやすくなる。課題が平凡すぎると、ギフティッド児はその課題を放棄するかもしれない。

社会的・政治的問題や不当への関心

世のなかの機微や複雑さがわかってしまうために、ギフティッド児は、他の子どもたちよりもずっと早く世のなかの「ルール」、特に公正さの問題に関心を向けるようになる。わが子が見聞きし読むものに注意を払わねばならないと言う親に、我々は幾度となく出会ってきた。不当や不正を目にすると、感極まり泣き崩れたり義憤に駆られて怒り出したりするからだ。ホームレスの人を自分の家に連れてきて夕食をとってもらい、きれいなベッドで寝てもらいたいと考えているギフティッド児の話をする親もいた。その子はなぜそうすべきでないのかを、なかなか理解できなかったという。

繊細さ

専門家たちは、聡明な子どもほど繊細な傾向があるという関連性を認めはじめている。ギフティッド児は周囲の状況をより細かく察知し、それにより強く反応する。自身の感覚に敏感なことが多く、とても感情的なこともある。クラスの友だちがからかわれたりいじめられたりしているのを見て取り乱したり、障害のある人が物乞いをしているのを見て泣き出したりすることもある。その状況を頭では理解できていても、その悲しみを感情的に受け止めることができずにいる――あるいは、まだ情緒的な準備ができていない――のだろう。

未就学児では、夕方のテレビニュースを見て動揺したり、車のフロントガラスにきれいな蝶がぶつかって粉々になったと言っては泣き出したりすることもある。同じ年頃の子どもには見られないほどの思いやりを見せたり、周囲からの期待にも非常に敏感だったりする。人の感情を非常に鋭く感じとるほど繊細なため、まるで強烈な直観力があるかのように見える。ある親は一二歳のわが子のことを「家庭での外交官だ」と言った。家族間の緊張を察知し、すぐに仲裁していさかいを防いだり解決しようとするのだという。

繊細さは傷つきやすさを伴う。友だちにからかわれたり嘲られたりしたとき、あるいは友だちが自分以外の別の友だちとランチを食べたりしたとき、ギフティッド児は深く傷つく。口喧嘩をしたがために長年培ってきた友情を突然切ってしまったり、非難されたことや侮辱されたことをずっと後まで覚えていたりする。この繊細さは手触りや匂いといった身体的感覚にも及ぶ。

激しさ

ギフティッド児のあらゆる特性の根本に流れているのが突出した激しさで、これが、おそらくもっとも重要な特性だろう。ギフティッド児はあらゆることにつけて、人一倍猛烈だ。何かをなすのであれば猛烈になす。何かを信じるのであれば猛烈に信じる。主張するのであれば猛烈に主張する。ある母親が次のように言った。「うちの子は『やるべきことは、やりすぎるべし』というモットーのもとに生きているようです！」。

ギフティッド児は、まさに度を越えた性格のように見える。チェスに夢中になるときは、チェスこそが全身全霊でやりたいことになる。昆虫に夢中になるときは、昆虫にすべての情熱を注ぐ。激しさはかんしゃく、きょうだい間の張り合い、大人との衝突など、あらゆるところに浸透している。睡眠パターンすら激しさを伴う。眠るときは猛烈に眠り、なかなか目覚めない。睡眠中に見る夢も通常よりずっと鮮烈だ。ギフティッドの男児は非常に深く眠るため、夢遊病、おねしょ、さらには夜驚症にもなりやすいという専門家もいる。

白昼夢

ギフティッド児はその激しさゆえに、しばしば我を忘れるほど物思いにふけったり白昼夢を見たりする。ある父親は、九歳の息子が野球のグローブをなくした日のことを話した。なんと、なくしたのは試合の真っ最中だった！　外野に立っていたその子は熱気球を見つけた。気球の色に惹かれ、そこから見下ろしたときに広がる世界を想像し、どのようにして飛行を続けているのかを夢中で考えた。非常に深く没頭して考えていたために、手からグローブが落ちたことに気づかなかった。その回が終わったとき、コーチは別の子を送って彼をベンチに連れ戻さなくてはならなかった。グローブをどこにやったのかとコーチに聞かれたとき、この少年は心底困惑してしまったという。

確かに度を越した白昼夢は親や教師をイライラさせもし、何らかの支障が生じれば問題にもなる。一方、イマジネーションやものすごい集中力は、多くの職業で必要とされるスキルでもある。卓越した人々はこれらのスキルを問題解決に必須のものと考えている。

これまで述べてきたギフティッド児の特性の多くは、親、教師、そして、ギフティッド児本人にとっては厄介でイライラさせられるものだ。しかし同時に、それらは状況次第では有用なものにもなる。親をはじめ周囲の大人は、ギフティッド児がこれらの特性を見せた際に叱らないよう気をつけねばならない。というのは、これらすべてがギフティッド児をギフティッド児たらしめるものだからだ。そもそも、子どもの髪が茶色であったり目が青かったりするのを叱る大人はいない。それと同様、これらいずれの特性も、ギフティッド児がギフティッド児たる本質的で変えられない特性だ。我々はそれを受け入れ、尊重しなくてはならない。

聴覚継次型か視覚空間型か

子どもの思考スタイルの影響は、どの才能や能力が伸びうるかにとどまらず、その子の学習スタイル、テストや教師により見出される才能の可能性にまで及ぶ。思考スタイルや学習スタイルは人とのかかわり方、友人選択にまでも影響を及ぼす。二つの思考スタイル——聴覚継次型と視覚空間型——を知っていると、あなた自身とあなたの子どもの思考スタイルとが、なぜどのように異なるのかをよく理解できるだろう。

「左脳型」と「右脳型」といった学習スタイルのとらえ方が主流だった時代もある。当時は、脳機能が大脳半球のいずれかの半球と関係すると見なされていたためだ。[8] この二つの思考スタイル「左脳型」と「右脳型」——は脳機能の一部を表したにすぎない。ある種の脳機能は大脳左半球あるいは右半球のいずれかにより深く関係するのも事実だが、いずれの半球内にもさまざまな機能がある。[9] 実のところ、我々が実際に何かをする際には、脳の全体が相互に作用しあいながら活動しているため、いわゆる「右脳か左脳か」という分け方は単純化されすぎたメタファーだ。ただし、個人の思考スタイルや学習スタイルの違いをわかりやすく表すような分け方もあり、[10] それが聴覚継次型と視覚空間型という新たなとらえ方となる。[11]

この二つのスタイルを通してとらえると、人間の思考、学習、問題解決、また、互いの理解や関係のあり方に至るまで、その基本的な違いをよく理解できる。このとらえ方は、教育、職業訓練、さらには結婚カウンセリングや家族カウンセリングにまで取り入れられている。表3に、この二つの思

表３　思考・学習スタイル[12]

聴覚継次型	視覚空間型
主にことばを用いて考え、フォニックス*を容易に習得する。	主にイメージを用いて考え、課題を実際にやって見せてもらうことを好む。
聴覚情報を好む。	視覚情報を好む。
情報や課題を時系列に沿って処理する。	情報を全体的に処理する。詳細を見る前に全体を見ることを好む。
事実や詳細の学習を好む。具体的で細かな指示を好む。	抽象的思考課題を好む。全体的な目標や指示を好む。
１つの課題を直線的に順序立てて処理する。	一度に複数の課題に取り組むことを好み、課題がたくさんある状況を好む。
体系、秩序を好む。正式な題材や作業環境を好む。	ざっくりとした流動的な状況を好む。独自の構造を創り出す。即興ですることが多い。パターンを探索する。
分析的思考のもち主。関係を論理的に推論する。	情報や考えを統合させる活動を好む。直観的にアイディアを生み出す。
実在する問題の解決を好む。	新しい問題、自分で生み出した問題の解決を好む。
唯一の正解のある具体的な課題を好む。	概念を好む。計算より推論が得意。
多くの場合、真剣に物事に取り組む。	遊び心をもって問題にアプローチする。

［* 綴りと発音の法則。また、それを用いて英語の読み書きの習得を促すために開発された指導法］

考・学習スタイルの要点を記す。

聴覚継次型の人は事実や詳細部分に注目する傾向があり、物事を整然と分類、体系化すること、明確な説明を伴う実用的、具体的な課題を好む。この、いわゆる「具体・継次型」は、一つの課題や概念に対して、ひとつひとつ順番にきちんと、すべてのものがしかるべきところに収まるやり方で取り組むのを好む。問題解決の際に聴覚継次型がとる典型的な方法は演繹的論法で、原理原則に基づき論理的に推論を導き出す。彼らは概して非常に真剣に課題に取り組む。また、言語能力が非常に高く、話しことばや書きことば――言語――を用いて学習する。

対する視覚空間型思考スタイルの強い人は抽象概念を好み、同時にいくつもの課題に並行して取り組むことがある。曖昧さや即興性への耐性があり、むしろそれを楽しむ。帰納法的論法を用いて経験や情報を直感的に統合し、状況や問題をとらえるうえで新たな枠組みをつくりだす傾向がある。マルチプロセッサであるため、いつも複数の課題に同時に取り組んでいるが、いずれも未完成のまま、いろいろな段階の状態にあるかもしれない。視覚空間型の人は際限のなさ、秩序のなさに対して想像を絶するほどの耐性があり、周囲の人々がその様子に驚いたり不愉快になったりすることもある。また、課題を完成させなくてはいけないというプレッシャーを、ほとんどあるいはまったく感じないことが多く、彼らの部屋、机、クローゼットは、しばしばゴチャゴチャに散らかっている。問題とその解決方法を視覚・空間的に思い描くことができ、探し物の場所や色を思い起こして素早く見つけられることが多い。視覚空間型学習者は、規則や罰則が多く融通の利かない秩序だった環境を好まない。たいがい、ドリルや暗記などの単調な課題を嫌ったり拒んだりする。

二つの思考スタイルのいずれにもあてはまるという人もいるが、大半は、いずれか一方の思考スタイルに多少なりとも偏っている。いずれか一方の思考スタイルに極端に偏ると問題が生じる可能性がある。たとえば、視覚空間型思考スタイルの人は言語中心の従来型の授業スタイルには困難を示すかもしれない。対する聴覚継次型思考スタイルの人は、曖昧な指示を出す先生や視覚化が要される活動にはフラストレーションを感じるかもしれない。両親ともに聴覚継次型で子どもが視覚空間型（あるいは、その逆のパターン）の場合、認識や思考スタイルの向き不向きが異なるために、必ずやフラストレーションが生じるだろう。

どちらの思考スタイルがよいのだろうか？　それは課題により異なる。視覚空間型の人は、創造性が認められたり奨励されたりするような職――芸術、音楽、デザイン、建築、考古学、理論物理学など――を好む傾向がある。聴覚継次型の人は、言語スキルや秩序を重視する職――弁護士、工業化学者、会計士、エンジニア、医療関係者、経営者など――を好む傾向がある。

視覚空間型の生徒は、学校では教師による選出や集団学力検査、集団適性検査によりギフティッドと判定されることは滅多にない[13]。授業の大半は聴覚継次型のプロセスが重視され、教師も授業のなかで創造的に取り組もうとする生徒をあまりよく思わない。ギフティッド児判定のための典型的な集団検査は、聴覚継次型の問題となり、創造力や拡散的思考力を使えない。同様に、きちんとした聴覚継次型の親はわが子がいつも何かを中途半端にしていたり、まじめに取り組んでいないように見えたり、学校の勉強があまりできないことをもどかしく思う。創造的でまとまりのない学習スタイルを好むギフティッド児を「頭のなかがグチャグチャだ」と見なす大人と、猛烈なギフティッド児とのやりとりは、最終的に衝突（power struggle）を引き起こすことがある。

聴覚継次型の生徒にも困難がある。そのような子が活動的で創造的な教師の授業を受けたときのことを想像してほしい。聴覚継次型の生徒はフラストレーションを感じるだろう。しかるべき情報や教材がしかるべき状況にあるときにもっともよく学習したり考えたりすることができ、事実と詳細の習得に非常に真剣に取り組む生徒にとって、変幻自在で創造的な授業など、ほとんどあるいはまったく耐えられたものではない。このような生徒は詳細指向なため、完璧主義の問題のリスクも抱えることがある。人とのやりとりなど統合力や直観力を要する課題は彼らにとって難しいかもしれない。まじめな聴覚継次型の生徒にとって、騒々しく散らかっていて目的が曖昧な環境は、ほぼ耐えられない。

ギフティッド児の特性や思考スタイルの概念は家庭や学校において確実に大きな意味をもつ。ギフティッド児の理解に重要なもう一つの概念が「過興奮性」だ。

過興奮性とギフティッド児

ポーランドの精神科医であるカジミェシュ・ドンブロフスキ（Kasimierz Dąbrowski）は、ギフティッド児や成人ギフティッドについての理解に多大な影響を与えることとなる説を唱えた。彼の唱えた説のなかに、刺激に対する人間の強い反応を説明する「過興奮性（overexcitabilities）」という概念がある。この概念により、並外れて知能の高い人に見られることの多い激しさと繊細さが浮き彫りにされた。[14]精神病患者、芸術家、ギフティッドの学生を対象とした臨床観察のなかで、ドンブロフスキは、これらの人々が本能的にある特定の刺激に惹きつけられるらしいことに気づいた。また、この刺激に対する興奮は、五つの領域（知性、想像、感情、感覚、精神運動）で起こるようだということにも気づいた。そして、これら五つのすべての領域で興奮性の情熱や激しさが見られる人もいれば、一つか二つの限られた領域で見られる人もいた。

ドンブロフスキやその後に続く臨床観察研究を通して、ギフティッド児がこの過興奮性を特に経験しやすいことが明らかにされた。[15]ギフティッド児は生まれながらの情熱や猛烈さからとても刺激反応性が高く、その感情や経験は一般的に想定されているものをはるかに超えたものとなる。この違いは、ちょうど室内用テレビアンテナとパラボラアンテナの違いにたとえられる。ギフティッド児は通常よりずっと強烈に刺激を経験したりそれに反応したりする。[16]

「過興奮性」という用語は、「まったく、繊細すぎる」というセリフに見られるように、その経験がいつもネガティブなものというニュアンスを帯びる。実際は、この強烈な経験はギフティッド児にとってポジティブにもなりうる。豊かな経験としてより豊かに楽しめるということでもある。過興奮性はギフティッド児の強みの大きな源ともなり、また同時に、大きなストレスやフラストレーションの源、批判される原因にもなる。メアリー＝エレーヌ・ヤコブセン（Mary-Elaine Jacobsen）によると、過興奮性に直接関連してギフティッド児が受けることの多い批判には以下のようなものがある。[17]

- いい加減、どうして落ち着けないの？
- 何から何まで心配しすぎ！
- 一つのことを続けられないの？
- まったく繊細すぎて大げさなんだから！
- 要求が高すぎるの！
- まったく、後先考えないんだから！
- 満足ってことを知らないの？

このリストにあげられるような行動は、過興奮性に直接起因する。大半のギフティッド児は、大人になるまでには自分の過興奮性とうまくつき合う術を身につけるものの、このような尋常でない過興奮性は通常成長とともに消えるものではない。以下に五つの過興奮性について詳細を記す。[18]

知的過興奮性

好奇心、鋭い質問、集中力、問題解決力、論理的思考——これらすべてが知的過興奮性のサインや現れだ。途方もなく活発な知力をもち知識の習得に貪欲で理解や真実を追究し、問題解決に向けて努力を惜しまない。子どもの頃は本をむさぼるように読み、成人後も熱心な読書家となる。たとえば、新しい考えを知ることがいかに刺激的で気分爽快であるかを話したりする。

知的過興奮性のあるギフティッド児は矢継ぎ早に質問する。成人後は内省的になり、焦点化、集中力、問題解決力を要する知的な難問を好むようになる。なかには長時間ただ一人座って考えているだけで満足だという人もいる。知的過興奮性のある人は道徳的問題や公正さの問題にも関心を向けることがある。彼らは独立した思想家、鋭い観察者だ。そして、思想についての知的興奮を分かち合えないと、それにいたたまれなくなったりうろたえたりする。

想像の過興奮性

想像の過興奮性のあるギフティッドの人々は、複雑な構想を思い描くのが好きだ。そして、それはたいてい壮大なドラマを伴う。ある母親は「うちの場合、食卓で塩を取ってあげるというような些細なことが、三幕もの演劇になってしまいます」と話した。豊かなイマジネーション、空想遊び、想像上の友だち、アニミズム思想、白昼夢、ドラマチックな感じ方、メタファーを用いることなどすべてが、聡明で創造性あふれる子どもにとってとても魅力的だ。幼い子どもは事実と空想を混同するかもしれない。授業中などには、心にはっきりと思い描きつくり上げた空想の世界に入り込むこともあるだろう。そして、現実と空想を混同することもあるだろう[19]。

たとえばコメディアンのロビン・ウィリアムスのような、劇的な想像の過興奮性のある人を思い浮かべてほしい。そのような子どもは親や教師からすると「ボーッとしている」ように見えたりもするが、傍から見て上の空のような人は、実は創造性に富み拡散的思考に長けている人なのかもしれない。漫画家のマイク・ピーターズ（『マザーグースとグリム』®の作者）は、教師から落第者と見なされていた。勉強をしないで教師や校長の風刺画ばかり描いていたからだ。校長は、彼のイヤー・ブックに「大人になったほうがいいですよ、ピーターズさん！　大人になったら漫画ばかり描いていられませんからねえ」[20]と書いた。ところが、彼は三八歳になる頃、大手新聞社の時事漫画でピューリッツァー賞を受賞したのだ。

感情の過興奮性

感情の過興奮性は極端で複雑な感情や強烈な感覚を伴い、親がまず気づくことが多い。感情の過興奮性のある人は、他者の幸福を過剰に心配し、周囲の環境に対する関心（や反応）が強い。人、場所、物に強い感情を伴う愛着を抱くため、大げさだと批判されることも多い。彼らの強烈な感情は、思いやり、共感性、繊細さ、そして、ときには怒りとなって現れる。ある母親は次のような話をした。ある日、大急ぎで車を運転していると、八歳の娘が「止まって！　スピードを落として！」と泣き叫んだ。なぜかと尋ねると、娘は「フロントガラスで虫を殺してる！　まだ八歳なのに、おびただしい数の死を見ちゃったの！」と答えたということだった。

感情の過興奮性のある子どもはゲームに負けたとか、仲間外れにされたと感じた、何が何でも一番になりたい、思うようにいかないなどで、（三歳を過ぎても）たびたびかんしゃくを起こしたり激怒したりすることがある。周囲の大人からすると、彼らの感情は極端で困惑するほどのものだろう。感情の過興奮性のある青年は社会的大義に夢中になり、理想的なほどにまで人を助けよう、環境を守ろうとするかもしれない。自分の理想主義と繊細さを人々と分かち合えないとわかると深く悲しみ、ときには世をすねたようになったり怒ったりすることもある。極端な感受性や、世のなかの不正なども含む物事や他者の感情への強烈な反応は彼ら自身にとって苦痛や恐怖となりうるだろう。

感覚の過興奮性

感覚の過興奮性のある子どもにとって、日々の生活での感覚――見る、嗅ぐ、味わう、触れる、聞く――は、他の子どもたちよりもずっと増幅されたものとなる。このような子どもは、たとえば、単に芸術を見て楽しんでいるのではなく、それを経験している。また、音楽、言語、食に対するずば抜けた敏感さから、大きな喜びを得られることもある。この喜びに満ちた経験に強烈に入り込むため、周りの世界は一瞬消滅したようになることもある。

この過興奮性が原因でフラストレーションも生じうる。家庭では、襟ぐりにあるタグを嫌がったり、ザラザラしていたり縫い目のある靴下を断固拒否したりすることがある。光に特に敏感なこともあり、学校では、蛍光灯の点滅やノイズのために、課題に集中できなかったり頭が痛くなったりするかもしれない。また、教室のつねにざわざわした感じに疲労困憊してしまうこともある。香水などの匂いに参ってしまう子もいるだろう。乳幼児でさえ、感覚の過興奮性のあるギフティッド児は特定の食べ物の食感や味に強く反応する。当然ながら、感覚の過興奮性のあるギフテッド児の多くは刺激過多が予想される状況を避けようとする。

精神運動の過興奮性

精神運動の過興奮性のある子どもは、非常に「活発でエネルギッシュ」だ。[21] 動くこと自体が大好きでエネルギーが有り余っている。このエネルギーは、早口、燃え上がるほどの熱中、猛烈な身体活動、とにかく動きたいという欲求として現れる。感情が張り詰めるとしゃべらずにはいられなくなったり動かずにはいられなくなったりし、神経症的習癖や激しい衝動性、強迫的行動が現れ、非常に競争的になったり不作法になったり感情をあらわにすることもある。彼らの際限のない身体的、言語的情熱とエネルギーは当人に大きな喜びをもたらすが、周囲は気がどうにかなりそうになるかもしれない。このような子どもは、家でも学校でも一時もじっとしていないように見え、また、つねにしゃべっているかもしれない。周囲の大人も子どもも誰もが、お願いだから黙ってじっとしてて！　という気持ちになることも多々ある。

精神運動の過興奮性のある子どもはADHDと誤診される可能性が特に高い。この過興奮性のある人は大人であれ子どもであれ、精神的には課題に集中しているようなときでも、からだが興奮のためにソワソワしたりピクピクしたりしやすく、それが多動のように見える。この過興奮性のある大人の場合、周囲はそのような彼らと一緒にいるのに疲れてしまうかもしれない。多くは精力的なエクササイズや退屈しのぎの落書き、編み物といった、社会的に許容される活動をすることで、この精神運動の過興奮性とうまくつき合うようになる。あるいは、特に何かに一心に見入っているときなどは、貧乏ゆすりをして過興奮性をコントロールすることもある。理解ある先生はそのような子どもの運動欲求に合わせ、授業中に柔らかく触り心地のよいスクイーズ・ボールなどを握っていてもよいように配慮したりする。我々大人は、特定の活動や状況を避けることで過興奮性とうまくつき合えるが、子どもにはそのような選択肢がないことを忘れないでほしい。

ギフティッド児にひそむ困難

ドンブロフスキの過興奮性の概念により、ギフティッド児――特に、より高度のギフティッドである子ども――の長所が、いかにして困難をも引き起こしうるかの理解が広まった。ギフティッド児に共通して見られる特性そのものが――その特性が親や教師に気づかれていなかったり理解されていない場合は特に――困難を引き起こす潜在的要因にもなる。ギフティッド児の世のなかの見方は他の子どもとは異なる。そして、彼らの思考、行動、感情は、人一倍強烈だ。エクセプショナリー・ギフティッド児は大人が見るように世のなかを見ているだけでなく、「通常の世界を電子顕微鏡で見ているようだ。他の子どもが見ないようなもの、想像すらできないものを見ている」[22]といわれている。

ギフティッド児にひそむ困難のなかには、彼らの優れた特性に直接起因するものもある。[23]この潜在的な困難が、周囲ばかりでなくギフティッド児本人にストレスをもたらす。たとえば表4にあるように、潜在的な力が高いことで、周囲はギフティッド児にしばしば高い期待を寄せる。好奇心旺盛だったり興味の幅が広かったりすることで、手を広げすぎて中途半端だ、散漫だ、という印象を与えるかもしれない。思考の速さや高い要求水準により、他の人にじれったくなることもあるだろう。激しさにより、批判を受け入れたり、大げさに反応しすぎないように自分の行動を調節するのが難しくなる可能性もある。さらに、ギフティッド児の自尊心が低かったり自己概念が脆弱だったり自己不信が強かったりする場合は、特にストレスや抑うつを経験しやすい。[24]

表4　ギフティッド児の優れた特性と関連する潜在的な困難[25]

優れた特性	潜在的な困難
新しい情報を素早く習得、記憶できる。	周囲のゆっくりしたペースをじれったく感じる。ルーティンやドリルを嫌う。基本的スキルの練習をしようとしないことがある。複雑すぎる概念をつくりだすことがある。
探求的姿勢、知的好奇心、内発的動機づけ、意味の探究欲が高い。	ばつの悪い質問をする。断固として譲らない。行き過ぎた興味関心。他の人にも自分と同じであることを求める。
概念化、抽象化、統合化の力がある。問題解決や知的活動を好む。	詳細を拒否したり除外する。練習やドリルをしようとしない。教え方に疑問を呈す。
因果関係を理解できる。	非論理的なもの（感情、しきたり、鵜呑みにしなければならないこと）をなかなか受け入れられない。
真実、公平さ、公正さを愛する。	なかなか現実的に考えられない。人道上の問題に悩む。
物や人を組織したり系統立てるのを好む。体系化を求める。	複雑なルールや体系を作る。仕切り屋、無礼、傲慢に見えることがある。
語彙が豊富で言語力の上達が早い。高度な情報を広く知っている。	ことば巧みに状況から逃げたり避けようとすることがある。学校や同年齢の友だちに退屈してしまう。周囲から「知ったかぶり」と思われてしまう。
クリティカルに考える。要求水準が高い。自己や他者をクリティカルに評価する。	周囲に厳しかったり不寛容である。落ち込んだり意気消沈したりすることがある。完璧主義的。

鋭い観察者。普通は思いつかないようなことを考えるのを好む。新しい経験を求める。	集中力が非常に高すぎる。騙されやすいことがある。
創造性が高く独創的。新しいやり方を好む。	計画を混乱させたり、既に馴染みのあるものを受け入れようとしないことがある。周囲から変わり者、調和を乱す者と思われる。
強烈な集中力。興味関心のあることへの長時間の没頭。目標指向行動。粘り強さ。	邪魔されることを嫌がる。興味あることに没頭している最中は、すべきことや他の人が眼中に入らない。頑固だと思われる。
繊細で他者への共感性が高い。他者に受け入れられたいという思いが強い。	周囲からの批判や仲間からの拒絶に敏感。周囲にも自分と同じ価値観を期待する。成功と真価を認められることへの欲求。自分は異質だという感覚や疎外感を感じることがある。
エネルギーの高さ、敏捷さ、情熱。強烈な努力。	不活発な状態でのフラストレーション。情熱のあまりに人の計画を混乱させることがある。絶えず刺激が必要。多動と思われることがある。
自立心が強い。個人作業を好む。自分の力を信じている。	親や仲間からのアドバイスを拒否することがある。一般社会規範や慣例に従わないことがある。
多岐にわたる興味関心と能力。多才。	散漫でまとまりがなく見える。時間が足りずフラストレーションを感じる。周囲は最後までやり遂げる力を求めることがある。
強烈なユーモアのセンス。	世の中の不合理が見える。ユーモアを仲間にわかってもらえないことがある。注目を得ようとして「クラスの道化師」になることがある。

ギフティッドか、それとも賢いだけか

あなたはまだギフティッド児とともに暮らしているとは思えないかもしれない。あるいは、わが家のギフティッド児は一人どころではないと思えてきたかもしれない。子どもがまだ幼くても、ギフティッドどころかハイリー・ギフティッドだとすぐにわかることがある。一方、その子がギフティッドなのかただ賢いだけなのかの判断が難しいこともある。

その子の特殊な才能が言語や数学以外の領域にあるかもしれないし、ある程度成長するまではっきりとはわからないような知的才能があるかもしれない。その子の可能性を見出すのは、その領域を経験する機会がないと難しいだろう。ジャネールの両親は、娘が音楽好きなことは知っていたが、四歳でスズキ・メソードのヴァイオリンで突出しはじめるまで、その才能には気づかなかった。

ギフティッドとは考えないまでも、子どもの才能には親がまず気づくことが多い。たいてい子どもがごく幼いときから、同年齢の子どもと比べてわが子の成長が早いと漠然と感じ、他の子どもや大人とかかわるうちに確信するようになる。就学前のわが子の早熟な様子に、それを見た人が驚き、「この子、今いくつ？」などと尋ねたりするからだ。

子どもの発達の遅れや急成長があるため厳密な比較は難しいが、ギフティッド児の行動発達基準を示したものがある。[26] 同年齢の子どもと比較したとき、就学前のギフティッド児は（運動能力を除く）大半の領域で三〇％以上発達が早く、ハイリー・ギフティッド児はさらに極端に進んでいることが多い。[27] 親は、自分が親バカでわが子の才能を過大評価しているのではないかと思うかもしれない。しかし、自分の子どもの才能について、親自身の観察眼や判断を信じ、同時に、わが子の潜在的な力を親自身

が実際は過小評価しているかもしれないことに留意すべきだ。親自身が聡明で、子どもと接する経験があまりないと、わが子の才能を過小評価する傾向が高い。

キャロル・ストリップとグレッチェン・ハーシュは、ギフティッド児のさまざまな特性を一覧にし、ギフティッド児と秀才児の特性を比較した。[28]ギフティッド児と秀才児とのいちばんの違いとして強調されているのは、その深さと激しさだ。そのため、各特性がどの程度強烈に見られるのかに注目すべきだとしている。たとえば、秀才児は普通の子どもよりも好奇心がある。一方、ギフティッド児はもっとずっと好奇心が強く、どんどん情報を掘り下げていく。秀才児は読書が好きだ。一方、ギフティッド児はもっとずっと本に取りつかれたように夢中になってむさぼり読む。以下に『ギフティッド児が羽ばたけるように *Helping Gifted Children Soar, 2000*』からの引用をいくつか記す。

質問スタイル

秀才児は答えのある質問をする。ギフティッド児のする質問は、抽象的な考え、概念、理論についてで、容易に答えられる類いの質問ではない。たとえば、なぜ光は音よりも速いのか、また、大気圏外でもそのことが成り立つのか、というような質問をする。

習得の早さと概念の応用

秀才児は段階を踏んで概念を習得する。ギフティッド児はステップ2からいきなりステップ10へと飛んだりする。ステップ2を終える頃にはすでに答えがわかっているからだ。ギフティッド児に算数の問題を解くまでの過程をすべて書き出すように言ってもやろうとしないことがある。彼らは頭のなかで解法を導き出しているのであって、紙の上で考えているわけではないからだ。これに教師がフラストレーションを感じることがある。また、ギフティッド児が他の子どもたちに解き方を教えてあげるようにいわれると、他の多くの子どもたちは課題を理解するのにすべてのステップをたどる必要があるため、問題が起こる可能性もある。

感情の様相

秀才児も感情を表に出すが、動揺するようなことがあっても、概してそこそこスムースに克服できる。ギフティッド児は増幅された、ときには全身全霊の感情を経験するため、それ以外の思考やすべきことの入る余地がなくなる。何か事が起こると、数日から数週間、強烈な心配が思考に侵入することがある。

興味関心の程度

秀才児も質問し、多くのことに興味がある。ギフティッド児は、あらゆることに強烈な興味関心を示し、惹きつけられたことに没頭する。サラは七歳でカエルの卵とオタマジャクシの収集を本格的に始めた。両生類についての本を読んだり、大人相手に博物学の話をしたりするのが大好きだ。この年齢ですでに、大きくなったら動物学者になると言っている。

言語能力

秀才児は新しい語彙を簡単に習得するが、年齢相応のことば遣いをする。ギフティッド児は並外れた量の高度な語彙を用いることが多い。そして、他者の使うことばのニュアンスを理解し、ことば遊びやダジャレを好み、年上の仲間（ときには大人）としばしば議論する。また、ことばをスペル読みの暗号にして話をする〔たとえば“divorce《離婚》”など、大人が子どもに聞かせたくない話題に出てくることばを、どうしてもその子の前で言わなければならないときなどに、「彼らは先月d、i、v、o、r、c、eしちゃったのよ」などのようにスペルを使う〕と、ギフティッド児はすぐにその暗号を解いてしまう。

公正さへの関心

秀才児は、公正とは何かについて、しっかりした考えを述べることができる。ただ、たいていその主張は「〇〇ちゃんのケーキは私のより大きい」のように、個人的な状況に関係している。ギフティッド児は、公正さや公平性にもっと強烈な関心を示し、もっとグローバルな視野で考える。ペドロはほんの九歳だが、テレビを観ながら、コマーシャルが部分的に切り取った真実を謳い文句に宣伝しているようだと憤慨していた。そして、宣伝の真実を問うキャンペーンを始めたいと言いだした。ギフティッド児はたとえば、どうしてもっと多くの国々が飢えに苦しんでいるアフリカの子どもたちを助けないのかと疑問に思っている。戦争、環境問題、人道的問題などに関する複雑な道徳的・倫理的疑問の隠微を感じとり、自らの見解を熱烈に主張する。ギフティッド児の親は、これらの問題についての子どもの質問や心配にいつも応じているような状況になる。

ギフティッド児の特性は、ギフティッド児自身とその家族に、喜びと想定外の困難の双方をもたらす。以降の章では、ギフティッド児の家族に広く見られる悩みに対する役立つ情報を提供したい。それらの悩みに有効な対処法も多く載せるようにした。ギフティッド児を育てることほど難しいことはそうない。しかし同時に、これほど豊かなやりがいを与えてくれるものも、そうそうない。

第3章　意思疎通——人間関係のカギとなるもの

人とかかわる力こそが、ギフティッド児が成功し、人を思いやり、社会の一員として貢献できる人間へと成長できるかどうかを決めるもっとも重要な要因だろう。親は子どもとのやりとりを通して、また、役割モデルとなることで、子どもの人間関係力を育むうえで重要な役割を果たす。子どもは人とかかわることで、人が通常どのようにやりとりをするか、周囲が自分に期待すること、また自分が人に期待できることを学び、また、自分自身についても学んでいく。健全な人間関係の構築に必要なポジティブな意思疎通のあり方を育むことが、親の最大の責任のひとつだ。

人が生まれたその瞬間から、日々の活動や行動を通して意思疎通が生じ、人との関係が始まる。親は泣き声や動作から赤ちゃんの欲求を理解し、空腹を満たしたりあやしたりする。親が話しかけると、赤ちゃんはその声に反応してニコッとしたり喃語を発したりする。そして、徐々にやりとりが増えていく。赤ちゃんが微笑んだり声を出して応答したりできるように、親が積極的に話しかけるなどしていると、関係性が育まれ、赤ちゃんは予想や期待をすること、人を喜ばせる方法を学んでいく。笑うことを覚え、「パパ」「ママ」と言えるようになり、後には自分で食べたり一人で服を着たりできるようになる。ときとともに成長し、やがて一〇歳になる頃には、その子は小学四、五年生だ。思いのほか早く高校生になってしまうと感じる親が大半だ。この間、親子関係の変化とともに意思疎通のあり方も変化するだろう。

子どもが成長し自立するにつれ、親子の意思疎通は難しくなる。その子にとって重要な大人自身が、若い頃に人との強い絆を築く経験をもてなかった場合には特にそうだ。また、家族の病気、離婚、死別などの重大な家族の危機に遭遇した際には、一層意思疎通が難しくなる。このような状況にある子どもは自分の思いや感情に自分だけで対処しようとし、親との意思疎通を「シャットダウン」する。このとき健全な意思疎通の再開を可能とするのは、ただ強い絆だけだ。

意思疎通はいかなる人間関係においても大切だが、親子であればなおさらだ。長い目で見ると、どのようなすばらしい教育環境よりもあなたとその子との親子関係が大切だ。どのようなすばらしい教育環境も、健全な意思疎通がなければ台なしになるだろう。健全で心を開いた意思疎通ができていれば、家庭内で問題が生じてもずっとスムースに乗り越えられ、絆はさらに深まる。子どもは家族関係のなかで、自分が何者かという感覚を発達させるため、子どもの自信と自尊心は家族間の強固な絆により育まれる。子どもはこの経験を土台とし、家庭の内外で社会的なふるまい方やポジティブな人間関係の築き方を身につけていく。

あなたはどのような意思疎通のモデルとなっているか？

子どもが意思疎通のしかたや人間関係について学ぶ方法は主に三つある。第一に、親の自分とのかかわり方から学ぶ方法。第二に、親の他者とのかかわり方を観察して学ぶ方法。第三に、自分自身が人とかかわるなかで学ぶ方法だ。親の行動の取り方、特に、親子で意見の相違があるときやしつけをするときの親の行動は信頼や隠し立てのないやりとりを阻むため、子どもとの健全な意思疎通の妨げとなることがある。声を荒げたり怒鳴ったりすると子どもは怖がり、心を開いてかかわろうとしなくなるかもしれない。大声で怒鳴ることが習慣になっている親は、子どもからの信頼という価値あるものを失いかねない。

意見の相違は人生において避けては通れないが、そのような状況では大人が意思疎通を阻むような行動をとりやすい。心理学者であり執筆家でもあるマーティン・セリグマン（Martin Seligman）が提唱した、よりポジティブな意思疎通のため、あるいは、人間関係の妨げとなる行動をとらないようにするためのヒントを以下に記す。[1]

- 子どもの前で乱暴な行為をしない。この乱暴な行為には、物を投げたりドアを強く閉めたりすることも含まれる。このような行為は、子どもに非常な恐怖を与える。
- あなたの気持ちを、できる限りことばで表現する。攻撃的にではなく、素直に伝える。例「ママは今、本当に困っているの（怒っているの、イライラしているの、など）」。
- 怒りのコントロールのモデルを示す。ゆったりと構えなおし、気持ちを鎮める時間をもつ。「ちょっと庭に出て頭を冷やしてくるね。それから話そう」のように伝える。
- 子どもの前で、あなたの夫（妻）を決めつけるようなことばで批判しない（例「あなたのパパって、いつも～ね」「おまえのママは、絶対～しないんだな」）。
- 子どもに聞こえそうなところで夫（妻）の批判をする場合は、全人格ではなく特定の行動を批判することばを用いる。
- 夫婦げんかのあとで相手に「無視」で応酬しない。子どもはそれに気づいている。

●子どもに、パパとママどちらの味方かなどと聞かない。
●子どもの前で、夫（妻）や友だちとその場で終えるつもりのない議論や口論を始めない。
●争いが起こってしまったときは、子どもの見ている前でその争いを終え、関係を修復させる。そうすることで、争いは愛情や人間関係にはつきものだが必ず解決できるということを、子どもは感じとることができる。あなたが口論のあと和解する場面を見せなければ、子どもは自分に同じことが起こったときの対処方法がわからないだろう。
●子どもに触れさせてはいけない問題もある。子どもの前では触れないようにする話題について、夫（妻）やパートナーとの間で合意しておく必要がある。その話をしなくてはならないときには、子どもが見たり聞いたりしないような場で行う。

意思疎通や人間関係づくりの壁

健全でポジティブな人間関係を培うためには、ともに時間を過ごしたり、一緒に何かに取り組んだり、考えや気持ちを互いに伝えあうことが必要だ。これはとても簡単なように見えて、実はとても難しい。意思疎通には見えない壁がたくさんあるからだ。今日の高速社会では、親も子どもも喫緊と思われることへの対応に追われがちだが、実は、これが意思疎通や人間関係を妨げている。携帯電話、ポケベル、携帯端末、ワイヤレスネットワークなどの技術の進歩により、人々がつねにつながっている状態になった。しかし、これは同時に、さまざまなことに意識がそらされるということでもある。二〇〇五年、カイザー家族財団（Kaiser Family Foundation）が実施した米国の子どもの一週間の生活実態調査[2]によると、子どもたちは毎日七時間弱、人とではなく機械とやりとりをしていることがわかった。その内訳は、テレビやビデオ視聴が四時間弱、ラジオ、CD、テープ、MP3プレーヤーを聴くのが一時間強、学校の課題以外でのパソコンの使用が一時間、テレビゲームが一時間弱だった。また、親とのやりとりは諸々合わせて約二時間、宿題以外の本、雑誌、新聞を読むのが一時間未満だった。

ハイテク機器を駆使して高速で大容量の通信ができることは、ある意味ではとても画期的だ。しかし、実はそれによって、豊かな人間関係を培うのに必要な、よりゆったりとした長期間の意味深い会話が妨げられ、損なわれている。iPod®や携帯電話のような小型の電子機器は、感情を表すこともなければ行動のモデルにもならない。親は、これらの機器が家庭内の意思疎通をどのくらい妨げているのかに敏感でいる必要がある。レストランで互いに何も話さずに夕食をとっている人を見たことがないだろうか？　食卓を囲んで家族が会話することは意思疎通を促したり人間関係を育むうえで非常に重要だが、これは多くの人々にとって失われた光景となってしまった。

メディアにより描かれる意思疎通のあり方は役に立たない。それはねじれた見方を伝え、健全な人間関係は滅多に描かれることがない。リアリティテレビ番組［日本のドキュメントバラエティやヒューマンバラエティなどが該当する。演出があるものも含まれる］はリアリティからかけ離れている。夜のニュースでは、通常では考えられないようなセンセーショナルで常軌を逸した出来事が報道される。事故の映像、警察によるカーチェイス、殺人、戦争や爆撃、飢饉、大虐殺などだ。このような情報を通して子どもは、世のなかは安全ではない、安心し人を信頼して人とコミュニケーションをとり人間関係を深められるような世のなかではない、と感じるようになる。そして人とのかかわり合いが減り、それが今度は人との意思疎通や人間関係の構築に影響を及ぼす。二〇〇六年の調査では、米国人の四人に一人が大事なことを話し合える相手が誰もいないと回答し、あらゆる属性（例、人種、年齢、教育レベル）において、二〇年前よりも親しい友人関係が減少した。さらに、家族内での親しい関係も縮小していることが示された[3]。

意思疎通と感情は切り離せない

幸いなことに、意思疎通の壁は乗り越えられる。親がモデルとなること以外で、子どもが意思疎通や健全な人間関係の構築のしかたを学ぶのを支えるには、どのような方法があるだろうか。第一に、あらゆる意思疎通には感情の要素が含まれていることを意識するとよい。あなたの声のトーン、抑揚、大きさ、姿勢やジェスチャーすべてが感情を伝える。その感情が、あなたの言わんとしていることを子どもがどのように聞き、受け取り、また反応するかに影響を及ぼす。たとえば、アルファベットの最初の四文字を普通に声に出してみよう。次に、それを怒ったふうに、それから悲しげに、最後にうれしそうに言ってみよう。たとえ同じことば（文字）でも、その感情の伝わり方は、口調、声の抑揚によりその都度大きく違うと実感するだろう。我々が話すことばには感情の要素がいつも含まれているということを忘れがちだ。ことばそのものと声のトーン、そして伝えている感情すべてに注意を払わねばならない。

第二に、感情の伝達は行動を通しても行われることを意識するとよい。子どもがドアを強く閉めたとき、その子の強い怒りの感情が伝わるだろう。親として我々はその行動のもととなった子どもの感情に対処せず、行動そのものを批判する傾向にある。感情の要素（怒り）は、ドアを勢いよく閉めるという行為に現れるため、まずそれを理解することで子どもとの意思疎通を深められる。たとえば「怒っているみたいだね。でも、怒っているのならドアを力任せに閉めるのではなくて、ことばで教えてほしいな」と伝えることで、そのときではなくても、あとになってから何が問題だったのか子どもは話しやすくなるだろう。

感情は子どもの学業成績だけでなく、ＩＱなどの検査結果にさえも影響を及ぼしうる。[4] 情緒スキルと社会的スキルは、少なくとも学業成績や知的能力と同じくらい、将来成功できるかどうかを決める重要な力だと主張する専門家もいる。[5] あいにくギフティッド児の親や教師の多くは、感情の大切さを過小評価してしまう。そして、子どもの学業成績やその他の才能を開花させることをもっとも重要な目標とし、感情はその目標達成の妨げになる余計なものと見なす傾向がある。また、子どもの感情を無視したり避けたり操作しようとしたり、あるいは軽んじることとすらある。このようなことをすると、子どもには、自分の気持ちはどうでもよいもので自分には価値がなく大切ではないというメッセージが伝わる。そして、このメッセージは意思疎通や人間関係に確実に影響を及ぼす。

感情そのものに善悪はない

あなたが憤慨した気持ちになるたびに、自分よりも大きく背の高い人から見下ろされ、「おまえにそのように感じる権利はない！」とか「怒るのは間違いだ！」と怒った口調で言われ続けたらどうだろうか？　感情は個人的なもので、その感情を抱いている本人にとっては真実そのものだ。子どもの気持ちを「間違っている」と裁くことは、不随意筋の反射を善いだの悪いだの言うのと同じくらいおかしなことだ。いろいろな出来事や状況に出会ったとき、即座に生じる感情をコントロールすることはほぼ不可能だ。ただし、その感情を表現するのにどのような行動をとるかについてはコントロールできる。子どもが少しずつ自分の感情を社会的に望ましい方法で表現し伝えられるよう、親は支援するとよいだろう。

子ども自身がまず、その場にふさわしい感情や自分に期待されている感情に惑わされることなく、自分の本当の感情に気づくことから始めなくてはならない場合もある。そして、もちろん子ども自身も、感情が人との意思疎通にどのような影響を与えるのかを理解していく必要がある。

感情に名前をつける

人は生まれたときから自分の感情を表現することばをもっているわけではない。自分の感情を表すことばを獲得し他者とよりよく意思疎通できるようになることは、自分自身を理解しコントロールできるようになることの一部をなす。これは簡単なように聞こえるが、幼児はさまざまな感情を表すことばをあまり知らず、はじめは「悲しい」「頭にきた」「怒った」「楽しい」のような基本的なことばを使えるだけだ。成長とともに、親が「不満だ」「不愉快だ」「誇らしい」「恥ずかしい」などのことばを使うことで、子どもの感情にかかわる語彙は増えていく。また、「課題に不満なんだね」「わぁ、ものすごくワクワクしているんだね！」のように、子どもの感情を積極的にまた的確にことばに映し出すことで支援できる。本の読み聞かせを通しても、感情を表現する新しいことばに出会える。感情に気づきそれに名前をつけることが、感情コントロールの最初のステップとなる。[6]

子どもはどのようにして感情を、また、それが意思疎通や人間関係に与える影響を理解できるようになるのだろうか？　実際の会話や親の示すモデル以外には本が有効だ。本を通して感情について話し合ったり、強い感情を抱くのは普通のことだと気づいたりできる。『火曜日：モンスターに餌を与えるな!! *Don't Feed the Monster on Tuesdays*』や『アレクサンダーの、ヒドクて、ヒサンで、サイテー、サイアクな日 *Alexander and the Terrible, Horrible, No Good, Very Bad Day*』［和名は原著をもとにした映画の日本語版

表５　根底にある思いとその結果生じる感情[8]

根底にある思い	生じる結果（表面に現れる感情）
自分の権利が侵害された	怒り
人の権利を侵害してしまった	罪悪感
先々良からぬことが起こりそうだ	不安、恐れ
他の人よりも劣っているように見られている	気おくれ

タイトルより」の二冊は、感情についてのすばらしい本だ。『本は私の親友 *Some of My Best Friends Are Books*』の目録には、これら以外にもさまざまな本の索引と要約がテーマ別にまとめられている。[7]

感情は概してその背後にある問題により引き起こされていると理解するとよいだろう。表に現れる感情は、実は子どもの心の深いところにある悩みを反映しているかもしれない。これは大人でも同じだろう。感情は通常、心の底にある思いや悩みの結果生じる。たいてい表面上の問題よりもその奥にある問題（つまり、子どもの思い）に注目するほうがよい。表５に、感情の根底にある思いを理解するうえでの手がかりを記す。

子どもの感情に不適切な名前をつけないように注意しよう。また、まるで子ども自身よりも自分のほうがその感情をよく知っているかのように、「本当はこう感じているんでしょ」などと言わないように気をつけよう。たとえば、親が「弟に怒っているはずないよね。弟のことは大好きだものね。今はちょっと疲れているだけだよね」などと言ってしまうと、その子は混乱する。この例では、まず親は子どもがそのときに感じている強い感情の正当性を退けている。次に、子どもの感情と行動の両方を、親が勝手に決めつけている。そして、この決めつけはその子からしてみれば間違っているかもしれない。最後に、この親はその子がそのような感情を抱くのはよくないと暗に伝えている。

こうして、その子は自分の感情を受け入れ、名づけ、コントロールできるのだという自信を失っていく。

ギフティッド児は知的能力が高いだけでなく、並外れて強い感情のもち主でもある。他の子どもと同じ感情を抱くが、それをもっとずっと強烈に経験する。だからこそ、自身の感情を特定しそれが正当だと認めることが、ギフティッド児には通常以上に重要となる。また、この強烈な感情に伴い生じる行動をコントロールする方法を身につけることが、激しさをもつギフティッド児には決定的に重要な課題となる。

ギフティッド児にとっての意思疎通の難しさ

幼少期から、ギフティッド児の行動や思考スタイルは、定型と考えられているものとは異なる。ギフティッド児の親はわが子のことを「難しい」「手がかかる」「意志が固い」と言うことが多い。もう少し詳しく聞くと、「頑固な」「理屈っぽい」「仕切り屋」「ボーッとしている」「自分だけの世界に入っている」「批判的な」「完璧主義の」「自分に厳しい」「わが道を行く」という形容がなされる。ギフティッド児の好奇心、激しさ、繊細さ、理想主義、能力の高さは、確かにその子の長所となる反面、この長所がゆえに変わっていると思われる。そして、人と違うということ自体が人とのかかわりに影響を及ぼし、仕切り屋だったり完璧主義なことが人との意思疎通や友情の大きな妨げとなりうる。周囲はギフティッド児のことば遣いや行動を「変わっている」と感じることがある。ギフティッド児をこの「変わっている」というレンズを通して見るようになると、その子はネガティブにとらえられやすくなる。

次の文章はある青年ギフティッドが書いたものだ。「ギフティッドであることのいちばん辛い点は孤独だ。僕は宗教、道徳、哲学、政治といった難しい問題について真剣に考えているが、これらの問題について話のできる相手が誰もいない。僕は自分一人でこれらの問題を考えなければならない」[9]。親や教師をはじめ、周囲がギフティッド児に多く見られる特性や行動を理解すると、ギフティッド児を受け入れ意思疎通してみようという思いがずっと高まり、また、そうできるようになるだろう。

ギフティッド児の感情は非常に激しく繊細なため、親は子どもと話し合う際には特に理解を示し寛大でいる必要があると感じもするだろう。ギフティッド児のなかには、感情を共有しやすい――しすぎる――子どももいる一方、特に論理的で秩序を好むようなギフティッド児は、感情について話したがらないかもしれない。このような子どもは、話の内容を、その子にとってより確かで話しやすい事実や知的な話題に向けようとすることがある。彼らにとって感情は非論理的でとらえどころがなく危険で、激しさという点で恐ろしくさえもあるため、感情を表したり意見を述べたりすることを避けようとするかもしれない。このような子どもには、感情は論理的であったり秩序正しくあったりする必要はないこと、むしろ、論理的でない場合がほとんどであることに気づき安心してほしいと思うことだろう。それが感情というものだ。

ギフティッドであることで子どもを罰する

大人はそのつもりはなくても、ギフティッド児を生まれながらにしてその子たらしめている特性そのものを罰してしまうことがある。これは、その子がギフティッドであるという事実への批判的なものの言い方としても現れる。たとえば「そんなに頭がいいのに、どうして宿題を忘れずにできないの？」のような言い方がなされることがある。このような言い方が子どもに伝えるメッセージは、その子がギフティッドなどでなければ、もっと受け入れてもらえるようになるだろうし、批判もされなくなるだろうというものだ。また、先生が皮肉交じりに「ついに、きみにも答えられない質問をすることができたよ」と言ったとしよう。これは、もっと知識が少なければ、そして知能が普通であれば、もっと受け入れてもらえて友だちもできるというメッセージをその子に伝えていることになる。あるいは、親が「どうしていつも、そんなに繊細でいたがるの？」と言ったとする。その子は自分が誤解されている、自分の本当の気持ちが非難されていると感じ、後に本当の気持ちを見せたがらなくなるだろう。残念ながら、その子が聡明であればあるほど――そして、標準から離れれば離れるほど――そのような批判にさらされやすいようだ。

親がギフティッド児のやる気を高めよう、社会性を育てようとするとき、親友や大切な大人の相手には決してしないような意思疎通のしかたをしてしまうことがあまりにも多い。たとえば、自分の伴侶に「ねえ、あのディナーパーティの計画は最低だったね」とか「今度はもう少しマシになると思うよ。もう少し丁寧な気配りができればいいだけだよ」のような言い方はしないだろう。また、自分の友だちや同僚に対して、「買い物のことばかりだね。時間をもっと有効に使ったら？」とは言わないだろう。ところが、ギフティッド児は「そんなにテレビゲームばかりやって時間を無駄にするなんて信じられない！」とか「何考えてたの？　ああ、何も考えてなかったのね！」のようなことをしょっちゅう聞かされている。

このような言い方は、不適切で思いやりがなく不当なばかりか、ギフティッド児に対する理解のなさを露呈しており、意思疎通を妨げる。親や教師は、なぜこれほど頭のよい子が単純な課題や任された仕事を覚えていられないのかが純粋にわからず、そのような言い方をしてしまうことがある。あるいは、その子が「他の子と何ら変わらない」子どもだと見なそうとする一心でそのように言ってしまうのかもしれない。しかし、何度も言うが、その子は他の子とは違う。

ギフティッド児をとりまく人たちは、自分の反応がその子にどれほどの影響を与えるのかあまり考えもせずに、その子が人と違うということにネガティブに反応することが多い。すると、ギフティッド児は自分の感情や意見を内に閉じ込めるかもしれない。人と違う感じ方や考え方は受け入れてもらえないと思い込むようになり、自分は人間として根本的に何か間違っていると結論づけるに至る可能性もある。

ギフティッド児が周囲から否定的な強い反応を受けると、多くは、それがなければ自然にできていたであろう誠実で率直な意思疎通を閉じてしまう。そして、より「普通」に——他の子のように——なろうと装ったり努力したりする。繊細さゆえに、厳しい言われ方に人一倍傷つく。何度も何度も傷つくような言われ方を繰り返すうちに、あらゆる人間関係に不信感を抱くようになり、「壁を築き上げる」ことで自分を守り、誰とも感情を分かち合おうとしなくなることがある。

もしも、あなたの子どもが自分の周りに守りの壁を築き上げているのであれば、なぜそれができあがったのかを考える必要があるだろう。通常、守りの壁を築くには何らかの理由——少なくとも当人にとっては正当な理由——がある。ときに、その壁を親が崩そうとすればするほど、子どもは高く高く壁を積み上げていくこともある。一方、その子にとって安心できる空気で満たされると、もう高い壁はいらないと思えるようになる。

ギフティッド児の育児は非常に骨が折れフラストレーションがたまるため、大半の親は取り返しのつかないほどの言い方をしてしまうこともあるだろう。怒りのあまり、あとで取り消したくなるようなことばを言ってしまうこともあるかもしれない。そのようなときは、すぐに心から謝罪して償い、また、なぜそれほどまでイライラし怒ったのか、その理由を説明することが大切だ。生きていくなかで人間関係での困難はつきものだ。だからこそ、その償い方を学ぶことが大切だ。子どもに謝ることで、人間関係でのレジリエンスのモデルや人間関係修復方法の一例を示すことができる。さらに、あなたがその子を尊重し、その子の感情を受け入れているというメッセージも伝えられるだろう。そして、親子の意思疎通が再開できるようになるかもしれない。

ギフティッド児は一般にレジリエンスがある。しかし、前述の例のような打ちのめされるような批判を繰り返し受けていると、その子はいつしか「疲れ切って」しまい、意思疎通も関係性もギクシャクしてくるだろう。そのような場合には、これまで以上にたくさん褒め、励まし、必要に応じて謝っていくと、子どもの支援や意思疎通の改善につながるだろう。

意思疎通の妨げとなる他の要因

その他にも、意思疎通の壁を築かせるような行動を無自覚に行っている親は多い。以下に、とるべきではない行動を記す。率直な会話やコミュニケーションを促す行動を併せて記しているものもある。控えるべきこと：

- 権威を振りかざしたり、子どものすることなすこと細かく管理したりする。子どもがどうすべきかを事細かに決める。
- 命令をして親がものごとをコントロールする。
- 一般化しすぎる。「自分のことしか考えていない」「いつも中途半端」のような言い方は、子どもの自尊心と親子関係双方に有害だ。

●子どもを批判するような皮肉を言う。たとえば「それで、あなたはこの世の終わりだとでも思っているんだね！」のように言う。繊細な子どもは皮肉を文字通り受け取ることがある。冗談で皮肉を言うときは、文字通りの意味で言っているのではないとわかるようにしよう。

●子どもを守ろうとして話題を変える。たとえば「そんなこと忘れよう。外に出てキャッチボールでもしようよ」のように言う。これでは、その状況と子どもの感情の双方を軽くあしらっていることになる。そして子どもに、そのように感じるのは悪いことだというメッセージを伝えているかもしれない。

●「あなたの気持ちはよくわかっているよ」のように言う。あなたは、子どもの心の内を実際にはわかってあげられない。そのかわりに、わかってあげたいと思っていることを伝えよう。そして、心を傾けて聴くことでその子の考え方を理解しよう。それから、あなたが理解した子どもの気持ちをあなたのことばで言い表そう。

●子どもが話をしているときに割り込む。心を傾けて聴こう。子どもの話が終わったら、より詳しく話せるような質問をしよう。心からの傾聴を通してしか、十分な理解はできない。

●「どうしてそんなふうに感じるの？」「どうしてそんなことしたの？」と聞く。子どもにとって自分の感情を分析することは難しい。傷ついたときや怒っているときには一層難しい。

●子どもの願いを間髪入れずに却下する。すぐに「ダメ。今日は、ピーナッツバターはないよ」と言うのではなく、「ピーナッツバターがあればよかったね。今度買い物に行ったときに、また言ってくれる？　そうしたら買おうね」のように、想像できる状況のなかで提案をしてみよう。

●子どもの感情を否定する。子どもが友だちとひとしきり遊んだあと、「もう、レイチェルなんて大嫌い！」と言ったとする。このとき、「レイチェルのこと、大好きでしょう。仲良しのお友だちでしょ」などとすぐに異論を唱えると、それは子どもの感情を否定することになる。会話が途切れるか、口論が始まるだろう。「あれ、今日は楽しくなかったみたいだね」のような応答のほうが、豊かな意思疎通が促される。

意思疎通は命綱

先の例からも、意思疎通がギフティッド児の心理になぜそれほどまで重要なのかがわかるだろう。また、ごまかしのいらない、安心して意思疎通のできる安全基地となる家庭が、なぜそれほどまでに大切なのかもわかるだろう。子どもの生活のなかにおいて、安心して率直な意思疎通ができる安全基地は家庭以外にそう多くはない。

あなたとあなたの子どもとの意思疎通はまさに文字通り、その子にとっての命綱だ。その子が自由に自分の思いを打ち明けられ、その思いを受け止め尊重してくれるような大人が一人でもいれば、広い外の世界で受けるであろうかなりのストレスにも耐えられるだろう。親のあなたは、情緒的な安心感や受け入れてもらえているという感覚を与えることのできるキーパーソンだ。もし何らかの理由であなたにはそれができないのであれば、代わりの人を探そう。先生、近隣の人、メンター〔良き指導者であり理解者であり支援者となる人〕、友だちなど、その子を価値ある人間として受け止め、その子自身の感情や考えをもっともで価値あるものと考えられるようにしてくれる人がいるはずだ。

実践的提案

あなたと子どもとの間に豊かな意思疎通と健全な人間関係を育むための基本原則をいくつかあげる。

聴こう。そこから意思疎通が始まる

熱心に子どもの話に耳を傾けるという姿勢は、子どもに、自分の意見、感情、価値観などは聴いてもらう価値のあるものだという メッセージを伝える。耳を傾けることは意思疎通においてもっとも重要だ。子どもはただあなたに話を聴いてもらいたいだけで、それ以上は何も望んでいないということがよくある。必ずしもあなたのコメント、意見、評価などを必要としているわけではない——ただ、自分の感情を分かち合いたいだけだ。そうさせてあげよう。ただ聴く以外のことはしなくてよい。それだけで、子どもが後々にも思い切ってあなたに相談したり、さらにはアドバイスを求めたりしたくなるような雰囲気ができる。「ママの考えを聞きたい？　それとも、ママは話を聴くだけでいい？」と直接尋ねてみるのもよいかもしれない。そうすることで、子どもはその問題についてあなたにはあなたの意見があるのだとわかるだろう。ただし、重要なのは、その子が望むならばあなたはその意見を言わないでいてくれることもわかるという点だ。これが互いに尊重しあい信頼を築くことにつながる。何のアドバイスも意見も言わずにただ聴くということは、たいてい親にとっては非常に難しいものだと心得よう。親というのは、自身の考えや経験を子どもに伝えて子どもを「助けたい」と非常に強く願うものだ。なにしろ親は、わが子が経験しているのと同じような苦境を通ってきたのだから、そこからわが子を「救い出したい」と思うだろう。子どもには自分で問題を解決する経験が必要だということを心にとめるだけでも、子どもの話にただ耳を傾け、アドバイスを控えやすくなるかもしれない。

危険な状況が迫っているなど、あなたが指示しなくてはならないときでも、まず、その子の感情を理解していることを示すと、その子はあなたの意見を素直に受け入れやすくなるということを忘れないでほしい。「怒るのもわかるよ。不公平だと思っているんだよね」「学校でのことに、すごく腹が立っているのだなと思うよ」のように、子どもの言ったことをあなた自身のことばで言い換えるだけでも、あなたが少なくとも自分のことを理解しようとしていること、そして、自分の感情を尊重してくれていることが子どもに伝わるはずだ。

子どもの感情を受け入れよう。たとえそれに賛同できずとも

子どもの話を聴く際には、その子の感情や思いを受け入れよう。これは、必ずしもあなた自身が子どもの感情や思いに賛同しなくてはならないということではない。感情は、それを感じている人個人のものだ。人はそれぞれに感じる権利がある。感情に「善い」「悪い」はない。感情は、ある時点でのその人の心の状態を表現したものだ。「どうしてそんなに悲しいのかわからないよ。もっと感謝すべきではないの?」のようなことを言わないように細心の注意を払おう。このように、自分の感情が暗に軽く扱われるようなメッセージをたびたび聞くうちに、子どもは、自分は受け入れられるに値しないと感じるようになるだろう。

感情とは危険なもので、感情について話をすると、望みもしない叫び声やら戦いやらを招くことになると子どもが考えるようになってしまう家庭がある。このような家庭の子どもは、自分の感情を表に出さないようにするのがいちばんよい――感情を表しても大混乱に陥るだけなら意味がない――と考えるようになるだろう。そして、自分の感情を内側に閉じ込めるようになる。感情が内側に閉じ込められる、あるいは自由な意思疎通ができなくなると、ある日突然、積もり積もった問題が爆発し危機的な状況に陥るリスクが生じる。内在化した感情は不安やストレス、さらには頭痛や腹痛などの身体症状をも引き起こす。

その子がどのように感じているかを表現できるよう、事あるごとに励まそう。たとえ賛同できずとも、子どもの感情を受け入れよう。その子の感情、意見、態度があなたにとって大切なものだと伝えるためだ。自分の感情を表現したり伝えたりする力は、その子の人生を通してずっと必要となるスキルだ。そして、このスキルを練習し身につけるのに最適な場は、子ども自身が安心できる家庭である。

意思疎通を促すような雰囲気をつくりだそう

意思疎通を無理強いしたところで、できるようにはならない。意思疎通を無理強いするのは、カメの頭を出そうとして甲羅をバンバンたたくようなものだ。ただし、意思疎通を促すような雰囲気をつくりだすことはできる。

あらゆるコミュニケーションには感情の要素が伴う。声のトーン、抑揚、大きさ、姿勢やジェスチャーが、感情的な「気風」に影響する。信頼できる人に、あなたの声のトーンやボディランゲージから伝わる感情や温かさをフィードバックしてもらえるよう頼むのもよいだろう。上がった眉、満面の笑み、腕に触れる手、あるいは軽く背中をたたく手、これらすべてが重要な情報を伝えている。自分の声が怒っているように、批判的に、裁いているように、あるいは無関心に聞こえることに気づいていない人は多い。このような人が、自分の声がどのように子どもに伝わっているのかを知るとゾッとすることだろう。繊細なギフティッド児は、ネガティブな声のトーンだけが心に残り、ポジティブなことばそのものは聞こえていないこともある。あなた自身の意思疎通における感情の要素を自覚しコントロールすることで、ポジティブな雰囲気をつくりだすことにつながる。

リフレクティブ・リスニング（反映的傾聴）を使おう

あなたがその子の感情を受け入れていることを伝えるよい方法のひとつに、リフレクティブ・リスニングがある。たいてい、多くを語らなくてよい。子どもが言ったことばの根底にあると思われる感情を映し出すようにわかりやすく言い換えるだけでよい。たとえば、学校から帰ってきた子どもが明らかに憤慨した様子のとき、次のように言えるかもしれない。

「今日、何かあったみたいだね。それで怒っているみたいだね」

するると、子どもはこう言うかもしれない。

「ジェイソンが僕のことオタクって言ったんだ。ちょうど今バスを降りて歩いて帰っているときにね！」

「わぁ。それは嫌な気分になったでしょうね」

「うん。あいつは、僕が本を読んだり望遠鏡をのぞくことしか能がないって言ったんだ」

「それで腹が立っているのね」

「うん！　ぶん殴ってやりたいくらいだ。よし、明日の休み時間にぶん殴ってやろう」

「ジェイソンとけんかしようって考えているのね」

「そうだよ。他に何かできる？　あいつが、みんなのいるところでそんなこと言うのが嫌なんだ」

「仕返ししてやろうっていうことね」

「あー、でも、学校で問題になるだろうな」

「もっとよい方法がないか考えているのね」

「うん。無視していればいいかな。それで忘れるようにしよう。でも、それって、不公平だよね？」

「不公平だって思うのね？」

「うん。あいつ、僕のこと、よく知らないんだな」

「ジェイソンはあなたのことをよく知らないような気がするの？」

「うん。僕は、あいつみたいにバスケットボールなんかも好きだよ」

「ジェイソンは、あなたと同じ趣味があるってこと知らないのね」

「うん。まあ、いつかはあいつもわかるさ」


この例での親は子どもの感情をことばに置き換えているだけで、新しい情報をほとんどつけ加えていない。子どもの言ったことを言い換えたり、疑問のかたちで聞き返したりしているだけだ。リフレクティブ・リスニングは、あなたが子どもの感情を受け止めるうえで、強力な助けとなる。子どもの感情に賛同しなくてよい。しかし、子どもには自分の感情を感じる権利があるということを、感情の善し悪しや正しいか間違っているかなどの判断をせずに受け入れよう。リフレクティブ・リスニングを通して、子ども自身が感情を明確に理解できるようにもなる。そして、子ども自身で問題を解決するために、自分の感情にどのように対処すべきかをじっくり考えられるよう手助けできる。

右の例のなかで、もし親が「明日は、ジェイソンの言っていることなんか無視してみたら？」と言ったらどうなるだろうか。子どもはあなたが問題に割り込んできた、あなたはこの問題など簡単に解決できると思っている、と感じるだろう。あるいは、逆に子どもがあなたの話を聴かなくてはならないと感じるだろう。リフレクティブ・リスニングを用いることで子どもの視点からの訴えを聴き、子ども自身で問題を解決するのを助けられる。リフレクティブ・リスニングは最初からうまくできるわけではなく、繰り返し練習が必要だ。しかし、これができれば、後々の意思疎通を高めるうえでの貴重なツールとなるだろう。

沈黙を理解しよう

多くの親に経験があるように、沈黙は非常に多くの感情を伝える。その子がなぜ、突然何も言わなくなったのかを理解することが大切だ。怒って引きこもり、あなたを罰しているのか？　意思疎通を拒否することで状況をコントロールしようとしているのか？　あなたに話してもどうせ理解してもらえないのではないかと思い、自分自身を守っているのか？　あなたに受け入れてもらいたいがために、ただ黙って服従しているのか？　それとも、痛烈な経験を受け止めるその子なりの方法なのか？　子どもの沈黙の背後にある動機がわかれば、たいてい子どもをより支えやすくなる。ただ沈黙を続くままにしておくのがよいときもある。それは、あなたがその子のありのままを受け入れていること、また、秘めておきたいというその子の思いを尊重していることが伝わるからだ。

スペシャルタイムをもとう

スペシャルタイムは、どの年齢の子どもに対しても親子の意思疎通の向上のために用いることのできるもっとも大切な方法のひとつだ。実際、親子関係を向上させるいちばんのコツは、子どもと一緒に時間を過ごすことだ。育児書では、子どもとともに「上質な時間」を過ごすことがよく勧められている。しかし、ギフティッド児の場合はそれに少し工夫が必要だ。まず、いずれの親も――母親と父親それぞれが――、子どもひとりひとりと、毎日、完全に邪魔されない二人だけの時間を数分でももつべきだ。このスペシャルタイムは長時間である必要はない。七分でも五分でも三分でもよい。しかし、必ず毎日確保する必要がある。二〜五分の五回のスペシャルタイムには、一時間のスペシャルタイム一回よりもはるかに強い威力がある。継続すること、頻繁にあることは、長時間であることよりもはるかに重要だ。何人かきょうだいがいて、それぞれのスペシャルタイムが邪魔される心配があるときは、キッチンタイマーを使ってみよう。きょうだいの誰かに邪魔されたら、邪魔された分だけスペシャルタイムを延長しよう。

スペシャルタイムの間は、家庭内での緊急事態が発生しないかぎり、あなたのすべての注意をその子一人に注ごう。電話が鳴ったら出ないままでいるか、電話の相手に「今は娘との大切なスペシャルタイム中なので、一〇分後にこちらからかけなおします」と応じよう。電話に出ずにその子との時間を過ごすことで、その子は、あなたにとって自分との関係が大切なのだとわかるだろう。

スペシャルタイム中は、子どもがしたいことなら何でもできる。ただし、競争はしないほうがよいだろう。ギフティッド児は競争をしたがることが多い。しかし、競争のあるところに勝敗があり、たいてい大なり小なり傷心が伴う。競争はスペシャルタイム以外の時間であれば問題ない。しかし、スペシャルタイム中にその子に伝えたいメッセージは、どんなときもその子が大切だということであり、その子が勝ったり成功したりしたときにだけ大切だというのではない。スペシャルタイムの目的は、その子のありのままが尊く、スペシャルタイムに一緒に過ごす時間があなたにとって大切だと、子どもに感じてもらうことにある。スペシャルタイムの間、あなたは、その子が将来育むことになる人間関係のモデルとなっている。その子は、人間関係の構築には時間と配慮が必要で、放っておいても育まれるものではないということを学ぶだろう。

大きくなった子どもの場合、スペシャルタイムに工夫を加える必要が生じるかもしれない。両親が交代で学校の送迎をする、あるいは登校前にどこかレストランで朝食をとるなどして、スペシャルタイムをつくることもできる。一緒に自転車で出かけたり散歩をしたりしながらでもよいだろう。子どもひとりひとりと特別な外出——映画、図書館、博物館、釣り、キャンプ、ハイキング、ショッピングなどに出かけてもよいし、ちょっとした用事で出かけるだけでもよいだろう。大切なのは、あなたがその子に完全に専念するひとときを過ごすということだ。子どもと一緒にいるというだけで伝わるメッセージがある。

子どもが大きくなり旅行ができるようになったら、可能であれば出張などに一緒に連れて行き、「空き時間」に一緒に観光するのもよいだろう。あるいは、出張業務後にスペシャルタイムのための観光時間を組み入れたりもできるかもしれない。このようにさまざまなスペシャルタイムがその子の一生涯の思い出となるだろう。

幼い子どものスペシャルタイムは、就寝時や、親が仕事から帰ってきたあとすぐでもできる。ぬいぐるみを全部もち込んだベッドに座って、家族団らんの部屋の隅で、パパのゆったりとした椅子でと、決まった場所でスペシャルタイムを過ごしたがる子どももいる。その場所そのものが、守られている、大切にされているという感覚と結びつくこともある。大切なことは、どこで何をするかよりも、あなたと過ごしているという事実にある。

子どもが大きくなると、「今はスペシャルタイム、いらない」と言いだすかもしれない。そのときは、「じゃあ、希望の時間はある？　もし、なければ、あと五分（七分、一〇分）は大丈夫だよ。気が変わったら言ってね」と応じればよい。

家族の「スーパーサタデー」をもとう

一週間に一日、あるいは一か月に一日——ここでは土曜日としよう——、家族のメンバーそれぞれが順番に、その特別な一日、あるいは一日のうちの一部のためにイベントを企画できるようにしてみよう。もちろん、親は、予算や時間枠などの制限を設けておく。家族全員が責任をもってそのイベントに参加し楽しむようにする。そうすることで、ギフティッド児は環境へのコントロール感を得られたり、家族のイベントに意見を言えるようになったりする。スーパーサタデーは家族の人間関係を育み互いに尊重しあう関係を促すだろう。

たいていの子どもは、このような機会をとても喜ぶ。ギフティッド児はとても細かな計画を立てることもあり、完璧主義傾向と折り合いをつける機会にもなるだろう。なかには、その日のイベントの工程を完璧に組み込んだ企画を作り上げる子もいる。計画を立てるなかで、三時間で三〇〇キロを車で移動するのは難しいとか、この予算ではニューヨークに行ってショーを観るのは無理だというように気づき、計画力や意思決定力が培われていく。また、スーパーサタデーで家族が楽しめるように、家族の気持ちや興味を考慮に入れた計画を立てられるようになる。スーパーサタデーを通して、家族での上質な時間、意思疎通の機会が得られ、互いの考えや興味を尊重できるようになる。

感情の温度を測ろう[10]

ギフティッド児の多くは感情について話すのが――特にそのような習慣がない場合は――苦手だ。このような場合、多くを語ることなく感情のレベルを示すことができる「感情の温度計」のようなものを使ってみよう。たとえば、「一～一〇度までの間で、一〇が最高にうれしくて幸せな気分とすると、今日の気分は何度？」と聞いてみる。その子は、八とか三のように言うだけでそれ以上何も言わないかもしれない。それでも少なくともわが子がどのような気持ちなのかは想像できるだろう。親が詮索しなければ、たいてい子どものほうから「どうして私の気分が三なのか知りたくないの？」と言ってくるだろう。そして、意思疎通の扉がまた少し開く。

感情を分かち合おう

意思疎通はつねに双方向のものだ。だからあなたは子どものモデルとして、さまざまな状況でのあなたの感情を適切に表現し話すよう心がけよう。満足しているとき、イライラしているとき、得意な気分のとき、がっかりしたとき、どのような気分のときでも自分の感情を適切なことばで表現し、話し合おう。あなた自身の感情の温度を伝えたいと思うときもあるだろう。驚きだが、大人は感情をもっていないと考える子どももいる。

自分自身の感情を健全な方法で表現できるように練習し、子どもがあなたの感情を客観的に理解できるように明確にしよう。頭にきているときは、たとえば「仕事のことで今、本当に頭にきているよ。怒っているんだ」のように言うこともできるだろう。あなた自身の感情について子どもと話すことで、その感情があなた自身のものであること、入り乱れた感情のときもあること、そしてそれがあなたの人生の大切な一部だというメッセージを伝えられる。

Ｉメッセージを使おう

「あなたが人の話を聞かないと私はとても驚くし、がっかりもするよ」という言い方は、「おじさんに対する思いやりがないし、失礼だよ」という言い方よりもはるかに子どもに響く。後者は子どもを責めた言い方で、子どもは自己防衛の守りに入る。前者のような「私は～のように思う」という言い方――「Ｉ《アイ》メッセージ」――は、その子の行動がそれを見ている人、つまり、あなたにどのような影響を与えたのかという点を強調するメッセージとなる。「私はあなたが～だと悲しいしがっかりする」という言い方は、子どもを責めたてることなく、子どもが「ごめんなさい」とか「話を聴いていなかったのは僕が悪かったよ」と言うチャンスを与えている。Ｉメッセージを使うと子どもの面目も保たれやすいが、この面目を保つということが、自分に厳しい傾向のあるギフティッド児には重要となる。Iメッセージには、子ども自身の行動が他者に与える影響を自覚できるよう促す働きがある。[11]

同様に、子どもを評価することなくその子の成し遂げたことの自覚を促すうえでも、Iメッセージを使ってあなたがどのように感じているか、また、子どもの感情をあなたがどのように理解しているかを表現するとよい。たとえば「あなたがこんなに難しい課題をやり遂げたなんて、（私は）うれしく感じるし誇りにも思うよ。これができたこと、あなたもとてもうれしいのではないかなと（私は）思うよ」のような言い方は、「あなたは何でも上手にできるね」よりも望ましい。後者は、これからもなんでもできていなくてはいけないというプレッシャーや、賢くてなんでも上手にできるから評価されるという価値観を植えつけてしまいかねない。ここで危ないのは、子ども自身が、自分に価値があるのは何かができたときだけだと感じ、自分のありのままの存在自体に価値があるとは感じられなくなる点だ。

子ども自身と行動とを分けて表現しよう

子ども自身ではなく、子どもの行動を褒めたり叱ったりするよう努力しよう。「期限以内に科学の課題を完成できたの、すごいなって思うよ」という表現は、「あなたは本当に才能があるね」という表現よりも具体的なため、ずっと意味がある。同様に、子どもの行動が望ましくないと思われるときにも、子どもを丸ごと非難した攻撃的なものではなく、特定の行動が認められないのだと説明をしよう。「ルールを全然覚えていないようだね」あるいは「もう、いい加減にして！」と言うのではなく、「ここでそれをするのはダメだよ」と簡潔に言おう。これは大切なことだ。子ども自身から子どもの行動を切り離した表現、そして、特定の行動に特化した言い方は、人そのものに向けた表現よりもたいてい的確だからだ。ポジティブであれネガティブであれ、行動に向けられたコメントこそが意味をもつ。子どもそのものではなく子どもの行動に特化したコメントをするには、練習が必要だろう。しかし、それができるようになれば、子どもとの意思疎通が改善されていくことだろう。

自分自身の経験を振り返ろう

豊かな意思疎通ができるような雰囲気をつくるには、あなた自身が子どもだった頃に経験した――あるいは、現在経験している――ことと、そのときの感情について話すのがよい場合もあるだろう。[12] その際、「私があなたと同じ歳だった頃は、二・五キロもある本を担いで丘の上にある学校まで往復八キロも歩かなくてはならなかったんだよ」のような文句にならないよう気をつけよう。また、子どもへの影響を考えずに、感情すべてをあなたの子どもにぶつけることのないように、軽率にあらゆる感情をオープンに話さないよう気をつけよう。「そういえば学校のいじめっ子にものすごく怒ったことがあったなぁ」あるいは「ああ、そういえば昔女の子とそれに似たようなトラブルがあったなぁ」のように、あなたの昔の経験談とそのときの気持ちの一部を簡単に伝えよう。ギフティッド児は、大人にも傷ついた気持ちや恐れ、きまりの悪さといった繊細な感情があるのだということに特に敏感に反応するだろう。

対人関係スキルを教えよう

その子は、自分のコミュニケーションスタイルが人にどのような影響を与えているのかを自覚していないかもしれない。たとえば、仕切り屋だとか手厳しいと他の子に思われているような場合、声のトーンによって人に与える印象がどのように変わるのかがわかるような、架空の場面を想定したロールプレイをするとよいだろう。ギフティッド児のなかには、特にアイコンタクトや親しみのある雰囲気をもった話し方を教わる必要のある子どももがいる。ロールプレイを通してこうしたスキルを学ぶと、友だちとのやりとりのなかでの自分の役割について理解できるようになるだろう。

あなた自身の激しい感情をマネジメントしよう

あなた自身の感情を口に出そうが出すまいが、ギフティッド児には繊細なアンテナがありそれを察知するだろう。あなたの感情を隠したり否定したりしようとすることで生み出されるのは、不信、対人的な自信喪失、感情的な行き違いだけだ。あなた自身の感情が非常に強く個人的なもので到底人には伝えられないようなときには、「ちょっと今は気持ちが動転しすぎていて、話すことはできないよ。少し落ち着いてから話そう」と言えばよい。このように伝えることで、子どもは、大人は感情に対処できるのだと感じられる。

注意点がもう一つある。ギフティッド児は語彙が豊富で理解力があり、実年齢よりもずっと大人に見える。そのため、ついうっかり、その子の年齢相応のものよりもずっと大人の感情を伝えてしまう親がいる。このような親は、子どもを大人同士の関係の相手にしてしまい、親子の境界が曖昧で不健全な状態（纏綿《てんめん》）に子どもを絡み込んでいく。アルコール依存症の配偶者や離婚闘争中の相手への怒りを抱えているようなとき、これまでの、また、現在の問題で落胆したことを子どもに明け透けに伝えるべきではない。ギフティッド児はそのような難題をたとえ頭では理解できたとしても、それらに対処できるような人生経験を積んでいるわけではなく、情緒的にも受け止められるほど成熟してはいない。子どもは子どもとしての存在が守られるべきであり、子ども自身の人生がある。大人から無理やり心配ごとや不安を押しつけられるべきではない。親自身に何か問題があったときに子どもからの情緒的サポートを頼りにするのは、子どもに不当な重荷を負わせていることになる。それは、たとえ子どもが一二歳、一五歳、いや、二〇歳といった、十分複雑な問題に対処できそうな年代に達していたとしても、変わらない。厄介な問題をあからさまに子どもに話すのは、子どもに親を保護させるという非常に不適切な役割を押しつけていることになる。大人びて見える聡明な子どもとは大人の問題を共有したくなるものかもしれない。しかし、苦境にある親がサポートを求めるべき相手は、友人や親戚、あるいは専門家であり、決して自分の子どもであってはならない。

同様に、一方の親に対して子どもが偏見を抱くようなものの言い方はすべきではない。そのようにすることで、子ども自身で判断、選択する機会を奪うことになる。そして、その後もずっと、その親との関係に影響を及ぼし続ける。さらに、一方の親を悪く言うことで、たいていはそのように言う親自身がしっぺ返しを食らうことになる。当然、親にもうれしくない状況での自分の感情を表す権利があるだろう。しかし、それは「離婚のことはとても悲しいよ。でも、これまで続いた争いの日々から離れた生活を楽しみにしているよ」のような言い方をしてこそ許されるものだ。

誤ったメッセージや矛盾したメッセージを送らないようにしよう

ことばで表される感情や思いと、声のトーンやボディランゲージで表されるものとが食い違っていることがある。ある母親が抑揚のない声で「ピアノ、本当に上手になったわね」と言ったとき、ギフティッドである息子は「顔でもそう言ってくれないかな?」と答えたという。この子は、母親のことばのなかに誠実さがないことが嫌だったのだ。

声のトーンは重要だ。「今日、お友だちの家で何をしたか教えてほしいな」と母親が言った場合、それは、子どもが友だちの家で何をしたのか本当に知りたいから教えてほしいという意味になるかもしれない。もし、これを暗い声のトーンで言われた場合、この同じことばは子どもが友だちの家で何か悪いことをしたのを知っているかのような脅迫的な響きをもつ。あるいは友だちと遊んだことを責められているかのように感じられるかもしれない。ことばそのものが一つのメッセージを送り、声のトーンやボディランゲージ、表情が別のメッセージを送っていると、子どもは混乱することがある。子どもに本当は伝えたいわけではないメッセージを送っていないかどうか、親は注意すべきだ。独裁型養育スタイルの親［5章参照］は、このようなことをしてしまうリスクがもっとも高い。親が温かみのないトーンで話すとき、子どものしていることを認めたりサポートしたりしているつもりでも、多くがそれを禁止するメッセージとして伝わる。

子どもを混乱させるような伝え方のもう一つの例として、子どもの通知表をめぐる会話がある。「前の学期よりも成績が上がったね」ということばは何通りかに解釈できるが、それは、そのことばを発したあなたの声のトーンにかかっている。「わぁ！　よくがんばったね！　成績が上がったね！」のように伝わるときもあれば、「まだマシにはなったね。でも、まだがんばりが足りないよ」のように伝わるときもある。声のトーンを通して伝わるメッセージとことばとを一貫した明確なものにしよう。

ボディタッチを使おう

意思疎通を促すうえで重要かつ見過ごされがちなもう一つの方法は、簡単なボディタッチだ。人とのつながりを感じるうえでタッチやハグが重要だということは研究で十分実証されているにもかかわらず、我々の社会、いや、家族すら、ボディタッチと疎遠になりつつある。子どもの腕の上にそっと手を添える、子どもの肩にそっと手を回すといったことだけで、子どもはあなたの言っていることに注意を向け、一生懸命聞こうとする気になる。

ハグ、頬へのキス、背中をポンとたたく、肩に手を回す、また、「ハイタッチ」での手と手のタッチですら、よりよい意思疎通の雰囲気をもたらしてくれる。このようなタッチはいずれも、人とつながっているということ、気にかけているということを伝えるからだ。ハグやタッチを何の抵抗もなく自然にする家族もあれば、そうでない家族もある。ハグやタッチになじみのない家族は、自分たちのやりとりのなかに意識的にボディタッチを取り入れる努力をしていくとよいだろう。

子どももティーンエイジャーになると、ハグなんか小さな子どものためのものだといって拒むかもしれない。そのような場合は、「わかったよ。あなたはハグがいらないんだね。でも、私は必要なの。だって、私はあなたのお母さんだから。来て、ちょっとだけハグしてくれる？」と言えばよい。ティーンエイジャーのしぶしぶのハグからも大切なメッセージが伝わる。つまり、家族の愛の絆というメッセージだ。ハグをしたり抱きしめ合うのは子どもがごく幼い頃からできることで、大きくなっても続けやすい。親の膝の上には座らないほどに大きくなった子どもとでさえ、ときどきハグをしたり抱きしめ合うことによってやさしさと身体的つながりを感じることができるだろう。

子どもの目の前で子どもの噂をしないようにしよう

大人は通常、他の大人の噂話をしないように注意を払うが、子どもの噂話をすることに関しては不注意なことが多い。実のところ、もっとも思いやりにあふれた大人でさえ、子どもたちの面前で彼らの噂話をよくしている。シルヴィア・リム（Sylvia Rimm）は、これを「指示的会話」とよんでいる。[13]これは、親や教師が子どもの行動について話をする（引き合いに出す）際に、子どもにすぐに聞こえるような場所で、あたかも子どもが聞いていていない、あるいは聞こえないかのように話をすることを指す。

その話は子どものよい行動についてのこともあり、そのようなときは子どもがそれを聞いていても建設的に働く。「あの子は今週の生物のテストでAをとったんだ。すごいでしょ？　あの子、本当にがんばっていたよ」という具合だ。しかし、話はネガティブなことのほうが多い。「昨晩は、タイラーったら代数のテスト勉強をするはずだったのに、自分の部屋でテレビゲームをやっていたの。だから、二日間外出禁止にしたよ。これを機に、反省してほしいよ」。このようなことばは、子どもに聞こえるところでの友人との電話や親同士の会話で発せられる。いずれにせよ、子どもに聞こえるところでこのような会話をするのはよくない。

人一倍の繊細さと完璧主義傾向のあるギフティッド児は、自分の欠点や問題点をあなたが人に話しているのを耳にして深く傷つく可能性がある。子どもにとってのこのような仕打ちは、大人にとって公衆の面前でその人の問題を曝け出されるのと同様に不当で失礼なものとなる。このようなことをする大人を子どもが信用しなくなっても不思議はない。ギフティッド児は他の子どもと同様に、自分自身に関する情報をコントロールしようとする。だから、自分の噂話、特にネガティブな噂話を聞くと、恨みや怒りの感情が生じるだろう。ギフティッド児は耳にした会話をたいてい理解するが、誤解したり曲解したりすることもあり、それがさらなる問題を生む。耳にしたことばに傷ついたとき、それはいつまでもその子の胸に突き刺さったままとなり、親であるあなたの愛への信頼が蝕まれていく。子どもの認識や理解が正確か否かにかかわらず、そのようなことがあったあとの家族間のコミュニケーションはギクシャクしたり滞ったりするだろう。子どものことを人に話す際には、子どもに聞こえないところで話そう。子どもをめぐるフラストレーションを誰かに理解してもらいたいときは、いかなる場合でもその子自身とその子の行動とを分けて表現するようにし、その内容を絶対に誰にも漏らさないと信頼できる友人に話すようにしよう。

正直であることの尊さを伝えよう

ギフティッド児は通常正しく行動したいと思っているが、他の子どもと同じように、ルールを忘れることもある。何か夢中になっていることをしたいと気が急いているときなどは特にそうだ。たとえば、缶の中のクッキーが少し減っていることにあなたが気づいたときに、その子が一、二個とったことを認めたとしよう。このような状況ではユーモアをもって「そうかぁ。私が作ったクッキーが、こっそり食べずにはいられないほど好きだなんて、とってもうれしいなぁ。でもそれ以上に、正直に言ってくれたことがうれしいよ。今みたいに、いつも正直でいてね」と言おう。このような穏やかな言い方は、ちょっとしたことでの大喧嘩を回避し、後々の意思疎通を促す働きをする。「食事の前にクッキーは食べない約束でしょ！　もう二度とこっそり食べたりしないでよ！」などと言うのではなく、子どもをひどく叱りすぎないようにすると、よい結果が得られる。怒りで応じると、あなたが子どもを信用していないこと、子どもが将来泥棒になってしまうのではないかと心配していることが伝わる。つまり、子どもと子どもの行動の両方についてネガティブに決めつけているのだと伝わる。

子どもがルールを破ったということをすでにあなたが把握している場合の多くは、子どもに正直に白状するように強いるよりも、あなたがすでにそのことを知っていると簡潔に伝えるほうがよい。子どもが嘘をついたり、やったことを否定しなければならなくなったりする状況をつくりださないようにしよう。そうでないと、子どもは嘘をついたことがばれても罰せられ、かといって正直に言っても罰せられるという、逃げ場のない状況に追い込まれてしまう。子どもがしたことをあなたが把握しているのであれば、裁判の段階を飛ばし、ペナルティが必要ならば、その段階へすぐに移ろう。

たとえば、日頃からあなたがいくら閉めるように言っても子どもが網戸を開けっぱなしにして外に飛び出して行くという状況を考えてみよう。外からキッチンにハエが入ってきて、調理中のおかずにとまろうとする。網戸を開けっぱなしにしていそうな人はその場に誰もいない。あの子がやったに違いない。このような場合、その子に網戸を開けっぱなしにしたかどうか尋ねて嘘をつく機会を与えるよりは、ただ、「網戸を開けっぱなしにしたね。どうしたら、網戸を閉め忘れないようにできるかな？　そのために、一緒に協力できることはある？」と言うべきだろう。「まったく、いつになったら網戸を閉め忘れなくなるのかしらね？」のような言い方で怒りのお説教をするかわりに、「網戸を閉め忘れないように気をつけてほしいの。キッチンにこんなにハエが来ては困るの。ハエたたきでハエを追い払うのを手伝ってくれる？」と言うほうがよいだろう。このような対応により、子どもの過ちについて、子どもは正しい行動をしたいと思っているのについうっかりし忘れてしまったとあなたは考えているということが伝わる。そして、今はハエをたたくことで償おうとしているのだろうと考えていることも伝わる。これは、「もう、何度言ったら……」方式の説教を繰り返すことで、その子がもう改善の見込みがないと見なすよりも、ずっと望ましい対応のしかただ。

その子が網戸を開けっぱなしにしてしまったことや、クッキーをつまみ食いしてしまったことを正直に話すのであれば、その話をもとに罰したりからかったり、その子がいたたまれなくなるようなことをしてはいけない。また、他の家族の前でクッキーがなくなった話をしてはいけない。そんなことをすれば、今後正直に話す意欲も、あなたと話をする意欲もなくなるだけだろう。そのようなことがなければ、いつの日かその子が成長したときに、その子自ら話し、笑い話にできる日が来るだろう。

誠実さを促す方法は他にもある。父親のタンスから一ドル分程度の小銭がなくなったとする。母親は、グレッグが勝手に持って行ったに違いないと言った。グレッグがその部屋から出てきたのを見たし、それ以前にはそこにあった小銭が、グレッグが出ていったあとになくなったからということだった。両親はどうしようか話し合った。まもなくして、グレッグが「ねえ、パパ。パパのタンスにあるお金、もらってもいい？」と聞いてきた（すでに自分のポケットに入れているとは言っていない）。すると、父親は「今は必要だからダメだよ。でも、聞いてくれてありがとう。何も言わずに物をとったりしないで、正直に言ってくれたことがうれしいよ。人の物を黙ってとるような子ではないということがわかってよかったよ」と言った。グレッグはすきを狙って寝室に忍び込み、すぐに小銭を元に戻した。この子は今後、黙って人の物をとるようなことは絶対にしないだろう。彼の面目は保たれた。父親は大切な価値観を教えることができ、子どもはスッキリした気分になれた。もし、両親が説教と罰を与えていたら、この話はまったく違ったネガティブなものとなっていただろう。

クレーム対応部をつくろう

うまくいっているビジネスの多くにはクレーム対応部があるが、うまくいっている家庭にも同様のものがある。あなたの子どもには、不満も含め、自分がどのように感じているのかを言える機会が必要だ。それがないと、子どもは自分の考えには価値がないと感じやすく、重荷になるほどの不満を溜め込むかもしれない。そして、ある日突然、怒りの感情が爆発するだろう。子どもが不満を言いやすくするには、「なんだかうれしくなさそうだね。クレーム対応部の誰かに話してみる？」あるいは、「付箋に不満を書いてボードに貼っておこうか。次の家族会議に出してみよう」と言ってみればよい。

子どもの感情を尊重しよう。そこに侵入してはいけない

自分にとって特別で人に知られたくない感情や状況もあるものだ。独立したひとりの人間となるためにはプライバシーが必要だ。子どもの生活のなかにその子自身の内に真に秘めたものがあり、その子の了解なしにはあなたも他の人も知り得ないものがあることを認め、その子を尊重しよう。これは、

安全のためには子どものしていること考えていることすべてを知りたいと思っているティーンエイジャーの親には怖いことかもしれない。けれども、詮索により伝わるのは無神経さと子どもを尊重していないということだ。親のあなたが知っておくべきこととそっと任せておいてよいこととのバランスを見極めるのは、デリケートな問題だ。

ギフティッド児のなかには、特に自分の感情など受け入れてもらえないと考えている場合は、まるで何の感情も抱いていないように、また、人が自分をどう思っているかなど少しも気にしていないようにふるまう子どももいる。このような子の大半は、自分の感情が繊細すぎて手に負えないと決め込んでいたり、あるいは自分の感情を実際表に出しても、それを受け入れてもらえないのではないか、認めてもらえないのではないかと恐れたりしている。そして、何の感情もないようにふるまうのが安全策だと考える。あなたが子どもの感情を尊重し支え続けることで、このような感情の孤立から脱却できるようになるだろう。

繊細な話題はきめ細やかにそっと扱おう

ギフティッド児の感情は強烈なため、オープンに感情表現すると傷つくことになるとギフティッド児は考えるかもしれない。人のもっとも深い恐怖や希望を分かち合うことで親密さや親しさが増すものではあるが、それは同時に傷つく可能性が高まるということでもある。ギフティッド児のなかには、一度傷つくと自分の感情を誰かに言うのをやめてしまう子どもがいる。このような子どもたちは、批判や誤解を受けたりけなされたり嘲られたりするよりは、「一匹狼」になる道を選ぶようになるかもしれない。表面上は何の感情もないように見えたとしても、その内側では非常に深い感情を経験しているということがある。

とても繊細な話題について話さなくてはならないこともあるだろう。あなたがそれを望んでいなくても、また、子どもを戸惑わせるようなことはしたくないと考えていても、その必要が生じることがあるだろう。互いに目を合わせなくてすむような状況――たとえば、夜、電気を消したあとのベッドのなか、散歩中、あるいは車の中――がいちばん話しやすいと感じる親もいる。あるいは、親だけで一人二役をする方法もある。たとえば「考えてみたことがあるかどうかわからないけど……、ただ、もし、考えたことがあるのであれば、知っていてほしいことがあるのだけど、それは～」のように言ってみることができる。それから、「それでね、もし～と思うなら、知っていてほしいことがあるのだけど、それは～」と続けてみる。このようにすると、子どもはただ聴いていればよい。親のほうが、子どもが考えていそうなこと、感じていそうなことをことばにし、そして、支援するコメントを続けるという方法である。

その子が繊細な話題を直接親と話すのをためらうのであれば、書いて伝えることが有効なときがある。子どもが疑問に感じていることや悩みごとをノートに書き、親の目にとまるところに置いておく。親はそれに返事を書き、子どもの目にとまりそうなところに置いておく。このようにして、親子間での文書での会話が進められる。

気質の違いを十分理解しよう

子どもの気質は、感情表現のしかたも含めさまざまだ。標準的な子どももいれば俳優のように表現する子どももいるし、論理的で人の感情になど関心がなさそうに見える子どももいる。アスペルガー症候群のギフティッド児（12章参照）は、気質のスペクトラムのもっとも極に近い部分に位置し、意思疎通や他者の感情理解に深刻な困難を示す。

子どもの気質の違いを十分理解していない親は、子どもを別の人間に仕立て上げようとすることがある。その結果、親はフラストレーションを感じ、子どもは誤解されていると感じるようになる。ある親は「私は、樫の木をハナミズキに変えることはできないのだと気づいたときから、子どもとの意思疎通がぐっと楽になりました」と言った。子どもが違えば意思疎通のしかたも異なるものだ。

過度の「監視」はやめよう

親は、物事や見聞きしたことについて「ただ確認しているだけ」と考えることがある。たとえば、親は「あなたの部屋、今日はずいぶん散らかっているみたいだね」「宿題なんて終わらせなくてもいいやって思っているみたいだね」「お友だちの誕生日なのに電話をしないんだね」のように言ったりする。しかし、これらの確認行為について、また、その確認の結果、あなたがどのような提案をしていることになるのかについて、よく考えることが大切だ。この確認には、子どもが何かすべきことをしなかったこと、あるいはがんばりが足りなかったことに対する批判が含まれていないだろうか？　あるいは、してはいけないという禁止の意図や、別のことをすべきだという指示が含まれていないだろうか？　このような言い方により伝わるのは、「私は、あなたには自分でできるだけの力があるとは信じていません。だから、私が指示や提案をします」ということだ。確認ひとつで親子関係に深刻な影響を与えることはないだろう。しかし、次々と確認がなされると、ギフティッド児は評価されていると感じるようになるだろう。確認をしすぎるということは、子どものすることを抜け目なく監視――そして評価――しているということになる。

守れるかどうかわからない約束はしないようにしよう

子どもは、あなたに詳細を伝える前に、これから話すことを秘密にするよう求めることがある。あなたは子どもが何を言ってくるのかわからないのだから、見境なく約束に同意してはいけない。このような場合は、子どもに対して、約束できることとできないことについて誠実であることが大切だ。「何でもかんでも秘密にするとは言えないよ。ただ、あなたが知られたくないと思っていることを尊重して、できる限りのことはしようと思っているよ」と応じることもできるだろう。誰かが深刻なトラブルや危険な状態にあるときは、親は秘密にして黙っていてはいけない。たとえば、子どもの友だちが拒食症や過食症だとか、自殺を考えているとか、違法ドラッグに手を出すなどの危険な行為をしているといったことなどである。生死にかかわるような状況では、その人の親や責任者に知らせるなど適切な行動をとらなくてはならない。自分の子ども（あるいはそれ以外の人）の安全を守ることが第一であること、その安全を脅かすような約束はできないということを、子どもが理解できるようにしよう。あなたと子どもとの間の信頼関係は大切だ。しかし、それを理由に守れない約束をしてはいけない。

いろいろなところで置手紙を使おう

手書きのメモは意思疎通を促し、また、それを受け取った人に強力なメッセージを伝える。そして、あなたの感情やメッセージの大切さを伝える。それは「私はこのことをとても大切に思うので、時間をわざわざ割いてこのメモを書いた」というメッセージだ。ランチボックスやリュックサックにそっと滑り込ませられた「愛している」や「テストがんばってね」のような短いメモによって、日中がんばることができる。また、「科学の課題よくがんばったね！」のように、メモで子どものしたことを褒めることもできる。家中に「Thinking of you《大切なあなたへ》」カードを隠しておき、ちょっとしたときに子どもが人間関係の大切さを思い起こせるような工夫をしている親もいる。

意思疎通の問題を解決する

ギフティッド児は知的能力が高く非常に意志が強いために、親子の言い争いは避けられないだろう。そして、それがヒートアップし、関係の行き詰まりや辛い衝突にまでなってしまうこともある。そのようなときには一歩離れ、その状況だけでなくそのときに生じた感情についても吟味するとよい。なぜあなたはそのように応じたのか？　どのようにしたらこのような状況は避けられたか？　この問題に対するあなたと子どもの感情は、なぜそれほどにも強いものになっているのか？　感情を理解し受け入れ、より適切にコントロールできれば、根底にある問題に対処できるようになる。これは決して、問題をたやすく解決できるという意味ではない。強い感情が生じるにはそれなりの理由がある。双方ともに確固たる考えの不一致があり、通常その解決には時間と膨大な努力が要される。

本章で紹介したさまざまな方法は親子の意思疎通を促し、親子関係の問題を解決に導くだろう。多くの場合、意思疎通の問題は一夜にして生じるものではない。同様に、その解決も一夜にして得られるものではない。豊かな意思疎通を実現するには、問題解決と同様、長い努力と強い意志が求められる。親が強要して意思疎通を促すことはできない。しかし、さまざまな方法の練習を始めることはできる。そして、ポジティブで豊かな関係性を育むことができる。

第4章　意欲、情熱、アンダーアチーブメント

　ギフティッド児は通常、学ぶことに対して熱烈な姿勢をもち、さまざまな考えや活動に情熱的に没頭し、身の回りの世界に猛烈に興味を示す。だとすればなぜ、アンダーアチーブメント［underachievement は、学齢期では学業不振を指すことが多いが、本来もっている能力にははるかに及ばず、本人も苦悩している状態が学業に限らず生じる。本書では、学業以外のそのような状態も視野に入れている場合に「アンダーアチーブメント」とする。特に学業に特化していることが明白な文脈では「学業不振」を用いる］に陥るようなギフティッド児がいるのだろうか？　なぜ彼らの生来の意欲が消えてしまうのだろうか？　親はどのようにしてこのような子どもたちの意欲を高め、興味関心や能力を伸ばしていったらよいのだろうか？　どのようにしたらアンダーアチーブメントを防ぐことができるのだろうか？[1]

意欲の問題が生じる仕組み

通常、ギフティッド児は幼い頃から身の回りの世界に非常に惹きつけられ、夢中な様子を見せる。

ある母親は七歳の娘の意欲について、以下のように述べた。

この子が幼稚園に最初に行った日のことは忘れられません。……彼女は興奮のあまり震え出さんばかりでした。園舎に入るのを待ちきれないのです。私はこの子を早く幼稚園に入れたくてしかたありませんでした。正直なところ、娘にほとほと疲れ果てていたのです。娘のエネルギーは竜巻のようで、私はとどまることのない話や質問攻めにあっていました。[2]

この子のように、就学前は好奇心旺盛で情熱的だった子どもが一〇代になり、賢くはあっても意欲のない人間へと変わってしまうのを見た親が混乱するのも無理はない。なぜこうも変わってしまうのだろうか？　おそらく、相当数のギフティッド児が好奇心旺盛な就学前の時期に浴びることになるメッセージは、「先に進んではダメです」「待って」「今日は、それはお勉強していないわよ」「それは来週（来学期、来年）お勉強することです」というものだろう。そして小学校へ入学すると、ギフティッド児の多くが、一見してスローペースの学習進度に退屈さを訴えるようになる。[3]退屈だという不平は単なる怠けから出ているものや授業に参加しない言い訳のこともあるが、小学一年生から高校三年生までの大半のギフティッド児が学校の多くの活動が嫌でしかたないというのは、それらがやりがいに欠けるということが原因であることがほとんどだ。中学あるいは高校時代に顕在化する学業不振の根は、小学校時代に始まる、彼らにとっては不適切あるいは簡単すぎる教科学習にある。[4]

年を経るごとに、このような子どもたちは仲間に合わせることに関心が向き、自身の成績への関心が薄れていく。どのみち自分は賢いということ、クラスでトップだということを知っている。成績はこれで十分だと言われ続けてきた――もっと学びたいという欲求は余計なもので、彼らの疑問は放っておかれ、「子ども時代」を楽しむようにと「大人」の問題は気にしないようにと言われ続けてきた。ところが成長するにつれ、親や教師の多くは、彼らが本来の可能性に見合った力を発揮していないとか、仲間に同調してばかりいるなどと言いはじめる。これらの矛盾したメッセージすべてが意欲の問題に重大な影響を及ぼす。

これほど多くのギフティッド児がその可能性と実際の功績との間に大きなギャップを見せるようになる原因は、これだけだろうか？　これほど多くのギフティッド児の活力を奪い取るものは何か？　失った活力を取り戻すために親ができることはないだろうか？　活力が戻ったら、それをよい方向へ導くことができるだろうか？　アンダーアチーブメントや意欲喪失に至る道はいくつもあるが、さいわい、意欲を失った子どもたちに活力を与える方法もいくつもある。

なぜ意欲を失うのか？

この問題を考えるにあたり、あなた自身の意欲がわかない状況を想像してみるとよいだろう。あなたは来る日も来る日も意欲にあふれているわけではないはずだ。一日のうちでさえ、意欲は大きく変動し、つねに意欲一〇〇％の人はいない。スポーツジムでのトレーニングや車庫の整理整頓を考えてみても、本来の能力を下回ることがあるのではないだろうか。ということは、あなたはアンダーアチーバー［アンダーアチーブメントの状態にある人］なのだろうか？　この答えは、答える人の視点によりさまざまだろう。

意欲に影響を与える要因はたくさんある。通常、やらなくてはならない理由がわかるだけでは意欲はわかない。なぜ運動をしなくてはならないのかとか、なぜ車庫を片づけなくてはならないのかということは、ほとんどの場合、その人自身がわかっている。しかし、しなくてはならない理由がわかっているだけでは行動は変えられない。他の要因が他の方向から意欲を操っているからだ。しなければならない理由がわかるだけで子どもが簡単に意欲を上げることができるのであれば、とっくにやる気を出しているはずだということを忘れないでほしい（同じ原理で、あなたの車庫もとっくにきれいになっているはずだ）。子どもの立場に立てば、行動を変えられないもっともな理由があるはずだ。ギフティッド児の意欲が失われているのがわかったら、その状況に対しては、まず、意欲に影響を与える多くの要因のうち以下にあげる点について検討することから始めよう。[5]

健康

身体的問題はアンダーアチーブメントの原因になりうる。視覚・聴覚の問題、長引く感染症、睡眠不足（特にティーンエイジャー）、栄養不足、薬物乱用の可能性などが考えられる。これらの原因がないかどうかを検討し、関係なければ除外しよう。たとえば、ギフティッド児のなかには、昼食前や午後半ばにエネルギー不足になる子どももいる。このような時間帯には、子どもは「スイッチ・オフ」状態になり、集中できず、アンダーアチーブメントにつながることがある。

ギフティッド児のなかにも、学習障害を伴う子どもや非同期発達のために能力間に大きな開きのある子どもがいる。ギフティッド児の障害は秀でた部分により隠されるため、見落とされやすい。一方、子ども自身はフラストレーションがたまり、それが意欲の問題につながる。身体的原因や障害の可能性が除外されたら、次は、アンダーアチーブメントにつながる他の要因の可能性を考えよう。

家庭

家庭内での成績への期待はどのようなものだろうか？　あらゆる分野で満遍なくよい成績を期待してはいないだろうか？　親の期待が高すぎはしないか？　あるいは低すぎはしないか？　学業成績よりも、子ども自身の幸せと満足感とを強く願う親もいる。一方、子どもの学業成績を非常に気にする親もいる。

家族の全般的な情緒的健康についてよく考えるとよいだろう。子どもが情緒的に疲弊したり、学校の勉強に集中できなくなったりするような問題はないだろうか？　たとえば、不安定な家庭の状況、離婚調停、頻繁な口論、転居に伴う友だちとの別れ、肉親やペットとの死別、きょうだい関係や友だち関係の崩壊、恋人からの一方的な別れ（青年の場合）などがある。このような出来事はいずれも学校での子どもの思考に侵入して悩ませ、どんなに聡明な子どもでも集中できなくなる。子どもを混乱させるような家庭の力動もある。たとえば、成績の価値について両親から食い違うメッセージを受けたり、片方の親がもう一方の親を明らかに軽視したりしているような状況がそれにあたる。[6]

人生には避けられない状況もあり、ストレスは日々の生活の一部であることも確かだ。しかし、激しく繊細なギフティッド児には人一倍敏感なアンテナがあり、親が隠しているつもりの家庭内の緊張を察知してしまうことを忘れてはならない。子どもの意欲の喪失やアンダーアチーブメントの問題を考えるうえで、家庭内の出来事や雰囲気は考慮すべき重要事項だ。あなたにできることはおそらく、子どもの思いに理解を示しサポートすることだけだろう。カウンセリングやサポートグループが助けとなることもある。たとえば、グリーフ・サポートグループや、親が離婚した子どものためのサポートグループもある。アラティーン（Alateen）［日本では、NPO法人アラノン（Al-Anon）ジャパンGSOが該当する］という、アルコール依存症の家族をもつ子どものためのサポートグループもある。

家庭の危機や人生の難局に瀕している場合、一時的に子どもの成績を重視する姿勢を弱めるとよいだろう。その子が感じているプレッシャーへの理解を示し、成績について当面は何も気負わなくてよいと言うだけで、それが思いやりとして伝わるだけでなく、適切で効果的なこともある。そのうちまた学業や将来の目標に集中できるようになるときを待とうと伝えてもよいだろう。

人間関係

人間関係は意欲に影響を与える非常に重要な要因だ。ギフティッド児の学業不振の理由としてもっとも広く見られるものの一つが、仲間になじもう、合わせようとすることだ。

多くのギフティッド児がよい成績をあげることと仲間に受け入れられることとの板挟み状態に陥る。残念ながら、その並外れた能力を「オタク」「頭でっかち」「ダサい奴」と言ってからかわれるギフティッド児は少なくない。いつも成績がトップという状態を居心地悪く感じるようになり、特にギフティッドの女子は男子に好かれようとして意図的に学業不振になることもある。[7] ギフティッドの男子は知性ではなくスポーツを重視する「ボーイ・コード（Boy Code）」に合わせてふるまおうとするかもしれない。[8] アフリカ系アメリカ人の男子は成績がよいと「白人ぶっている」と言いがかりをつけられることもある。[9] ギフティッド児は仲間と調和することに非常に強いプレッシャーを感じ、そこから意欲の問題が生じることが多い。

人間関係は子どもの成績を左右する非常に重要な要因だろう。あなた自身の子ども時代を振り返ってみると、その人のためなら何でもしたくなるような大切な人が思い出されるかもしれない。このような人は、大人であろうと仲間であろうと、あなたの意欲を呼び覚まし、目を向けてくれたのではないだろうか。反対に、できるだけかかわりたくないと思うような人はいただろうか。その人は、あなたの情熱、ときにはあなたが非常に興味をもっている分野の情熱すら奪っていったのではないだろうか？　そのような人との関係は、あなたの意欲を台なしにするものだっただろう。

　それでは、あなたとあなたの子どもとの関係はどうだろうか？　あなたはその子を励ましているだろうか？　それとも、批判しているだろうか？　その子は、繊細な問題や物議を醸すような話題をあなたにもちかけても大丈夫だと感じているだろうか？　あなた自身は一生懸命がんばる姿と目標を達成する姿、生涯にわたり学び続ける姿の模範となっているだろうか？　たとえなかなか解決できない問題に遭遇しても、あきらめずに熱心に学び続ける姿勢を見せているだろうか？　同僚の業績が期待に及ばなかったときと同じように、子どもにも敬意をもって穏やかで思いやりのある対応のしかたをしているだろうか？　もしそうでなければ、おそらく、あなたとその子との関係が意欲の問題の原因となっているだろう。

学校

　親や教師から報告される意欲に関する問題でもっとも多いのは、学業成績の低さだ。その子の潜在的な力に対して成績が非常に低いというのだ。学校――社会においてギフティッド児がもっとも安心できる居場所であるべき機関――の多くがフラストレーションや失望の源となっているという、実に皮肉な実態がある。意欲の問題、アンダーアチーブメントの問題がもっとも多く生じるのが学校だ。あいにく、多くのギフティッド児が学校でアンダーアチーブを身につける。[10]基準が低く、ほとんど努力なしに達成できてしまい、ギフティッド児の能力ばかりが褒められるとしたら、しっかりとした学習習慣や自発性は育たない。むしろ、努力をあまりせずとも成功できるという感覚が身につき、学年が上がるに従いよい成績を修めるには努力を要するようになったときに失敗する土台をつくりあげてしまう。

ごく幼い時期から、大半のギフティッド児は学校へ行きたくて待ちきれないという様子を見せる。学校はワクワクするような学びの機会にあふれ、あらゆる疑問への答えが見つけられると期待する。また、自分と同じような友だちと一緒に過ごせるとも期待する。あいにくこれらの期待は裏切られ、落胆させられることが多い。幼稚園では、自分はすでに文章が読めるのに同じ年齢の子は文字を習ったり基本的な色の名前を覚えたりしている。そして、自分のペースと友だちのペースとが合っていないと感じ、混乱する。「どうしてお友だちは、私が何年も前にできるようになったことができないのだろう？」と。

多くのギフティッド児が通常の学校カリキュラムをおもしろくなく退屈だと感じるのに時間はかからない。情熱、好奇心、興奮は一気に消滅する。ギフティッドの小学生はクラスメイトよりも課題を非常に早く終え、授業の四分の一から半分程度が「余り時間」になると指摘する専門家もいる。ハイリー・ギフティッド児の場合、授業の四分の三を「暇つぶしのための課題」をして過ごすか、他の子ができるまで待つことがある。[11] 適切な教育的配慮がなされないでいると、学年とともにギフティッド児の能力と標準的な学習レベルとの差は拡大の一途をたどる。[12] にもかかわらず、いまだに多くのギフティッド児が、すでにできるようになっていることを学校でしながら過ごしている。

ギフティッド児は余り時間をどのように過ごすのだろうか？　それは子どもによって、また、日によっても異なる。小学生の場合、他の子や先生を助けようとするかもしれない。あるいは「創造的なひとり遊び」をして過ごすこともあるが、これが先生を困らせるほどになることもある。またあるときは想像の世界に入り込んで上の空になったり、白昼夢で暇つぶしをする方法を生み出したりすることもある。想像上の宇宙船を作り上げるかもしれないし、天井の防音タイルの穴を数えはじめるかもしれない。先生が何回咳払いしたかを計算したり、単語を後ろから綴る練習をしはじめたりすることもある。机の下に本を隠しながら読んだり、いたずら書きをしたり、あるいは、ただ時計を見ていたりということもある。いずれにしろ、授業内容が彼らの学習のニーズや能力をはるかに下回っているため、ほぼ学習になっていないのだ。

上位三％の子どもが他の九七％の子どもに標準を定めた教育制度のなかで意欲を維持するのは、根本的に困難というものだ。おそらく、大半のギフティッド児が自分の潜在能力よりも二〜四学年も下のレベルの学習内容に取り組まなくてはならないことが意欲喪失の主たる原因だろう。[13]

ここで教育上非常に難しい状況が生じる。教師は意図的にギフティッド児の意欲を失わせようとしているのではない。教師は、あらゆる子どもに基本的な最低限の力を確実に身につけさせるよう求められている。そして、能力の個人差が非常に大きな子どもたちが大勢集まる集団に対してそうせねばならない状況にある。行動上の問題のある生徒、学習障害のような特別なニーズのある生徒もいるだろう。加えて教師は子どもたちが適切な行動様式を身につけられるように、ソーシャルスキルを教えなくてはならない。

ときに聡明な生徒を嫌う教師がいることもある。このような教師は授業中に聡明な生徒に対して嫌味を言って罰したり、「教訓を与える」あるいは「ギフティッドではないことを証明する」といって低い成績をつけたりする。ただし、あからさまな嫌がらせをする教師は少ない。たいていは、ギフティッド児には注意を払わず、学年相応の学習内容の習得に苦労している子どもに多くの注意を向ける。助けを要する生徒の支援役にギフティッド児を割り当てたりもするが、これがギフティッド児から適切なレベルの学習や挑戦の機会を奪うことになる。いずれのやり方も、子どもの生来の情熱や意欲を抑えつける結果となる。

教育的配慮がなされれば、ギフティッド児の意欲、熱意、情熱を取り戻し、育むことができる。その方法のいくつかについては本書の後の章で述べる〔一部本翻訳書では割愛された章に該当する〕。ただし、的確な教育選択の機会が得られるだけで、あらゆるアンダーアチーブメントや意欲の問題が解決できると安易に考えてはならない。教育制度も重要な役割を担うが、家庭内の強い絆があれば、学校環境での困難があってもバランスをとり、それを乗り越えることもできる。最適とはいえない教育環境や、普通なら意欲を損なうような状況にあっても、子どもの意欲を育み続けている親は多い。

その他の要因

意欲を失った子どもへ有効に働きかけるためには、前述の要因以外にも子どもの意欲を阻む要因を考慮する必要があるだろう。子どもが示す行動は気まぐれで生じているのではない。あらゆる行動は、たとえそれが不適応行動であろうとも、何らかの欲求を満たすためになされる。望ましくない行動を引き起こしている欲求は何か？　その欲求を満たす他の方法はないだろうか？　たとえば、子どもが誤解されていると感じていたり意気消沈したりしていれば、学校の成績など考えてはいられなくなるだろう。あなたが子どもと頻繁に衝突していたら、その子の意欲を引き出そうとどんなに努力してもうまくいかないだろう。子どもに自分の部屋に宿題を持って行って座るようにと言うことはできるが、何が何でも宿題や勉強をさせることはできないということを、多くの親が思い知らされる。学校の勉強が原因で親子げんかになるとき、意志の固いギフティッド児がそのバトルに負けることはほぼない。おそらく、何が何でも勝とうとするだろう。バトルが長引けば、その分自発性からどんどん遠ざかる。対立が続けば、それは健全な親子関係の障壁となり、解決につながる可能性のある真の意思疎通を妨げるだろう。子どもの意欲を蝕むものが何であれ、それを見つけ取り除くことでその子を助けられる。落胆していれば慰めよう。あなたとつながっていること、あなたに理解されていることを感じられる

表６　アンダーアチーブメントと意欲喪失の背後によくみられる理由[14]

●仲間に合わせようとしている。成績がよいとクラスメイトに疎まれる。

●与えられた課題に興味がもてない。あるいは、子ども自身の人生に関連のあるものや重要なものとは思えない。

●アンダーアチーブメントによって自立していることを示そうとしている。

●親や教師のコントロールを拒絶することで権力を得ようとしている。

●「ストライキ」を続けることで親や教師への怒りを表現している。

●周囲からの要求に沿うよりはそこから外れた方が楽だと感じている。

●成功することで次のプレッシャーがかかることが怖い。周囲の期待が高まっていくのが怖い。

●親や教師の注意を引こうとしている。

●リスクを避ける行動。「努力していなかった」と言うことで能力がないとみなされるのを避ける。

●周囲から注目を浴びたい、同情をかいたいという依存心が現れている。

●学習することで内側からの喜びを得るのではなく、外発的なご褒美が強調されすぎている。

●将来の目標を考えたり計画を立てたりできない。

●学習習慣や資料の整理のしかたが身についていない。

●不注意や衝動性の問題により、忍耐強く学習課題に取り組むことが妨げられている。

●学習障害があり気力を失っている。

●家庭問題など、勉強以外の心配ごとで頭がいっぱいの状態にある。

●誤解されているとか評価されていないと感じている。落胆していたり、自己概念が脆弱だったり、抑うつ状態にある。

ようにしよう。衝突に終止符を打とう。それから、どうすれば学習意欲がわいてくるのかその子が考えられるようにしよう。

ギフティッド児のアンダーアチーブメントや意欲喪失の原因としてよくみられるものを表6に掲載する。これらがその子のアンダーアチーブメントの原因である可能性に目を向けることで、これまでとは異なる方法でその子に働きかけられるかもしれない。

まずはここから始めよう

前述の項目にあてはまるものがある場合、必ず事態は改善すると信じよう。ギフティッド児はまったく意欲がないということはほぼなく、周囲が意欲をもってほしいと考えている領域で意欲がなくなっているだけだ。日常生活で意欲の問題が生じるのは、たいてい特定の領域においてだけだ。たとえば、興味のある分野に関してならあらゆることを学びたがるが、文法、綴り、きれいに字を書くなどはしたがらないということがある。あるいは、どのようにして数学の解を導き出したかを順序立てて説明するのを嫌い、ただ頭のなかで導き出した解を書きたいだけだったりする。学校以外の場面でも意欲の問題を示すことがあるだろう。家で宿題を済ませようとしなかったり、自分の部屋がゴミだらけになっていても片づけようとしなかったりする。

子ども自身が大切だと考えているものは何だろう?

アンダーアチーブメントかどうかは、それを見る人によって異なるという点につねに留意しよう。ギフティッド児が意欲を見せる領域は、我々が大切だと考えるものとはまったく異なることが多い。

たいてい、我々が大切だと考える領域はその子自身にとってみればそうは思えない――少なくとも今の時点では思えない――、あるいは、他にもっと大切なものがある。子どもの目から見れば、Cという成績は十分で、Cであっても合格は合格なのだ。あるいは、勉強の成績はぎりぎりでも、スポーツ、音楽、チアリーディング、行事などでは非常に優秀な子どももいる。このような子ども自身は、自分がアンダーアチーバーだなどとは思っていない。あなたの目標とその子の目標とがずれているだけだ。このような場合、あなたがその子にしてほしいと考えていることよりも、その子自身にはもっと大切なことがある。その子が今必要と考えていることに取り組んでいるのであって、それがあなたの期待と合致しないだけだ。

誰かの意欲を高めようとする際には、その人が欲しているものあるいは必要としているもの――その人のなかにすでにある意欲――を見つけよう。そうすれば、その意欲を調整したり方向づけたりできるだろう。これは、子どもが「買ってほしい」とねだるXbox®やiPodをニンジン代わりにぶら下げるということではない。不適応行動を動機づけているものを見つけなくてはならないのだ。

親や教師はギフティッド児の意欲を高めるために、トークン［望ましい行動を強化する目的でのトークン・エコノミー法がある。望ましいとされる目標行動をその子がした際に、シールやおもちゃのお金などのご褒美（トークン）を与え、それが貯まると遊園地に行ける、お菓子と交換できるなどのルールを設ける］、シール、お金などをご褒美や罰として用い、行動修正を試みることがある。そうすることで一時的には行動が改善することが多い。ところが、長期的に見るとこの方法はうまくいかない。というのも、ギフティッド児はこのような方法が自分をコントロールしたり操ろうとしたりするものだと見透かすからだ。意志の固いギフティッド児の多くは、大人の「権力による工作」に屈するくらいなら、自身のあらゆる権利を放棄する――自身の行動が招く惨憺たる結果さえも我慢する――ほうがましだと考えるだろう。さらに、このような外的報酬は実際に意欲を減退させる。なぜなら、子どもはそもそもその活動をしたいという動機からではなく、報酬を得たいという動機から行動するためだ。[15] 物を使って一時的な意欲を高めることはできるが、自発性の確固たる土台となるのは、むしろ理解と所属感を得ることだろう。

あなたは理解しているか？　それとも要求しているか？

「やりなさいと言ったらやりなさい！」「その気になれば、成績をあげられるはずだよ。十分頭はいいはずなんだから！」「そろそろ勉強に本腰を入れないと、ひどい目に遭うよ！」のように、ただ要求するだけで子どもの意欲を高めようとしてもうまくいかないのが常だ。長々としたお説教や罰は意欲改善の役には立たず、関係性に大きなヒビを入れるだけだ。多くの職場に「ボロクソにこき下ろせ。士気があがるまで」というジョークが貼られている。社員は、肉体的な罰には何の効果もないという意味を汲み取り、そのユーモアを楽しんでいる。

アンダーアチーブメントに陥り「耳を貸さない」子どもの意欲を高めるのは難しく時間がかかることだが、効果的な方法は見つかるだろう。長期間アンダーアチーブメントの状態にある子どもの意欲を高めるには、数週間から数か月というようにかなりの期間を要することを肝に銘じる必要がある。意欲の問題が一日や一週間で生じるのではないように、その解決も一日や一週間ではなしえない。改善のためにはかなりの忍耐が求められるだろうし、非常にゆっくり、そして、少しずつしか進まないだろう。また、アンダーアチーブメントは現れたり消えたりするものだという心づもりも必要だ。ある授業では現れるが他の授業では現れなかったり、数年見られなくなったかと思えばまた別の数年は現れたりする。そして、アンダーアチーブメントを多く経験すればするほど、それは慢性的なものとなる。[16]

次のステップ：子どもの興味を見つけよう

子どもの意欲を再燃させるには、通常、子ども自身の興味のある分野から始め、励ましや成功体験を積みながら徐々にその意欲を他の分野にも向けていく方法が有効だ。親の希望に沿った行動がすぐにできるようになるのを求める親のなんと多いことだろう。たとえば、「今学期成績を上げてそれを維持すれば、新しい自転車（など子どものほしがっている物）を買ってあげようかなぁ」と言ったりする。子どもからすれば、そんなの無茶だ、というものだ。そのように言われてすぐにできるのなら、とうの昔にできている（あなたの散らかった車庫を思い出してほしい）。それができないのは、前述したアンダーアチーブメントの原因リストに該当するものがあるからではないだろうか。

その子は今、何に興味があるだろうか？　何か情熱をもっているものはあるか？　これまでに、どのようなことに意欲を見せていただろうか？　子どもが特に意欲的だった頃を振り返ってみよう。今はどんな分野に意欲を見せているだろうか？　誰となら意欲的になれるか？　これらについて子どもと話すことで、子ども自身が、夢中になったときや成功したときの感覚を思い出せるようになるだろう。なぜその課題に興味を失い、やる気になれないでいるのかを話してくれないかと、その子に聞いてみるのもよいだろう。コミュニケーションは意欲の重要なカギとなる。

その子のなかにすでにある情熱を見つけられたら、その意欲を土台として方向づけ、焦点を向けなおす方法を探ろう。その意欲を、これまではほとんど興味を示さなかった新しい領域へと広げる道を見つけられるかもしれない。たとえば、綴りや文法、きれいに字を書くことなどにはほとんど関心がない子どもが、南アメリカの昆虫のこととなると非常に夢中になるとしよう。雑誌『ネイチャー』の記者に、記事には答えが見つからなかった質問を手紙に書いて送ってみようと勧めることができるかもしれない。そして、単なる子どもからの手紙だと片づけられることがないように、きれいな字で、文法や綴りのミスなく書くことが大切だと、やさしく伝えることができるだろう。手紙を送る前には、あなたか、子どもがチェックしてほしいと思う人がそれを見直すとよいだろう。こうして、それまでは、綴りや文法などどうでもよい問題だったのが、その子の関心事と関連してくるために、その子の目に重要な問題として映るようになる。こうして意欲が転移し、その過程でその子は新たに学んでいく。

人の意欲向上を促すには、通常、その人の欲求の観点からアイディアや課題を提案することが有効だ。意欲の転移のためには、その人の欲求が何か、――そして、なぜ、その子がそれほどまでにそれに惹きつけられるのか――を理解する必要がある。人間は、その人自身の欲求に従って行動するのであり、あなたの欲求によるのではないということを忘れてはならない。今、その子はどのように感じているだろうか？　その子にとって、失敗のリスクを負わないということがとても重要なのかもしれないし、教師や親との衝突に勝つ必要があると「欲し求めている」のかもしれない。わが子がなぜ、抵抗や引きこもり、拒絶から離れずにいるのか、――その子の視点から――見えるもの、理解できることがでてくるだろう。それができたら、やさしく問いかけることで、その子自身が今の状況をもう少し自滅的ではない別の方法でとらえられるようになり、その結果、その子の行動改善が促されることもある。

興味関心の対象がほぼ何であろうと、子どもの情熱的な姿勢を維持することが絶対的に重要だ。たとえば、読書はその内容いかんにかかわらず後の成績の高さと関連する。その子がスポーツ雑誌しか読みたがらないのであれば、そうさせてあげよう。少なくともその子は読んでいるのだから！　次のステップとして、スポーツの小説やアスリートの伝記などの軽い一押しをすることで、少しずつ、他の書物も読んだり、スポーツ以外のことにも興味を示したりするようになるだろう。ギフティッド児の人生のなかに、「卓越の島」――その子がつねに情熱をもって成長し伸びていく場――をつくり、維持できるように支えることが特に重要だ。情熱の対象は博物館かもしれないし車かもしれない。天文学あるいは身の毛もよだつようなミステリー小説かもしれない。特別熱中できることが学校の勉強とは関係のないものであったとしても、その熱意が転移を起こすときが、いつか必ず来るだろう。

子どもがセルフマネジメントできるように

ギフティッド児のアサーティブネス〔相手を尊重しつつ自己主張する力〕、自立心、自信を育むことが重要だ。成功を収め卓越した人々の子ども時代に関する研究から、彼らの親は先導力、自立心、困難を克服する機会を積極的に与えていたことがわかった。[17] そうすることで、ギフティッド児は非常に早い時期からはっきりと自己主張や交渉ができるようになり、日常的なことに主体的にかかわっているという感覚や「責任感」をもつようになる。

ギフティッド児は、担任の先生と「学習契約」なるものを交渉し、すでに習得してしまった学習内容について「先行テスト」してもらい、その学習内容の代わりに自分の興味関心のあることを追究する時間を与えてもらえるようにするかもしれない。このような交渉により、子どもが自信をもてるようになるばかりでなく、教師も子どもの意欲の転移をもたらすチャンスを得ることになる。

ギフティッド児は生涯にわたり交渉のスキルを使うことになるだろうが、そのスキルを意識的に教えている家庭は滅多にない。交渉術に優れているギフティッド児がおり、特に親子の衝突の最中にその才能を発揮することもあるが、それでも、家庭外で交渉するためにはスキルを洗練させる必要がある。巧みな交渉力があり、事あるごとに交渉したがる子どももいる。その場合、確固とした制限が必要となるが、この点については次章で触れる。

通常、優先順位を決める際に子ども自身がかかわっているという感覚をもてるようにすると、自己関与の感覚、そこに自分の力を投入しているという感覚、責任感が高まり、意欲が上がる。教師や友だちから情緒的に自立できている子どもは自分自身をコントロールでき、好奇心旺盛、アサーティブで、成績もよい傾向がある。家庭内や学校で意見や不満を言うことが許されていない子どもは、自分が感じたことや悩みごとを安心して話せる人などいないのだと考えるようになることがある。このような子どもは過度に他者依存的になり、状況を変える術はないのだと自信を失うかもしれない。こうして彼らは無力感を身につける。この「学習性無力感」を回避するために、積極的で適切な自己関与ができるように子どもを励まそう。

人間の意欲を引き起こす仕組み

人間の行動を刺激し、活性化し、方向づけ、維持させる——つまり、人を動機づける——要因は、ある程度生物学的なものだ。たとえば、ほとんどの人間は、十分な食物、水、安全、所属感、愛情を得られる行動に強く動機づけられる。また、人間は生まれながらにして好奇心をもち、何かを達成したり熟練するように方向づけられている。

心理学者のアブラハム・マズロー（Abraham Maslow）らにより提唱された代表的な理論に、人間には欲求の階層があり、それが人間の意欲や行動を規定するという欲求階層説がある。[18] この欲求の階層を理解することで、あなたの子どもがなぜそのような行動をとるのか、そして、その子の意欲が成長とともに、また、状況の変化に伴い、どのように変化するのか、それはなぜなのかの理解が促されるだろう。

マズローの理論によると、人間が乳児期から成人期に至るまでの発達を反映するかたちで、八段階の一連の欲求が存在する。この欲求は人間のもっとも基本的な欲求からもっとも高度な欲求へと進み、いかなる場合においても、もっとも基本的な欲求がより高度な欲求よりも優先される。基本的な欲求は子どもにおいてより顕著に見られ、中度の欲求は成人に広く見られる。そして、高度な欲求はごく一部の限られた成人、多くは知性の高い成人に見られる。

土台：四つの基本的欲求

マズローの提唱した人間のもっとも基本的な欲求は、（1）食と水、（2）安全、（3）所属と愛、（4）尊敬と自信の四つである。これらは土台となるもので、個の生存に必須だ。これらの基本的欲求のいずれかを脅かすような大きな問題が生じると、基本的欲求がもっとも重要な欲求となり、それがその人の意欲を方向づける。より高度な欲求は、それより下位に位置づけられる基本的欲求が満たされるまで生じない。基本的欲求が満たされると、人間はより高度な欲求によって動機づけられるようになる。

生理的欲求（レベル1）――空腹、喉の渇き、身体的な快適さ

空腹の子どもや疲れている子どもにいうことを聞かせようとしても無駄だということを、親は至極早く悟る。ギフティッド児は強烈なエネルギーがありながら、人並み以上にたくさんの食物と水を必要としたり、頻繁に間食をとる必要があったりする。ギフティッド児はこの段階の欲求に特に弱いようだ。彼らの激しさや過興奮性から、精神的にも身体的にも活動性が高く、一時的に飢餓状態のような、生理的欲求が満たされない状態になる。激しさ、完璧主義、ストレスについての章［6章］にあるように、なかにはあまりにも疲労が激しく眠りにつくことすらできない子どももいる。また、日中に「ガス欠」状態になり、反応性低血糖症のような症状が出て、身体的にも精神的にも機能が低下することもある。子どもが他の課題に集中できるよう支援する前に、このレベル1の欲求が満たされているかどうかをまず確認しよう。成長とともに基本的なコーピングスキル［ストレスに対処する力］を身につければ、ギフティッド児自身でこの欲求に対処できるようになるだろう。

安全の欲求（レベル2）——安全の確保、危険や恐怖からの解放

安全の感覚や守られているという感覚が危険にさらされると、この段階の欲求によって、より上位の欲求は影をひそめる。たとえば、暴力やいじめに怯える子どもは、学校の勉強に集中できなくなるだろう。攻撃から身を守ることができない、無防備だ、助けてもらえないと感じているときはなおさらだ。ほとんどのギフティッド児が、家庭内の緊張状態も外の世界の危険の可能性も同様に鋭く察知する。死別、離婚、失業、また、テロ攻撃や戦争までもが、つねに起こる可能性がある。ギフティッド児はこれらを心配し、安全への懸念を高める。そのような状況にある子どもは、安心をかなり必要としているだろう。さらに、非常に繊細なギフティッド児は、批判や罰に著しく強い反応を示すことがある。この反応が非常に強いために、安全欲求がもっとも優先順位の高い欲求となるだろう。実際の状況やよからぬことが起こりうる可能性についてより詳細な情報を得るだけで、ギフティッド児は

安心できることもある。

所属と愛の欲求（レベル3）――他者から受容される、集団とつながる

子どもの生理的欲求と安全の欲求が十分満たされると、次の段階の、所属と愛へと関心を向けるようになる。家族やその他の集団に属すこと、また、そこで価値あるものと認められることを通して、個人のアイデンティティの感覚が形成される。どのような人でも、少なくとも数人の人々とはつながっているという感覚が必要だ。ギフティッド児は、自分が人とは違うということを直観的に早くから気づいているため、必死に居場所を探すだろう。自分と同じようなタイプの友だちに出会い、活動ごとにさまざまな友だちがいるのが理想的ではある。ギフティッド児は居場所を得るために真の自己や自身のギフティッドネスを否定し、自分の学業成績を犠牲にして所属感を得ようとすることがある。誰もがあらゆる集団に「属す」、あるいはあらゆる人から真価を認められる必要はないことは言うまでもない。しかし、子ども自身が自分にとってどの集団が重要で価値があり、どの集団がそうでないのかを見極めていけるようになるには、時間と経験が必要だ。所属欲求と個人の達成とのバランスのとれたコンフォート・ゾーンをまだ見つけられず、また、所属欲求に対処する術を身につけていない子どもにとって、所属に対するピア・プレッシャー［仲間からの同調圧力］は非常に強い影響力をもち、その子のエネルギーと時間を消耗させる。

尊敬と自尊への欲求*（レベル4）――真価の評価、尊重、達成、有能さ、承認

子どもが成長し基本的な欲求が満たされると、その子の関心は、自分の行動や、他者からの評価に向かうようになる。人々は自分の行為を尊重し認めているだろうか？　自分の行動を価値あるものと自身で感じられるだろうか？　子どもは次第に自分自身のために課題を達成したいと思うようになり、少しずつ、他者から尊敬されることよりも自身で自分を認める自尊感情が重視されるようになる。自分自身の価値観やメンタルスキルを自ら育みはじめ、それらに支えられながら、長期にわたる努力、フラストレーションへの耐性、当初の努力が報われなかった際のレジリエンスが育まれる。なかには、人からの敬意、社会的地位、評判、名声、さらには支配的立場をも求めるようになる子どももいる。このような状態が生じると、その子はこの欲求段階で足止めとなることがある。しかし、多くの場合この段階も通過点にすぎず、しばらくすると、熟達、有能であること、自立に価値を見出すようになる。自信が高まり、より多くの努力を要する課題での成功体験を積むにつれ、その子の自尊心が成長していく。

［*Needs for Esteem：一般には「承認欲求」といわれることが多いが、他者から承認されることのみを指しているという誤解を招きやすい。人から認められることと自分で自分の価値を認めることとの双方の欲求が含まれることを示しているため、本書では「尊敬と自尊」と訳出した。］

高次の階層：四つの成長欲求

四つの基本的欲求がある程度満たされると、次の四つのレベルの欲求に動機づけられて行動する準備が整う。それがマズローのいう「成長」欲求である。これらの成長欲求により、個人は知的にも情緒的にも学び、成熟し、発達し続けることが可能となる。

知と理解の欲求（レベル5）——学習、理解、探究

すべての人には生まれながらにして学びたいという欲求があり、ギフティッド児も例外ではない。ギフティッド児には、物事がどのように機能するのかを発見し、身の回りの世界に一貫性を見出したい、探究したいという強烈な意欲がある。これは、達成感やさらにその先の有能感の獲得に必要不可欠だ。この段階では、周囲から尊敬されることや達成感・熟達感だけでは不十分となる。この段階にある個人は、以前の欲求段階にかかわる行動のより根本的な問題や意味を考えはじめる。たとえば、なぜ人は他者から受け入れられ、認められる必要があるのかを考えたりする。

審美的欲求（レベル6）――対称性、秩序、美しさ

対称性や秩序に美を感じる子どももいれば、無秩序に美的心地よさを見出す子どももいる。ただし、無秩序に美的心地よさを見出す子どもはたいてい、その混沌としたなかに知的秩序をあてはめようとしていることが多い。有能感や達成感は情緒的な喜びとなり、この段階では知的活動が情緒的要素を強く伴うことが多いことから、ギフティッド児や成人ギフティッドの情熱が顕在化する。彼らは自然や音楽あるいは数学に夢中になるかもしれない。「画家なら描かずにはいられない。音楽家なら作曲せずにはいられない」といわれるように、その性質をもっていれば、それが何であろうとそうならずにはいられないということだ。この段階にある人は、大きな喜びを得られる活動に情熱を燃やす。

自己実現の欲求（レベル7）――自己達成、自身の可能性の実現

成人でもこの段階に達する人は少ないが、青年ギフティッドの一部や、多くの成人ギフティッドは、自身の可能性を実現したいという意欲をもつだろう。彼らは「至高体験」あるいは心理学者チクセントミハイ（Csikszentmilhalyi）の提唱する「フロー」を経験する。[19] 至高体験のさなかにいると、時の流れや場所の感覚が消える。自身の可能性を実現し、これからもそれを伸ばしていけると思えることは、その人自身の喜びとなり心躍る経験となる。自分の内側から駆り立てるものがあるがために、このような本質的喜びに従事する。この段階にいるギフティッドの人々は、他の人々がなぜ自分と同じように、自身の人生を吟味したりその可能性を伸ばして実現しようとしないのかを、なかなか理解できない。

自己超越の欲求（レベル8）――他の人々がその人の可能性を実現できるように支援する、世界をよりよいものにする

この段階が、マズローの欲求階層説でもっとも高い自己実現の段階にあたる。この段階では、人間の行動は自分自身のためという次元を超越し、人類の益のためへと動機づけられる。たとえ大きな自己犠牲を払うことになろうとも、当人の個人的欲求が満たされる喜びをもたらしうるものとなる。

六つの実践的ステップ

前述のマズローの欲求階層説にあるような意欲の段階は、その子がたとえアンダーアチーブメントでも、決して意欲を失っているわけではないと理解する助けとなるだろう。その子はただ、自分にとって重要な欲求を満たすべく動機づけられているだけだ。その子の意欲を別の方向に向けたり広げたりしてほしければ、まず、今現在のその子の欲求――特に、生理的欲求、安全欲求、所属欲求――を満たすよう支援する必要があるだろう。それができてから、その子の意欲をあなたが大切だと考えるものに向けられるような支援方法を考えよう。

以下に、意欲の方向転換の助けとなる六つの重要なステップを記す。（1）達成感や意欲を生み出すような環境をつくる。（2）衝突を避ける。（3）良好な関係を育む。（4）刺激となるもの、興味関心をひくもの、挑戦したくなるものを与える。（5）適切な目標、下位目標を設ける。（6）少しずつ成功体験を積み上げる。これらは、その子がよい方向に向かってスモールステップで進み、意欲や達成感を得るうえで役立つだろう。いずれのステップも大切だが、実際実行に移すのは難しいこともあるだろう。柔軟性、忍耐、そして理解の姿勢が要されるだろう。その子のネガティブなパターンが慢性化しているようなときは、なおさらだ。

やる気の起こる雰囲気をつくりだそう

子どもに対して高すぎず適度な期待をもち、情緒的にしっかりと支援している家庭の子どもは、たいてい自分の能力を十分発揮できる。高い向上心、打ち込む力、粘り強さ、新しくやりがいのある知的課題への探究心は、家庭の内外で支援的な環境があるときにもっともよく発揮される。[20]子どもの才能を伸ばすうえで、学校外の活動も重要な役割を果たす。ギフティッド児、特に青年期のギフティッド児は、クラブ活動、課外活動、スポーツ、宗教活動などに没頭できているとアンダーアチーブメントに陥りにくく、高校時代の興味関心が大学以降の功績へとつながりうることが示されている。[21]このような活動は、子ども自身がそれを楽しんでおり、何かに熱中して達成感を味わうという感覚や、長期にわたり粘り強く努力する力量を育む。音楽、ダンス、美術などの習いごと、日常的な宿題や読書は、子どもがポジティブなセルフマネジメント・スキルを身につける助けとなり、意欲を高めるような風土をつくりだす。[22]同様に、目標達成をサポートしてくれる友だちがいると学業不振が起こりにくくくなる。

あなたはその子が変わりたいと思えるようになってほしいと願っていることだろう。その子自身も変わりたいと思っているだろう。その子と接する際、人として尊重する気持ちを忘れないでほしい。そして、その子のことを大切に思っていること、その真価を認めていることを伝えよう。その子のことをわかってあげたいと思っていること、そして、その子の繊細な感情や悩みについて、あなたを信頼して分かち合ってよいとわかるように示そう。その子には変われるだけの力があるはずだと信じ、それを伝えよう。その子が安心でき、受け入れられていると感じることのできるような雰囲気をつくろう——あなたが話をしたり要求したり指示をするのではなく、ただ耳を傾けて聴くこと、そして理解し受け止めることを通して。そうすれば、あなたの子も新たな世界へと意欲を向けられるようになるだろう。

衝突を避けよう

衝突は意欲を培う雰囲気を台なしにする。ここでいう衝突は、些細なぶつかり合いからくる苛立ちに終わるものではなく、もっと長期的なものを指す。この衝突があると、青年期などでは非常に聡明であるにもかかわらず宿題や授業の小テストをやらないために、数か月にわたり成績が落ちていくという類いの問題が生じる。教師や親と衝突状態にある子どもは、たいてい大人を「敵」と見なしている。また、周囲の人間は自分をコントロールしようとしていたり、無駄な課題を無理やり押しつけて時間を浪費させようとしていると感じている。衝突中の親は、親自身の思いを子どもに押しつけようとする——そして、たいていそれが失敗に終わる。

衝突が生じるには少なくとも二人の人間が必要だ。もし、あなたが子どもとこの不毛な衝突状態にあるならば、全力でそこから引き下がろう。それが、この葛藤に終止符を打つ唯一の方法だからだ。もっと言うと、あなたがこの衝突から引き下がるということを子どもに宣言してほしい。自分たちの関係が危機に瀕していることが心配だと、そして、互いに力を合わせてよりよい解決法を見つけられるはずだという考えを示そう。あなた自身が衝突に巻き込まれていると、互いに相手を攻撃するように働きかけるだけだ。同じだけのエネルギーを互いに協力する方向に向ければ、きっとよりよい解決方法が見つかるだろう。

良好な関係を育もう

意欲にかかわるもっとも強力な要因は、おそらく人間関係だといえるだろう。[23] その子の行動を長期的によいものへと変えたいと望むなら、あなたとその子との関係性が極めて重要だ。子どもはあなたのふるまいを見ている。あなた自身が望ましい行動のモデルとなろう。ギフティッド児は、あなたの言うことよりもあなたのすることによって、非常に強く影響される。一人の大人として、学ぶ姿勢を示す優れたモデルとなるすばらしい機会が与えられているのだ。そのモデルを見て、ギフティッド児は粘り強く物事に取り組む姿勢を身につけ、それが個人的にもキャリアの面でも力を発揮するもととなる。

人間の欲求の大半は他者との関係性に強く関連する。子どもの意欲の増減は他者との関係性によるところが確かに大きい。おそらく、あなた自身の子ども時代を思い浮かべてみても、人生をよい方向に導いてくれた人の一人や二人は思い起こせるのではないだろうか。学生時代にやる気を呼び覚ましてくれた先生や困難のなかを支えてくれた友だちの名前を一人、あるいはもっと多くあげることのできる人も多いだろう。このように思い浮かぶ人々は、あなたに高い期待を寄せつつ、その期待に沿うことができなかったときにもあなたをあざ笑ったり、恥をかかせたり、あるいは厳しい罰を与えたりはしなかったのではないだろうか。そのかわりに、何度も何度も、あなたを励ましてくれたことだろう。そのときは、あなたにとってその人がどれほど大切な人であるのか気づかなかったかもしれない。あなた自身の理念、志、夢、そして意欲に、その人たちがどれほどの影響を与えていたのかということが、後々成長して初めてわかったかもしれない。その人たちがあなたに大きな影響を与えたのは、あなた自身に対して、またあなたの行動や感情、考えに、誠意をもって関心を向けてくれたからだ。

　人間関係は人の意欲を呼び覚ます重要な要因だが、その結果は必ずしもすぐに現れるとは限らない。親が子どもを励まし続け、そして、子どもが意欲を見せるまでにかなり時間がかかることもある。親や教師がその子との関係を良好にしようと努力し続けても、その子の意欲がなかなか高まらないということもある。あきらめてはいけない。その子との良好な関係をもち続けるように働きかけ、伝え続けよう。長い年月を経た後、よい結果を生み出すのは、そのような関係性だ。

　課題が個人的な意味をもち、そして、感情的な衝撃を与えるものであればあるほど、人はそれを達成しようとする傾向がある。同様に、良好な関係をもつことができている人にかかわる情報は知りたくなるものだ。良好な親子関係を育むことで、親として子どもの意欲にポジティブな影響を与えるような機会をたくさんもっている。学ぶ意欲のある親、そして、他の人々と自分の情熱を分かち合い励ましあう親は、生涯にわたり学び続ける姿勢を促し、子どもの自信や自尊心を培ううえで支えとなる。[24]同様に、情熱を見せる教師、学ぶことが好きな教師、子どもと「つながる」力のある教師は、ギフティッド児にとって重要な存在となる。[25]

挑戦させつつ支えよう

子どもの性格は実にさまざまで、励ましを人一倍必要とする子どももいる。親や教師は、子どもが新しい経験に挑戦できるようにそっと後押しする、ときには強く押す役割も担っている。新たな挑戦をさせようとすると、子どもが苛立つこともある。どの程度押したらよいだろうか？　その目安として、少し強く押してみて子どもとの関係が脅かされるような場合は引いてみよう――少なくとも一時的には。そして、以降また何か新たな挑戦を与えても親子関係はもちこたえられると確信をもてるようになったら再び押してみよう。押した結果生じるであろうことをコントロールできる自信がないのなら、そのときは押さないほうがよいだろう。[26]

子どもは何に興味をもっているだろうか？　なぜ、それはその子にとって大切なのだろうか？　意欲の改善には、その子の興味関心に課題を結びつけることが重要だ。関心のない課題をやり遂げるのは一層難しい。その子の興味関心を課題に組み込み探究心を高めて、子どもがより没頭できるようにしよう。たとえば、科学の課題を非常に嫌がっているような子どもにも、日頃からのさりげない働きかけなどを通して実体験と課題とを結びつけることにより、興味関心を呼び覚ますことができるかもしれない。

学業不振のギフティッド児に成功体験を積ませようとして期待を低くする人が多い。そうではなく、期待は高くもち、子どもの興味関心に沿った活動に挑戦させよう。優秀なコーチは、選手自身ができると思っていることよりも少しだけ高いレベルを求め、同時にかなりの励ましを選手に与えると、もっとも効果があがると考えている。挑戦しがいのある課題は機械的な暗記よりもずっと人を惹きつける。挑戦しがいのある課題を組み込み、同時に成功できるように必要に応じて支援しよう。そうすることで自信がつき、努力の習慣を身につけられるようになるだろう。

学校の課題が必要性に欠け、ありふれており、子どもがすでに知っていることを復習するだけのことすらあるという理由から、学校の課題にはほとんど意味がないという子どもの意見に同感の親もいるだろう。これは、学校をサポートしたいとは考えていても、あらゆる点での同意はしかねるという親にとって、バランスの難しい問題となる。ここでもカギとなるのは、あなたとあなたの子どもとの関係性と、双方向のやりとりだ。親として、学校制度の理念や特定の活動には同意できないということを認める必要も生じるが、同時に、子どもには現実的な事柄を優先するよう説得する必要も出るだろう。難しいかもしれないが、たとえ同意はできずとも、学校や先生を尊重する旨を伝えよう。子どもには、人により見方が異なるということを受け入れられる人間になってほしいと願うのならば。

適切な目標を立てよう

長期的な目標達成に必要とされる粘り強く努力する力は少しずつ身につけるもので、ある日突然できるようになっている類いのものではない。満足を後回しにすることは難しいだろう。また、ギフティッド児はその猛烈さゆえに、達成不可能とまではいかずとも非常に広大で非現実的ですらある目標を立ててしまいがちだ。そして、この目標を達成できなかったとき、自分には力がないと感じる。またあるときは、目標が低すぎたり曖昧すぎたりする（たとえば「きちんとする」など）ために、何をもってその目標を達成できたとするのかがわからないということもある。適切な長期的目標を設定できたとしても、ギフティッド児は性急なため、すぐには目標に到達できないというフラストレーションへの耐性を身につけることが難しいこともある。

ギフティッド児は、目標設定と達成にかかわるスキルを身につけねばならない。ギフティッド児は「目標を飛び越える」傾向があるため、標準的な子どもよりもずっとその必要性が高い。つまり、目標を設定するが、それを達成できそうになると突然、新たにもっと高い目標を設定してしまう。またその新たな目標を達成しかけると、さらに高い目標を設定するという具合だ。そして、最終目標を達成できなかったとき、これまで達成してきたであろう数々の目標のことなど頭から消え、ただ、自分にはできなかったという感覚だけが残る。目標設定までの過程、そして、下位目標や目標達成までのステップを書き出すことが、目標を明確にするうえで役立つだろう。

中間ステップを達成計画に組み込もう

適切な自己動機づけには、長期的な目標設定だけでなく、達成可能な中間目標を設定することを学ぶ必要がある。大人は、目標を声明書や契約書のように文書化し、その目標達成のために必要な下位目標となる中間の目標設定を支援することを通して、適切な自己動機づけを育むことができる。このようにすると、具体的なことばで明確に進歩状況を示すことができ、「目標を飛び越える」傾向を小さくできるだろう。子どもは下位目標を達成するたびに達成感を何度も経験し、最終目標達成までの過程で、強化と「小休憩」の双方を経験できる。このように、注目すべき点は進歩の過程であり、完璧さではない。目標設定、セルフマネジメント、意思決定のためのスキルは大人が学ぶことが多いが、やりがいがあり長期の努力を要するような課題にギフティッド児が初めて出会った際に非常に役立つ。

目標設定には、その達成に必要なステップと、ステップごとに要する日数を設定することも含まれる。たとえば、子どもがチアリーディングのテストを受けたいと言う場合には、チアの基本を身につけたり、ダンスやアクロバティックな動きを練習したりしなくてはならないだろう。これらのスキル習得にどの程度の期間が必要なのかを考える必要が生じる。ルーティンを身につけるのに人の助けが必要となるかもしれない。どうなれば各下位目標を達成したことになるのか？　ステップをリストにすることでそれらが見えてくるだろう。各ステップにはどの程度の期間を見込むのが妥当だろうか？必要な情報、ツール、スキルは何か？　その目標が達成できたかどうかをどのように判断するのか？これらを決める必要がある。

大きな目標を、その達成のために必要な基本的で現実的な課題に細分化することで、子ども自身がコントロールしている感覚をもつこと、意欲を持続すること、失意の予防が促される。中間ステップに到達することで達成感が得られ、長期的な目標もその子にとってより達成可能なものに近づいた実感を得られる。ギフティッド児の多くが、たとえば、楽器を演奏できるようになりたいとか、複雑な模型を作りたいという願望をもつ。このような場合、簡単な旋律の演奏をマスターするとか模型の一部の部品を組み立てるということが、短期的な目標になるだろう。

価値観

目標を設定するということは、その根底に、その人が達成したいと考えている根元的な価値観があることを意味する。本当に求めていることが明確でなければ、行動の優先順位を決めるのは難しい。「どこに向かおうとしているのかわからなければ、どんな道を通ってもたどり着けない」という格言がある。ギフティッド児の場合幼少であっても、ジレンマを防いだり解決したりするのに必要な優先順位を決めるためには、彼らの価値観を吟味するのが有効だ。これに関して「人格教育」や「価値の明確化」などよび方はさまざまだが、重要な課題であることに変わりはない。『道徳の練習帳――キレない子、みんなと仲良くできる子に育つ7つの力』(原書房)や『7つの習慣ティーンズ』(キングベアー出版)[27]などの書籍から、ギフティッド児はどのようにして目標を見出し、設定し、明確にし、達成していけばよいのかを学ぶことができる。そして、共感、良心、個人の道徳的責任、セルフ・コントロール、尊厳、寛容、忍耐、公正などの核となる価値観を深めることができる。[28]

親の価値観と目標

あなたの子どもに関するあなた自身の価値観と目標は何だろうか？　もっとも重視しているのは、子どもが高い収入や社会保障を得る成功者になることか？　それとも、その子自身が満たされるかどうかということに関心があるのか？　あるいはその両方か？　もしそうであるならば、親としてのその目標は実際的なものだろうか？　それらの目標における中間目標は何か？　あなたの目標は漠然としていないだろうか？　あなたの子どもが個々の下位目標を達成できたかをどう判断できるのか？あなたの目標は子どもの目標とかみ合っているだろうか？　それとも、食い違いがあるだろうか？あなたの目標は親子関係の妨げとなっていないだろうか？

おそらく、親にとってもっとも難しい課題の一つは、親自身の要望をどの程度重視しつつ、またどの程度わが子が自身の意欲を見出し育むのを支援できるかだろう。確かに、あなたのほうが子どもよりも人生経験も豊富で視野も広い。卓越した人物に関する研究によると、彼らの親は彼らの人生にかなり関与していたことが明らかにされている。[29]親の価値観――勤勉性、粘り強い努力、挫折や失敗への対処能力など――は、子どもの才能を伸ばすうえで重要なものだ。[30]一方、親は子どもの人生に過度に巻き込まれ、纏綿《てんめん》状態になることもある。ときに親の目標が家庭のなかで不適切なまでに重視され、子どもの長所、才能、好みなどが無視されることもある。親は自分の息子や娘に医者や弁護士になってほしいと願っているのに、子ども自身は別の道に進みたがっているという話はよく耳にするものだ。このような状況で親の目標に子どもを向かわせ続けるのは、子どもにとってもあなたにとっても望みではないだろう。その子の人生を決める権利はその子にある。

子どもの人生を通じて自分の人生を歩み、自身がなしえなかったことを子どもに達成してほしいと願う親がいる。これは親子関係に影響を与え、多くの場合、長期的には代償が利益を上回る[31]。この分野の先駆者であるアンヌマリー・ローパーが次のように言っている。「子どもの成長を受け入れなさい。それは、見ていて喜ばしいものである。しかし、それはあなたのものではないということを忘れてはならない[32]」。

エクセプショナルな子どもの親として、これまで他の親から不愉快な質問を受けてきただろう。そして今後も、あなたが子どものためにとる行動に関して不愉快な質問を受けることがますます増えるだろう。あなたはその子に社会の主流に合わせてほしいと、過剰に願ってはいないだろうか？　慣習にとらわれないでいられるだろうか？　そして、その子の慣習にとらわれない生き方も受け入れられるだろうか？　その子への接し方や願いは、社会的体裁を保ちたいという願望に影響されていないだろうか？　親もまた、社会的なプレッシャーを受けているのだ。

成功体験を積もう

ほぼどの子にも、意欲を見せ、努力し、極めようとしていける分野が少なくとも一つ、あるいはそれ以上ある。この段階まで来たあなたは子どもとの信頼関係を構築しはじめ、子どものことをとても思いやっていることを伝え、子どもの興味関心を呼び覚ますよう刺激できているのだから、「子どもの望ましい行動を見逃さない」ようになっており、さらによいものを積み上げることができる。この基本的でカギとなるアプローチは「成功の連鎖」とよばれ、心理学、カウンセリング、ビジネスにおいて広く用いられている。[33]

スモールステップを支援しよう

褒めることと強化〔何らかの望ましい反応や行動に報酬などの快刺激を与えることで、望ましい反応や行動の頻度を高めることを目的とする〕は、成功の連鎖の重要な部分だ。アニマルトレーナーは、動物が「お座り」「伏せ」「待て」などの命令にどう従えばよいのか最初からわかっているわけではないことを承知している。また、動物を望ましい行動へ導くための最初の一歩でさえも強化が必要だとも認識している。動物の最初の状態に歩み寄り、その動物が要求に沿った行動を少しでも見せたらそれを強化することから始めなくてはならない。その次に、目標に向かってさらなるステップの強化を積み重ねる。個々のステップは小さいが、動物が要求に従ったときには必ず強化がなされる。

子どもの望ましい行動への意欲を育むうえでも、これと同じテクニックが有効だ。望ましい行動に向かう個々のスモールステップに報い、励まそう。スモールステップを達成したときに大きな飛躍を期待してはいけない。スモールステップを積み重ねることで子どもの行動は望ましい方向へと向かい、強化することで子どもは成功体験を感じながら進むことができる。この成功体験こそが、後のさらなる努力を育み、さらなる成功へと導く。このステップは「自転車を片づけてくれてありがとう」のような、具体的な行動への注目から始まることもある。あるいは、「整理整頓がだんだんできるようになってきて感心だね」「もっと整理整頓するだなんて、さすがだね」のように、より一般的な経過に注目する場合もある。

最初はほんの小さな進歩にも、あるいはそうしようと努力したことに対しても褒めよう。努力への強化は望ましい習慣の獲得を促す。ギフティッド児は努力できたときに何かをやり遂げることが多いからだ。人間は自身が喜びを得られる分野で成長するということ、そして、あなたの目標は、新しい行動の獲得が自身の益となると、子ども自身が理解できるように支援をすることだと、いつも心にとめておこう。自身の益とは、何か自分のほしいものが得られるという外発的な報酬、自分が満足できるという内発的な報酬のいずれでも構わない。もちろん、それ自体が楽しくてすることのほうがよいのではあるが。ただ、大人でも、働くのは給料をはじめとする報酬のためという気持ちもある一方で、その仕事から満足感を得られるという内発的なものもあるというのがほとんどだろう。最初は具体的な物を用いたご褒美が必要なときもあるだろう。しかし、そのような場合は、望ましい方向に導くうえで必要最小限のご褒美にすべきだ。数学の宿題をやったら車を買ってあげるというのは、適したご褒美といえるだろうか？　論外だと思うだろう。しかし、必要以上のご褒美、あるいはやりすぎたご褒美を与えてしまう親は少なくない。テレビを見る時間やパソコンで遊ぶ時間を増やす、家族でのボードゲームの時間を増やす、ハグをする、あるいは簡単なほめ言葉が、子どもの意欲を持続させるうえでも良好な関係をつくるうえでも有効だろう。

子どもの望ましい行動を見逃さない——頻繁に応じよう

子どもが新しい行動を身につけるとき、特にその初期において、報酬を繰り返すことが重要だ。行動を改善しようとがんばっている子どもに対して、ときどき褒めたり励ましたり感謝したりしてもあまり効果はない。強化の頻度は、人間の行動改善を支援するうえで見過ごされやすいものの一つだ。新しい行動を維持するには、その行動そのものが強化を与えるようになることも含め、別の報酬を得られるようになるまでは、それに足る報酬を外から頻繁に与えなくてはならない。人間はよく身についた習慣――そのやり方を十分熟知している行動――ならば容易に繰り返すことができる。一方、新しい行動に挑戦する際、最初はスムースにできなかったり上手にできなかったりする。自転車の練習を始めたときのことを思い出してみよう。とても難しそうで、うまく乗れず、たくさんの励ましが必要だったのではないだろうか。ところが、ひとたびできるようになると、それはとても簡単で、自転車に乗ること自体の楽しさだけで十分な報酬になったのではないだろうか。

最初は報酬が頻繁に必ずあるということが、その大きさよりもずっと重要だ。最初は頻繁な報酬が必要だが、行動が習慣化されるにつれ報酬の頻度は減り、ときどきなされる程度のものにしていく。報酬の回数を減らすことでその効果が長続きするうえ、子どもが報酬に依存しすぎないよう支援できる。ときおりの報酬の効果については、釣りの例を思い浮かべてほしい。釣り糸を投げれば必ず魚が釣れるわけではない。しかし、ときどき魚が釣れる。これは、人が再び釣りをしたくなるのに十分な報酬となる。

あらゆることに報酬を与えてはいけない。また、心から努力したときと同じだけの報酬を、適当にやったときにも与えるようなことをしてはいけない。子どものあらゆる行動を褒めたとしても、その子の自尊心は高まらないだろう。[34] そのようにして褒める――特に不適切に褒める、根拠なく褒める（例「こんなに上手な絵は見たことがないわ！」のように）――と、不適切な自信が育つ。どの程度懸命に努力したかは子ども自身がわかっている。あなたからの報酬が子ども自身の感じている努力の程度と真に対応しているとき、そして、自分がどの程度懸命に努力したかをあなたがわかってくれていると感じたときに、子どもはあなたからの報酬をより価値あるものと感じるだろう。もっとも効果的な褒め方は行動に特化させることだ。ギフティッド児の自尊心は、学校、家庭、仲間などの領域により異なるためだ。

確かに過度の称賛は「過ぎたるは及ばざるがごとし」だ。過度の称賛により、子どもは本質的な満足のために行動することを学ぶのではなく、報酬中毒――「トロフィー・ハンター」――になってしまうかもしれない。[35] あなたが長期的な視野で望むのは、子どもが自己動機づけができるようになること、最終的には自分で自分を認められるようになったり、何かを成し遂げたときに自信をもてるようになることのはずだ。とても優秀な子どもでさえ(大人も同様)、ときには他者から評価されることが必要だということを忘れてはならない。毎日少なくとも一回か二回は子どもを褒めるよう努力しよう。

タイミングもまた重要だ。最初は、すぐに褒めたり何らかの報酬を与えたりしよう。行動直後の報酬がもっとも効果がある。そのタイミングが遅れると、その子は強化しようとしている行動をしなくなり、結果的に強化する機会を失うだろう。「子どもの望ましい行動を見逃さない」よう、即座にそして頻繁に強化しよう。ウィンクをしたり、ニッコリしたり、あるいはポーカーチップなどのような暫定的なトークンを用いて、子どもが望ましい行動を続けられるように簡単なご褒美を与えている親もいる。あるいは、「ご褒美券」というメモを渡している親もいる。

長期間の努力を要する課題や改善などには、強化のタイミングが特に重要だ。たとえば、三週間続けねばならない課題、一か月続けねばならない新たな行動などのように、長期的な目標に向かって子どもがずっと意欲的でいるのは難しいためだ。なかなか満足できない状態に長くとどまることや長期間努力し続けることは、特に子どもにおいては非常に難しく、他者からの支援を要する。にもかかわらず、すぐに改善が見られることや改善された状態が長く続くことを要求、期待してしまう親は多い。そのような親は、たとえば「もし、これを一か月ずっとできたら……」という言い方をすることがある。このような働きかけにより、子どもが失敗しやすい状況をつくり上げている。子どもが成功体験を積めるような状況をつくり、それを土台としてあなたもその子も成長したいと願っていることを忘れないでほしい。長期的な目標に向かう間は、タイミングのよい強化が必要となる。

「期待のほめ言葉」を使おう

期待のほめ言葉を使うことで成功体験のチャンスを増やすことができる。期待のほめ言葉は、あなたがしてほしいと思っていることを子どもがまさにすべき場面で褒める方法だ。たとえば、子どもが学校から帰ってきたところで、（いつものように）ジャケットを床の上に脱ぎ捨てようとする。この「教えるチャンス」に、「上着を自分の部屋に持って行ってくれて、ありがとう。とっても助かるわ！」と言う。その子は、そうするつもりはなかったかもしれないが、あなたからの期待のほめ言葉はここで四つの重要な役割を果たすことになる。第一に、あなたがその子にしてほしいと思っていること――特定の行動（ジャケットを片づける）と、責任をもって行動するという一般的な期待の双方――を思い出させる。長い目で見ると、通常、子どもは我々大人の期待に応える（あるいは背く）ものだ。第二に、期待のほめ言葉がリマインダーの役目を果たし、あなたがしてほしいと思っている、あるいは子ども自身ががんばろうとしていることができる可能性が高まる。第三に、その子を褒め、強化することになり、以降も子どもがその行動をとる可能性を高めている。第四に、親がよくやってしまうこと――子どもを「そそっかしくて忘れっぽい」と非難したり、「ちょっとこっちに来なさい！（溜息）人の迷惑をもっと考えなさい！」と怒鳴ったりすること――をせずにすむ。

もちろん、期待のほめ言葉が必ずしも功を奏すとは限らない。その子は「え？　別に、上着をちゃんとかけようなんて思っていなかったけど？」などと言うかもしれない。子どものこのような反応により、衝突がエスカレートしたり深刻化したりしかねないが、期待のほめ言葉にはさらなる回避策がある。「あれ、そうしてくれるのかと思った。それなら、自分の部屋にかけてくれる？　助かるよ！」のように言ってみよう。すると、慢性的で深刻な衝突状態にないかぎり、このひと言でほとんどの子どもはやれやれといった様子でジャケットを自分の部屋に持って行くだろう。

期待のほめ言葉はさまざまな行動に適用できる。一度試してみると、とても強力な技だと感じることだろう。たとえば人の話にすぐに割り込む子どもには、「話を遮らないように気をつけてくれてありがとう」と言うと、そのようにできることが多くなるだろう。あるいは先延ばし癖のある子どもが物思いにふけっているようなときに、「何か考えているのね。あ、来週までにしなくてはいけない課題のことかしら。前もって計画を立ててやろうとするなんて、うれしいな」と言うこともできるかもしれない。期待のほめ言葉が他のほめ言葉と違う点は、それが正確でなくても効果があるという点だ。「聡明な子どもだから意図が見透かされるのではないか？」と心配し、ほめ言葉を使うことを躊躇する親もいる。確かにそのような子どももいる。なかには——この本をこっそり読んで——「期待のほめ言葉を使おうとしているでしょ？」と言う子どももいるだろう。心配することはない。ただ、「そうだよ。そうするつもりだったよ。そのほうが、文句を言ったり批判したりするよりもずっといいなと思うから。どう思う？」と言えばよい。たいていの子どもは、そのほうがよいと思うだろう。レストランや映画館で使われている「禁煙にご協力いただきありがとうございます」「ご静粛ありがとうございます」などの掲示物も、この期待のほめ言葉だと説明するのもよいだろう。

その他の提案と方法

これまでに述べた以外の、あなたの子どもが意欲を得、維持し、望ましい方向へ向けられるようになるうえでの支援方法をあげる。

結果だけでなく努力にも注目しよう

ギフティッド児は、成しえたことがとてつもないことであったとしても、そのための努力はほとんどしていないということがある。たとえば、与えられる課題が簡単すぎるためにほとんど努力なしで成績がオールAだったり、全教科のテスト平均点が九九点だったりする。もし、結果だけに注目して何らかの報酬を与えているとしたら、それは努力をしないことに報酬を与えているようなものだ。そして、その子は努力と成果の結びつきがわからないままになってしまう。たとえ目標には到達できなかったとしても、一生懸命努力したことに報酬を与えるほうがよい結果を生むことが多い。

達成した点に目を向けよう

達成できた点に注目することが重要だと感じる親は多い。にもかかわらず、子どもの失敗に注意を向けてしまうことがある。たとえば「七つのAと一つのB」の議論にならぬよう気をつけよう。子どもの通知表の一つだけがBでその他は全部Aだったとき、間髪入れずに「どうしてこれがBなの？」と子どもに問い詰める親がいる。少なくとも最初のひと言くらいは「Aがこんなにあるなんて、うれしいでしょう！」と言うほうがはるかによい。Bだけに注目してしまうと、子どもに不十分だというメッセージを送り、意図せずとも子どものネガティブで完璧主義的な思考形成を促すことになる。

一緒に協力して何かをしよう

親自身は家の中のある場所で、あるいは特定の時間に仕事をし、子どもには別の場所あるいは別の時間に自分のことをしてほしいと考える親がいる。このような家庭の子どもは、自分の親が意欲を高めたり目標を達成したりするためにどのように努力しているのかを見る機会が滅多にない。親子で協力して何かに取り組むことで、子どもはあなたの意欲や努力のしかたがわかる。芝生や庭の手入れ、家のメンテナンス、スポーツや趣味を一緒にやるのもよいだろう。子どもはあなたの仕事への熱意を感じることができるだろう。また、協力して何かに取り組むことで、うまくできたときのあなたの喜ぶ姿や興奮する姿を見ることができる。このような共同作業を通して、あなたの価値観、努力の姿勢、うまくいかないときの忍耐や粘り強さなど、あなたが大切にしている本質的価値を伝えることができる。共同作業は良好な関係を育み、関係が良好ならば活動はもっと楽しくなる。あなたが大人になった今楽しむことのできる活動の多くは、子どもの頃に自分の親や親しい人と一緒にして楽しんだものに端を発しているのではないだろうか。

「そうね。でも〜」を避けよう

ギフティッド児の努力を褒める際、「そうね。でも〜」方式をとる親は多い。「よくがんばったね。でも、別の方法でやったらもっとよくできたと思うよ」と言ったりする。この類いのものの言い方は、とりわけ子どもの自尊心を傷つける。「でも」と言うことで、その前に言った良い点が全否定され、子どもの心に残るのはたいてい、「でも」以降のことばだからだ。これによって伝わるメッセージは、「今のあなたでは十分だとは言えない。もう少しうまくできたら認めてあげよう」というものだ。

敏感に、そして、具体的に

あなた自身の感情と子どもの感情の双方に敏感になろう。子どもを漠然と一般化してラベルづけや評価をしないようにしよう。「なまけ癖をやめてもっと一生懸命努力しなくてはダメだよ」「あなたにはすごい才能がある！」という言い方は役に立たない。建設的な注意をするときには、できる限り具体的に言うよう心がけよう。そのとき、子どもがどう感じるかに敏感になろう。有用な方法のひとつに、意思疎通の章［3章］にある「Iメッセージ」を用いて、あなたがどのように感じているのか、また、その子がどのように感じているとあなたが思っているのかを伝えるという方法がある。

メンターに出会う機会を探そう

公式非公式問わず、その子の興味関心のある分野の専門家の仕事を見る機会を得ることで、子どもの意欲を呼び覚ませるよう支援できる。親、大学教授、獣医、地元企業の化学者などの「見習い」や見学をすることで、教育の大切さについて新たな視点を得たり「実生活」の観点を取り入れられるだろう。学年が上がるにつれ専門家とともに働くことのできる、より正式なインターンシップの機会を得られれば、中学生・高校生にとって、より厳しいプログラムに励むうえでの支えとなるだろう。ただし、メンターとかかわる機会は必ずしも親の望んでいるような成果をもたらすとは限らないということも忘れずにいよう。メンターと出会ったあとで、その専門への興味が突如として失せてしまうかもしれない。それでもなお、その子にとっては貴重な学習の機会であり、親にとっては努力と挑戦を褒める貴重な機会となる。

バランスを見出す

わが子に高い意欲をもてるようになってほしいと願いつつも、それでも人並みに満足してほしいとか、周囲とも仲良くつながってほしいと願うのが親だ。あまりうれしくない環境や快適でない人間関係があっても優秀であれば大丈夫と思う人はいない。親は子どもの特別な才能に気づき、理解し、褒めるべきだが、その一方、その才能にとらわれすぎないように注意しなくてはならない。子どもにいろいろな経験をさせ、自分ができることへの視野を広げられるようにしよう。同時に子どもの才能に適した方法で子ども自身の興味関心を高められるように支援しよう。才能豊かなあなたの子どもを十分伸ばしてあげられるように、ときにはそっと背中を押し、励まし、挑戦させよう。しかし、親や教師が強要したからやらないとかできなくなるというような、衝突に巻き込まれないようにしよう。

親として、子どもの情緒的発達の支援と、才能を最大限に発揮できるような支援とのバランスをとらねばならない。これら二つは互いに結びついているからだ。子どもの情緒面と能力面の両方が互いに支えあいながら発達するのでなければ、子どもは苦しくなるだろう。どの家族にとっても、このバランスが難しい。どの程度子どもの背中を押すべきだろうか？　情緒面あるいは能力面を育てるタイミングはいつだろうか？　背中を押しすぎているかどうかは、どのようにしたらわかるのか？　親子の強い絆を育むことで、これらの疑問に対する答えを見つけやすくなるだろう。ギフティッド児は、ほぼいかなるときにも、何かに対して意欲をもっているということを忘れてはならない。その子に今ある情熱を足場にし、良好な親子関係、成功の連鎖、目標設定をはじめとするさまざまな方法を用いて、子どもの意欲をかたちづくり、転移させ、方向づけていけるはずだ。足場となったひとつの高い意欲や達成は、必ずや広がりはじめる。

第5章　しつけとセルフマネジメント

親はわが子に自発性を望むのと同様、自己を律する力ももてるようになってほしいと願うものだ。しつけは育児の重要な側面だ。親のしつけを通して、子どもは自身の行動に責任をもち、望ましくない行動を正したり止められるようになる。育児全般にいえることだが、しつけには、わが子に身につけてほしい行動を教えることと、そのモデルとなることの両方が含まれる。

しつけの問題に悩む親は多い。聡明な子どもにどの程度のルールが必要なのか？　自律性を育むためにもっともよい支援方法は何か？　わが子が激しすぎて手に負えないため、たくさんのルールを作らなくてはならないと思う親もいる。一方、聡明な子にはルールなどいらない、いるとしてもほんのわずかだと考える親もいる。両親の間でしつけの方針が食い違うこと――ステップペアレント［血縁関係のない親］の家庭に多い――もある。さらに、わが子のいちばんの親友や相棒になり、子どもを制限することはほとんどしないように心がけるのがよい親だと考える親もいる。しかし、しつけは親の重要な役割のひとつだ。

その子の親として、また、もっとも重要な教師として、目の前のエネルギーの有り余っている激しいわが子が適切な自律性を培うのをどのように支援できるだろうか？　あらゆる子どもに適した決まった方法があるわけではない。しかし、基本原則はある。この基本原則は、その子が自立した大人になるときには身につけていてほしい、自律性やある種の自信につながる、行動の形成や修正ができるようになるための土台を提供してくれる。

しつけと罰

しつけというと、タイムアウト［自分の部屋でしばらく静かに反省すること］、外出禁止、その他の罰のことを指すと考えている親も多い。これは大変残念なことだ。なぜなら、しつけは罰と同じではないからだ。しつけは罰以上のものだ。そして、罰には慎重にならねばならない。ギフティッド児は非常に繊細なため、通常、ほんの軽い罰でもその影響を受ける。このようなことから、本書で「しつけ」というときは、子どもが自分の行動をマネジメントできる――子ども自身が自己調整力や責任感を獲得する――よう支援する方法を意味する。このような方法を通して、少しずつ自分の人生をマネジメントできるように子どもに教えることができるという見方を新鮮に感じる大人は多いだろう。

しつけは、ある行動の結果（人から課せられた結果や当然の事態）と、周囲が自律のモデルを示すことの両方によりなされる。よい育児とは、しつけを通して子どもにしてはならないことを教えるだけでなく、次からはどうすべきかを教えるものだ。母親が「絵本はクレヨンでお絵かきするものではないわ。画用紙に描きましょうね」と言ったとしよう。これは、子どもが次からどのように行動を修正したらよいのかを明確に示している。子どもの間違った行動ばかりに気をとられ、自律性を身につけるうえでもっと重要な、次からどう改めればよいのかについての説明をしない親のなんと多いことだろう。罰もまた心理学用語で「波及効果」とよばれる影響力をもつ。つまり、罰はそのときに起こっているあらゆる事柄に波及し影響を与える。そして、そこにはあなたとあなたの子どもとの関係性も含まれる。

イライラのあまり「うるさいっ！　静かにしなさいっ！」と怒鳴ったらどうなるか。これはしつけではない。なぜだろうか？　ここには、子どもがどのように行動を修正したらよいのかの情報がまったくない。また、親自身がまさに望ましくない行動のモデルとなっている。さらに、親が繰り返し怒鳴っていると、子どもは、「聴く耳をもたなくなる」だろう。子どもが大きな音をたてているときには、「エイドリアン、そんなに大きな音をたてたら本が読めないよ。音をたてたいのならお外で遊んできてね」と言うほうが望ましいやり方だろう。あなたが子どもにしてほしいと思っていることが、子どもを尊重しつつ伝えられているからだ。

きついことばや声の調子、厳しい罰が繰り返されると、親子のコミュニケーションが減るばかりか、その関係性も悪化する。実際、厳しい罰――特にそれが一貫性のないかたちで与えられるとき――は、衝突や反抗といった親子関係の深刻な問題、さらには青少年非行の一因にもなる。[1]また、実際の子どもの知能指数も低下する。複数の研究により、誤った行動に厳しい罰を親が課すと、未就学児のＩＱが有意に低下することが示されている。[2]

しつけのうえで罰を与えるのはよくないというアドバイスは、あなた自身が子どもだった頃の常識とはかけ離れているかもしれない。昔の世代の間では、ひっぱたいたり棒やベルトでたたくことすら、しつけには必要と考えられていた。当時のしつけは「鞭を惜しめば子どもはだめになる」という哲学に則り、親は子どもに体罰を与えて当然と考えられていた。そして、家庭制度は民主的ではなく、独裁的なものだった。学校でもルール違反者に対して体罰が与えられる――体罰用のかい状の棒まで使われる――ことが常だった。ところが、今日の多くの学校では、教師が体罰を行った場合、教師は懲戒処分となる。

独裁的な育児では、親はいつも正しくいつも決定権をもっている。親はボス、裁判官、審査員であり、親が言うことはいかなることも法律となる。議論をしたり疑問を呈す余地はない。子どもはたびたびその柔軟性のなさに腹を立て、衝突を始めたり反抗したりする。今日において適切とされる育児は、親は権威をもっているが家庭のルールや体制の範囲内で子どもの自由を認めるものだ。そうすることで、子どもは自身の意思決定にあたりいくらかの選択権や責任を与えられる。ただし、親が子どもの選択に制限や限界を設けることも依然必要となる。このようにして、子どもはある決まった制約のなかで自ら意思決定する経験を積むことができ、少しずつ自律性が育まれていく。

三つの養育スタイル

養育スタイルには大きく三つ――独裁型、甘やかし型、威信型〔それぞれ、独裁型（権威主義型）、許容型、権威型とよばれることが多いが、本書では、その特性をよりわかりやすく伝えることを目的とし、独裁型、甘やかし型、威信型とした〕――がある。[3] 独裁型の親は、子どもにかかわるあらゆることを親が決める。子どもよりも親が優れていると考え、報酬と罰を与える。家庭には厳格なルールがあり、親によるコントロールが厳しく、子どもに自由はほとんどない。このような育児スタイルのもとに育つ子どもは、自分の人生について自分で意思決定する機会が奪われてしまう。

甘やかし型の親は子どもの願望や欲求を優先する。子どもは、努力がいらず、心地よく、ストレスフリーな経験を積む。甘やかし型の親は、子どもが自分でできることもやってあげることで、意図せずして子どもの自尊感情を奪い取る。その結果はたいてい、反抗というかたちで現れる。

威信型の親は子どもに選択権を与えたり、とるべき行動の方向を示したりする。現実の出来事をそのまま見守り、子どもに責任をとらせる。子どもは意思決定の機会を得、現実的な自尊感情や自立心が育まれる。威信型養育スタイルはもっとも理にかなっており、健全な自律性の基礎をかたちづくる。

しつけとセルフマネジメント

通常、罰は年長者や自分より偉い人などの外部から与えられるのに対し、しつけは子どもの内側からその行動を生み出すものだ。しつけのうえで今日重視されているのは、罰を恐れて行動させるのではなく、その人自身の、適切に考えたり行動したりする能力を使って行動するよう教えることだ。親は自分の子どもに、自身の行動とその行動の結果、当然の事態や人から課せられた結果を理解できるように教える。このように新しい「しつけ」は、子どもにセルフモニタリングや自己決定のスキルを教えるうえでさまざまな肯定的方法に焦点を当てている。このセルフモニタリングや自己決定のスキルにより、見通しをもちつつ相互に満足できる方法で責任ある行動がとれるようになり、最終的に自己調整力を育むことになる。

このような新たな見方をすると、罰としつけの違いがはっきりする。罰が自立的思考を促すことはないということ、そして、自分がどう行動すべきかを決めるのに他者の指図に頼るような子どもにしてしまうのは明らかだ。それればかりか、罰によりギフティッド児の強烈な恐怖心や怒りが引き起こされることも少なくない。ギフティッド児は自立心が強く意志が固い。そして、間違っていると思ったことに対して素早く反応するからだ。

しつけの目指すところは自己決定力の育成だ。何が正しく何が間違っているのか、何が適切なのかについて、自らの心の中ではっきりと感じることができるようになることだ。ギフティッド児にとって自己決定力は必要不可欠だ。なぜなら、ギフティッド児は他の子どもと異なる点がとても多いため、一生を通じて他者の判断ではなく自身の判断力に頼って生きていかねばならなくなるからだ。ギフティッド児の思考プロセスは独特なため、標準とは異なる結論を導き出すことがよくある。また、彼らの状況判断も他の人のそれとは大きく異なることがある。自己決定力や自律性を培うことは、ギフティッド児が自律的で生涯にわたる主体的な学習者となるためには必須だ[4]。

ギフティッド児のしつけは、親をはじめ周囲の大人にとって難しいことが多い。その原因は、ギフティッド児の特性——激しさ——にある。ギフティッド児が何らかの課題や活動に熱中すると、その子の目標、要求、願望、欲求の激しさから、しつけの問題がよく生じる。この激しさは大きな強みにもなるが、激しく情熱的な思いがその場を取り仕切る大人とぶつかるようなときは、自律性や自制心を失うことがある。また、この激しさは自分の行動を正当化しようという激しい思いを引き起こし、「面目を保つ」ために大人との衝突を引き起こすこともあるだろう。

ギフティッド児は聡明で意志が固いため、いついかなる場でも考え、議論し、質問する傾向があり、また、そのような力に秀でている。納得がいかなければ、命令や独裁的な親の指示には従おうとしない。彼らがそのような命令や指示に従う場合、それは恐怖からのことが多く、あとから怒りを引き起こすことになる。大人が「つべこべ言わないで、やりなさいと言ったらやりなさい！」のように言えば、ギフティッド児は口答えし、怒り、反抗し、さらには開き直ってみたりするものだと肝に銘じておくとよいだろう。ギフティッド児は、自分が納得できる現実的な理由を知りたがるものだ。

子ども時代にいつも、「つべこべ言わないで、やりなさいと言ったらやりなさい！」と繰り返し言われていた子どもが質問などしなくなるということは、想像に難くない。このような独裁的な方法で育てられた子どもは、あとになって人間関係における「学習性無力感」（物事は変えられないという思い込み）を抱くことになる。[5] 彼らには問題や誤解を解決していくようなモデルがなく、自分が何をしたらよいのかを人からの指示なしにはできなくなってしまったように見える。その結果、自信がなく、豊かな人間関係を育めなくなることがある。

ギフティッド児との話し合いは難しいこともあるだろう。たとえば、「アメリカ独立宣言」の文言を引き合いに出し、親を困らせた例もある。「ほら、独立宣言では、すべての人間は生まれながらにして平等であると言っているでしょ。不可侵の権利だよ！　お母さんが僕に指図なんてできないよ。平等だから！」。すると、その母親は、「独立宣言は、一人前の人と言っているのよ。あなたは、七歳で、一人前の大人じゃないの！」と言い返した。すると、その子はすぐにインターネットを使って、自分がいつ一人前の大人になるのかを調べ、おもしろい情報を仕入れて戻ってきた。そして、これがさらなる質問を引き起こす（ギフティッド児とともに歩む人生は、決して退屈しない！）。幸いにも、この母親は子どもの興味関心や質問に対して、「そうだと言ったらそうなの！」と返して押しつぶしたりしなかった。子どもからひっきりなしに浴びせられる質問に応じるのは骨の折れることだ。それでもなお、独裁的な態度をとらないように気をつけることで、後々のよりよい親子関係と望ましい成長につながる。

自律性はゆっくり育つ

改善、成長、健全な自尊感情の獲得は、ゆっくりと時間をかけて着実になされるものだ。ひとつひとつの小さなステップを励ますことは、ちょうど意欲を高めるのと同じようにしつけにおいても重要だ。自律性や自発性は学習により身につけるスキルだ。新しいスキルを身につけようとする際はいつでも最初はぎこちないが、練習を積み重ねることで上達していく。クラリネットの演奏、テニスボールを打つこと、自発性、自律性、いかなることでも、新たなスキルの習得にはたくさんの練習が必要だ。ギフティッド児は成功したことよりも失敗したことやなかなかうまくいかない部分に注目してしまうために、自信をなくすことがある。自信を失えば努力をほとんどしなくなるだろう。おそらく、ギフティッド児はどんな子どもよりも努力やうまくできたところを大人から認めてもらう必要があるだろう。そして、自分の弱点ではなく長所に注目して自己評価できるような励ましが必要だ。

しつけも意欲と同様、ギフティッド児が成功体験を積めるような状況をつくり、「望ましい行動を見逃さない」ことが重要だ。ピアノや自転車を練習する子どもの意欲を高めるのと同様、粘り強さ、整理整頓、ルールを守ることなどもまた、ステップ・バイ・ステップの方法を活用できるだろう。子どもがあと少しで到達できそうなことに挑戦しはじめる段階を想像してほしい。整理整頓のような自律性を育むには、靴下とTシャツを分けて引き出しのそれぞれの場所にまとめてしまう方法をやってみせよう。それができるようになったら次のステップに進もう。小さな改善を認めて励まし、期待のほめ言葉を使おう。それができるようになったら、できたことを褒めよう。

しつけに際しての三つの自問

子どもをしつける際に自問すべき三つの質問がある。（1）長期的に見て、このしつけ方法はどの程度効果があるか？（2）このしつけにより、この子との関係はどうなるか？（3）子どもの自尊感情にはどのように影響するか？

しつけは効果があって初めて意味をもつ。にもかかわらず、大人は効果のないしつけを押しつけようとすることが多々ある。狂気の定義は、同じことを何度も何度も繰り返しながら異なる結果を期待することとされている（その方法にこれまで何の効果も見られないのに、なぜ、もう一度同じことをすれば効果が出るなどと期待するのか？）。あなたのしつけに効果があるのか（それとも効果がないのか）を見極めることが、有効なしつけへの第一歩となる。期待しているほど効果がないと思うのであれば、断固として貫く部分はあるにせよ、ある点では子どもと折り合いをつけるようにするなど、これまでほど敵対的ではない別のアプローチを探してみてはどうだろうか。

子どもの行動を正したり批判したり罰する方法はいくらでもある。そのなかには、子どもの自尊感情を守り親子の絆を深める方法もあれば、そうではない方法もある。もし、子どもの人間性ではなくその子の行動に注目し、可能なかぎり励まし続ければ、しつけに対するネガティブな反動を最小限にくい止められるだろう。以下に、子どもの自尊感情を守り、親子の良好な関係性を保ちつつしつけをするためのさらなる提案を記す。

しつけの問題が発生するとき

成績が落ちたとか問題行動を起こすといった問題は、子どもにしてみれば何かを達成するために協力するのと同じように、目標志向的な行動にすぎない。子どもの問題行動を理解するうえでカギとなるのは、その背後にある目的を見つけることだ。子どもの問題行動の背後にある目的は主に五つある。それは、（１）注目されたい、（２）人を動かしたい、（３）仕返しをしたい、（４）自分自身に失望したことを伝えたい、である。（5）自分に関する情報を操作したい、あるいは／かつ、ギフティッドネスや才能を隠したい、である。問題行動とそのすべての目的の背後には、その状況での自信のなさや不安がある。このような子どもたちは失意のうちにあり、自分自身や自分をとりまく状況を好きになれないでいる。ことばにされない子どもの目的を理解できれば、大人は適切に対応しやすくなり、その結果、子どもは励まされたと感じることができ、自分の感情や行動をより適切な方法で表出できるようになるだろう。

たとえば、母親の電話を邪魔する幼児は、たいてい自分に注目してほしがっている。母親がそれに気づくことができれば、「今は、ママのお友だちとお話ししているのよ。少しだけクレヨンでお絵かきしていてね。電話が終わったら一緒に遊ぼうね」と言うことができる。さらに、タイマーをセットして、あとどの程度電話をするのか子どもがわかるようにもできる。

人間が行動を起こすのは、たいていいつも何らかの報酬などを欲する結果のためだということを思い起こすとよいだろう。たいていは、欲する結果はいくつかあり——一つではない——、その行動を持続させる。一般に、人の行動の大半は称賛を得るためと非難を避けるために生じる。ただし、特に自分をほとんど認めてもらえない状況では、称賛と非難の両方ともが強化因子となることがある。問題行動や成績の低下などは、否定的ではあっても注目を得ることのできるもっとも有効な方法だと考えるようになる子どももいる。問題行動を引き起こすことでさらに注目を得られると気づき、その行動が強化され、繰り返されるようになる。問題行動により大人から注目されるかぎり、子どもはその行動をとることで大人を「試し」続けたがる。

多くの問題行動を減らすのに効果的なひとつの方法として、その行動をできるだけ無視すると同時に、望ましい行動にはたくさん褒めたり肯定的な応答をしたりして、多く注目するという方法がある。

これはそう簡単ではなく時間もかかるが、たいてい行動は改善する。問題行動が注目されなくなった当初は、その問題行動が少し増えるかもしれない。それは、問題行動によって親から以前のように注目されようとするためだ。その子はまるで「前はこれがうまくいっていたんだ。だから、もっとすればまたうまくいくはずだ！」と考えているかのように見える。しかし、注目を得るのにまったく役立たないとわかると、とたんにその行動は消えてなくなる。

幸いにも、行動は変えることができる。ギフティッド児は、自分でそうしようと決めたときは自分の行動を素早く変えられることが多い。そこに至るためには適切な情報、フィードバック、制限、小さな進歩への強化を与える必要がある。

制限を設ける

いかなる子どもにも何らかの行動の制限が必要だ。また、ADDやADHDの子どもなど、より一層頻回で一貫した確固たる制限が必要な子どももいる。子どもは、自分の行動に制限を設けられると嫌がるだろう。しかしながら、親としてすべきことは子どもの人気を得ることではない。あなたには子どもを管理する権限がある。あなたの子どもは成長とともにたくさんの友だちをつくるだろう。その子の親ではなく親友になろうとしたところで、何の役にも立たない[6]。

ギフティッド児のよりよい成長には理解ある大人の導きが必要だ。ギフティッドネスでその子の行動を説明することはできるが、それをその子の問題行動の言い訳にはすべきではないということを忘れてはならない。他の子と同様に、ギフティッド児にも導きが必要だ。子どもは、自分の行動が人に与える影響がわからないからだ。自分自身の考えや感情に一心に向き合おうとすることは望ましいことだが、同時に、クラスの他の子どもたちの興味関心や気持ちを思いやることも重要だ。学校の勉強がゆっくりすぎて退屈でも、先生に対して偉そうな態度をとるのは適切な行動とはいえない。親や教師は、その子やその子の行動を批判したり罰したりせずに、その子が社会的に適切な方法で自分の要求を表現できるようにしよう。

ギフティッドのわが子に対して、ほとんど何の制限も設けないのがもっともよいと考える——これは間違っているというのが我々の見解であるが——親もいる。実際、しつけに甘すぎる親に育てられた子どものＩＱは就学前の間に低下する（ただし、中学生になって再び大きく上昇する）ことを示した研究結果がある。一方、子どもを率直に励まし、適度なしつけを行い、安定した体制があり、適切な一貫性のある制限を設けている家庭で育った子どものＩＱは八歳まで上昇するという結果も得られている。[7] 何の制限も設けない方針の親はたいてい、制限を設けることで子どもの創造性を抑圧してしまう、あるいは頭がよい子どもなので制限を設けなくても自分の判断力で十分わきまえた行動をとることができると考えている。しかしながら、聡明であっても子どもは子どもであり、世のなかを生きていくために学ばねばならないことはたくさんある。知識レベルは高くても、分別が知識と同等にあるわけではない。多くの親が目の当たりにするように、知能の高さは判断力の高さを意味しないのだ。大人に向かってなぜそんなにたくさんのしわがあるのかと尋ねる子どもは、純粋にそれが知りたいのではあるが、我々の社会ではそのような個人的な質問は「タブー」だということをまだ理解できていない。このような場合、子どもに必要なのは情報であり、罰ではない。自分の行動が人に与える影響を理解できるように親が支援することで、同じ間違いが減っていくだろう。

否定的感情のモンスターに餌を与えない

あなたの子どもに「ありがとう！」「よくがんばったね！」と言うとき、どのような感情が込められているだろうか？　そして、「弟にちょっかい出すんじゃないのっ！」「早く着替えなさい！　あと二分でバスが来ちゃうでしょ！」と怒鳴って叱るときのあなたの声は、「ありがとう！」と比べてどのくらい大きく、そして鋭いだろうか？

我々の大半は肯定的なことを言うときよりも否定的なことを言うときのほうが、ずっと感情を込めた言い方をする。いかなる欠点にも気づきそれを指摘する。「だめ！」ということばはすぐに口をついて出てくるが、それとは対照的に、褒めたり感謝したりするときの声は小さく、声に出さないことすらある。悲しいかな、子どもたちは宿題やお手伝いなどよいことを一生懸命しているときよりもルールを破ったときのほうが、ずっと多くの注目を得ているのだ。

多くの家庭の子どもは、学校の用意がなかなかできない。親はその子のためを思ってのことではあるが、イライラし、注意し、大声をあげることもある。そして、「どうして、毎日毎日こうなんだろう？」と考え込んでしまう。子どもの行動を変えようといろいろと試した――思い出させ、励まし、脅し、取引をし、タイムアウトやトークンを用いた――挙句、もう、すべて手は尽くしたと感じる。そして、いずれもしばらくは効果が見られるが、それは長続きしないことがわかる。そして、「これ以上できることがあるだろうか？」と考え込む。

このパターンを説明するのに、ハワード・グラッサー（Howard Grasser）とジェニファー・イズリー（Jennifer Easley）[8]は、テレビゲームのアナロジーを用いた。激しく挑戦的で手に負えない子どもでも、テレビゲームの最中はルール違反することもなく、ゲームをクリアするのに一生懸命な様子だった。その理由を、ゲームは「徹底した一貫性があり予測可能である。プログラムがいろいろと変更されることはない。ジタバタすることもなければ、言いなりになったり操られることもない。かんしゃくを起こし、訴え、しつこく文句を言ってもフォーマットは変えられない。子どもは通常、ゲームをコントロールしようとしたりゲームに議論をもちかけたりして時間を無駄にすることはない。ゲームをうまくクリアすることにただ全力を注ぎ込むだけである」としている[9]。テレビゲームでは、子どもはやって意味のあることとないことがすぐわかる。完全に一貫しているため、ルールに従わざるを得なくなる。そこに交渉の入る余地はない。テレビゲームには捨て台詞を言ってやろうという気持ちもなければ最終的に自分の思い通りにして「勝とう」という欲もない。最初からルールがあり、そのルールはぶれることがない。もちろん、一貫性を保つということは親よりもコンピュータにとってのほうが簡単なことではある。ただ、親の対応に一貫性をもたせると、たいていしつけの問題は改善するのに対し、一貫性なく子どもを批判して否定的感情のモンスターに餌を与えるようなかたちで決着をつけると、たいてい問題は悪化する。

グラッサーとイズリーは、しつけの初期段階に親がネガティブなことばかけをしないためのアプローチを提案している。それは、(1)子どもがしていることを理解し、それをことばで明確に伝える、(2)子どもに身につけてほしいスキル、価値観、態度に対しては、それがどんなに小さくとも見逃さずに褒める、(3)意識的に悪い行動よりもよい行動に注目しながら、行動に対して一貫した秩序、制限、結果を与えることだ。親がこれらをするようになると、子どもは自分の行動——望ましい行動も不適切な行動も両方とも——に気づき、ネガティブな行動よりもポジティブな行動が生じるチャンスが増す。たとえば「濡れたタオルが床の上にあるのを見つけたよ。タオル掛けに掛けて、お風呂場をきれいにしておくことに協力してもらえたらと思うの。今度は言われなくても掛けられるようになってくれるとありがたいな」のように。

一貫性の大切さ

約束ごとなど制限を設ける（それを守らせる）うえでもっとも重要なのは、できる限り一貫性をもたせること、そして、両親ともその方針に合意していることだ。両親の間で基準や約束ごと、期待が一致していないと、子どもは何に従ったらよいのかわからなくなり、その結果、学業不振、衝突、親の操作が起こる。[10]

子どもはルールをしっかりと理解できていると、それを拒否したとしても実際は比較的不安なく安心していられる。たとえ子どもがルールに強硬に反抗しても、ルールが一貫していれば確かな安定性を与えていることになる。そうすれば、あなたがそのルールを設けたのは自分のためを思ってのことであり、それは自分の成長を助け、導き、守るためのものであること、あなたはどんなときもそのルールを守るように要求するだろうことを、子どもは理解できる。あなたが何かを言うとき、それは口先だけのことではないということを実感し、あなたのことを信頼に足る人間と見なすようになる。

子どもが家庭で人を信頼できるようにならなければ、その子は誰も信頼できなくなるかもしれない。制限、ルール、期待が明確に示され共通理解がなされていれば、子どもは安心感、安定感、予測可能性を得られる。これらは乳児期からティーンエイジャーに至るまでとりわけ重要な感覚だ。当然、子どもは事あるごとにこの制限を試す――試しに行動を変え、あなたの反応をうかがい、そのルールがまだ生きているのか確かめる――だろう。制限のなかには、時間を守るとか人のプライバシーを尊重するなど、家庭の価値観を示すものもある。

子どもが小さかろうがティーンエイジャーであろうが関係なく、方針やルール、制限は、子どもが自己統制感を高め世のなかを理解する助けとなる。社会にはルールがある――赤は止まれ、黄色は注意、青は進めだ。このルールに従わない人は切符を切られる。プールサイドを走ってはならない。もし走れば注意される。再度同じことをすれば、より厳しく注意される。社会や家庭のルールや約束ごとのおかげで、確実に人々が互いに安心し協力して生きることができる。あなたの子どもがルールの必要性とルールを破ったときにどうなるかを理解できるようにしよう。そうすることで、その子は、より多くの情報に基づいてどう行動すべきかを決める機会が得られる。

ルールはどの程度必要か

ギフティッド児は通常、他の子どもよりも少ないルールと制限でやっていける。[11] 彼らは通常、ルールの必要性を理解し、それを破ったときにどうなるのかをすぐに予測できるようになる。安全性を確保し安心して過ごすために必要な最低限のルールを設けるのがよいだろう。これは四つの点で効果がある。第一に、制限された範囲内で、子ども自身が年齢相応の選択や自由を得ることができる。第二に、制限をめぐる衝突の頻度が減る――制限が少なければ反抗の機会も減る。第三に、ルールや制限が多すぎると、それを守らせるのが大変で家族中がイライラする。第四に、確固たる限度を設けることで、子どもには成長したりいろいろと工夫を凝らしたりする余地が残される。子どもの成長とともに、その限度を広げることができる。

もちろん、絶対に許されざる行為もある。その行為の結果、情緒的にも身体的にもひどく傷つくようなことだ。それを止めるように言っても子どもが聞かないときは、子どもの身体をその状況から物理的に引き離さねばならない。許されざる行為を以下に記す。[12]

- 人やペットをたたいてはいけない。
- 人やペットを蹴ってはいけない。
- 物を壊してはいけない。たとえ自分の物でも。
- 人や自分に向かって物を投げてはいけない。
- 人を噛んではいけない。
- 人に唾を吐いてはいけない。
- 人を押してはいけない。
- 相手が子どもでも大人でも、人のプライベートな部分に触れてはいけない。
- 人を口汚く罵ったり罵倒したりしてはいけない。
- 親を無視してはいけない。
- ゴミを道などに捨ててはいけない。
- 親のクローゼットやタンス、お財布の中身を勝手にいじってはいけない。
- 「やめなさい！」と親が言ったことをしてはいけない。

これらの約束ごとは、少しずつ教えていこう。たとえば、「やめる」が何を意味するのか理解できるまでは、「やめる」ことはできない。親は「やめる」を一貫性を保って教え続けなければならない。攻撃的な行動――蹴る、噛むなど――に対しては、それがたとえふざけ半分のことであっても、人を傷つける行為を許してはならないということを忘れないことが重要だ。

子どもが小さいときに制限を設けることで、親は行動の限度を教えることができる。そして、子どもの成長とともに約束ごとを減らすことができる。シルビア・リムは「愛のV」とよばれる概念を提唱した。[13]子どもが幼い頃は厳しい制限が必要で、それは「V」の一番下で境界がくっついていることで表される。子どもが成長するにつれ自分自身で律することができるようになると、制限は徐々にゆるめられる。時とともに親は安心して安全網を引っ込め、子ども自身で律するように励ましていける。つねに親の制限下にはあるが、成長とともに子ども自身が責任ある行動ができるようになると、より自由が増す。次のアナロジーを考えてみよう。乳幼児は親や世話をする人と同じ部屋にいなくてはならない。就学前になると、家の中でなら自由に遊べるようになるだろう。小学生になれば庭でも遊べるようになる。四年生くらいになれば、家から少し離れたところで友だちと遊べるようになる。成長とともに、子どもは自分の家から次第に遠くに行くことが許されるだろう。このように身体的な制限枠が「愛のV」の下から上へと広がるように、情緒や責任の制限枠もまた、子どもの成長とともにゆるめられ広げられる。

ところが、しつけが「逆V字」状態に陥ってしまう家庭もある。そのような家庭では、子どもが小さい頃はたとえ破壊的な行動をとろうとも、それがかわいらしく見えるために確固たる制限を設けない。「この子ったら、キッチンの食器棚を開けちゃうの。かわいいわ」「この子ったら、私のお財布をどこにでも持って行っちゃうの。かわいいわ」のように。このような状況では、子どもの望ましくない行動により引き起こされる、不都合な当然の事態はほとんどなく、さらに、人から注意されたり罰せられたりすること（人から課せられた結果）もまったくないために、子どもは何も学習できない。ところが、その子が思春期前頃から急に、子どもの望ましくない行動が招く当然の事態が心配になり、ルールを増やそうとするのだ。

それまでほとんどルールや制限もなく許されていた子どもが急に親から制限をつきつけられると、

ほぼ例外なく、それに反抗したり断固として従わなかったりする。その行きつくところの多くはカオスで、子どもは的確に親に反論する。「今まで私を大人扱いしてきたくせに、今さら子ども扱いしないでよ！」と。手に負えなくなった親はこれではいけないと、もっとも基本的で守らせやすい単純なルールからしつけをやり直さねばならないことに気づく。このような親は、意図せずして早々に子どもの管理権を放棄し、「よい」判断ができそうに見える子どもに譲り渡してしまっている。ところが、子どもの判断やその結果起こりうる事態に対する心配が募ると、管理権を取り戻そうと躍起になる。ひとたび管理権を放棄してしまうと、それを取り戻すのは至難の業だ。ただ、それは通らねばならないプロセスでもある。

子どもの就寝時刻の取り決めを考えてみよう。これは、制限のなかでの自由を考えるのによい例だろう。自立しはじめている小学六年生では責任をもった行動がとれる場面も出てくるので、試しに就寝時刻を自分で決めさせてみることもできるだろう。これまでの経験から、自分がどの程度の睡眠時間を必要とするのかがわかっているはずだからだ[14]。親はその様子を見守り、自分で決めた規則でどの程度うまくやれているのかを子どもと話し合うことができるだろう。微調整が必要なこともあり、親のアドバイスが役立つこともある。「なんだか疲れているようだね。寝る時間を二〇分くらい早めてみたらどうかな？　それで調子がよくなってイライラしなくなれば、そのほうがいいってことがわかるし」のように。このような試行錯誤により親の権限は放棄されないままに保たれ、子どもは自分の要求との折り合いをつけられる。そして、自分で自身を律する経験を積むことができる。最終的に、その子が大学生になると、就寝時刻を決めるのも洗濯をするのも、その他諸々のことを自分で決めてするようになるだろう。それまでの間、家庭でどのようにして就寝時刻を決めたらよいのかを学ぶことができれば、それがもっともよい。

家庭内でのルールのつくり方

家庭のルールを決めるにあたり、ギフティッド児は説明を必要とする。[15] 家事や互いの関係について話し合える家族会議は、家族全員にとってすばらしい学びの機会となるだろう。これは、子どもにルールを決めさせてあげるとか、親が子どもの決めたルールに従うということではない。ただ、子どもも話し合いに参加し自分の意見や考えも考慮されていると感じられると、そこで決められたルールをより受け入れ従おうとする。家族会議を開くにあたり、ドライカースとソルツ（Dreikurs & Soltz）の名著、『勇気づけて躾ける――子どもを自立させる子育ての原理と方法』（一光社）を参考にするとよい。[16] 家庭のルールや決まりごとについての話し合いに参加することで、ギフティッド児は決まりの大切さを学び、最終的には、自身で律することを学び取る。そして、自分自身の行動の結果を通して価値ある情報を蓄え、将来よりよい判断ができるようになるための基盤を築くだろう。

　ギフティッド児はそのルールの必要性がわかれば、率先してそのルールに従おうとする。裏を返せば、そのルールが大人の独断で決められたものに感じられたり大人の権力を示すだけのものに見えたりすると、それには断固従おうとしない。必要に応じてその子に理由を聞いてみよう。その理由がもっともなときもある。このようなアプローチはあなた自身が子どもだった頃とは違うかもしれないが、その子が思慮に富んだ自律性を身につけるうえで必ずや役立つだろう。たとえば、子どもが何らかの特権を主張するときには、親は「納得できるように理由を説明してちょうだい」と応じればよいと、バーバラ・コロローソ（Barbara Coloroso）[17]は勧めている。子どもの言い分に耳を傾けたあと、次の三つのうちのいずれかの方法で応じればよい。それは、（1）「納得できない」、（2）「わかった。納得できた」、（３）「考えてみる」だ。

ルールは子どもの年齢、経験、成熟の程度により変わってくるだろう。ギフティッド児個々に、その才能、判断力、行動も実にさまざまだ。ギフティッド児は、話し方やときには行動が実年齢よりもずっと大人びて見えるために、彼らに期待しすぎるという失敗が往々にして起こる。ギフティッド児の非同期発達を忘れないようにしよう。言語能力が高いために大人びて見えるかもしれないが、経験、情緒面、成熟度はたいてい実年齢相応だ。六歳の子どもが普段は一〇歳くらいに見えるからといって、六歳であることを叱るのはナンセンスだ。知識や知力は知恵や経験と同じではないということを忘れないようにし、ちょうどよいバランスを探そう。初めは控えめにルールを設け、必要に応じて変えていくこともできるだろう。

あなたの子どもと同年齢の子どもを観察し、その年齢の子どもの典型的な行動がどんなふうであるかを理解しておこう。あるいは、標準的な子どもの発達を扱った本で調べるのもよいだろう。おそらく、目にしたものに驚き、わが子の発達について他のギフティッド児の親が報告しているものを参考にしたくなるのではないだろうか[18]。あなたの家庭のルールは標準とはいささか異なるかもしれない。それは、同じ年齢の標準的な子どもとギフティッド児との間には、とても大きな発達の違いがあるからだ。

子どもは経験からもっともよく学ぶ

子どもがルールを破ったときに、あなたはどうするだろうか？　可能なかぎり、当然の事態や理にかなった展開に任せ、あなたが考え出した結果を課すのは控えたほうがよいだろう。ほぼいかなるときも、当然の事態や理にかなった展開は、人から課せられた結果よりもずっと効果的だ。

当然の事態

当然の事態は、誰かが「教える」ことなく自然に学びが生じるため、子どもが学ぶのに最適であることに間違いはない。ただし、一貫して当然の事態に任せるのは、言うは易く行うは難しだ。たとえば、一〇歳のアンドリューが道にスケートボードを置き忘れてきたとしよう。その結果生じる当然の事態は、翌日そのスケートボードがなくなっているとか、雨に濡れているとか、盗まれてしまうということだ。これらいずれの事態も、長い目で見れば、あなたがスケートボードを家に持ち帰ってこんこんとお説教をしたり何らかのペナルティを課す（人から課せられた結果）よりもずっと効果的だ。

親からすると、この当然の事態が起こるままにしておくことが非常に難しい。まず、親がお説教をたれることを控えねばならないが、これがとても難しい。次に、子どもが辛い目に遭ったり傷ついたり喪失感を味わう（スケートボードをなくすなど）のを、距離をおいて見守らねばならない。子どもが数学の宿題を置き忘れているということもあるだろう。そのとき、気づいたあなたがそれを指摘してはならない。その子が責任をとれるようにするためだ。宿題をテーブルの上に置いたままにしておき、当然の事態——成績が下がったり、先生とのトラブルになったりするかもしれない——を見守るのみだ。このような学びの価値の高さは明白だ。しかし、親からすると、このような事態から子どもを「助ける」のを控えるなど至難の業だ。「誤った助け」ほど当然の事態を生じさせにくくするものはない。もちろん、子どもが本当に危険で助けねばならないときもある。しかし、「誤った助け」をするのは、子どもが当然の事態から学ぶチャンスを奪っていることになる。

そういうわけで、あなたの子どもが宿題を机に置きっぱなしにしていたら、よく考えもせずに慌てて学校に届けるようなことはやめよう。その子に当然の事態を受け入れさせよう。そして、自分の親が忘れ物をするたびに助けてくれるわけではないということを、その子が学び取れるようにしよう。その子が帰宅して、その週の成績が五ポイント落ちたと言ったら、「それは辛かったね」と言えばよい。その後もまだ宿題を「置き忘れ」てしまっていたら、どうすれば忘れ物がなくなるかを子どもと話し合おう。洗面所の鏡や玄関のドアにメモを貼ってみようということになるかもしれない。（注意：この宿題置き忘れのような問題に対する当然の事態を活用する方法は、ADHDの子どもには効果がない。彼らのためには、セルフマネジメントやセルフモニタリングが習慣化されるまでは、親の監督のもとにチェックリストやリマインダーを活用する必要がある。）

お弁当を置き忘れた場合も原則は同じだ。もし、子どもがお弁当を届けるよう頼んできたら、きっぱりと言おう。「ごめんね。今日は、届けている時間がないの。今度からどうすれば忘れないようにできるかしら」。お弁当を忘れることによる当然の事態は、その日は昼食を食べられないということだ。友だちからサンドイッチを半分とかスナックを少し分けてもらうことはあるかもしれない。午後には早々にお腹がすいてイライラするだろうが、それがいつまでも続くわけではない。空腹を経験することで、今後は忘れないようにしようという気持ちが高まる。

当然の事態に任せることで、子どもは自分の行動がどのような事態を招くのかに自ら気づく。また、生じた事態をめぐってあなたが非難されることがないため、衝突が避けられ、親子関係の悪化を防ぐ。あなたが何かペナルティを課したわけではない。そのかわりに、子どもを支える立場に立ち、「それは辛かったね。また同じことが起きないように、どうしたらよいか考えてみようか」と言うことができる。当然の事態に任せることで、あなたは子どもを支え、励まし、建設的なアドバイスをくれる人になれる。「いつになったら数学の宿題を置き忘れないようになれるの！」のようなお説教ばかりではなくなる。

当然の事態に任せることで、本来あなたのものではない葛藤に巻き込まれることもなくなる。もし、あなたの子どもが先生の出した課題を「時間の無駄」だと言ってきたら、先生に苦情を申し出ようと焦って行動してはならない。自分でその問題を解決するように言おう。その子は先生と話し合って折り合いをつけるかもしれないし、しぶしぶ課題を片づけるかもしれない。あるいは、課題をしないでその結果を甘んじて受けることになるかもしれない。さまざまな選択肢を提案することで、その子自身がいろいろなことを考慮してとるべき行動を決められるようになるだろう。しかし、緊急事態を除けば、子どもに代わってなかに割り込んでいくべきではない。

当然の事態に任せると、親子関係を良好に保ち、ますます良好にできるようになるだろう。そしてあなたは子どもに心から共感できるようになる。「私も子どもの頃、お気に入りのバットを外に置きっぱなしにして盗まれてしまったことがあるよ。そのときどんなに残念だったか、いまだに忘れられない。もう二度と外に物を置きっぱなしにはしないようにしようと思ったよ」と話したりもできるだろう。当然の事態を通して、子どもはセルフマネジメントの力を身につけることができる。[19]

理にかなった展開

子どもの不適切な行動に対して、あなたから何らかのしつけ上の注意をしたりルールを設けねばならないようなときには、子どもの行為に無関係な罰や怒りに任せた罰ではなく、理にかなった展開にしよう。たとえば、科学の宿題に使ったものがキッチン中に散らかしっぱなしにされているとしよう。「あなたはどうして、こうも人のことを考えられないのかしら。どうやって夕食をつくれっていうの!?」「はい、一週間外出禁止！」のような説教をしてはいけない。ここでの、理にかなった展開は、ただ「キッチン中が散らかっていたら、夕食を作れないし、夕食を食べる場所もないよ」と言うだけだ。夕食を作ることができないと言うことによって、少なくとも今の状態では家族が食事をとれないというメッセージを送ったことになる。その子は、自分だけお腹がすくのではなく、他の家族にも迷惑がかかるということにすぐ気づき、急いでキッチンを片づけはじめるだろう。このように、理にかなった展開は、たとえば好きなテレビ番組を禁止することよりもずっと効果的なことが多い。

理にかなった展開が、自分だけでなく他の人にもどのような影響を与えるのかを極力伝えるようにしよう。汚れた服を家のあちこちに脱ぎ捨てたりしないのは、そのようなことをすると家中が汚くなり、人の迷惑あるいは、人の権利の侵害になるからだ。理にかなった展開の本質がここにある。リビングルームが汚いままだと家族みんなの迷惑になるため、片づけねばならない。人のおもちゃを壊してしまったら弁償しなくてはならない。行動に伴う結果は理にかなったものとなる。

ペナルティを課す*

親が何らかのしつけ上の注意をしたりペナルティを課さなくてはならないこともある。当然の事態が危険すぎるなど不適切だったり、当然の事態や理にかなった展開が不明確なこともある。たとえば、道に飛び出してはならないということを子どもに教えるのに、当然の事態を用いるのは危険すぎる。このような場合は、親が何らかの制限を課す必要がある。親がペナルティを課すうえでもっとも重要なのは一貫性だ。そのペナルティを一貫して課すことができない、あるいは課す気になれないようであれば、その場しのぎのペナルティを課すよりは何も課さないほうがよい。ペナルティが徹底されないと、子どもは、あなたがペナルティをどうでもよいものだと思っている、あるいは次はそのペナルティは課せられないだろうと考えるようになる。そして、以降もルールを守らなくなる可能性が高まり、ルールをめぐる衝突の頻度も増えるだろう。

　課すべきペナルティは、あなたが親の立場で家庭内のルールとして設定し、そして、必ず守られねばならない。あなたがそのルールを定め、基準を決め、ペナルティを課すことになる。しつけと罰の違いを忘れないでほしい。ルールとそれを守らなかった際の取り決めが必要な理由について子どもと話し合おう。子どもの考えに耳を傾け、さらに、子どもがどう理解したかを尋ねよう。

　どのような決まりを設けようとも、それを守らせるうえで要となるのは、あなたがその決まりに関して確固たる一貫した態度でいること、そして、子どもがそのルールとそれを守ることのできなかったときに課せられるペナルティの必要性を理解できるようにすることだ。あらかじめそれらを理解できるように働きかけておくと、子どもも比較的すんなりと受け入れられる。ルールを守ることができなかった直後に理解させようとしても、感情的なものが強すぎてうまくいかないことが多いだろう。そのため、ルールに関する説明は、家族会議などの話し合いの場でするのがよいだろう。たとえば、下校時に裏通りの近道を通ってはならないというルールをつくったとしよう。裏道は危険であること、つまり、危険な物が落ちていることもあり、また、子どもは周囲から見えにくく怪我をした際など助けてもらいにくいということを説明する。そして、もしこのルールを破ったら、それからは一切、ひとりで登下校できなくなるということも説明する。

　自分の行為により当然の事態や理にかなった展開を経験、理解でき、また、ルールの基準を決める場に参加できていると、ギフティッド児はスムースに自分自身で決まりをつくるようになる。これが、最終目標となる自律性の芽生えだ。子どもとコミュニケーションをとることができるようになったらすぐに、子どもと一緒にルールや制限を決めるようにしよう。これは、ギフティッド児の好きなようにルールを決められるということではない。ただ、子ども自身がルール設定の場にかかわると、そのルールを守りやすくなる。そして、成長とともに、大人の力を借りずとも、自分自身の行動を自分で評価できるようになるだろう。

［*logical consequences を本書での imposed consequences と同様のものとして位置づけ、imposed consequences を本書での「ひどく一貫性のない叱りかた」と同様のものとして位置づけている枠組みもある。本書での imposed consequences は、感情的でなく一貫した罰則などを事前に取り決めたうえで課すことを指す。］

行動はことばよりも強く響く

話しすぎるということで事態を難しくしてしまう親は多い。特に、しつけとなると、そうなることが多い。個々のしつけの場面で長々と説教をするのではなく簡潔な説明だけにすれば、子どもと口論になるリスクを最小限にできるだろう。

就寝時刻をめぐっては、五分間の制限時間を設けたりタイマーを五分にセットしたりして、時間になったらただ「寝る時間だよ」と言って電気のスイッチを切ればよい。ギフティッド児はその激しさゆえに、物事に深く没頭してしまい、行動を切り替えるのに何度も何度も前もって声をかけねばならないことがよくある。あとちょっとだけとせがまれても、応じてはいけない。居間のレゴブロックを片づけなかったということから生じる行動ベースのペナルティは、シンプルに、レゴを片づけて袋に入れ、一週間遊べないようにしまっておくということになるかもしれない。そこに話し合いは必要ない。

その都度、そして、一貫性を保って

子どもの行動にペナルティを課す際には、一貫性をもたせて必ず実行可能なものにすることのほかに、その都度必ず実施することも重要だ。子どもが三回ルールを破ったら、冷静に一貫して、その都度三回とも四分間椅子に座ってタイムアウト（反省時間）を設けるのは、三回のルール違反分をまとめて一回だけ長時間椅子に座って反省時間を設けるやり方よりもはるかに効果がある。タイムアウトは小さな子どもにはとても有効だ。キッチンタイマーなどを使い、あとどのくらい座っている必要があるのかということばかり子どもに伝えなくてもよいようにしておくと、なおよい。キッチンタイマーを使うことで、子どもは視覚的に残り時間を確認できる。タイムアウトはルール違反へのペナルティの役目を果たすばかりでなく、子どもが冷静になれる時間でもある。ただ、これは行動をやめさせる際には有効だが、歯みがきなど、何らかの行動をさせるときはあまり効果がない。タイムアウトをとることで、歯みがきのように、子どもがすぐにはやりたくないことから逃げられる時間になってしまうこともあるためだ。

あなたが「タイムアウトだよ」と言ったときは、子どもは必ずタイムアウトをせねばならない。そこに交渉の余地はない。子どもが自ら反省場所に行くか、あなたがその子を連れて行くかのいずれかとなる。専門家によると、適切なタイムアウトの時間は六歳であれば六分のように、子どもの年齢に合わせるのが望ましい。椅子に座って静かにしているのが決まりだ。子どもが落ち着いたらタイマーをスタートさせ、終了のタイマーが鳴ったら椅子から離れられる。タイマーが鳴る前に椅子から離れたら、もう一分追加する。ちっとも椅子に座ろうとしない場合は反省部屋に入るように伝える。親のなかには（専門家のなかにも）、最初は椅子よりも部屋にしたほうが、子どもが人からの視線を感じずにいられるのでやりやすいという者もいる。[20] 一貫性を保つことで子どもは、あなたは必ずこのルールを実行する腹づもりでいるということ、そして、いろいろ試してみたところであなたが方針を変えることはないということがわかるだろう。タイムアウトが終わればまた好きなことができる。親はタイムアウトを、問題行動を長期間制止するものとしてではなく、子どもが自身を振り返ったり冷静になる機会ととらえるとよいだろう。

問題行動に報酬を与えない

当然だが、タイムアウト中の子どもに注意を向けることは逆効果だ。タイムアウト中の子どもからの質問や文句に応じることで、意図せずしてその効果を弱めている親がいる。望ましくない行動に注意を向けるとその行動を増幅させる。青年期の子どもにはタイムアウト以外のペナルティ――友だちとの電話、電子機器、好きなテレビ番組など、何らかの特権没収という方法――を使うのがよいだろう。ここでも、その都度であることと一貫性を保つことがあなたの守るべきことだ。

タイムアウトをルール違反へのペナルティとして用いるのであれば、意図せずしてそれが楽しいイベントとなり、その効果を減らすことのないようにしよう。タイムアウトは意図された目的を果たすためのものととらえるとよい。たとえば、ギフティッド児を反省部屋に連れて行く際にたくさんの本やおもちゃを持って行ったら、タイムアウトの間子どもがそれで遊んで楽しんでしまい、効果がほとんどなくなる。一方、同じように本やおもちゃをもって反省部屋に入ったとしても、それが「冷静になる」、気持ちを鎮める、本やおもちゃを使って自分の気持ちを落ち着かせることができるようになる機会となることもある。特に、かんしゃくや攻撃的な行動へのペナルティとしてのタイムアウトのときは、そのようなよい機会となるだろう。効果的な方法は子どもにより異なる。

ハエを追い払わない[21]**

親が約束ごとを口酸っぱく言っても子どもは守らないことがある。これはちょうど「ハエを追い払う」行為と似ている。ハエがうるさいといって追い払うが、しばらくするとまたそのハエが来るということが何度も繰り返される。制限を設けたり指示をしたりしても、まったく子どもが守らないとき、子どもに対してハエを追い払う行為をしている。たとえば、「ケイト、鉛筆で机をたたくのはやめてちょうだい」と言ったとしよう。五分後に、「ケイト、やめなさい！」とまた言う。さらに一〇分後、「ケイト、やめなさいって言ったでしょ！」と言う。この場合、このことばはまったく行動を変えることができないので意味がない。望ましい行動への変化を引き起こすために、もっと効果的な手段を用いるか、子どもがそれをやめる、あるいはどこかへ行ってしまうまでその行為を無視するかどちらかしかない。ケイトの鉛筆ドラムの例では、最初にやめるように言ったにもかかわらずやめないときには、ただ静かに進み出てケイトから鉛筆を取り上げるのがもっとも有効かもしれない。このとき、「鉛筆の音がすると本が読めないの」のように、理由を伝えるのもよいだろう。そうするとその子の面目も保たれる。ケイトにとって、最初の「やめて」が聞こえなかったという弁解の余地も残され、親の要求の理由も伝わり、望ましい行動——鉛筆ドラムをやめる——もわかる。あなたはハエを追い払うという、効果のない行動をせずにすむ。

［**前掲書『勇気づけて躾ける』からの引用句］

口うるさく言うのを控える

大人は子どもに、もっと違う方法やよい方法でしてほしいとか、無駄なことや効果のないこと、迷惑なことはやめてほしいと思うことがある。そして、子どもにたびたび小言を言い、しつこく繰り返し、口うるさくなる。我々大人は口酸っぱく言っても効果がないことをすぐに忘れる。口うるさく言ったところで子どもに伝わっているのは、大人の話を聞くなということだ。口うるさいのは二つのメッセージを送っている。第一に、大人はいつも子どもを評価しているのだということ、第二に、しつこく要求してもよいという不適切な行動のモデルとなっているということだ。

子どももまたしつこく文句を言うだろう。そして、それは信じられないほど粘り強い。「ねえ、ママ、お菓子食べてもいい？　お願い！　お腹ペコペコなんだよ！　ママぁ、おねがぁい。夜ご飯もちゃんと食べるって約束するからさぁ。ねぇ、お願い、ママ〜。子どもをお腹すいたままにさせておきたくはないよねぇ？」「ニーナがいじめるの！　やめさせて！」などさまざまだ。子どもからの再三のせがみに、周囲の大人はそれを受け入れてしまいたくなる。そして、この執拗なお願いに屈するよりほかはないように見えることが多い。しかし、いったんこのせがみに屈してしまうと、子どもはますます執拗に要求し、一層やめさせるのが難しくなる。

ルドルフ・ドライカース（Rudolph Dreikurs）は、「暴風から帆を守る」〔ドライカース、ソルツ（一九九三）では「風上に出」ると訳されている〕効果的な方法を記しているが、これは子どもの執拗なせがみを減らしたり、ときには完全になくすこともできる。もし執拗にせがまれたら（あるいは、あなた自身が口うるさく言っていることに気づいたら）、ただ黙ってその場から退散しよう。[22] すぐさま姿を消そう。そうすることで、しつこく要求する人にこれ以上「吹き飛ばされる」ことはなく、「暴風から帆を守る」ことができる。ドライカースは、トイレ（やその他のプライベートな場）に逃げ込みドアに鍵をかけるのを勧めている。トイレには本やＣＤプレーヤーなどを置いておこう。暴風（外でのせがみ）がやむまで、そこでゆったりと本を読んだり音楽を聴いていよう。トイレから出たとたん再び要求が始まったら、再び何も言わずにその避難所に引っ込もう。この方法を数回繰り返せば、たいてい執拗な要求やつまらない口論、きょうだいげんかさえも減っていく。しつこい要求へのもう一つの有効な対策は掃除機をかけることだ。大きな音がことばをかき消し、それを無視しやすくなるだろう。そして、要求をエスカレートさせたり要求に屈したりせずにすむ。

ときには見ぬふりをする

状況によってはペナルティを守らせられるかどうか確信がもてないこともあるだろう。そのようなときは、子どものルール違反に「気づかない」でいるほうがよいこともある――少なくとも、そのペナルティは適切で守らせられそうだと思えるようになるまでは。不意に忙しくしたり慌てるなどして、わざと問題行動に気づかないようにする。何か約束ごとを取り決めておきながらそれを実行できない――あるいはしない――と、それがどのような場合であろうと信頼を失う。だから、もし子どものしでかしたことが些細なことで、そして、それを指摘すれば必ずや起こりうるバトルに立ち向かう気力がないようなときは、その行為は見ぬふりをするのがよい。

過剰反応しないようにする

ルール違反を大騒ぎするのは簡単だが、感情的になりすぎるのはトラブルのもとだ。感情的になりすぎると、問題行動とは不釣り合いなほどに過剰にペナルティを課そうとしてしまうことがある。「この世の終わりが来るという脅し」のように、そのような類いのペナルティは実行不可能だ。実行不可能な、あるいは本当は実行したくないペナルティを課さないように気をつけよう。そうでないと、あなた自身にしっぺ返しがくる。子どもがルール違反をした際、親は「自宅謹慎！　週末は一切自分の部屋から出ないこと！」のように言ってしまうことがある。そして、あとになってその不合理さに気づく。非現実的で実行不可能だ。食事やトイレのために部屋から出なくてはならないだろう。それなのに、どうやって実行するのだろうか？　ドアのところに座り込み、子どもが部屋にいるかどうか見張るのだろうか？　誰に課せられた罰なのだろうか？　さあ、冷静に考えてみれば実行できないペナルティを課してしまった。あなたへの信頼は落ち、ペナルティの重みも損なった。そして、今後もルールにどの程度効力があるのか試させるように仕向けてしまった。そんな苦境にある場合、次のように言ってペナルティを見直すのが賢明だろう。「あのね、昨日、週末は部屋から出てはいけないと言ったことなのだけれど、よくよく考えてみたら、少しやり方を変えたほうがよいと思ったの。サッカーの練習に行く前の二時間と昼食後の二時間は部屋にいなくてはならないことにしよう。あなたださってご飯も食べなくてはならないし、サッカーの練習に行かなくてはならないなと思ったの」。

一時的なものとしない、ペナルティを変えない、矛盾したメッセージを送らない

ペナルティを課すのは気がひけて、結局それが一時的なものになったり、弁解がましくなることもあるかもしれない。タイムアウトの部屋に入る前や終えて部屋から出てきたときなど、子どもにハグをすることもあるだろう。そのようにすることで、あなたは意図せずして、その子に矛盾したメッセージを送っている。「本当は、私が言っていたルールのようなことをするつもりはないんだよ」と言っていることになるからだ。このような矛盾したメッセージを送らないよう気をつけよう。課せられたペナルティは重要で、尊重し守らねばならないものだと明確に伝えねばならない。決まりは気まぐれなどではない。確固とした理由のもとに設定されたものだ。

しつけと衝突

自律性は学校の内外でピア・プレッシャーに耐えたり、物事をやり遂げたりするうえで必要となる。ただ、子どもは自律性を備えて生まれてくるわけではない。自律性のモデルとなる、影響力の大きな大人の励ましを受けながら何年も練習して初めて、この、人生に必要不可欠なスキルを身につけられる。ギフティッド児はしかるべきときと場で自立の姿を見せることもある。一方、意志の強さから怒りのあまり孤立することもあるだろう。わが子の自律性獲得のためにという思いからのはずが、わが子と深刻で不愉快な衝突に陥ることがある。

もし、九歳の子があなたとのやりとりで一歩も引かず、あなたの言うことすべてに反論するようならば、先々その子が一〇代になると、ますます深刻な衝突に巻き込まれることになるだろう。このようなタイプの子どもの場合、たいてい、しつけは大掛かりで長期的な辛いものとなる。親であれば通常、親子関係にダメージを与える可能性のある衝突は避けたいと思うだろう。ギフティッド児であればほぼ間違いなく意志が固く強いということを忘れてはならない。これは、生まれながらにしてその子に備わる激しさの一部だ。今は、あなたの子どもが巧みに主張したり人をコントロールしようとしたり権威に立ち向かおうとして、家族が傷ついたりけんかになったりするかもしれない。しかし、その子が成長した後には、同じ特性が粘り強さや論理的思考力の高さに現れ、貴重な強みとなるかもしれない。このような態度や行動を、あなたの権限を脅かすものとしてではなく、その子の潜在的な強さと考えよう。あなたの考えに反論されても、ユーモアをもって応じられるようにしていよう。その子が自分の論理的思考力を有効に、そして前向きに活用できるよう支援しよう。一〇年、二〇年後には、まさにその子がリーダー――やり手のビジネス交渉家、弁護士、あるいは、CEO――になっているかもしれない。

その子が特定の食べ物をどうしても食べようとしない、あるいは決められた就寝時刻を断固拒否しているとしよう。それを食べるとからだの調子が悪くなると言ったり、夜遅くまで起きていなくてはならない事情があると言ったりする。あるいは高校二年生で、パーティのある日は夜の一一時までには帰宅するように言っても、もっと夜遅くまでいたいと反論するかもしれない。一一時なんてそんなに早く家に帰るのは自分だけで恥ずかしすぎると言い張り、あらゆる抜け道や例外が探し出される。そして、親子ともども引っ込みがつかなくなる。話し合いは感情的になり、怒り、叫び声、涙があふれだす。このような状況でルールを作るのは困難を極める。皮肉にも、親がわが子のためと思えば思うほど、このような衝突が頻繁に起こる。親が自分の思いを子どもに強いてしまうのは、決して強情や理不尽な思いからではなく、わが子にとっての最善を考えての思いからなのだ。

何のためにもならない衝突に巻き込まれていると感じたときは、次のようにしてみよう。[23] ティーンエイジャーがいつもより遅くまで外出していたいと言ってきたら、あなたはそのリクエストをじっくり考えてみるつもりでいること、また、たとえば夕食後などに自分の言い分を説明できるよう準備しておくように伝えよう。そして、子どもの言い分をすべて聞き、所定のとき（たとえば夫婦でそのことを話し合ったあと、夜七時にとか、明日の夕食のときになど）に最終的な結論を伝えると約束しよう。こうすることで、親が子どもの要望を真剣に受け止めていること、子どもを尊重していることが伝わる。子どもは前もって計画し、自分の要望が妥当かどうか考えざるを得なくなり、親はよく考えもせずに感情的に「だめ！」と即答してしまうのを避けられる。

子どもは自分の立場から主張すべきことを主張したら、最終的な方針が決まった際にはさらにお願いしたり訴えたりはできない。決定事項は変えられない。一連のプロセスを通して、子どもは自他の視点の大切さを学び、また、準備や我慢の大切さも学ぶだろう。要望が通れば、親が最終的に設ける制限以外に再び交渉は必要ない。要望を却下するときには、その理由も明確に伝える必要がある。子どもはそのときになって急に、言い忘れていたことがあると言いだしてまた議論しようとするかもしれない。しかしながら、最終決定のあとには何の異議も申し立てられないと決まっている。次回はもっときちんと準備を整えたほうがよいということになるだろう。それでもまだ反論しようとしてくるときは、ただ何も応じなければよい。

押しと引きのさじ加減

親はどの程度押したらよいのだろうか？　また引き際はいつだろうか？　これは重要な問題で、答えを見つけるのは難しい。その答えは子どもや状況によりさまざまだろう。子どもの状況を考慮し、ペナルティの公正さなどに対する子どもの立場からの訴えや主張に耳を傾けよう。ただし、最終的にはあなたが諸々の規則を決めねばならないし、それをどのように実行するのか、違反した際のペナルティはどうするかなどを決めなくてはならない。

前述のように、子どもとの関係性を押し引きのバロメータとしよう。あなたと子どもとの親子関係の状態がもっとも重要で、親子関係のもっとも重要な部分は双方向の意思疎通と互いを尊重するという親の態度だ（これは親子関係だけでなく、あらゆる年代の人との関係にあてはまる）。子どもとの関係を良好なものにし、デリケートな話題でも気軽に話ができる関係でいられるよう、最善を尽くそう。しかし、良好な関係としつけにはバランスが求められる。当然、あなたは、子どもに自分で自身をよりよく律することができるようになってほしい、もっと挑戦してほしい、がんばってほしいと願うことだろう。しかし、子どもにそうするように言いすぎたり押しが強すぎたりすると、あなたと子どもとの関係に深刻なダメージを与える危険が生じる。子どもとの全面戦争状態になってしまうと、その代償は非常に大きい。行動を起こす前に「この金額を引き出すだけの預金があっただろうか？」と自問しよう。

選択肢を用意する

子どもの年齢相応の現実的な選択肢を用意し、折り合いをつけられるようなゆとりをもたせると、衝突は生じにくくなる。[24] そうすることで、子どもが結果から学び取る機会が増え、自信がつき健全な自尊感情が育まれる。

子どもには、できるだけたくさん自分で選択できる機会を与えよう。前述の「V字」の概念と、子どもは親が設けた制限のなかで選択できるという自由の概念を思い出そう。たとえば、こちら側は遊ぶときに着る服でそちら側は学校用の服という具合だ。子どもはそのカテゴリー――親による制限――内で着たい服を選ぶことができる。

子どもが判断できるのに大人が判断してしまうことが多すぎる。これは、子どもたちから学ぶ機会を奪い取っていることになる。子どもは通常、本来備わっている自己判断力のもとに成長する。ごく幼いうちから、簡単なメニューの選択――たとえば、朝食にはオートミールを食べようか、卵とトーストにしようかといったように――ができる。赤いブラウスか青いブラウスかも選べる。レストランでは、キッズメニューの中から好きなものを選べる。子どもに判断させるということは、その子を一個人として尊重しているということであり、子どもにとっては自信をもって自分の思いを主張する練習にもなる。子どもに判断させる際には、その子がどのような選択をしてもそれを受け入れられる状況かどうかを確認しよう。まあいいだろうと思えないようなことになりそうなときは、子どもに判断させてはならない。

時間の使い方でも、子どもの判断を尊重すべきだ。我々大人は、ほとんど叫び声とでもいえるような声でこんなことを言ってしまったりする。「あなたが何をしていようが関係ない！　今すぐ出かけるの！」。我々は、自分を認め高く評価してもらいたい相手には、このような言い方はしない。特に、誰もが忙しいとわかっているようなときにはそのような言い方は絶対にしない。子どもにも、あらかじめいつ出かける予定なのかを伝えておくのが思いやりというものだろう。「一〇分後には出かけなくてはならないのだけど、それまでに終えられる？　それとも、きりのよいところはある？」と言うこともできるかもしれない。前もって確認することで、子どもも忙しいのだという、親の子どもを尊重する気持ちが込められ、子どもを尊重した選択肢も与えられている。子どもは一〇分後までに終えてしまうか、きりをつければよい。親がしてほしいと思っていることが明確に伝えられ、前もって言うことで子どもも協力しやすくなる。

子どもに選択肢を示したり判断させたりすることで、子どもは自分自身や自身の行動に責任をもてるようになるだろう。ただし、現実的な選択肢を用意しているかどうかに注意する必要がある。たとえば、抗生剤を飲みたいかどうかを子どもに聞くのは適切ではない。飲まなくてはならないのだから、実際は選択できない。しかし、「この本を読む前にお薬を飲もうか、それとも読んだあとで飲もうか？」のようには言える。これは現実的な選択であり、いつ薬を飲むのかに関して自分がコントロールしているという感覚を得られる。同様に、自分の部屋を片づけたいかどうかを聞く（答えは「ううん、片づけたくない」に決まっている）のではなく、「今、部屋を片づける？　それとも、おやつのあとにする？」と聞くのもよいだろう。このような言い方により、あなたが提示する選択肢は現実的なものとなる。偽りの選択肢や選択肢と錯覚させるようなもの――「自分の部屋を今片づけたい？」など――は、選択肢にはなりえない。そのようなことをすると、子どもを励ますどころか子どもの面目をつぶすことになる。そして子どもを尊重していないことになり、子どももまた、あなたを尊重しなくなるだろう。

子どもに現実的な選択をさせ、その子には判断力があると励ましていけば、反抗や抵抗にあい、勝つか負けるか、あるいは双方負けるだけの葛藤や衝突に発展する可能性も低くなるだろう。自分で判断することで自己充足や自律性、そして、互いに尊重しあう良好な関係性も促される。

褒め方、励まし方

しつけをしたり意欲を高めたりすることの長期的なねらいは、子どもが自律性、自己調整力、自己決定力を身につけることだといつも心にとめておくとよい。これは、親の思いを子どもに絶対に押しつけてはならないということではない。外から課せられる制限やペナルティにより、子どもは大切なルールや決まりごとを破るということの重大性を認識できるだろう。しかし、長い目で見ると、子どもがセルフマネジメント力や自己決定力を身につけるためには、褒めることのほうがはるかに効果的だ。褒めることで、子どもにはそうする力があるとあなたが信じていること、その行動を繰り返し見たいという思いが伝わるからだ。自分にはそうする力があると信じることのできる子どもは、自分自身の行動に責任をもつことができる。

褒めるということはとりわけ有力な報酬だが、大人は子どもを褒めることがあまりにも少なすぎる。子どもにはもてるかぎりの力を発揮してほしいと思うために、その子ががんばってうまくできたことを、必ずしも気づいたり褒めたりしてはいない。むしろ、その子がもっとがんばらなくてはならない部分に目が向いてしまう。

子どもは自分の努力やよい行動にもっと気づいてほしいと思っている。その子の課題への取り組み方を褒めているだろうか？　その子が明るい性格でとてもうれしいと言っているだろうか？　食事の用意を手伝ってくれたり配膳してくれたり来客の準備を手伝ってくれたりしたときに、感謝を伝えているだろうか？　それとも、こういったことは子どももやって当然と思っているだろうか？　「当然の」行動を強化することにためらいを感じる親もいるかもしれない。しかし、「よくがんばったね」「すごい！　ありがとう！」と言うだけで、望ましい行動を強化でき、その子を尊重する気持ちが伝わる。当然の行動に対しては的確に褒めよう。そうすることが期待されている行動であり、繰り返しやってみせてほしいと思う行動だからだ。夕食作りや子どものスイミングの送り迎えのような「当然」のような行動に対して、パートナーが感謝してくれたらどれだけうれしいことだろう。子どものセルフ・イメージのためにも、また、子どもとの関係性のためにも、より一層たっぷりとポジティブなメッセージを送ることが重要だ。

正確に、もっともな根拠をもって、具体的な行動を褒めよう

褒めるときには、それが行き過ぎていたり不正確なものとならないよう注意しよう。ギフティッド児は「世界でいちばんの野球選手だね！」のようなほめ言葉をすぐに見透かす。不正確なほめ言葉、極端すぎるほめ言葉を使うと、子どもからの信頼を失うだろう。たとえば「いろいろな青を使って描かれているのがいいなぁ」などが具体的な褒め方となる。

子どもそのものではなく、子どもの行動を褒めよう

褒めたり感謝するときは、子どもの具体的な行動について褒めたり感謝すると、より効果的だ。子どもの全般的な賢さや能力を褒めても、子どもの自尊感情を高めるのにあまり効果はない。そうではなく、具体的に努力を褒めることが有効だ。[25]「ピアノの才能があるね」「数学の問題を解くのが得意だね」ではなく、「納得のいくまで同じフレーズを練習していてがんばっているね」「いちばんよい解法が見つかるまでいろいろなやり方で問題を解くのは、すごいと思う」という言い方が効果的だろう。

サンドイッチのテクニックを使おう

決まりや制限が、補足するようなメッセージに挟まれたかたちで提示されると、それが建設的な提案となり受け入れられやすくなる。たとえば「だんだん人のことを考えて我慢できるようになって偉いね。ただ、大人の会話に割り込んでしまうのは少し残念だね。だから、それもできるようにがんばってくれるとうれしいな。あなたが、年上の子や大人の人と話すのが大好きだってことはわかるよ」のように。このサンドイッチのテクニックを使う際には注意しよう。というのは、これは「そうね、でも……」の言い方になりやすいからだ。励ましのことばで話を終わらせなかったり長々と批判したりすると、まったく効果はなくなる。

その他の提案と方法

まず感情を受け入れ、それからしつけよう

子どもが問題行動を起こしたとき、事柄そのものに注目するのではなく、まず、その行動を引き起こした感情に注目して応じられるよう努めよう。少なくともその子の気持ちは理解している――その子のした行為には賛成できなくても――と伝われば、あなたのしつけが拒絶される可能性は小さくなるだろう。意思疎通の章［3章］で触れたように、感情そのものに善い悪いはない。また、感情を受け止めることで、その子が感じていることはその子自身にとっての現実だということ、それは他の人が同じように感じるかどうかとは別問題だということがわかるようになる。あなたが子どもに望むのは、状況から学び取れるようになってほしいということのはずだ。強烈な感情の真っ只中では、クリアに論理的に考えるのは極めて難しい。まず、その子の感情に応じれば、後々その子も別のもっとよい行動をとろうと考えられるようになる可能性が高まる。

しつけの前に子どもの感情に応じることは、良好な親子関係を保つうえでも役立つ。ギフティッド児とは衝突しやすいのであれば、なぜ子どもに親のやり方のみを押しつけようとするのか。大人の要求ばかりを通そうとし、子どもの感情や他の解決策に目を向けないのは、勝つか負けるかの状況をつくりだしていることになる。親の権力を振りかざし、子どもに一時的にルールに従わせることはできるだろう。しかし、自律性が育まれることはない。約束ごとの理由が理解できないままにそれが強行されれば、子どもは怒り、見返してやろうと思うようになり、それが可能になるやいなや、その子なりのやり方でリベンジしてくるだろう。

その子の安全性やウェルビーイングが脅かされるときは、子どもの感情いかんにかかわらず、断固あなたの考えを貫かねばならない。このような場合は、あなたは責任ある大人としてふるまわねばならない。それ以外は、他の方法を考えたり子どもと話し合ったりすることも視野に入れよう。決まりを設ける前に話し合おう。ルールが決められたら、それを守らねばならない。そうしないと、あなたは信頼を失い、決まりを実行できなくなる危険が生じる。ギフティッド児はそれまでのことを覚えており、後々それを利用しようとするかもしれない。「前は同じことをしても一晩しか外出禁止じゃなかったのに、どうして今度は一週間外出禁止なの？　不公平だ！」のように。

あなた自身が非常に独裁的な上司といるときにどう感じるのかを考えてみるとよいだろう。うわべでは従順にふるまうかもしれないが、不快感は増し、その上司を軽蔑し、事あるごとに上司から距離をおくようになるだろう。一方、あなたの思いや意見に耳を傾け、親切に指示をしたり正したりする上司だったらどうだろうか。どちらがあなたを学びや達成に向かわせるものとなるだろうか。

子どもの欲求を見定めよう

子どもの反抗的な態度は、子どもの欲求や願望の現れであることが多い。そしてそれは、安心や快適さ、注意を向けられるといった単純なもののことがある。子どもは情緒的な安心感を求めて問題行動を起こすことがある。あなたが本当に自分のことを大切に思ってくれているのかを知りたいために、行動を起こすことがある。あなたが本当に自分のことを大切に思ってくれているのかを知りたいために、また、自分の気持ちに気づいてほしいがために問題行動を起こす。よりよい対応ができるように、行動目標を設ける前にじっくりと考えよう。同じ問題行動でも、注目してもらいたいがための行動と恐怖心や怒りからの行動とでは、対応のしかたが異なる。父親が一週間ずっと出張で留守だった場合を考えてみよう。金曜日の夜、ようやく帰宅した父親が翌朝の食事のための牛乳を買いにスーパーへ出かけたとしよう。子どもは母親と一緒に留守番をし、就寝前の本を読んでもらう時間になっていた。しかし、その子は父親と一緒にスーパーへ行くと言ってきかず、かんしゃくを起こした。この行動の背景には、父親と一緒にいたいという欲求があるかもしれない。

一方、あなたに用があり学校へ迎えに行けないのでバスで帰ってくるように子どもに言ったとしよう。その子は、バスで帰らなくてはならないのであれば学校へは行かないと言って断固譲らない。この子は以前、バスでいじめられひどい目に遭わせるぞと脅されたことがある。このケースの場合、この子の行動は恐怖から生じている。

望ましくない行動を動機づけているものが何であれ、その行動そのものには対処する必要がある。ただし、子どもの欲求を理解することで、子どもを尊重しながら鍛錬の過程を踏めるだろう。子どもへの共感を示すことで、子どもも、あなたがなぜそのようにしつけるのかを理解できるようになるだろう。課せられるペナルティが嫌なものであっても、少なくともあなたは基本的に自分のことを心配してくれているのだということ——ただ自分をコントロールしようとしているだけではないのだということ——は伝わるだろう。子どもが何歳であろうと、あなたがその子を、そしてその子の気持ちをいつも大切に考えていること、また、その子が自律性をもてると信じていること、あなたは敵対者ではないのだと伝えることが重要だ。

バトルを取捨選択しよう

あらゆる問題にムキになって子どもと対立する必要はなく、ときには、子どもに従わせることが非常に高くつく場合もある。我々大人は、いつでも我々の思うように子どもに強要することはできるかもしれないが、子どもからから恨みは非常に大きく、親子関係に深刻なダメージを与えることになるだろう。何から何まで従順である必要が本当にあるのか、それとももっとも重要なポイントに絞るべきかを吟味する必要がある。たとえば、門限が一〇時三〇分なのにパーティから帰ってきたのが一〇時四五分だったとしよう。門限に遅れるのが習慣となっていなければ、この一五分の遅れはムキになる話ではない。遅れた理由を子どもに聞き、それがもっともならば受け入れることも考えよう。

口論になったり反抗されるとどうなるだろうか？　ギフティッド児の言語能力は高く、しばしば口論で自分の行動やその理由、自分の視点を論理的に正当化しようとするだろう。親はこうなることを視野に入れ、「そのことで言い合いをするつもりはない」とあらかじめ伝え、口論に巻き込まれないような構えをもとう。子どもとのバトルを取捨選択することで、親子の良好な関係を維持でき、些細なことでいがみ合うことも最小限に抑えられるだろう。

子どもに嘘をつかせない

これは少し変なアドバイスに聞こえるかもしれない。しかし、子どもが何かしでかしたことを知った際に、「キャンディーを食べなかった？」のように言う親が多い。子どもが「ううん、食べてない」と言うと、「その口の周りについているのは何？」とさらに問い詰める。そして、その子は勝手にキャンディーを食べたことだけでなく嘘をついたということについても叱られる羽目になる。そうするよりはむしろ、「キャンディーを食べたでしょ。夕食前は食べないということだったよね」と言うほうがよい。前者は叱られたくない子どもが嘘をつくように仕向けてしまっている。約束ごとを破ったら、それを正したり叱ったりする必要があるが、子どもが嘘をつかなくてはならなくなるような立場に立たせてはならない。

あなたの要求を吟味しよう

私たちの抱く要求が、そもそも今の世のなかにおいて適切なのかどうかを吟味すべきときがある。本当にその行動にこだわる必要があるのだろうか？　子どもが毎日自分のベッドを整えることや、食事を一口も残さず食べるということが、絶対必要なことだろうか？　歯みがきを毎日することは虫歯予防のために確かに大切だろう。しかし、毎日欠かさずのベッドメイキングは必ずしも必要ではないかもしれない。布団を簡単に整えるだけで十分かもしれない。子どもをコントロールしようとしすぎると不要な衝突に巻き込まれる。あなたのこだわりの背後にある理由を吟味しよう。あなた自身が子どもだった頃に言われたことを繰り返しているのだろうか？　あなたが折れれば子どもが権限をもちすぎるのではないかと心配しているのだろうか？　子どもの言い分に耳を傾け尊重しているだろうか？　その子は、あなたを理不尽だと感じていないだろうか？　制限のなかにも自由を認めているだろうか？　あなたの立場を誠実に再考することで、子どもへの要求を吟味しやすくなるだろう。

要求を明確にしよう

その子は、あなたが自分にどうしてほしいのか理解できているだろうか？　それを確認するには、子どもにあなたが説明したルールを再度説明してもらえばよい。もし説明できなければ、あなたが再度わかりやすく説明しよう。我々はギフティッド児に、行間を読むこと、心中を察すること、してほしいと思っていることが「わかる」ことを期待しがちだ。確かに、ギフティッド児は多くの点で直観に優れている。しかし同時に、人が言ったことを字義どおり解釈する傾向もあることを忘れずにいよう。そうすると、コミュニケーションのなかでできるだけ明確に伝えようと心がけられるようになる。「お皿を洗って」と言えば、流しには鍋やフライパンがそのまま残っているだろう。「だって『お皿を洗って』って言ったでしょ！」

明確で具体的な指示を出すことで、子どもの理解を促すだけでなく、従おうとしていないのかどうかを判断しやすくなる。明確で理解しやすく、子どもができそうな指示（たとえば「足を床におろしなさい」）を出したときにそれに従わなければ、それは指示を理解できていないのではなく、従う気がないのだろうとわかる。要求を明確にすることで誤解や従おうとしないということが減る。たとえば、以下のような例がある。

母親：テレビゲームコーナーにいてもいいわよ。ただ、三時ちょうどにお店の正面玄関にいてほしいの。妹をサッカー教室に迎えに行かなくてはならないのよ。
子　：わかった。
母親：ママが今何て言ったか、もう一度言ってみてくれる？
子　：テレビゲームコーナーにいていいって。
母親：まあ、そうも言ったわ。ただ、ここで、三時に待ち合わせたいとも言ったのよ。
子　：わかった。三時ちょうどにここに来るよ。
母親：そうね。ありがとう。じゃあ、あとでね。

ひどい叱り方、一貫性のない叱り方を断とう

前述のように、ひどい叱り方、一貫性のない叱り方は、しつけのうえでもっとも有害な方法のひとつだ。ひどい叱り方というのは、お尻をたたくなどの体罰だけでなく、怒鳴ること、ことばや情緒的に痛めつけることもあてはまる――つまり、不適切、度を過ぎている、あるいは割に合わない叱り方はすべてあてはまる。一貫性のない叱り方は、あるときは叱るのに同じことをやっても別のときは叱らないことを指す。ひどい叱り方や一貫性のない叱り方が子どもの行動を改善させることはなく、子どもに深刻なダメージを与えるとともに、あなたと子どもとの関係性にも大きなダメージを与える。

叱り方に一貫性がないと、子どもは何を想定すべきかがわからなくなる。子どもは、あなたの課すペナルティはころころ変わり予測不可能だと学び取っていく。その結果、あなたの権威だけでなく、あらゆる権威に対する怒り、不信、軽蔑が生じる。このような叱られ方をしてきたギフティッド児は、世のなかは予測不可能で安全ではないという感覚が刷り込まれ、健全でポジティブな自己概念をもてなくなる傾向がある。

配偶者をサポートしよう

夫婦の一方が約束ごとを決めたら、もう一方の親も、よほどのことがないかぎりそれを変えたり無効にしたりすべきではない。相当のことがあったとしても、子どもの前でそれをしてはならない。たとえば、あなたは、先週の夕食時に妻がレストランで人目もはばからずに子どもを叱りすぎたと考えているとしよう。その場合、「お母さんは本当はそういうつもりで言ったのではないよ。お母さんにあとで話をしておくよ」と子どもに言い、妻を裏切るようなことをしてはいけない。そうではなく、その子のフラストレーションに共感し、次から同じようなことにならないようにするにはどうしたらよいのかを考えられるように励まそう。そして、あとで妻と二人きりになったときに子どもの反応を伝えたり、今後とることのできそうな別の対応のしかたを提案したりしてみよう。

からかわない、皮肉を言わない

ギフティッド児は繊細なため、からかいや皮肉に深く傷つくことが多い。自分で自分を皮肉ったりもするが、人から言われると、その人が本気でそう言っているのではないとはわからないことがある。特に聴覚継次型のギフティッド児は人からの皮肉を字義どおり受け取りひどく傷つくことがある。たとえば高校の先生が「あなたたち二人でもこのテストに合格できるかどうかは怪しいね」と皮肉で言ったとしよう。ギフティッド児にはそのユーモアがわからず、批判されていると思い傷つく。このような「ちょっとした冗談」めいた皮肉を先生が言ったがために、ギフティッド児がその授業をやめたいと言いだす例に、我々はいくつも遭遇してきた。ギフティッド児の前では、からかいや皮肉は控えたほうがよいだろう。

目標までの計画表や図表を書こう

何か新しいことを軌道に乗せるためには、図表などのツールを必要とすることがある。家の手伝いや学校の課題、歯みがきに至るまで一覧表に書いて整理すると子どもはすべきことを頭に入れやすくなる。幼い子どもでは、その日のお手伝いを済ませたらシールや星印をもらえるようにすると、楽しみながらできるだろう。ゆくゆくは印をつけなくてもリストにあるお手伝いを頭に入れ、自分でマネジメントできるようになるだろう。ただ、このお手伝いリストが役立つのは、継続的にそのお手伝いをする場合に限られている。また、子ども自身がそのリスト作成にかかわると、よりそのリストに沿った行動をとるようになる。

行動に関する契約書を作ろう

議論好きな「やり手の弁護士」のようなタイプの子どもには、契約書を用いるのがよい場合もある。

簡単な契約書を作り、いくつかの事項――しなければならない課題、そのための時間枠、それをしたときとしなかったときの約束ごと、二人のサイン――を盛り込む。以下に例を示す。

私は、毎日おやつのあとに一時間勉強します。
まず、数学の勉強を三〇分やり、次に、漢字練習をします。
この勉強をしなかった場合には、
（1）二日間、友だちと放課後に遊びません。あるいは、
（2）週末テレビは見ません。
サイン：＿＿＿＿＿＿＿＿ 日付：＿＿＿＿＿＿＿＿
証人：＿＿＿＿＿＿＿＿ 日付：＿＿＿＿＿＿＿＿

契約書に記す内容について、子どもの提案を取り入れよう。その子自身のすべきことにかかわることであり、自分のすべきことを了解しておく必要があるからだ。親や教師が保証人となるとよい。契約書は掲示板に貼る、あるいは引き出しに入れるなどしておき、すべきことやそれができなかったときのことについて、リマインダーとしても活用できる。適切に活用すれば、このような契約書は効果的なセルフマネジメント・ツールとなる。ただし、記された目標が達成できなかった際の失敗感情を最小限にするために、ほどほどに使うのがよいだろう。

ボディタッチを用いて子どもの注意を引き愛情を示そう

人それぞれというところもあるが、子どもの手や腕、肩に軽く触れることで、彼らの注意をあなた

に向けることができる。やさしく触れることで、子どもは、あなたが自分のことを大切に思ってくれていると感じ、約束ごとも自分のことを本当に大切に思ってのことだと感じることができる。親はたいてい、どのようなときに子どもが肩に手を回してほしい、背中をポンとやさしくたたいてほしい、あるいは、ハグしてほしいと思っているのかがわかる。幼少の子どもは特にハグを喜ぶ。一方、ティーンエイジャーとなると、ハグやタッチをされるのを嫌がることもあるのは知ってのとおりだ。ハグやタッチは幼い子どもがするもので、自分たちがするようなものではないと考えていたりする。むしろ握手やハイタッチを好むが、これらもハグと同じようにその子のことを大切に思っているというメッセージを伝えられる。

ボディタッチが、必ずしもすべての子どもに有効なわけではないこと、また、その子があなたに怒っているようなときは効果がないことにも留意しよう。なかには、誰であっても触られることに非常に敏感で、まるで「触らないで！」と言っているかのようにからだをビクリとさせる子もいる。子どもを尊重し、その子のパーソナルスペースを侵さないことが大切だ。ボディタッチに敏感な子どもに対しては、その子がボディタッチをしてほしいと思っているかどうかを確かめ、その子がそれを喜べるような機会を増やしてみよう。

その子が賢明な行動をとることができると信じているということを伝えよう

ギフティッド児は自分の適切な行動をとる力を親に信じてもらいたがっている。子どもの行動に制限を設けつつ、少しずつ、その枠組みのなかで子どもが自由に行動できるようにしていこう。それが、子ども自身が自律性をもって自分の行動を決めていくための準備となる。その子が幼い頃に、あなたの導きに期待どおりよく従っているのであれば、一〇代になったときにもその子は信頼を裏切るような行動はしないだろう。子どもの活動や友だちについてその子と話す際に、いろいろな状況でのその子の判断を信頼していると伝えよう。その子はあなたの信頼に足る人間になっていることを見せるようになるだろう。

忍耐強く、あきらめないで！

子どものしつけのためにいろいろ試してはみたものの、どれもうまくいかなかったと落胆する親は多い。一つの方法を数週間試しては効果がないと思ってやめ、また数週間別の方法を試してはやめ、また別の方法を試してみるということがよくある。こうなると、子どもたちは数週間「ほとぼりが冷めるのを待つ」ことで、その後はもとのやり方に戻るものだと心得てしまうだけで、行動変容は見られない。

新しいしつけの方法を学び練習するには、忍耐強くぶれずに努力する必要がある。新しい試みを始めたら、一か月以上はあきらめないで挑戦し続けよう。順当に行っても変化が見られるまでに二週間以上はかかるだろう。しかし、あなた自身のやり方を改善すれば、子どもの行動も必ずや改善されていくだろう。

第6章　激しさ、完璧主義、ストレス

ギフティッド児は、これほどまでに多くの強みと才能をもち合わせていながらも強いストレスを感じることが多く、専門的支援が必要なことすらあるという事実は見落とされがちだ。極端なケースでは、幼児が完璧主義からくる不安のためにひどい頭痛に悩まされたり、ティーンエイジャーが家族や友だち関係の悩みから深刻なうつ状態になり、真剣に自殺を考えたりする。

ギフティッド児や青年ギフティッドの多くが自身の感情をうまくごまかしたり、理性で処理したり、極力表に出さないようにするために、これらの問題は必ずしも気づかれるわけではない。彼らは自分の悩みや失望を人に気づかれないように隠したり、たとえ自分を偽ることになろうとも仲間となじもうとして自身の知的能力を隠したりする。その結果、ストレスを抱えたギフティッド児を周囲がなかなか助けられないことがある。[1]

なぜ、ギフティッド児はストレスを隠すのだろうか？　それは、物事を自力で素早く習得することに慣れてしまい、あらゆる問題に自力で対処できなければならないと早くに思い込むようになるからだ。彼らは、たいてい助けを求めたがらず、そんなことをしたら自分の「聡明で有能」という地位が崩れるのではないかと恐れている。

ギフティッド児も他の子と同じく、ストレス対処法を身につけねばならない。人間にはレジリエンス、自身をマネジメントする力、問題や困難が生じた際に対処できる力が必要だ。人生には逆境がつきもので、出来事に対処するなかで自分自身を変えねばならないこともある。何らかの課題に取り組むなかで失敗すると、人は自分のやり方を変える必要に迫られる。人間関係がうまくいかなければ落ち込む。自分のためにならないパターンを捨て去り、ストレス反応をコントロールする方法を身につけ、ある種の思考パターンを変えていくとき、適応を促すレジリエンスが育まれる。レジリエンスの高い人もストレスを感じるが、悩みや不安に押しつぶされないようにするにはどうしたらよいのかを心得ている[2]。ギフティッド児の知力はストレスを生み出す最悪の敵にもなる一方、ストレスにうまく対処するうえでもっとも強力な味方にもなる。

ギフティッド児は標準的な子どもとは異なるストレスを経験し、そのストレスの感じ方は通常よりはるかに強烈だ。ただし、その様相は単純ではない。ギフティッド児は概して自尊感情が高いが[3]、これは彼ら自身や彼らの境遇について肯定的にとらえていることを意味する。また、公立学校で自分に合った適切なプログラムを受けているギフティッド児は通常、ＩＱがより低い子どもと比較して不安が低いことを示した研究もある[4]。

一方、ギフティッドネスゆえに、他の子どもにとっては何ともないような状況でもストレスを感じ傷つきやすいことも示されている[5]。友だちを見つけること、社会的な場でなじもうとして、家庭問題を解決しようとして、あるいは、権威ある立場の人を受け入れることに、特にストレスを感じる。ストレスとなる出来事とその対処方法を考え続けるなかで、彼らの悩みはときに苦悶ともいえるほどのものとなる。最高を目指して奮闘しては、一回で成功できそうにないものには挑戦できないという完璧主義に身動きがとれなくなるギフティッド児もいる。もちろん、子どもの感じるストレスの程度は家庭や学校の状況ばかりでなく子ども本人の気質によるところも大きい。生まれながらにして落ち着いた気質でレジリエンスがあり、多くの子どもが嫌がるような状況にも動揺しないギフティッド児もいる。[6]

ギフティッド児のいくつかの特性ゆえに、彼らはよりストレスを受けやすい。一つには、個人内の、つまり自ら作り出すストレス——たとえば、人一倍強い激しさや繊細さ、並外れて高い基準や期待、発達の凹凸、理想主義、失敗への恐れ、多才という重荷などだ。もう一つには個人間の要因——たとえば、他者からの否定的な反応、知的なやりがいの不足、仲間からの拒絶、合わない教育環境、他者からの過度の期待、トラウマとなるような経験、周囲と興味関心を共有できないことなどだ。学校の教育プログラムがギフティッド児の秀でた分野（言語、数学、視覚－空間など）とどの程度合っているかも、その子のストレスの程度に影響を与えることが示されている。[7] 教育環境が本人に合うように変えられればギフティッド児のストレスも小さくなる。

激しさと繊細さ

ギフティッド児の激しさと繊細さは彼らの行動すべてに染み渡っている。日々の人とのやりとり、出来事への反応、自分自身のとらえ方においても切り離すことができない。なかには身体的にも激しさと繊細さをもち合わせている子どももいる。難題に取り組むと背中や肩が固く緊張したり、集中しているときに口をぎゅっと堅く結んだりもする。

ギフティッド児には、まるでほんのわずかな感情も汲み取ってしまう、他の人にはない感情のセンサーや特別な感度が備わっているように見える。乳幼児期でさえ、ボディランゲージを読み取ったり声のトーンから他者の感情を察知したりできる。周囲の態度や行動は彼らにとって大きなストレス源となる。少し成長すると、ジョークやからかいをとてつもなくまじめに受け取ったりもする。バカにされた、誤解されたと感じると、過剰に反応しかんしゃくを起こすこともある。五歳のジェシーはその日、「電気のスイッチ係」だった。しかし、たまたまジェシーが先生のお手伝いをしていて手が離せなかったので、他の子が代わりに電気を切ったが、このことがジェシーを激怒させた。日々の出来事やストレスに対するギフティッド児の反応を、周囲は「度を越えている」とか極端だと感じることがある。

激しさや繊細さは確かにギフティッド児の長所ともなるが、同時に弱点ともなり情緒的ストレスを引き起こすこともある。繊細さのポジティブな面として、共感性や思いやりの深さがある。先生の調子の悪い日がわかり、心配する。ハンディキャップのある人やホームレスの人々に目をとめ、同情する。世界の飢餓問題をなんとか解決したいと心底願ったりもする。彼らの共感性は非常に高いが、自分には助けとなるだけの力がないと感じてストレスになることもある。このような子どもの親は、ニュース番組を消したり映画をあらかじめ入念にチェックしたりしておかないと、それらを観てわが子がひどく心を取り乱すので大変だと言う。悲しいお話を聞いたり他の子が傷ついているのを見たりしてすぐに泣くために幼稚園の先生から幼いと言われることもある。このとき、その子が心底深く同情して泣いていることがわかってもらえないのだ。

なかには、そのようなわが子を「激しすぎる」「繊細すぎる」「その考えは、どう考えても変だわ」「そのユーモア、変すぎる」「自分の興味のあることにばかり夢中になりすぎ」のように、「大げさ」と考える親もいるだろう。もちろん、これらを一度にたたみかける親はいないだろうが、その影響は累積的に増えていく――最終的には、子ども自身が自分は本当にとても変な子どもなのではないかと思うようになる。

激しさはギフティッドであることと切り離せず、通常それは豊かな想像性を伴う。たとえば映画監督のスティーヴン・スピルバーグは、幼い頃から鮮明な想像力をもっていた。彼は、自分の寝室の壁のひび割れの向こうにエイリアンが住んでいて、夜になると出てくると思い込んでいた。彼のこの並外れた想像力は子どもの頃には多くのストレス源ともなっていただろうが、後に映画『E.T.』を制作監督する際に非常に大きな強みとなった。

ギフティッド児は状況を見、会話を聞いてはいても、その激しさゆえに、そこで実際になされた会話とはかけ離れたものを受け取ってしまうことがある。そして間違った結論――自分は愛されていない、親が離婚してしまいそうだ、テロリストが今にも攻撃してくるなど――へと飛躍することがある。このようなとき、その子の恐怖心について話を聞いたり、そのような恐怖が起こる可能性は小さいということとその理由を話したりするとよいだろう。もっと大切なことは、過剰に反応しなくてもすむように、自身の考えをチェックしマネジメントする方法を学べるよう支援することだ。これには時間がかかり、忍耐と理解力が必要となる。

ギフティッド児の行動特性に対する他者の反応

我々の社会がギフティッド児に向ける眼差しは、活字メディア、テレビ、映画に反映されている。そして、それらが共通して描く知力の高い子ども像は通常、数学や科学に非常に秀でている変わり者、オタク、ガリ勉といったもので、全人的な人間性や性格は描かれていない。メディアでは、ギフティッド児の能力や興味関心、感情が、長所ではなく短所にすり替えられることがよくある。ポジティブなギフティッド児像が描かれることも多少はあるが、多くはない。たいていメディアが発しているのは、ギフティッドというのは稀に見る例外的な存在や「変わり者」で、あまり好ましくない、あるいは不利なものというメッセージだ。

もちろん、ギフティッド児の行動特性は必ずしもポジティブなものばかりではない。ギフティッドネスの多くはポジティブ、ネガティブの両面をもち、いずれの面が表に出るのかは状況、環境、あるいは、人の見方により変わる。たとえば高い言語力のマイナス面は、ひっきりなしにしゃべったり読んだりすることに現れる。理想主義や完璧主義を裏返すと、他の人に手厳しい、いたるところに偽善を見出すという姿が現れる。好奇心旺盛を裏返すと、延々と質問——大人にとってはうんざりするものでやめさせたくなるほどの質問——をし続ける姿が現れる。親のものやり方に疑問を呈すのはまったくの好奇心からで、より深い答えを求めているからだ。慣例どおりのなじみのやり方でやろうとしないのは、たいてい拡散的思考力や創造性があるからだ。小学一年生の仲間にやったことのない難しいゲームをやらせようとする姿は、偉そうな態度にも見えるしリーダーシップの芽生えと見ることもできる。ギフティッド児に広くみられる特性が誤解されると、周囲の目にはギフティッド児が極端でネガティブな存在として映る。

ギフティッド児の質問攻めにより教師の授業計画が台なしになることや、ギフティッド児が誤りに気づき訂正しようとすることもあるだろう。教師の立場からすればこれは受け入れがたい行動となることもあり、ギフティッド児の行動に関する訓練を受けていない教師は、これを「幼稚な」あるいは「失礼な」子どもだと文句を言うかもしれない。一方、ギフティッド児の特性を理解している教師ならば、その子の発言を受け入れ、「あなたが正しいかもしれないね、マッティ。今夜調べて、明日もう一度この話をしよう」と応じ、その子を授業に戻らせることができるだろう。ギフティッド児の内側から湧き上がるものが非常に激しいため、それに突き動かされて生じる行動を調整するのは実に難しい。そして、これが、周囲からの強い反発をよぶ。

再度定義に立ち返ってみると、ギフティッドというのは標準とは異なることを意味する。そして、異質であるというのは、普通ではないことにとどまらず受け入れがたいことを意味する場合が多い。それはまさに、並外れた能力、激しさ、繊細さなどさまざまな特異性が、標準からずれているがために周囲を脅すようなものとなっているかのように見える。[8] 親や教師はこのような子どもを特徴づける行動を普通ではないと見なしたり批判的にとらえたりし、「失礼な」「気に障る」「行儀の悪い」「わがままな」「自己陶酔の」「うぬぼれた」「利口ぶった」「生意気な口を利く」「だらしがない」「ものぐさ」「礼儀知らず」「高飛車」「仕切り屋」「泣き虫」「空想家」「頑固」「トラブルメーカー」「詐欺師」「多動」「ごまかし屋」のようにネガティブに言い表すという誤ちを犯すことがある。このような言われ方をすれば、ギフティッド児は自分の何かが悪いのだと感じるようになる。なかには、ギフティッド児の行動が標準からはかなりかけ離れているために、病理のレッテルを貼られるケースもある。[9]

ギフティッド児の特性を取り除くことはできない。それはその子をその子たらしめているものだ。この特性が人々から非難されたり否定的に描かれたりすれば、ギフティッド児は自身のギフティッドネスを隠そうとするようになるだろう。これは、その子にとって大きな代償となる。我々の文化では、スポーツや音楽といった分野で秀でていることは大いに受け入れられている。しかし、知的能力が高かったり秀でていたりすると、親や教師は言う。「うぬぼれるな」――これは控えめにしているべきだとか知的才能を隠すべきだというメッセージだ。その子をその子たらしめているまさにその特性がダシに使われ、「あなた自身が変わらないと、社会の主流にうまくのっていけませんよ」というメッセージが発せられる。

非同期発達

非同期発達はギフティッド児のストレス源となるだろう。特に、その子の判断力や情緒的成熟が知的能力よりも遅れているときに、大きなストレスとなる。一般的に、ギフティッド児の「知的年齢」は実年齢よりも高いが、判断力は実年齢に近いことが多い。八歳のギフティッド児の知的水準は一二～一三歳、あるいは一六歳に近いようなことがあるが、どのようにふるまうべきかといった判断力は八歳の典型的な子どもと同程度だ。知能や知識は情緒的成熟や理解力、知恵とは異なる。コンピュータのアプリケーションや難しい問題について一二歳のようなスキルをもって議論できる六歳のギフティッド児が、夜はお気に入りのぬいぐるみや毛布がないと寝られないということがある。

情緒的成熟と知的成熟

知的には実年齢よりも上の子ども、青年、あるいは大人と同等の力がある一方、情緒的には実年齢相応の発達段階にあるということが、その子のストレス源となる。たとえば、ハリケーンのような自然災害を引き起こす物理的な力について理解できても、それが引き起こす悲惨で膨大な結果を受け止め消化するだけの大人のような情緒的度量はもち合わせていない。レタ・ホリングワース（Leta Hollingworth　ギフティッド教育の先駆者）が述べているように、「子どもの身体に成人の知能と子どもの情緒とが一緒に組み込まれることで、ある種の困難が生じる」[10]。

子どもの非同期発達を知らない大人は、その子の実年齢よりもむしろ知的年齢相応の高い水準の行動を期待するという失敗をおかしやすい。すると、その子が情緒的に幼く見え、他の多くの部分ではもっと大人びているのにと、心底混乱してしまう。ことばや概念を難なく巧みに操る子どもなら、単純にはいかない情緒的問題や人間関係の問題、議論にも大人の対応ができるだろうと、誤解しやすい。しかし、その子の情緒は知的能力と同じように発達しているわけではない。[11] 実際は、その子の情緒的発達は実年齢の同じ他の友だちと同等だ。大人がその子の情緒的発達を批判したりそれに落胆したりすれば、その子は大人のそのような反応を理解できず、ストレスを感じるだろう。

このような余計なストレスを避けるためにも、あなたの子どもにどのような非同期発達があるのかを理解しよう。それらを理解し受け入れ、育児のうえで考慮しよう。その子が知的年齢よりも幼い実年齢相応の行動をとるのは当然だと受け入れよう。そして、その子自身が自分の知的水準の高さと情緒的な傷つきやすさを受け入れられるように支援しよう。

能力の非同期性

ギフティッド児が非同期性を示すのは、判断力や情緒的発達と知的水準との関係だけではない。その能力間にも非同期性が見られる。知的能力が高ければ高いほど、能力間の開きは大きくなる。たとえば、ギフティッドの幼児の多くが自分の指が思うように動かないことにフラストレーションをおぼえる。理解力が優れどのように作品を仕上げたいかを思い描くことはできても、それを実際に作り上げられるほどには微細運動能力が発達していないのだ。

学習障害があるなど極端な非同期性のあるギフティッド児は、自尊心が低かったりうつになったりする傾向がある。[12] このような子どもは自問する。「私は頭がいいのか？　もちろん。暗算で数学の方程式を解けるよ。でも、漢字が書けないんだよ！」。このような子どもは自分にとって簡単な課題はとるに足らないものと見なす。その子の自尊心は、自分にとって簡単な課題よりも難しい課題に基づくようにできており、自分ができることではなく自分ができないことを根拠として自身を判断してしまう。激しく完璧主義で全か無かの思考をもつ子どもは失望しストレスを感じ、「自分は何もできない」と思うようになり、深刻なうつ病になることもある。

人間関係での非同期性

さらに別の非同期性として、自分が周囲とうまくなじんでいないと感じることがある。ギフティッド児は幼い頃から自分が周囲と違うことに感づいており、友だちや家族のなかで自分が「浮いている」と感じていることがよくある。親がいくらその子を受け入れサポートするような雰囲気をつくろうとしても、ギフティッド児は完全に周りと調和しているとは感じないだろう。仲間といるときも慣習に対しても、また、一般社会においても自分は異質だと感じ、あるいは学校でも浮いていると感じているだろう。知能、創造性、自立心が高ければ高いほどこの不調和を強く感じる。[13] エクセプショナリー・ギフティッド児――IQが一六〇より高い子ども――は、ほぼあらゆる状況で居心地よく感じることができず、高いストレスを感じる傾向にある。[14]

理想主義と完璧主義

ギフティッド児は、自分自身、社会、そして世界に対しても、理想的な行動、成果、状況を夢見ることが多い。その可能性を見ることができるのと同時に、それがどれほど的外れか、また、社会は理想には到底及ばないこともありありと見えてしまう。また、理想が高いために世のなかを大きく変えようというプレッシャーを感じることが多い。潜在的な能力も高いために、結局は周囲もギフティッド児に高い期待を寄せることとなる。その子自身が完璧主義で世のなかにも完璧であってほしいと願うような場合、そのストレスは耐えがたいものだ。このような子どもは、日常的な不完全さやフラストレーションへの耐性をなかなか獲得できない。

完璧主義は卓越を極めるうえでは貴重な推進力となる。成功を収めるためには、その人のなかに高い目標があり、完璧主義の価値が認められる場を見出す必要がある。[15] たとえば、神経外科の分野では精密さや正確さは必須だ――完璧主義が健全に活かされる。しかし、非現実的なまでに高い目標に「追い詰められた」状態で追求するような完璧主義では、目標を達成できなかった際に強烈なストレスや苦痛が生じ、健全とはいえない。完璧主義者のなかには、自身で設けた高い水準に満たなかったとき、まったくの破滅状態に陥ったように感じる人もいる。彼らは自分の価値が認められるのは何かを成し遂げたときだけだと感じており、普通の不完全な、過ちを犯しうる人間としてその価値を認められるとは考えることができない。

健全な向上心とは、許された時間と資源のなかでベストを尽くしていこうとするものだ。不健全な完璧主義は人を満足させることがなく、どんなに努力しても「十分ではない」と思わせる。心理学者のモーリーン・ネイハート（Maureen Neihart）は、完璧主義はコレステロールのようなものだと言った。つまり、善玉コレステロールと悪玉コレステロールがあるのと同様に、善玉完璧主義と悪玉完璧主義がある。[16] 子どもが両タイプの完璧主義を理解できるとよいだろう。

相当数、おそらく二〇％ものギフティッド児が、支障をきたすほどの完璧主義に悩まされている。[17] ギフティッド児が何日もかけて課題に取り組んでは、「これではだめだ！」とイライラし、それをゴミ箱に捨ててしまうと話す親や教師もいる。完璧主義に苦しみ、すべきことを先延ばしにしたりアンダーアチーブメントに陥ったりするギフティッド児もいる。完璧を目指すがために目標に到達できなかったり心を病んだりしてしまうようであれば、親や教師が、不健全な完璧主義から生じるパターンに対処できるよう介入する必要がある。

完璧主義は先天的か後天的か

完璧主義の子どもをもった親は、自分が期待しすぎたために子どもが完璧主義になってしまったのではないかと心配する。ほとんどの場合そうではない。完璧主義の子どもは、ごく幼いうちから自ら課した高い目標と自分とを比べる傾向がある。[18] このような子どもの完璧主義は先天的な気質の部分が大きいようではあるが、他の要因の影響もある。[19] 何が何でも高い目標に到達しようとする親は、完璧主義のモデルとなっている。子どもの先天的な気質は家庭環境により強化されるだろう。

親が高い目標達成を重視しすぎると子どもの完璧主義が増幅されるが、ギフティッド児が自分自身で非常に高い基準を設けてしまうことのほうが多い。完璧主義で大きなストレスを受ける可能性の特に高いギフティッド児は、生まれながらにしてきちんと秩序だっていないと気が済まず、非常に整然としており、具体的－継次的思考スタイルをもち、物事を非常に深刻に受け止める傾向がある。激しさの特性もあるため、非常にまじめで規則に縛られ、生活のなかで楽しみのびのびすることがほとんどない。彼ら自身が自分のライフスタイルを心地よく感じていたとしても、周囲は彼らのことを融通が利かず心配しすぎで抑うつ的と見なす。[20]

完璧主義のタイプ

完璧主義はさまざまなかたちで現れる。たとえば、周囲を喜ばせようとして自身に非常に高い基準を課す子どももいる。大半のギフティッド児は、特に小さなうちは親を喜ばせ満足させようとがんばる。ギフティッド児も他の子どもと同様、受け入れてほしい、好かれたい、感謝されたいと思い、人から認められようとして自分の才能を思い切り発揮しようとする。子どもを溺愛する親や祖父母はそれを大いに喜び、周囲にそれを見せびらかすこともある。ある程度そのようなことをしても問題はないが、節度をわきまえることが大切だ。子どもは注目を浴びることに慣れてしまい、後々、当たり前になってしまった自分の高い基準に沿うことに苦しむようになるかもしれない。その子が過度に注目されてしまうと、幼いうちから称賛されたり学校の成績が優秀だったりすることで、自分自身へ課す基準がますます高くなる。その子にしてみれば、完璧でないものは失敗となる。このような子どもの親は往々にして完璧主義で、独裁型の養育タイプであることが多く、有無を言わさず高い基準を設け、子どもへの愛情表現は割と控えめだ[21]。

家庭では、子どもの成績や功績ばかりに重きをおいたり褒めたりしてしまいやすく、特に第一子の場合にその傾向が強い。「ギフティッド」という語が、子どもに成果を期待するような響きをもつために注意したほうがよいと考える親もいる。子どものために最善を尽くそうとしている親でも、無意識に完璧主義を育てていることもある。子どもの宿題にミスが一つもないかチェックし、あればやり直させる。とても用心深い。通知表に六つのAと一つのBがあれば、そのBに注意が向いてしまう。このような親は、無意識のうちに子どもの完璧主義を増幅させているかもしれない。親の目標はどれもすばらしい。わが子に難関大学に入ってほしい、期待どおりの専門職についてほしいと考えているのであれば、高い学業成績を目標にし続けるのは当然だろう。しかし、目標の達成を目指すあまりに日常生活がむしばまれて大きなストレスを引き起こしているならば、プレッシャーを小さくすべきだろう。

一方、完璧主義の子どもは、つねに意味のあることをしていないと、罪悪感や自分が怠惰でわがままだという思いに苛まれるだろう。このような子どもの自己概念は、自分が成し遂げたことと結びついており、それが基準に満たなかったと思うときにはひどく傷つく。完璧主義傾向の人がまったく完璧主義ではなくなるということはないだろうが、その人の完璧主義を自分でうまくマネジメントできるようにし、より健全で現実的な向上心をもったり自己を寛大に受け入れられるようになったりするようにはできる。完璧主義に対して健全な構えをもてるようになるための三つの質問がある。（1）これで十分だろうか？（2）長い目で見て、これは本当に大きな問題だろうか？（3）起こりうる最悪の事態は何だろうか？　これらの三つの問いを子どもが自問することで、たいてい見通しをもって物事をとらえることができるようになる。

オーバーアチーブメントはありうるか？

完璧主義についての議論からオーバーアチーブメントは切り離せない。これは少しおかしな概念だと感じる人もいるかもしれない。アンダーアチーブメントはその人が自身の潜在的能力に見合った成果を出せないことを指す。しかし、自分の能力以上の成果を出すことはできるのだろうか？

ほとんどの場合、オーバーアチーブメントは、非常に熱心で熱烈に物事に取り組みすぎ、その人の人間関係や健康、幸福に大きな代償を払う——達成に向かう強迫的なまでの活力のためにその人の人生において他の大切なものを害してしまう——ことを指す。オーバーアチーバーとよばれる人は、達成に向かって湧き上がる活力が強すぎるために、自分——あるいは周囲——が作り出したものや成し遂げたことに基づいてその人の価値を判断してしまう。このような人々は「達成中毒」、また、自分の能力を人から認めてもらうことの中毒になることがある。[22] このように考えると、彼らは不健全な完璧主義者といえる。

ギフティッド児や成人ギフティッドがみじめさ、不安、恐怖を感じると、虚しさを埋めるために何かを達成しようとすることがある。また、親や教師がその子の可能性に見合った成果を出して邁進してほしいと願い、そうなるよう励ますために、達成へのプレッシャーが大きくなっていることに、当初は気づかないこともある。ギフティッド児の親は意図的であるなしにかかわらず、一番になれるだけの能力はあると言ってプレッシャーをかけることがある。わが子が一生懸命がんばってよい成績をとれば、たいていの親は喜ぶ。しかし、それにはどのような代償が払われているだろうか？　高い成績を重視しすぎるあまり、親子相互の思いやりや支えあう関係性の構築が忘れられてしまうかもしれない。このように考えると、いわゆる「オーバーアチーブメント」は深刻な問題の発端となる可能性がある。

では、どの程度だとやりすぎなのだろうか？　これは簡単に答えの出せる問いではない。おそらく、それぞれが各々の答えを出していかねばならない問題だろう。いかなる分野においても、トップになるということはたいてい個人的な代償が伴うものであるし、長期にわたりそれに専念し集中的な努力を続けていかねばならない。心理学者のチクセントミハイは、創造的な人々の心酔した生産的集中状態を「フロー」とよんだ。この、強烈な興奮と喜びに満たされた状態にある間は時間を忘れ自分のアイディアに恋をした状態となり、ひたむきな激しさをもって全身全霊で没頭する。[23] このように、ギフティッドの人々――大人でも子どもでも――にとって仕事と遊びは強く結びついたものとなる。何らかの分野で卓越するような人は、自分の仕事への情熱がある。彼らの子ども時代は、猛烈に没頭しすぎることで社会的そして／あるいは人間関係の大きな代償が生じようとも、成し遂げることへの非常に大きな喜びを感じていたことが明らかにされている。[24] ギフティッド児には非同期発達があるために、並外れて高いレベルのことを成し遂げることの利点ばかりでなく、その代償についても考えられるように支援する必要があるだろう。

オーバーアチーブメントは激しさや多才からくるオーバーコミットメントとも強く関連する。ギフティッドの高校生がバンド、オーケストラ、サッカー、チェスのクラブを掛けもちしたうえに三つのコースで飛び級し、さらに地域の病院でボランティアをするようなことは珍しくはない。このような若者には、リラックスしたり遊んだり自分と向き合う時間――成人後に大切な余暇を過ごすスキル――がほとんどもしくはまったくない。親が子どもの活動に制限を設けたり、どのように優先順位を決めるのかをモデルとなって示したりすることで支援できるだろう。誰もが、自分の仕事に情熱を注いでいたとしても、ときにはリラックスしたり遊んだり、人との豊かな関係を育む時間が必要だ。

完璧主義やオーバーアチーブメントは成人後も問題となるだろう。たとえば「ワーカホリック」の人は、仕事の業績ばかり重視しすぎて家庭や人間関係を顧みてこなかったと中年以降に気づくことがある。子どもはあなたの日頃の行いを通して示す価値を自分のものとしていくのだから、あなたが親として子どもに何を教え、どのようなモデルとなっているのかをよく考えよう。余暇や遊びの時間も盛り込んだうえで、その子にとってどの程度が妥当な目標なのかをよく考えよう。

ストレスとなる問題やきっかけ

ストレスは人生の一部で、避けることはできない。人生には変化があり、変化はストレスを生む。ストレスは通常有害なものと考えられており、心身の問題を引き起こすこともある。ストレスはプレッシャーや要求を感じている状態で、生活のいかなる変化にもストレスが伴う。一度に多くの生活変化を経験するとストレスが生じ、実際に身体の病気になることを示した研究がある。[25] 結婚やバカンスのようなうれしい出来事であってもストレスは生じる。ストレスが強くなると、我々は普段できていたことができなくなる。この状況に対処できるようになる日が来るのだろうか、自分自身をコントロールできるだろうかなど、自身の力に疑念を抱くようになることもあり、不安と不快が生じる。解決策や代替案が思いつかなければ、適切な対処能力を発揮できなくなるほどの深刻なストレス反応が引き起こされるだろう。ストレスに伴い無力感や絶望感が生じると、うつ病に陥る可能性も生じる。

極端に強いストレスは有害だが、有益なストレスもある。「バターを溶かすのも火、卵を固めるのも火」というある学者のことばは、これをよく表している。[26] 大事なイベントの前に感じるストレスは、そのイベントで力を存分に発揮する源となる。その人は何時間も練習や準備をするだろう。ストレスにより、ベストを尽くそうという意欲が生まれる。やりがいがほとんどない状況であれば、もてる力を最大限に発揮しようとはしないだろう。チャレンジに伴う適度なストレスは、子どもにポジティブな影響を与える。さらに、非常にストレスが高く困難な子ども時代を過ごした人が、後に高い成功を収め、ときには社会問題などの解決策を見出そうとすることもある。[27]

我々は困難でストレスの高い状況にさらされることなくしては、自身の可能性に気づくことはほぼできない。教師、コーチ、ビジネスリーダーなどは、人の成長にはチャレンジが必要なこと、高い期待が有効なことを承知している。幸いにも、大半のギフティッド児はごく幼いうちから自分で高い目標を掲げ挑戦しはじめる。ただし、自身や周囲にとってその目標があまりにも高すぎ非現実的なこともある。アドバイスを受けることで、目標を現実的なものに変え、達成感を味わい、最初はできそうにないと感じていた目標に到達する喜びを経験できるようになるだろう。

ギフティッド児は周囲が設定した目標に挑戦するだけではなく、自分自身で目標を決め、その目標を吟味する方法を考え、自分の達成度を評価する方法を習得できる。人に頼って目標を決めたり達成度を評価したりするのでは、自分でコントロールできているという感覚をもてないために、より強いストレスが生じる。強いアスリートは目標を決めるにあたり、人のアドバイスに頼りっきりになるのではなく、自分で個人目標を決めている。ビジネス業界では、自己評価や意見交換を取り入れて従業員自身が主体的に、目標設定やよりよい業績を生み出すことにかかわるやり方が主流となっている。

複数の中間目標を組み込んだ目標の設定、試行錯誤、スキルのマスターはいずれも学びの経験となる。それらを通してフラストレーションへの耐性や粘り強さを身につけられるような機会が得られ、自信を育むことができる。最初から補助輪なしの自転車に乗れる子ども、木管楽器を上手に吹ける子どもはほとんどいないだろう。努力を積み重ね、努力の結果としての成功体験を積むことでしか自信はつけられない。

過剰なストレスに対処する

どの程度のストレスがストレス過剰となるのだろうか？　それは人によりさまざまだ。他の人にとってみれば耐え難い、あるいは精神疾患を引き起こすほどのストレスでさえ、うまく対処し成長していく力のある人もいる。一方、非常にストレス閾値の低い人もいる。家庭のストレス耐性もまたさまざまだ。

ギフティッド児に限らず、どのような子どもも到底対処できそうにない状況に遭遇することがある。病気、家庭の危機、いじめ、公平性を欠く扱いなどがその例だ。ときには簡単には答えが出せないような状況にさらされることもある。なんとかせねばならないという責任を感じながらも、自身の非力に打ちのめされるかもしれない。あるいは、数多くの解決策が思い浮かびすぎて、どの方法をとるべきか決められずにストレス過剰となるかもしれない。ユージン・オニールの『氷人来たる』に出てくるラリーが「俺は生来、楯の両面を見なくちゃならない人間に出来上ってるんだ。……疑問がだんだんふえてきて、仕舞には疑問だらけになっちまって、解決は何一つ得られないことになるんだ」（石田英二・井上宗次訳、新潮社、一九五五、p.27）と言うときのような心境になる。

ギフティッド児の感じる過剰なストレスを大人が真に理解できることは滅多にない。なんだかんだ言っても結局この子は賢いのだから自分でなんとかできるはずと思ってしまう。「そんなことは大人になってから考えればいいよ。今は子どもらしく、そんな心配しないで楽しく過ごそうよ」あるいは「大きくなればもっといろいろわかるようになって、感じ方も変わってくるよ」などと言い、子どものストレスを過小評価したり取り合わなかったりする。「そんなこと心配しなくていいよ。そういうことを考えるのはまだ早い」と言われた子どもは、実際に心配しているため、自分が悪いのだというメッセージを受け取ることになる。そう言われて心配をやめられるのなら、その子はとっくにやめているはずだ。その子自身がストレスを楽しんでいるはずはないのだから、そのような言い方をされれば、以降は自分のストレスを内に閉じ込めて表には出さなくなるだろう。「そのことが心配なんだね」

と応じるほうがよい。そして、その子がどの程度その問題について話をしたいのか、その子がイニシアチブをとれるようにしよう。ギフティッド児は、年齢よりも進んだ道徳観や知的な観点をもっているということをいつも心にとめておくことが重要だ。物事の見方はまさに大人のようだが、情緒的な発達は未熟で、情緒的に受け止めたり見通しをもったりするのはまだ難しい。道徳・倫理の問題、不誠実、偽善といったことが、ギフティッド児に強く影響する強烈な中核的問題となり、強いストレスが生じるだろう。

このようなギフティッド児の個人内非同期性は、概して同年代の子どもたちとの差異として表に現れる。ストレスは、ギフティッド児が自分の世界の見方と他の人の見方は同じはずだと思うことから始まる。周囲に自分のものの見方や考え方を理解されると、ストレスは小さくなる。しかし、そうでないときには、その見方を捨てて周囲のものの見方に合わせるよう強いられたり、その見方は間違っているとか大人になれば見方が変わると言われたりする。[28] すると、その子は混乱し疎外感を感じストレスが生じるだろう。その子の考え、悩み、言い分を尊重しよう。あなたがそれに賛成できるかどうかは別問題だ。そして、その子自身が自分で道を選び取り、自分を認められるように支援しよう。その子自身にとって適切なものを見つけられるはずだと励まそう。親に自分の思いを聴いてもらえれば、よりスムースに子ども自身でそれができるようになるだろう。

我々は子どもがストレスに負けない力をつけていくために、ストレスマネジメントのしかたを――レジリエンスも――教えることができる。本章の後半に記されている相互に関連するスキルは、ストレスに負けない力を培ううえで特に重要だ。

フラストレーションへの耐性を身につける

ギフティッド児にとって学校教育の早期からやりがいと刺激に欠けた学習経験にさらされ、学業面でのフラストレーションに耐える力や、長期間考えなくてはならない知的課題に意欲的に取り組み続ける力を身につけられない場合がある。たやすく勉強ができてしまうために、努力のいらない生活に慣れてしまう。「自分にとって物事は簡単だし、これからもずっとそうだろう」と思うようになる。ところが、どんなに聡明な子どもでもいずれは難しさに直面する。それは中学校でかもしれないし、高校、大学、あるいは医大でかもしれない。そしてついに、成功するためには努力が必要とされるときがくる。ギフティッド児が初めて学業面での大きなストレスに遭遇したときは、おじけづくかもしれない。その際レジリエンスやフラストレーションへの耐性が備わっていなければ、そのクラスをやめようとするかもしれないし、自分はもはや頭などよくはなく敗者だと思い込むかもしれない。

学業面でのチャレンジに遭遇したとき、あなたの子どもはどのように反応するだろうか？　奮起して立ち上がるだろうか？　プレッシャーの前に折れてしまうだろうか？　やみくもにもがいてなんとかぎりぎりのところで切り抜けるだろうか？　早いうちにチャレンジを経験できると、困難へのレジリエンスが培われやすい。そうでないと、その子はもがきながら「もしかしたら、みんなが考えるほど自分は頭がよくはないのだろうな」と考えるようになるかもしれない。

ストレスやフラストレーションへの耐性、その結果生まれるレジリエンスはすぐに身につくものではない。子ども自身が対処できる程度の挑戦しがいのある状況を、少しずつではあっても着実に経験していく必要がある。最初は、親や教師からの強力なサポートと励ましが必要だ。失敗のリスクを嫌う完璧主義の子どもの場合は特にそうだ。辛く困難な状況も自分でなんとかできると思えるようになると、その子のストレス耐性は高まり、親が子どものために張っているセイフティーネットもゆるめられるようになるだろう。新たに出会う困難にうまく対処できるようになるにつれ、その子は自信をつけ、遭遇した問題をすぐに解決できなくても大惨事には至らないと考えられるようになる。完璧主義傾向のある子どもにとってフラストレーションや曖昧さ、なかなか決着に至らないことに耐えるのは特に難しいが、それらは練習して身につけるべきとても大切なスキルだということがわかってくる。

セルフマネジメント

周囲が批判的で要求が厳しかったり思いやりがなかったりすると、ギフティッド児は強いストレスを感じるが、人はときに理解不足や怒りからそのような行動をとってしまう。親でも「DVDプレーヤーに触っちゃいけないって言っているでしょ！　何回言われたら気がすむの！」などと声を張り上げてしまうこともあるだろう。教師も「最高裁判所の判決についてあなたがどう考えるかなんてことは、授業に関係ありません。今は、先生が出した課題に集中しなさい！」と言ってしまうようなこともあるだろう。このような状況にあって子どもが心得ておかなくてはならない大切なことは、自分は人の態度や行動をコントロールすることはできないが、自分自身の反応や感情はコントロールできるということ、そして、人が言ったことで個人的に攻撃されていると感じなくてもよいということだ。セルフマネジメントは、他者の言動に対処すると同時にストレスを軽減する強力な方法だ。

周囲が不当な要求をするとき、子どもは真摯な態度をもち続けることは大切だが、それにやみくもに従う必要はない。人々の考えや見方を尊重しつつも、自分自身でいろいろと情報を考慮し吟味したうえで、自分の行動を決めることができる。いつも権力に有無を言わさず従うように育てられた子どもは、その状況に屈したり逃げることで困難を解決しようとしたりストレスを減らそうとしたりするようになるだろう。その子が自分の思いに誠実であることを貫きつつ、人からの求めと自分の思いとのバランスをとっていけるよう励まそう。子どもたちが遭遇した状況を通して子ども自身がコントロールできる二つのもの――自分自身の考え方と行動――をマネジメントできるよう導くのがもっともよい支援方法だ。

内なる声に耳を傾ける

セルフマネジメントの中心的な考え方は、人は自分でストレスの多くをつくり出しているという捉えと、人はストレスへの対処法を身につけられるという認識である。同じ出来事に対する反応は十人十色だ。ストレスを引き起こしているのは、その出来事そのものではなく出来事に対する我々の反応（考え方とその後の行動）だ。我々の内なる声――「セルフトーク」――により、遭遇した出来事を大惨事と感じるか学習と成長の機会と感じるかが決まる。[29] この考え方は何世紀も前から存在した。シェイクスピアのハムレットは「善いも悪いも、考え方ひとつだからな」（『ハムレット』野島秀勝訳、岩波文庫、二〇〇二、p.112）と言う。マーク・トゥエインは「多くのことを心配してきた。しかし、それらのほとんどは実際には起こらなかった」と。人間の思考がその人の行動やストレスにいかに影響を与えるのかをもっとも辛辣に表現したのは、おそらく、大虐殺から生還したヴィクトール・フランクルの手記だろう。[30] ナチスの強制収容所に収容された人が生き延びるか命を落とすかは、その人の構え（すなわちセルフトーク）によると書き記した。

セルフトークは我々の心のなかの小さな声だ。それはさらされた状況、自身の行動、相互の関係について自分自身に語りかける。我々はさまざまな場面でこのセルフトークを用いる。たとえば、しなくてはならないことを覚えておくとき、きちんとしていようとするとき、何かに没頭して取り組むとき、不適切なことを口走らないようにしようとするときなどだ。自身を評価するときにもセルフトークを使う。そして、たいていそれは否定的なことが多い。自分に対して「よくやった！」「その調子！」ではなく、「バカなことをした」「こんなのできっこない」と言うことのほうが多い。

セルフトークの例をいくつか見てみよう。二人の人が転勤をした。一方にとってそれはひどい出来事だったが、もう一方にとってはとてもうれしい出来事だった。ある子どもの通知表はDばかりで一つだけBがあったが、そのBにその子は大喜びした。もう一人の子どもはAばかりで一つだけBがあったが、そのBにとても落胆した。いずれの例でも、落胆してストレスを感じるのか大喜びするのかは出来事そのものによるのではなく、その人がそれをどう受け止め、どのようなセルフトークをしたかによる。

セルフトークは人がいつも使っている習慣だが、それを意識する人はほとんどいない。ギフティッド児は、ごく幼い時期からセルフトークを用いる。言語能力の発達が早いため、二〜三歳頃にはセルフトークを使いはじめていることがある。幼児は「歯みがきを忘れないでね」などのように、セルフトークを声に出すことがよくある。成長とともに周囲を気にするようになると、セルフトークは自分だけのものとなる。セルフトークの助けを借り、「猫が外に出ないように気をつけよう」「赤ちゃんには乱暴しちゃダメよ」のように、親の指示、注意、訂正と同じように自分自身に言い聞かせ、セルフ・コントロールができるようになる。[31]

完璧主義者は全か無かの思考をとることが多く、ほぼいつも自己批判的なセルフトークをしている。

目標に到達できないと自身を厳しく評価し、無力感や劣等感を抱くほどにもなる。[32] 五歳児がミルクをグラスに注ごうとしてこぼしてしまい、泣いて「悪い子！」と言った。このような子どもは成功した喜びに浸ることがほとんどない。傍から見ればそのような子どもの目標は非現実的だが、その子にしてみれば、その課題がどれほど難しかろうとあらゆる課題をやり遂げるべきだと思い込んでいる。高いレベルの目標を達成しているギフティッド児ですら、自分の欠点に目を向けてネガティブなセルフトークをし、自己批判的になる傾向がある。ギフティッドのアンダーアチーバーばかりでなくハイアチーバーもまた、無力感に苛まれネガティブなセルフトークから抜け出せずにいる。[33]

セルフトークは子どもの日々の生活に大きな影響を及ぼし、自己概念や自尊感情と密接にかかわる。ギフティッド児の思考は非常に速いためセルフトークも非常に速く、ほぼ無意識に行われている。セルフトークは我々の気分や行動に影響するため、ギフティッド児はセルフトークをマネジメントする力を身につけ、自分の邪魔をするのではなく自分を助けるセルフトークができるようになる必要がある。

セルフトークの罠

セルフトークの罠には（1）「悪いことばかりの帳簿」、（2）比率の誤り、（3）非論理的な思い込み、（4）証拠に基づかない、の四つがある。子どもがセルフトークの罠にはまっていることに気づいたら、その誤りをやさしく教え、子ども自身もそれがわかるよう支援しよう。

悪いことばかりの帳簿

多くの面で優秀な子どもはその日あった一つのミスばかり考え、それ以外のがんばったことやうまくできたことに目を向けられないことがある。一つの欠点が、自尊心を高めてくれるような他のよい面をすべて帳消しにしてしまうため、悪いことばかりの帳簿とでもいえよう。なぜ、それほどまでに一つのミスや失敗に思い悩んでばかりいるのか？　うまくできたことやがんばったことも思い起こして帳尻を合わせてもよいではないか？　充実した日だったかもしれないのに、悪いことばかりの帳簿のせいでそこに目を向けられないのだ。

比率の誤り

我々は常日頃ネガティブなセルフトークばかりしており、ポジティブなセルフトークをほとんどしていないことに気づいて驚くことだろう。自分がしてしまった失敗やできなかったことをめぐり、厳しく自分を批判する。そして、うまくできたことやがんばったことには目を向けられない。一日のネガティブなセルフトークが七〇～八〇%、あるいは九〇%にもなることがある。これは明らかに偏った注目のしかただ。悪いことばかりの帳簿同様、このエラーも一日のポジティブな側面を見えなくさせる。

大半の人は自分自身のこの膨大なネガティブ・セルフトークに気づかないが、友だちのセルフトークには簡単に気づく。「やれやれ、ショーンは昨晩三振したことで責任を強く感じすぎてしまっているみたいだ。自分のせいでチームが負けたと思っているみたいだよ！」「ダリウスはフリースローを失敗したときに今にも泣き出しそうだったよ。ひどく自分を責めていたみたいだ」のように。また、ポジティブなセルフトークも他の人のものなら気づく。「彼女はこの科学プロジェクトにとても満足していいるみたいだね。とても一生懸命努力したからね。晴れ晴れしているよ」のように。一方、自身のネガティブなセルフトークとなると、それを自覚するのはなかなか難しい。

理想主義的な人は自分をより理想に近づけようとするため、特にネガティブなセルフトークに陥りやすい。それはまるで、自己卑下を繰り返すことで自尊心が高まるとでも思っているかのように見える。健全な自己概念は自分自身についてバランスのとれた見方をすることで育まれ、結果として自分の努力についてもより正確でポジティブにとらえられるようになる。認めるべきことを認めることで、理想主義的な人も自分ががんばったことやうまくできたことに注目したセルフトークができるようになるだろう。

非論理的な思い込み

非論理的、非合理的な考えがセルフトークに入り込み、不適切な「べき思考」が生まれると、非常に強いストレスとなる。この「べき思考」はたいてい、人から植えつけられた価値観や自分自身の高すぎる理想主義から生まれる。これは不合理な思い込みに基づいた非現実的な基準や不適切な期待に反映される。たとえば、自分を絶えず周囲や理想と比べているうちに、考え方が徐々に評価的・批判的になる。また、「べき思考」は、自分の感じ方や考え方にまで及ぶことがある（たとえば、「そのことに対しては、悪かったと感じるべきだ」「そのように考えるべきではない」など）。セルフトークでの「〜べきだ」をできるだけ「〜だったらいいな」に置き換えよう。「きちんとすべきだ」ではなく「きちんとできたらいいな」のように。そのほうが、批判的あるいは強制的な印象が弱まる。すると切羽詰まった感じがなく切迫感が弱まり、自分の行動に対してより現実的な期待をもてるようになる。

「べき思考」の大半は表7にあるような不合理な思い込みから生じる。ここにあげられているものの

表７　非論理的で不合理な思い込み[34]

- 自分はみんなから好かれなければならず、自分もみんなを好きでなければならない。
- 自分のことが好きであれば友だちなど要らない。
- 自分に嫌なことをする人のことは嫌いになるべきで、そのような人とは二度と口をきかない。
- あらゆることで完璧でなければならない。
- 悪いことをするならば、自分は悪い人間だ。
- 思うようにものごとが運ばないのは怖く恐ろしくひどい、まさに壊滅的なことだ。
- 人生は不公平で、自分がそれを改善するなどできっこない。
- 人々や物事は今とは違う状態であるべきで、自分が今すぐその完璧な解決策を見出せないのは恐ろしく、破滅的だ。
- 自分が幸せであるかどうかは、起こったこと、人がしたこと言ったことによって決まる。自分の考え方や自分自身にどう言い聞かせるかでは決められない。
- 嫌なことがあれば、ずっとそのことばかり考えたり腹を立てたりしているべきだ。
- 自分が幸せになれるのは、他の人が幸せになるようなことができたときか、自分が以前幸せに感じたようなことをしたときだけだ。
- これまでに起こった嫌なできごとは極めて重要であり、そのことをずっと気に病んでいるべきで、そのことのために自分の将来の可能性を狭めなくてはならない。

不合理さはすぐにわかるが、ギフティッド児の多くがこれらの不合理な考え方に賛同しているかのように行動する。そのような考え方がどれほど非論理的で偏っているのか、また、これらの思い込みによる行動からどれほどのストレスを抱え込んでいるのかに気づいていないかのような生き方をしていることすらある。

大半の人はときにこのような不合理な思い込みのもと行動することがあるだろうが、理想主義的なギフティッド児はその危険性が人一倍高い。高い目標を達成しようとすればするほど、また、完璧であろうとすればするほど、これらの不合理な思い込みの影響を受けやすくなる。ギフティッド児自身がこれらのネガティブな思考パターンを反映したセルフトークを自覚し、伴って生じる不適切な行動に気づき、自己肯定的な思考とポジティブな行動に置き換えられるよう支援しよう。

証拠に基づかない

非論理的な思い込みに陥ると、それを否定できるような証拠から目を背けることがよくある（相当な証拠があるときでさえ！）。「自分はバカだ」と思えば、それが事実であるかのように見え、それを否定できる多くの証拠を無視してしまう。あるいは、人から「わがままで思いやりがない」と言われれば、そうではないと反証する証拠を考えずに罪悪感、抑うつ、怒りが生じる。その人の言う場面ではもっと思いやりのある行動をとるべきだったかもしれない——しかし、その一つの出来事があったからといって、いつも思いやりがないというわけではない。自分自身に「その証拠は？」と問いかけることで、それまでは気づかなかった側面に目を向けられるだろう。心が傷ついているときや自分にがっかりしているようなときは、自分を的確に見つめることは難しいかもしれない。しかし、ストレスにうまく対処できるようになるためには、自分を正確に見つめられるようになる必要がある。探さなければ決して見つからないのだ。[35]

罠を避ける

子どもが誤ったセルフトークをしないように、どのように支援できるだろうか？　セルフトークをポジティブなものに変え、自身を的確に評価することは、一朝一夕に教えられるものではない。時間をかけてできるようになるものだ。そのために、まずセルフトークや考え方が自分の行動や感情に与える影響を、その子自身が理解できるよう支援しよう。次に、非論理的な思い込みや比率の誤り、悪いことばかりの帳簿について話をしてみよう。セルフトークがどういうものであるのか、また、セルフトークで陥りやすい罠を理解することで、セルフトークやその影響力を自覚できるようになる。

自身のセルフトークが自覚できれば、自身や人への期待が理にかなっているかどうかを吟味できるようになり、「べき思考」が隠されたセルフトークに陥りにくくなるだろう。セルフトークの罠について誰からも教わらなければ、ネガティブなセルフトークが自身の気分や行動に与える影響を自覚できないままとなる。そして、大きく誤ったセルフトークが続けられ、ついにはその子自身の考え方に深く埋め込まれ、その子の気分や将来展望にまで強く影響を及ぼすだろう。その結果、余計なストレスが生じ、自己受容力が弱まり、抑うつ、フラストレーション、怒り、世のなかへの憤慨までもが生まれる。親にできることは、ストレスを引き起こすのは出来事そのものではなく、その出来事をめぐって自分自身に語りかけることがストレスを引き起こすのだということを、その子が理解できるようにすることだろう。

ギフティッド児のセルフトークは非常に速く高度なため、セルフトークで陥りがちな罠を指摘するだけではその子自身がセルフトークをマネジメントできるようにはならない。実際、セルフトークをマネジメントする方法を十分知らないと、セルフトーク上の罠を指摘することで、より一層のストレスを引き起こしてしまうことがある。つまり、「ああ、また『悪い』考え方をしてしまった！　なんてバカなんだ！」と考えるだろう。セルフトークの新しいスキルを身につけるためには、ネガティブなセルフトークを避ける練習とコーチングが必要となる。

成長とともに、変えられるものと変えられないものがあることも理解し受け入れていかねばならない。[36] 自分の考え方と行動のパターンは変えられる。特に、怒りや抑うつ、恐怖や心配を引き起こすような考え方は変えていく必要がある。変えることの難しいもの——ときには変えることのできないもの——は、心的外傷後ストレス反応、太りやすい体質、性同一性だ。[37] ギフティッド児や成人ギフティッドが自身への期待を明確に自覚できれば、より現実的な自己理解が促され、非現実的な思い込みやネガティブなセルフトークに陥る可能性が減るだろう。

さらなる提案と方法

セルフトークについて話そう

子どもに「今日は何をしたの？」「お昼は誰と一緒に食べたの？」など、その日のことを子どもに尋ねる親は多いだろう。また、「そう言われて、どう思ったの？　どうしたの？」のように、何かが起こったときの子どもの気持ちやとった行動も尋ねるだろう。一方、「どう考えていたの？　そのとき、自分になんて言った？」のように、子どものセルフトークについて尋ねる親は滅多にいない。子どもがどう考えているのかを知ることは大切で有益だ。その子のセルフトークを知ることで、その子がなぜそのような行動や反応を示したのかを理解できる。

親が子どもを厳しく叱ったり応じたりすれば、子どものセルフトークは非難めいた厳しいものとなる。さらに、子どもは親がセルフトークをどのようにマネジメントするのかを見ており、子ども自身も同じような考え方をするようになる。

健全なセルフトークのモデルとなろう

子どもは、親が自分に語りかけることばをセルフトークとして内化していく。親が子どもを厳しく叱ったり応じたりすれば、子どものセルフトークは非難めいた厳しいものとなる。さらに、子どもは親がセルフトークをどのようにマネジメントするのかを見ており、子ども自身も同じような考え方をするようになる。

大人は、無意識にネガティブなセルフトークを推し進め、ストレスへの対処がうまくできないことがある。いくつか自問してみよう。物事がうまくいかないとき、些細なことなのに大惨事のようにふるまったり、大げさに反応したり、自分の非力を非難したりしてはいないだろうか？　自分自身の考え方を自覚し、前へ進めるように適切なステップを踏むことができているだろうか？　いつも最高の状態であらねばならないと考え、自分自身へのプレッシャーを積み上げてはいないだろうか？　健全な完璧主義や努力の続け方の適切なモデルとなっているだろうか？　子どものミスを強調しすぎてはいないだろうか？　子どもが成し遂げたことにも注目しているだろうか？　子どもの努力や成し遂げたことに気づいてあげられているだろうか？　教師や親は子どもに、自分のあり方や努力を批判するように仕向けることが多く、その子自身の長所を見つけられるように導くことを忘れがちだ。

大人がどのような考えを望んでいるのかを、子どもは親の態度から感じとる。そして、わめく、失礼な態度をとるといった、まさに親のとった不適切な行動と同じ行動をとるため、親はイライラする。大人がミスやストレスにどのように対処しているのかを子どもが理解できるようにすることで、子どももどのようにセルフトークをマネジメントすればよいのかがわかるようになる。

子どもも交えてセルフトークのロールプレイをしたり、親自身の不合理な考え方も含めセルフトークをことばに表したりするのが有効だと感じる家庭もある。たとえば夕食時に、親が本当に今日はひどい一日だったと言う（そういうふりをする）。そして、何がどううまくいかなかったのか話を続ける。どんなに恥ずかしい思いをしたのか、完璧にしようとどれほどがんばったのか、どれほどのストレスを感じたのかなどについて話せるだろう。そして、もう一方の親あるいは子どもがそれぞれの立場から、それは自分に厳しすぎるよ、などコメントし、セルフトークを変える方法を提案する。

共同作業――互いにセルフトークをモニターしあい、改善する作業――をすることにしている家庭もある。こうすることで、高い向上心や理想をもった人の大半が自分自身に落胆したりネガティブなセルフトークに陥ったりしやすいということを、互いに思い起こすことができる。セルフトークのマネジメント方法を共同で練習し、たとえば、そのストレスが一時的なものなのかを話し合い、ストレスを減らすためにできることを探すことができるだろう。自分のネガティブなセルフトークが悪循環を起こすと、丸一日あるいは一週間が無駄になるかもしれないということについて話すこともできる。そして、ブレインストーミング法を用いて、その悪循環をできるだけ早い段階で自覚し断ち切る方法を探してもよいだろう。

もう一つのモデルとして、あなた自身が普段自分に課している高い基準をときどき中断して休むこともよしとしている姿を見せるのもよいだろう。休憩したりボーッとしたり、特に長期的目標などないことを気ままにしたりする時間もあるはずだ。仕事ばかりでなく、遊びや趣味の時間を過ごす姿を通して、仕事と休息や無駄に見えるようなこととのバランスの取り方を子どもに示すことが重要だ。

問題を無視・否定しない

問題について話し合うということは、その問題の存在を認めるということと、その問題に対処するということの両方において重要な意味をもつ。ストレスを引き起こしている状況そのものを解決しなくてはならないかどうかを見極める必要がある。問題に取り合わないということは、子どもにその状況は大切ではないというメッセージを送ることになる。問題となる状況を解決できずとも、状況を見直し、それに伴う感情や考えに目を向けることに意味がある。問題から目を背けることは、その問題の重要性を過小評価することとなり、健全な問題解決にはつながらない。

ギフティッド児は、些細な空気や緊張状態をも察知する。家庭内に緊張があるときには、それについて話し合いがなされる場合よりもそれに触れられないでいるときのほうが、ギフティッド児にとってずっとストレスが高く恐ろしい状況であることが多い。大人の複雑な事情すべてを子どもが知るべきではないが、差し支えない範囲で子どもも知っておくほうがよい。というのは、子どもが想定する問題は実際よりずっと悪いことが多いからだ。何の情報もなければ、ギフティッド児は想像を大きく膨らませ、自分で密かに収集したわずかな情報を頼りに、創造力をフルに活用してそれらをつなげていくだろう。このような場合、子どもにいくらか説明して安心させる必要がある。その問題がその子のことではないと伝えるだけで十分なときもある。たとえば、「パパとママは、家計のことを話しているの。大丈夫だよ。突然無一文になってしまうということではないよ。今月の家計をもう少し節約したほうがよいかなと考えているところなの」のように言うこともできるだろう。

問題がその子に関することであれば、しばらくは家族全員が強烈なストレスを受けるかもしれない。しかし、その問題について話すことでよりよい対処ができ、問題などないというふりをするよりはずっとよい。ストレスは目を背ければ消えるものではない。その子が自分の気持ちや考えを話したがらなかったとしても、率直に問題について話し、耳を傾けることに意味がある。ギフティッド児は、そのようなストレスを感じるのは自分だけだと感じることが多いため、自分を理解し必要に応じて助けてくれる人がいることがわかり安心できるようにする必要がある。

聴き、直接的アドバイスは控えよう

わが子がセルフトークの罠に陥っていたら、直接どうすべきかアドバイスしたくなるだろう。しかし、それはすべきでない。少なくとも、すぐにそうしてはいけない。非論理的なセルフトークに陥っている人は、「自分に厳しすぎる」「その課題は、もうそのまま提出して忘れちゃえば？」のようなことばを建設的に消化することはできない。子ども自身がすでに自分の何かが悪いのではないかと感じているところにこのようなことばを聞かされると、自分が悪いと言われていることになるため、より一層ストレスが高まる。このようなおせっかいなアドバイスは「あなたにはこの問題を自分で解決する力がないのだから、私がどうしたらよいか教えてあげましょう」というメッセージを送っていることになるだろう。あなたが子どもを助けようとしてのことなのかどうかは関係なく、このメッセージにより明らかに親子関係に緊張が生じる。

おせっかいなアドバイスをするのではなく、その状況を「はっきりとことばに出して」考え、その子がとろうとしている解決策やその子の反応を表現できるよう励まそう。その子がどのような気持ちでも、それを支えよう。子どもが話したことに対するあなたの考えを伝えることもできる。「サラとお友だちになりたいのね。でも今は、サラは他の子と仲良しなんだね。それは悲しいよね」のように。その子に耳を傾け、その子の気持ちを親のことばで表すと、その子のストレスレベルが低下するのを感じるだろう。ちょうど、沸騰しているやかんが水蒸気を外に出すとその勢いが弱まるように。話に耳を傾け子どもの気持ちを理解してから、少しずつ「具体的に、何が起こるのではないかと心配しているの?」「それは、どんなふうだと思う?」「それはどのくらい怖いの?」などのように、ガイドとなる質問ができるだろう。

親が巻き込まれすぎない

親が子どものストレス源となることもある。特にギフティッド児(また、ギフティッドというラベル)を親自身のステイタスや承認欲求を満たそうという利己的な思いのために利用し、子どもの人生に巻き込まれすぎた状態あるいは纏綿《てんめん》状態になってしまうときに、子どものストレス源となる。[38] いかなる子どもも、親や教師をはじめとする大人に頼らずに物事へ対処することで成長し、それができて初めて自立した人間となる。あらゆる子どもの長期的な目標は、自分の人生を自分でマネジメントできるようになることだ。自分自身の行動に責任をもち、しかるべき課題や仕事は引き受け、セルフマネジメントを通して日常的なストレスに対処できるようにならねばならない。子どもの周りをいつもうろうろしている、あるいは子どもの生活に巻き込まれすぎているヘリコプター・ペアレントは、依存的な親子関係を強化し、子どもがセルフマネジメントの力を身につける機会を奪っている。

子どもに夢を見させてあげよう

子どものストレス軽減には、その子の熱烈なファンタジーや大きな夢が役立つと感じる親もいる。たとえば、「何から何まで、プレッシャーから逃げることができたらいいのにと思っているのね。そうできたらって思うよね。ほんのつかの間でも、あらゆるプレッシャーから解放されて生きられたらいいよねぇ」のように、その子のファンタジーを受け入れることができる。こうすることで、その子はわかってもらえていると感じるだけでなく、たとえば現実的には無理でも、人生の休憩時間をとってストレスから逃げたり自分を取り戻したいと思っても大丈夫だということが伝わる。

健全でないセルフトークに挑む証拠を探す方法を身につけよう[39]

とても利発で大人と対等に議論できる子が、自分自身でどれほど多くのストレスをつくり出しているのかわからないということがあるのかと、理解に苦しむことだろう。彼らは、非論理的な思い込みや人からの不公正な批判を受け入れ、計画どおりに事を進めることができなければ自分がまったくの無能だと決めつけもする。自分のものの見方や考え方が的確かどうかを吟味するための証拠を探せるようになれば、その子のストレスは大幅に減るだろう。嫌なことが突然なくなるわけではないが、自分の不適切なものの見方に疑問を投げかけられるようになり、レジリエンスも高まり、挫折したときの影響を小さくできるだろう。

これを探偵の比喩を用いて教える親もいる。優秀な探偵は二つのことをする。（１）事件がなぜ起こったのかということに関して、被疑者と別の可能性についてのリストをあげる。（２）リストにあげられた被疑者のなかで、誰がもっともその事件を引き起こす可能性があるのかを考えるうえでの手がかりを探す。子どもたちは自分の頭に最初に浮かんだ考えを信じ込むのではなく、ちょうどこの探偵がするように、自分の考えが正しいかどうかを見極めるための証拠を探す必要がある。一つの被疑者（すなわち、その出来事が起こった理由や問題の原因として一つだけ）しか見出すことができなければ、もう二つ、その状況を説明できる別のシナリオを考え出すように言おう。特に、直線的思考の人や、原因を「絶対そうだ」と考えるような子どもが、これをできるようになるには時間がかかるだろう。しかし、それができるようになれば、可能性は他にもあると考え、健全な方法で別の選択肢を見出せるようになるだろう。

予測の練習をしよう

何らかの状況や行動の結果、本当に恐ろしい、壊滅的な、また、ひどいことが起こると予測すると、非常に大きなストレスが生まれる。我々はネガティブな結果を予測するような思考――つまり、「自滅的思考」――に陥ることがある。[40] なかでも特に理想主義の子どもは、ネガティブな結果を想定しがちだ。ハッピーエンドの可能性をイメージできるように支援するとよいだろう。経営コンサルタントのピーター・F・ドラッカーは「未来を予測する最良の方法は、それを創ることだ」と言ったとされている。ポジティブな結果をイメージすると、ポジティブな結果が生まれる可能性が高まる。

その子に、現在の状況あるいは先々の状況についてじっくり考え、起こりうる三つのこと――(1)考えうるなかでもっとも悪いこと、(2)考えうるなかでもっともよいこと、(3)今の状況から考えるといちばん起こりそうなこと――を予測させてみるとよいだろう。これら三つをその子がはっきりとことばに出して考え、前述にあるようにそれぞれそれを裏づける証拠を探せるようにしてみよう。そして、あとで振り返りができるように、それらを書き留めるように言おう。もっとも恐ろしい予測は実際には起こらない。子どもが感情的に高ぶっていてクリアに考えられないなどでそのときの状況を見つめられなければ、この練習を試すことができる程度に気持ちが落ち着くのを待とう。あるいは、それまでに経験したストレスの高い状況を振り返ってから練習に入ろう。

ひとたびポジティブな予測に慣れると、いろいろな場面でこのスキルを使えるようになるだろう。このスキルは、ストレスフルな状況が生じたらすぐに――多くは即座に――使うことができる。まず、「そんなはずはない。なぜなら……」のように証拠を探す。続いて、「この問題を別の視点から見てみると……」のように別の観点を探す。第三に、それらを考え併せて、「いちばん可能性のありそうなことは……。そのために自分ができることは……」のように先を見通すことができる。これらのスキルを用いてポジティブな予測をしていくと、ギフティッド児は自分の感情や行動をよりよくマネジメントできるようになり、その結果、ストレスを軽減できるようになる。

本当のアラームか誤りのアラームかを調べよう

我々は、実際にはよからぬことなどないときにストレスや不安を感じることがある。なかには人一倍繊細で頻繁に反応する「アラームシステム」をもつ子どもがいる。ストレス反応のマネジメントは、この感情的な反応が現実的なものかどうかの確認から始まる。現実的な危険や心配すべきことがなければ、そのアラームシステムを「リセット」して進めるようになる必要がある。たとえば、母親が約束の時間になっても帰ってこなかったとき、母親に起こりうるあらゆる恐ろしいことを思いめぐらし、アラームを誤作動させるかもしれない。このようなときは、アラームの誤作動に気づき、前述のように現実的な別の可能性を探し、アラームシステムをリセットする必要がある。最初は、このリセットに時間がかかるが、そのうち比較的難なくできるようになるだろう。アラームが現実的なもので、危険や心配ごとを取り除くことができなければ、本書にある他の健全なストレスマネジメントの方法を用いるとよいだろう。たとえば、祖父が事故にあったという祖母からの電話を受けた際には、本当のアラームが鳴り、ストレスや問題へ対処する行動が求められる。

悩むばかりでなく行動に移そう

ただ話をしているだけにならないよう、問題の解決に向かって行動しよう。直面している問題に何らかの対処ができれば、たいていはストレスが軽減される。問題に対処するために取りうる行動について子どもと話し合おう。ただ問題を抱えたまま、大変だ、大変なことになるぞ、と言っているだけにならないようにしよう。「ああ大変だあ。どうすることもできない」などと言ってはいけない。これは、無力感のモデルとなるだけだ。問題解決とは、あれこれ考えたりことばに留まるのではなく、実際に行動を起こすことを意味する。行動に移すことで、自ら状況をコントロールしているという感覚をより高められる。

問題解決にはいくつかの基本的なステップがある。それは、(1)状況を明確にし、優先順位を決める、(2)すべきことを見極める、(3)可能性のある解決策をリストアップする、(4)これらの解決策に関する情報を収集する、(5)各解決策について実行可能性を吟味する、(6)以上の手続きをもとにとるべき行動を判断する、(7)その決断の結果を評価し、今後とるべき行動を決める、だ。このように段階的な方法をとることで、完璧な解決方法は滅多になくてもたいていの問題にはいくつもの解決方法があることを子どもが実感できる。ここでも、子ども自身が問題解決の計画を立てられるようになることがねらいであり、親はその支援をするだけだということを忘れないようにしよう。

リラックスの練習をしよう

人間がストレスを感じると、呼吸や心拍は速くなり、胃腸はこわばり、首や身体中の筋肉が緊張し、「警戒状態」となる。非常に強いストレスを感じている人は、落ち着いてクリアに考えることがほとんどできない。このようなときは、身体的な緊張を和らげるとよい。深呼吸、筋肉をほぐす、イメージトレーニングなどは、時間をかけて練習する必要があるが、身につけると強力なセルフ・コントロール方法となる。温かい風呂に浸かりリラックスしたり本を読んだりすることで、感情に飲み込まれている子どもも落ち着くことができるだろう。アラームが誤作動したときの「リセット」方法として、あるいは日頃のストレス軽減法としてこれらを用いてもよいだろう。

ヨガもまた、特にゆっくりと深く呼吸することで落ち着き、リラックスを促す瞑想方法だ。ゆっくりと意識的に呼吸をコントロールすることで、あがり症やパニック発作などもコントロールできる。人間は不安になると呼吸が浅く速くなるため、肺の二酸化炭素を十分排出できなくなり、それがますます不安を高める。深呼吸によりこの悪循環に歯止めがかかり、これからのテストのことなどストレスの高い状況ばかりにとらわれずに、他のことへ意識を向けられるようになる。

これらの方法は、その子が問題の渦中にいるときではなく、落ち着いているときに教えることが肝要だ。嵐の真っ只中にいるときは、スキルを教えている場合ではない。どのスキルにもいえることだが、新しいことを身につけ、それを用いてストレスに対処できるようになるには、練習が必要だ。

「ノー」と言えるようになろう

ギフティッド児は、自分の力量を超えたことをしようとして自分を追い詰め、それらすべてにうまく対処できなくなると、ストレスや罪悪感を抱きがちだ。ストレスにうまく対処するということは、物事の優先順位を決め、どれがもっとも重要で価値のあることなのかを決めること――自分の限界を超えて巻き込まれすぎてしまうようなことには「ノー」と言えるようになること――でもある。

自分の問題なのか、他の人の問題なのかを考えよう

周囲の期待もストレスを生む。特にそれがその子自身の思い描いていることと大きく異なるときには、ストレスも大きくなる。その子自身がやりたいと考えていることと周囲の期待とが異なることも

ある。このような状況では、「これは自分自身の問題なのか、それとも友だちの問題なのか？」と考える必要がある。さらに、周囲の期待や考えに従うべきかどうかも判断する必要がある。人からの批判や嘲笑、悪口などにより不本意に自分が犠牲となる場合は、特に難しい。「これは自分の問題だろうか、それとも彼らの問題だろうか？」と自問することで、自身のセルフトークの探偵となることができる。犠牲者として、あるいは自分ではなく周囲を喜ばせようとするために他者の視点を無意識に受け入れると、ストレスが生じる。

自身の感情や信念に正直に生きるのは難しい。子どもたちは、他者の発言のロジックをセルフトークにより吟味し、どこでどのように対応すべきかを判断できるようになるとよいだろう。たとえば、周りの子どもから「おまえは一日中本を読むことしかできないんだな」とバカにされたとしよう。そのように言われた子どもはセルフトークを用いて、自分に「本当にそうなのか？　いや、違う。僕は読書以外にもたくさんのことができる。サッカーだってするしピアノだって弾ける。ただ、読書が大好きで、暇さえあれば本を読んでいるだけだ」と自問自答できる。人からの嘲りがどの程度的確なのかを判断したら、次は、何らかの行動を起こすべきかどうかを決める。その問題が大して重要でなく聞き流すことができるのであれば、何もしないという行動をとることができる。何らかの行動を起こしたければ、どう応じるべきかを決める。人から投げられたものを受けて立つかどうかを決められるのは自分なのだと自覚することで、ギフティッド児は自分のうちに強さを感じることができる。

本や映画を通して視野を広げよう

ギフティッド児の大半は読書が大好きで、登場人物と自分を重ね合わせて考える傾向にある。登場人物が、その子自身が抱えているストレスと同じようなストレスに対処していくようなとき、その本からストレス対処法を学び取ることができ、自分だけではないという気持ちにもなれる。[41]『本は私の親友』のなかで、ジュディス・ホールステッド（Judith Halsted）は就学前から高校までのギフティッド児に特に有益な書籍を三〇〇冊近くまとめている。[42] そのリストは読み能力のレベルごとにリストアップされ、激しさ、繊細さ、完璧主義、孤独、異質であること、人間関係などのテーマごとに索引がつけられている。学校や公立図書館などにある伝記も、青年期や成人期初期のギフティッドの若者にとっては非常に有益な学習ツールとなるだろう。脅すような内容でなければ、直接問題に対峙することなくさまざまな問題への示唆を得られるという点で、本はとても有用だ。

ギフティッド児が遭遇することの多い問題への対処方法を教えてくれるギフティッド児向けの書籍は数多くある。よく読まれているものとして以下のものがある。『ギフティッド児のためのサバイバル・ガイド：一〇代の君へ *The Gifted Kids' Survival Guide: A Teen Handbook*』、『ギフティッド児のためのサバイバル・ガイド：一〇歳までの君へ *The Gifted Kids Survival Guide for Ages 10 and Under*』、『完璧主義：よすぎることの悪い点 *Perfectionism: What's Bad about Being Too Good*』、『家族が完璧主義から解放されるために *Freeing Our Families from Perfectionism*』、『いじめの根を絶ち子どもを守るガイド――親と教師は暴力のサイクルをいかに断ち切るか』（東京書籍）、『強い自分になる方法――心のちからを育てよう』（筑摩書房）。[43]

映画を通しても視野を広げられるだろう。[44] たとえば、『リトルマン・テイト』、『ペイ・フォワード――可能の王国』、『グッドウィル・ハンティング／旅立ち』、『小説家を見つけたら』などがあり、ギフティッドである登場人物がストレスへの対処法を獲得していく姿が描かれている。登場人物について説明しながら話し合うことで、子どもの洞察力が育ち、多角的なものの見方ができるようになり、よい方向に変化する可能性が高まるだろう。

読書療法や映画療法にも限界はある。本や映画のすべての内容があらゆるギフティッド児に適しているとは限らず、描写の正確性には疑問の余地が残る点もある。そのため、何を読んだり観たりすべきか、親が注意深く選ぶ必要がある。さらに、直球すぎてしまうのもあまりよくない。ギフティッド児は、親が詳細を解説せずとも登場人物と自身とを結びつけるだろう。親がギフティッド児の人生と登場人物とをそのまま結びつけてしまうと、ギフティッド児の心のなかには不満や抵抗感が生じるだろう。親子関係が衝突状態や緊張状態にある場合には、特にそうだ。読書療法や映画療法は、専門家による実際のカウンセリングやセラピーにとって代わることはできない。しかし、それらを通して洞察力が育ち、少しずつではあるが、その子の行動改善を期待することはできるだろう。

日記をつけよう

日記を書くことで子ども自身の考えや気持ちを書き出すことができ、見通しがもてるようになる。大切な出来事、気持ち、計画、希望、願いなどを毎日書くことで、自分の目標を明確にし、具体的に意思決定し、独自の人生の意味を見出せるようになるだろう。日記は自己指導に有効なツールだ。[45]

進歩を期待し完璧は期待しない

期待はもちろん高くもつべきだろう——しかし、それは適切で理にかなっている必要がある。そして、あなたの子どもが聡明で責任ある行動をとることができると信じていると伝えよう。これは、その子の挑戦を励まし進歩を期待することを意味するのであって、完璧を求めるのではない。たとえ期待しているほど大きな進歩ではなくとも目標に向かって少しでも進むことができれば、まったく進まないよりもずっとよい。その子が達成や進歩の期待を背負わないでいられる時間をつくろう。人間は

――もちろん大人でも――ただリラックスして何もしないでいられる時間が必要だ。

誇りをもって挑戦できるよう励まそう

ギフティッド児は、成功への道のりは平坦ではなくときには大きな穴が開いていたりもするものだとわかると成長できる。「成功が努力より先にくるのは辞書の中だけだ」という名言がある。聡明な子どもは、努力なしに成功できることが多すぎ、それがいつまでも続くと思ってしまう。学校の課題などが難しくなったときに、そのような子どもが粘り強く努力できるよう励ましていく必要がある。補助輪なしの自転車に乗れるようになるまでにどれだけ転んだか、親自身の経験を話すこともできる。あるいは、ピアノやチェロで難しい曲を弾けるようになるまでに、どの程度の年月をかけたかを話すのもよいだろう。どのようなスキルでも、マスターするには練習が必要だ。以下にあげる著名人がそうであったように、新しいスキルの習得や目標の達成のためには繰り返し挑戦しなくてはならない。挑戦過程での失敗は、次によりよい方法がとれるようになるうえで、重要で有益なものだ。

トーマス・エジソンは担任の先生から「頭が腐っている」と言われたが、三〇〇〇回の失敗を経て電球を発明した。ウォルト・ディズニーは「まったくよい案が出ない」ということで新聞編集者から解雇された[46]。マイケル・ジョーダンは高校のバスケットボールチームから外された。彼がチャンピオンシップ・プレイヤーになったのは、それから数年後のことだった[47]。科学や医学などの分野での大発見のなかには、思いがけない失敗によりもたらされたものもある。ペニシリン、電子レンジ、シリーパティー®、コカ・コーラ®、フリスビー®、スリンキー®、ポテトチップス、ポストイット®など、たくさんの物が失敗から生まれた。発明した人は、粘り強く、そして自分の挑戦に誇りをもっていた[48]。これら発明家の伝記には彼らの悪戦苦闘が記されており、実際に恐怖を体験することなく粘り強さの威力を感じとることができるだろう。

困難をチャンスに変えよう

失敗が発明を生むように、困難な状況もまた新たなチャンスを生む。たとえば、野球チームに入ることができなければ、別の好きなことができる自由時間が増える。飛行機に乗り遅れてしまったら、時間ができ、おもしろい人々に出会ったりパソコンで仕事をしたりできる。新たなチャンスを見つけるためには、まず、落胆やフラストレーションをめぐるネガティブなセルフトークを乗り越えなくてはならない。どんなときでも選択肢があるということ、たとえひどく頭にくるようなときや落ち込んでしまうようなときでも、何かを選択できるということを子どもが気づけるようにしよう。決断しないことにしたとしても、それもまた選択したことになる。

人を批判しない——人を批判してもストレスは減らない

嫌な出来事が起こったとき、それを人のせいにしてもストレスは軽減しない。問題を人のせいにすると、一時的には問題と向き合わずにすみ自尊心が守られるかもしれない。ところが、それは無力感を抱かせるため、ストレスを増幅させることが多い。自分ではその問題をコントロールできない、つまり、誰かに問題を解決してもらい、状況を変えてもらい、誰かに何らかの行動を起こしてもらわなければならないという感覚だ。誰かに状況を変えてもらうのを待つことで、積極的でアサーティブな構えではなく、消極的な構えとなる。ギフティッド児は、状況に囚われどうすることもできないという無力感を回避する方法を身につけねばならない。その状況を挑戦や学習経験の機会ととらえ、積極的にストレスを減らせるようになる必要がある。

ストレッサーに線引きしよう

自分の行動や状況についての激しくネガティブなセルフトークはいとも簡単に「全か無か」の思考、「必ず〜だ」「全然〜ない」の思考に入り込み、その人の人生全体がストレスに満たされてしまう。たとえば、「うまくいかないと必ず私が悪く言われる」「ママは、僕のしたよいことは全然見てくれない。僕が台なしにしたことしか話題にしない」のように。ギフティッド児は、ストレスの領域に線引きをし、少なくとも一時的にはそのストレス部分を切り離せるようになるとよいだろう。実際に目に見えるかたちでストレスを箱や「心配ボトル」の中に入れて蓋をし、取り出してもよいと感じるときまで棚にしまっておく方法をとっている人もいる。人生の一部分に頭にきているからといって、人生すべてに悲観的になる必要はない。子どもが意識的に、しばらくたってからその問題を考えるようにしたり、あらかじめ決めておいた「心配タイム」までその問題を傍らにおいておくことができるようにしよう。そして、その問題を考えるときには、これまでに述べた方法を使うことができるよう支援しよう。

ただし、線引きをしすぎるのもまた問題だ。ギフティッド児のなかには、自分の感情にとことん壁を作ってしまい、「今ここに生きる」ことが難しくなってしまう子どももいる。問題を合理的に線引きすることはできるが、実際にその問題や、そもそもその問題の発端となったセルフトークに対処できないこともある。また、たとえば環境問題に悩みながら高燃費のスポーツカーに憧れるなど、合理的な線引きが過ぎて、自分の行動と考えが実際には矛盾しているということがわからなくなるような、間違った線引きをしてしまうこともある。

気にとめないようにする方法を会得しよう

我々はよく、「気にするな」とかストレスを「抱え込まないで」と子どもに言うだけで、どのようにしたら気にしないでいられるのかは教えないままでいる。気にしないというのは消極的な行動と考える人が多いが、実際には、もっとも有効な積極的行動だ。ただし、言うは易く行うは難しで、これも練習が必要だ。いじめやからかいは何のリアクションも得られなければそのうちになくなるものだが、これは、いじめは被害者を傷つけて何らかの反応を得ようとする行動だからだ。この場合、気にしないということは、からかいは気にしないぞと積極的に心に決めるということだ。

積極的に気にとめないようにする方法を子どもが身につけられるように、あるスクールカウンセラーがとる方法を試してみよう。そのスクールカウンセラーは、ひどいからかいや批判を「背中から滑り落とす」ように子どもに教える。そのひどいことばが紙切れに鉛筆で書かれているものとし、それが自分に向かって投げつけられたとき、自分にピッタリくっつくのではなくひらひらと地面に落ちていくイメージをつくる。そして、その紙が風に吹かれて飛んで行くのをイメージする。カウンセラーは悪口を紙切れに書き、子どもの背中に貼りつける。そして、それが床に落ちていくのを子どもが感じられるようにする。この間、カウンセラーはその子に、近くにいる友だちと話をするなど何らかの行動をするように促す。これは「積極的無視」ともよばれるが、反応がないといじめが止まるということから有効だと考えられている。

いじめとストレス

いじめ、特にギフティッド児へのいじめは年々増加傾向にあるようだ[49]。積極的な無視が有効なことが多いが、それがだめでも別の方法がある。あなたの子どもがいじめに悩んでいたら、家のなかに以下のようなリストを貼ってみよう。
- 自分は悪くないということを自覚しよう。
- 危険から遠ざかろう。
- 友だちを見つけよう。
- 胸を張って堂々としていよう。被害者のようにふるまわないようにしよう。
- いじめを無視しよう。
- きっぱりと、「やめて！」と言おう。
- その場から去ろう。
- 大人の助けを得よう。

ユーモアをもって緊張をときほぐそう

ユーモアのない人は緩衝装置のない車のようだ――道に穴があるたびにガタガタと揺れる――と言った人がいる。ところで、どのようにしたら子どものユーモアのセンスを育むことができるだろうか？　どのようにしたら、嫌な状況をジョークで笑い飛ばせるようになるだろうか？　他の人がそうしているのを見るのがいちばんだ。家族同士がユーモアをもちあい、互いに笑い話やジョークにして笑い飛ばしていれば、それを見ている子どもはユーモアをもてるようになるだろう。小さな子どもには「いないいないばあ」をすることで、驚きと笑いの概念を教えている。大きくなると家中の「追いかけっこ」になる。子どもは成長するにつれ、親がつまらない失敗をしたときに笑い話やジョークで笑い飛ばしているのがわかるようになるかもしれない。人が笑い飛ばしたりユーモアを言ったりするのを見ると、その子も同じスキルを身につけやすくなる。たとえば、コンサートから帰ってきた母親が笑いながら、右足は紺色の靴、左足はよく似た黒の靴を履いていることに終わり間際まで気づかなかったという話をする。彼女の友だちに言われて気づいた母親は、「これとちょうど同じセットの靴が、家にもう一足あるのよ」と笑いながら返したという話がある。

家族の完璧ではない姿を笑い話として聞くことができれば、子どもはそこにユーモアを感じ、自分が恥ずかしい思いをしたときに笑い飛ばしやすくなるだろう。うれしくない状況を笑えるようになると、完璧主義も和らぐ。自分の弱点や失敗を子どもに見せると、完璧さや威厳が損なわれるのではないかと心配し躊躇する親もいる。しかし、自分の失敗を笑い飛ばす姿はその失敗を受け入れている証であり、子どもの目にはますます尊敬できる親として映るものだ。

愉快なユーモアはどんどん取り入れても、皮肉たっぷりのユーモアは控えよう。皮肉は、言われた人にとってみればとても傷つき仕返しをしたくなるものだ。誰も傷つけることのないユーモアを積極的に取り入れよう。最初は、ゆっくり少しずつ取り入れるとよいだろう。特に、親子関係が十分親密ではないときにはそうしよう。

身体と心の調子をモニターしよう

空腹、疲労、孤独、怒りはストレスを増幅する。あなただけでなく、配偶者、家族のメンバーも、HALT（休憩）——Hungry（空腹）、Angry（怒り）、Lonely（孤独）、Tired（疲労）——をいつも頭に入れ、子どもの問題行動の背後には、これらのいずれかが隠れている可能性があると思っていよう。[50]ギフティッド児のなかには、反応性低血糖症——エネルギー不足——で、それがストレスを引き起こしていることもある。このような子どもは、たいてい午前中の半ばから後半までは問題なく生活できる。しかし、突然、感情的に過剰な反応を示し、イライラし、激しいストレス状態に陥る。そして、何か食べ物を食べると数時間は調子が元に戻る。午前中と午後の半ばにヘルシーなたんぱく質の軽食をとることで、感情的な激しい混乱が少なくなり、思考もクリアになる。[51] カフェイン入り飲料、糖分の多いジャンクフードを多く摂取することも、感情的な混乱状態を招きやすくする。親であれば、疲れている子どもはすぐにイライラし、昼寝するのがよいことを知っているだろう。成長とともに、ＨＡＬＴにかかわる問題を自覚することで、子ども自身が必要としているものに適切に注意を向けられるようになるだろう。

その他の対処法を練習しよう

ストレスが異なれば対処法も異なる。いろいろな対処法を身につけ、状況に応じて子ども自身が使い分けられるようにするとよい。たとえば、怒りやフラストレーションの伴うストレスの場合は、枕をたたく、古い電話帳やカタログを破る、テニスボールを何度も壁に打ちつけるなどし、怒りの対象に向かって、「あなたがからかったことに、私は怒っている」のようなセルフトークや「Ｉメッセージ」を使うことができるだろう。悲しみの伴うストレスであれば、好きな音楽を聴く、散歩をする、ランニングや自転車でからだを動かすのもよいだろう。各家庭でできる健全な感情表出のためのはけ口を見つけよう。

レジリエンスを鍛える：ＡＢＣＤＥモデル

以上のストレス対処法の大半は、心理学者のマーティン・セリグマンらの提唱したＡＢＣＤＥモデルにまとめられる。[52] これらの基本的なステップを取り入れ練習することで、人生のストレスが軽減され、レジリエンスも高まるだろう。
Adversity（逆境） 怒りたくなるような状況、ストレスを生む状況は誰もが経験するものだと認める。
Beliefs（思い込み） 我々には、自分自身について、また、世のなかがどのように動いているのかについての思い込み（セルフトーク）があり、困難に直面した際に、それらが頭のなかを駆け巡るのだと認識する。そして、自分にはどのような思い込みがあるのかを自覚する。自分は自分が考えたとおりの存在だからだ。また、なぜこのような状況になったのかを考える。それが自分の問題であるのかそうでないのかを自問する。この状況は永遠に続くのか？ それとも、やがて過ぎ去るのか？ この問題は、自分の人生のあらゆることを台なしにしてしまうだろうか？ それとも、ただこの状況だけが損なわれるのか？
Consequences（結果） 次に何が起こる可能性があるのかを検討する。考えられるなかでもっとも悪い事態は何だろうか？ もっともよい事態は？ もっともありそうな事態は？ それぞれの事態は、どの程度の可能性で起こりそうか？
Disputing（反論する） 思い込みに挑む。特に、それが非合理的・非論理的なときは。その根拠となる証拠は何か？ 自分の親友は、自分のこの思い込み、予測、反応が現実的だと思うだろうか？
Energizing（行動を起こす） 思い込みを反証できたら行動を起こす。この状況から何か益となることを学び取ることができただろうか？

レジリエンスの自己感覚は必須

子どもの人生が実り豊かなもの、健全なものとなるかどうかは、ストレスマネジメント、自己認識、人間関係スキルによるところが大きい。五〇年以上にわたる多様な人々を対象とした長期的研究から、ストレスへの対処のあり方がその人の可能性を開花させるかどうかを予測することが示された[53]。学力を伸ばすのと同様に、ストレスマネジメント力やレジリエンスも育てられる[54]。親は、標準と違っていても大丈夫だという考え――あるいは、ギフティッド児は丸い穴にははまらない四角い釘のようなこともあるのだという考え――を親子ともにもてるようにすることで、子どものレジリエンスを育むことができるだろう。

健全でレジリエンスの高い自己感覚をもつギフティッド児は、たいてい遭遇するストレスに対処できるだろう。自らの自立心、行動、試行錯誤、成功と失敗を受け入れられたときに、自信と自尊心が高まる。成長の過程で、子どもは自分の行動や考えをいろいろと試す。親は、子どもにさまざまな視点があることを気づかせ、彼ら独自の価値観、優先順位、個人的な考えや信念をもてるよう励まそう。子ども自身がよい判断ができる、自身の人生をマネジメントできるという自信をもてるようになること、自分にはそのためのスキルがあると思えるようになることがねらいだ。そのようなスキルを会得できるように励ましていくと――そして、子どもとの間に意思疎通と尊重の関係があれば――、ストレス、感情の問題、家庭の混乱などによって子どものレジリエンスが損なわれる恐れはかなり小さくなるだろう[55]。

第7章　理想主義、不幸感、うつ

ギフティッド児は、他の子どもよりもうつになりやすいのだろうか？　不幸感に陥りやすいのか？　自殺企図〔自殺を試みる〕率が高いのか？　才能あふれる子どもたちが、なぜ、それほどまでに不幸感を抱き、生きることに絶望してしまうのだろうか？　いくつかの点で、ギフティッド児は不幸感やうつに陥るリスクが高まるようなストレスにさらされている。幸いにも、大半のギフティッド児はレジリエンスが高く、落ち込んでもそれに対処でき、ストレスのコーピングスキルもある。他方、残念ながら深刻な不幸感を抱くギフティッド児、うつになるギフティッド児もいる。そのような子どもは特に自分の理想主義や物事がどうあるべきかという考えによって、フラストレーションを抱えることが多い。

子どもがうつに陥る可能性を減らすため、少なくともその激しさを和らげるために、親が確実にできることがある。うつをポジティブな気持ちに変えることもできる。それは重要な仕事を始める意欲を燃え立たせ、謙虚さや思考の明瞭さも高め、不完全な状況を現実として受け入れることを可能にする。[1]　このように変換できるかどうかは、その子が前章にあるレジリエンスを獲得できるか、完璧主義をマネジメントできるか、ストレスマネジメントのスキルを身につけられるかどうかにかかっている。これらのコーピングスキルが身についていないと、ギフティッド児は不安やうつになりやすく、日常生活に深刻な支障をきたす。不幸感やうつはうれしくない話題だが、ギフティッド児を育て導くうえで理解すべき重要なテーマだ。

広がる子どものうつ

子どものうつはかつては稀だと考えられていたが、今や珍しくなく、しかも次第に増加傾向にある。ここ一〇年で、いずれの世代においても——米国だけでなく世界中で——うつの有病率は増加している。[2] 大規模な研究によると、米国の小児の二・五%、青年の八・三%までもが、程度の差はあれうつを患っている。一般人口の子どもと青年の二〇人にひとりが重いうつで、自殺率はここ数十年で着実に増加していることを示した専門家もいる。[3] 一九五二〜一九九二年に、青年期と成人期前期の自殺率が三〇〇%近く増加した。一九八〇〜一九九二年に、一五〜一九歳の青年の自殺率は二八%増加し、一〇〜一四歳の子どもの自殺率は一二〇%増加した。[4] 米国疾病対策予防センター（Center for Disease Control and Prevention）によると、一九九二〜二〇〇〇年の全人口の自殺率はわずかに減少したが、二〇〇〇〜二〇〇四年は横ばいだった。二〇〇三年には、一五〜二四歳までの自殺者は一〇万人に一二〜一四人だった。[5] 二〇〇五年の米国疾病対策予防センターの報告では、過去一二か月の間に自殺を真剣に考えた高校生は約一七%、具体的に自殺の計画を立てた高校生は一三%、少なくとも一回は実際に自殺企図に及んだ高校生が八%強だった。[6] これらは驚くべき数値だ。

もちろん、うつが必ず自殺につながるわけではない。しかし、たとえ自殺につながらないとしても、子どもにはうつにはなってほしくない。本章では、うつの予防とマネジメントに有効な方法や情報を提供していきたい。そして、子どもたちができる限り幸せでいられるよう支援したい。

ギフティッド児のうつと自殺

ギフティッド児が標準的な子どもよりもうつになりやすいかどうかについては、議論の分かれるところだ。ギフティッド児の激しさ、孤独感、完璧主義ゆえに、深刻なうつや自殺の傾向が高いとする専門家もいる。[7] また一方で、同年齢の子どもと比較してギフティッド児のうつや自殺の傾向の高さを示す研究データはないとする専門家もいる。[8] ギフティッド児——全体で見ると——が標準的な子どもよりも自殺傾向が高いわけではないが、ハイリー・ギフティッド児はリスクが高いとする専門家もいる。

これらの一見矛盾するように見える議論は、実は矛盾しているわけではない。ギフティッド児のうつや自殺が標準的な子どものそれと同程度か低いことを示した研究の被験者は、ギフティッド児のための特別教育プログラムに参加しているギフティッド児の中から抽出されている。[9] この被験者は特別な学校やプログラムに参加しているために、教育的ニーズが満たされやすい。教育的ニーズが満たされているかどうかは、適応のよさと関連している。[10] 一方、ギフティッド児のほうがうつなどの問題の頻度が高いことを示した研究は、通常、臨床現場（病院やメンタルヘルスクリニック）からデータを収集している。臨床的なケアを必要としているクライアントであるために、問題を抱えている可能性は高い。

どちらの見方が正しいのだろうか？　それは両者の中間のどこかに落ち着くのだろう。しかし、たとえギフティッド児と標準的な子どものうつの割合が同程度だったとしても、大きな問題であることに変わりはない。青年ギフティッドの約一〇％が臨床上深刻なレベルのうつを経験しているのだ。[11]

ギフティッドであるなしにかかわらず、ハイアチーバーはうつや自殺念慮の経験頻度が高いようだ。「米国高校生名士録 *Who's Who Among American High School Students*」は、ハイアチーバー〔本調査でのハイアチーバーは、学業、部活動、コミュニティ・サービスに優秀な業績を残した生徒〕を毎年調査し、定期的に自殺についての質問項目も尋ねた。最近五か年の年次調査によると、ハイアチーバーの四％に自殺企図、二五％に自殺念慮があり、一九％が実際に自殺をした同年齢の人を知っているとし、四三％が同年齢の人の自殺企図を知っているとしている。また、同調査により、これらの子どもが自殺についての考えを親には滅多に話さないことも示された。[12]

うつや自殺企図にあるギフティッド児の割合は明らかではないが、どのようなギフティッド児がうつになるのか、どのような要因が影響を与えるのか、子どもたちを助けるために我々に何ができるのかを検討することが重要だ。

どのようなギフティッド児がハイリスクか

その子がギフティッドであるかどうかにかかわらず、うつや自殺の重要なリスク要因としてよく知られているものがある。たとえば、完璧主義、薬物やアルコール依存、家族の喪失、家族や友人の自殺、同性愛、自殺に注目したメディア報道、衝動性と攻撃性、自殺方法が身近にあることなどが含まれる。[13]

これに加えて、ギフティッド児の多くには青年期のうつと関連するとされている特性がある。完璧主義、並外れた繊細さ、極端な内省、力量以上の責務を負う（オーバーコミットメント）、孤独感・疎外感などは、多くのギフティッド児に共通してみられる特性だろう。これらの感情や行動は、子どもや青年のうつ、また、うつに伴い引き起こされる自殺念慮と関連する。

これらの特性ゆえに、他の子どもよりも深刻なうつや自殺のリスクが高いギフティッド児がいる。創造性が特に高い若者、並外れて繊細な若者、競争が激しく選抜方式をとる学校へ通う若者の自殺企図率が高い。[14] 成人では、芸術家、文筆家、卓越した発明家や科学者の自殺率が高い。[15]

学校が合わないなどの環境要因もまた重要だ。たとえば、ギフティッド児の教育ニーズに応えられない学校に通う場合は、軽度あるいは中等度のうつになる可能性がある。教育環境が合うかどうかはギフティッド児の全般的適応に影響を与えるもっとも重要な要因のひとつだ。[16] 多くのギフティッド児が、その年度に学校で習うことの六〇～七五％はすでに知っていることを考えてみれば、そのような教育環境がギフティッド児の気分に影響を与えるのは当然だ。学校での退屈さが増し、それに耐えられなくなると、ギフティッド児は、大人には到底耐えられないような状況を耐え抜き、最大限活用する方法――それでいて不適切とは見なされない方法――を生み出さねばならなくなる。大人がワークショップに参加している際、その内容がすでに知っているものばかりだったら、席を立って他のワークショップに参加するだろう。しかし、学校生活のなかで子どもがそのようにすることは絶対に許されない。子どもだって、ワークショップでの大人と同じようにしたいはずだ。このような状況にさらされた子どもは、いわゆる「学習性無力感」からくる軽度のうつになりやすい状態にある。[17]「学習性無力感」に陥ると、八方ふさがりだと感じ、自分では状況を変えることはできないと思い込んでしまう。

ギフティッド児は聡明で自分自身を守る力があり、大半の状況で知的な刺激を見出せるが、まだ子どもだ。親をはじめとする大人が子どもの学習レベルをモニターし、教育環境が合っているかどうか、他にうつを引き起こす要因がないかどうかなどを考え、それらの問題を解決できるようにしよう。[18]

批判とうつ

教師も含め大人は、ギフティッド児の感情や気持ちを考えずに批判的すぎることがある。このような大人の立場からすると、すべての子どもは課せられた課題を言われたとおりにすべきだ——それがおもしろいかどうかは関係ない——ということになる。結局、ギフティッド児は退屈な時間をひとりで楽しく過ごす方法を探し出し、権威に服従することとすら身につけざるを得なくなる。

批判はギフティッド児に大きな影響を与え、ある種の批判は学習性無力感を引き起こす。特に、男児とは異なる種の批判を受ける女児にその傾向が高い。[19] たとえば、女児の成績が下がり悩んでいると、「もともと数学には向いていないんだよ」と言われることも珍しくない。これは、彼女には遺伝子レベルの欠点があり、それはそうそう変えられるものではないと暗に伝えていることになる。男児の成績が下がると大人は、努力が足りないとか授業に集中していないからだと批判する傾向にある。これは、成績不振が一時的なもので改善できる力はあるのだと伝えていることになる。[20] その人が状況を改善することなどできないという類いの批判を受けると無力感がずっと生じやすくなり、それが原因でうつが引き起こされやすくなる。

親や教師は、ギフティッド児をギフティッドたらしめる根本的な行動特性を批判しがちだ。たとえば、繊細すぎる、激しすぎる、深刻すぎる、質問ばかりしすぎるといって子どもを叱ったり責めたりする。「〜すぎる」という誇張表現を用いることで、これらの行動特性——大半のギフティッド児に見られる基本的な特性——を否定的にとらえ、その子の評価を下げている。「しょせん」という過小評価の表現もまた同様にネガティブな影響を与える。「わかってないわね。あなたはしょせん子どもなの」や「しょせんダンスじゃないの。誰も誘ってくれないからって、何がそんなに大きな問題なの？」のいずれも、言われた子どもはありのままの自分では受け入れてもらえないと感じざるを得なくなる。状況や自分の気持ちを変えることなどできないという無力感に陥った繊細な子どもは、うつへと引きこもるかもしれない。

聡明な子どもは、状況や問題を改善できないと感じた際に、自分自身を過剰に責め、状況を改善できないというふがいなさにフラストレーションを感じることがある。このフラストレーションの背後にうつの原因となりうる三つの要因が存在する。第一に、聡明だからといって、必ずしも自分自身の問題をいつも解決できるわけではない。若く経験が未熟な場合は特にそうだ。通常、他人の問題の解決方法を見つけるほうが楽だが、これはギフティッド児でも同じだ。第二に、ギフティッド児の多くは、「情緒的知能」の発達も早いわけではない。ギフティッド児自身が自分で問題に対処できる「べきである」と考え、また、実際にはそれができないことを恥ずかしく思い、なかなか助けを求められない。「どうせ、みんな、頭いいね、と言うだけだ」。第三に、前章で述べたように、ギフティッド児にも粘り強さ、フラストレーションへの耐性、適切な自己評価のレジリエンスを高めるスキルの練習が必要だ。

うつの症状

幼い子どももうつになりうると知って驚く人は多い。我々大人は子ども時代を幸せな時代、悲しみはつかの間で、快活で立ち直りの早い時代というイメージをもつ。しかし、幼児、さらには乳児ですらうつになりえ、そのうつが発達を阻害することもある。一〇代のうつは時期的なもの——おとしごろ——と軽く見なされがちだ[21]。実のところ、うつの初期症状はなかなか気づきにくく、友だちの「悪影響」だとか、睡眠不足、栄養不足などの、うつ以外の問題に原因を求めてしまいがちなため、子どもやティーンエイジャーが本当にうつなのかを見極めるのは難しい。

うつは、通常の不幸感や悲哀、誰もが喪失時に経験する悲嘆以上のものだ。放っておくと何度も繰り返され、深刻さや頻度が増していく。臨床上は——子どもでも大人でも——あらゆる興味や喜びを失った状態が少なくとも二週間続いたときにうつの診断が下される。うつの人は他者から引きこもり、興味の範囲が狭まり、多くは活力が失われる。食欲や睡眠パターンが変わり、考えたり集中したりすることができなくなることもある[22]。

うつの症状には子どもと大人で共通のものもあるが、異なるものもある。成人のうつに見られる典型的な症状には、自尊心の低さ、悲しみ、涙もろさ、絶望感、自己非難、無力感、全般的失望感といった強烈な感情がある。多くの時間を寝て過ごす、あるいは、悲しみで動けなくなったように感じる。対するうつの子どもや青年は悲しみよりも怒りっぽさを見せることが多い。感情の爆発のような怒り、あるいは成績不振というかたちでうつが表に現れることがある。また、倦怠感、落ち着きのなさ、不定愁訴、習慣的な白昼夢が症状となる場合もある。男児のうつの症状として、攻撃性、粗暴さ、情緒不安定、不機嫌、学校での問題行動、薬物やアルコールの乱用がある。このような子どもは校長の目にとまり、カウンセラーや心理士のもとに連れてこられることが多い。他方、女児のうつ症状は、物静かになり、引きこもり、授業に消極的になることが多い。残念ながら我々の社会は、物静かで従順な女の子がよしとされることが多く、物静かでいる理由には目が向けられないため、家庭で積極的に話をするように励まされていない場合は、その子のうつは見過ごされてしまう。[23]

表面に現れる行動がいかなるものであれ、大半のうつの人の内側には傷つきと怒りがあるのと同時に、それらに対してどうすることもできないという無力感も抱いている。今の人生を不幸だと感じているが、それを変えることはできないという無力感も抱く。彼らはたいてい、自分自身に意識を向けている。そのセルフトークは絶望感を強調し、有効な問題解決を試そうとするエネルギーすらないように見える。重度のうつの人は、まるで、うつからは永遠に逃れられない、永遠にうつが続くものであるかのように、自分の感情をぼんやりしたもの、とらえどころのないもの、長々と永遠に続くものと表現する。うつの青年のなかには、自分自身や世のなかに対して非常に落胆し、自分を罰するために、あるいは、そのときの痛みだけが生きていることを感じさせてくれ、さもなければ死んでいるかのように感じるために、腕や足を切りつける者もいる。あるいは、危険なことに挑むことで興奮状態を得ようとしたり、薬物やアルコールに逃げようとしたりする青年もいる。[24] そして、自殺により苦しみに終止符を打とうと決心する者がいる。

うつは克服が非常に難しく、うつを予防するほうが断然よい。うつを予防し、最小限に食い止め、あるいは克服する方法を子ども自身が身につけ、人生を悲観的ではなく楽観的に生きていけるという考えを支持するエビデンスは多数ある。[25]

うつの予防

バランスが重要だ。子どもに成功ばかりを求めて困らせてはいけない。そうではなく、子どもが課題をマスターできるように少しずつ難しいことに挑戦できる機会を与えよう。たくさん成功体験を積み自信のある子どもほど、逆境に遭ったときに消極的になったり無力感に陥ったり悲観的になったりしにくい。作家のリチャード・ポール・エヴァンス（Richard Paul Evans）は、全米小児ギフティッド協会で次のように述べた。「我々は困難やチャレンジがあるにもかかわらず成功するのではない。まさに、困難やチャレンジがあるからこそ成功するのだ[26]」。

何かをマスターする経験を早くから——就学前でも——与えることは、学習性無力感を予防し楽観性を促すのに適している。楽観性は、逆境や困難に遭遇した人がどのように反応するかということと関連する重要な要因だ[27]。靴ひもを結んだりシャツのボタンをとめたりすることができるようになるには時間と努力を要するが、それをマスターすることで自信がつく。技術革新が進み、ベルクロ®のファスナーやスリッポンシューズなどは便利な一方、挑戦する機会を奪っているともいえる。電卓やスペルチェックプログラムは、計算能力やスペル、文法規則習得の必要性を低くしている。レジリエンスや楽観性を育むために、親は、子どもが年齢相応のチャレンジのなかで粘り強さや成功を経験できるような場を探さなくてはならない。成功体験により、次の課題へのポジティブな姿勢や楽観的な姿勢が高まる。子どもは努力して成功する経験を積み、新たに出会う数多くのチャレンジに粘り強く取り組む習慣を身につけていかねばならない。

遺伝と環境

楽観的か悲観的か、さらに、うつ傾向に対する遺伝的素因の影響を強く支持するエビデンスがある[28]。一方、うつを引き起こす原因として、人生で遭遇する出来事への反応のしかたをどのように身につけたか——たとえば、行き過ぎた批判や拒絶などによる、重大な喪失経験、大きなトラウマ、無力感、低い自尊感情など——があることを同様に強く支持するエビデンスもある。おそらく多くの場合、うつは両者の組み合わせで——遺伝的素因が環境のストレスと結びついて——引き起こされるのだろう。

数世代の間に子どものうつが増加していることは、社会や家庭の変化と関連するように思われる。[29]長年にわたり、子どもへの身体的虐待や性的虐待、母親との死別は、子どものうつの発症リスクをかなり高めることが示されてきた。[30]同様に、家庭内での長期にわたる混乱——不和、別居、離婚——もまた、うつのリスク要因となる。しかし、リスク要因はそれだけではない。流動型社会となり、家庭は頻繁に引っ越すようになった。[31]その結果、親戚——祖父母、叔父叔母、いとこなど——は、家庭をサポートしてくれる存在ではなく他人に近い存在となった。[32]そして、人生の困難にどのように対処していけばよいのかの役割モデルとなる家族が少なくなった。離婚により家庭はますますバラバラになる。離婚していない親でも、両親が共働きで子どもは保育所に預けられ、ほとんど家にいないということもある。現代の多くの家庭には、友だちや近所の人たちとの関係を構築し所属意識を高めていくような時間がほとんどない。今日、近所の人たちの間で信頼関係を結ぶことは稀だ。孤独感や疎外感はうつの原因となりうる。匿名性、消費主義、流動性といった米国文化により、自分自身への価値を感じにくくなり、これが疎外感やうつの原因となる。[33]

よかれと思ってしている育児や教育もまた問題の原因となっている。大人は子どもの自尊感情を高めようとして、子どものすることなすことを——それがどれほど重要なことかによらず——褒めたりする。その褒め方には誠意がなく不正確で、ときにはいい加減だ。その結果、その子が真に挑戦に値する課題での成功体験を積む機会を意図せずして奪っている。そして、子どもはいつも褒められることを期待するようになり、人の言うことはいつもあてにできるわけではないと思うようになる。このような子どもは、困難に対するレジリエンスを身につけられない。率直な評価や競争が脇に押しやられ、適切な努力を励ますような貴重な強化は、間違った、あるいは大げさなほめ言葉のなかに埋もれて過小評価される。心理学者のマーティン・セリグマンによると、「親や教師は、子どもがすること——熟達、忍耐、フラストレーションや倦怠感の克服、挑戦——を犠牲にしてまで子どもの感じること（すなわち、自尊心）を重視することで、子どもをますますうつになりやすくしている[34]」。

その他の要因

純粋に遺伝的要因だけによるうつ——これは滅多にない——は別として、ギフティッド児のうつは以下の四つの要因のうちの一つ以上が原因とされることが多い。それは、（1）喪失と悲嘆、（2）理想主義の挫折、（3）人間関係上の孤立、（4）実存的孤独感だ。ひとりの子どものなかに、これらすべての要因が少なからず存在しうる。これらの要因はあらゆる子どものうつと関連する可能性があるが、ギフティッド児は、より一層——また、より強烈に——その傾向が見られる。

喪失と悲嘆

我々はみな、ときおり悲しみや悲嘆、一時的な不幸感を経験する。とても大切なもの、大切な人を失ったときには落ち込み、虚しさや悲哀を感じる。

ジュディス・ビオースト（Judith Viorst）が、著書『喪失の意義 *Necessary Losses*』のなかで述べたように、喪失は人生の主要テーマだが、「喪失について考えると、それがどれほど成長と切り離せないものであるかを知ることができる[35]」。喪失は誰の人生にも起こることであるが、ギフティッド児や成人ギフティッドは、喪失が死別、離婚、友情の終焉、失恋、いずれからくるものであっても、非常に強い感情反応を示すことが多い。ギフティッドの人々は情に深いため、喪失とそれに続く悲嘆にひどく傷つきやすいが、喪失により成熟や成長がもたらされる。つまり、手放し、再び歩みはじめることで成長する。重要なのは、喪失だけでなく喪失に伴う悲しみ、悲嘆、怒りへの対処法をどれだけ身につけられるかだ。

理想主義、完璧主義、失望

ギフティッド児は自身に課した（そして、非現実的なほどに高すぎる）達成目標や道徳観などに自分が見合わなかった際、自身に失望することが多い。そして、これがうつを引き起こすことがある。あるギフティッドのティーンエイジャーが次のように言った。「何をするにも完璧でなければこの世の終わりのように感じる。そんな人間は自分以外にいない。みんななんでもできて幸せなのだと思う」[36]。別の青年ギフティッドは次のように言った。「僕は心配し悩んでばかりだ。『自分の才能がなくなるのではないか』と心配する。普通の人になってしまうのではないかと心配になる。自分の『失われた子ども時代』、得そびれた機会に悩む。自分が燃え尽きてしまわないか、また、過度に専門的になりすぎないか心配になる。自分が仕事でどのくらい成功できるかが心配で、同僚が自分を受け入れてくれるか（そして、今、実際に受け入れられているかどうか）が心配だ[37]」。

ギフティッド児は高い理想を抱く。この理想が彼らの熱意や激しさと結びつくと、それは完璧主義に発展しやすい。これまでの章で述べたように、完璧だけが価値ある達成レベルだと思い込むようになり、とうてい不可能な目標を自身に課してしまうギフティッド児もいる。たとえその目標に向かって前進していったとしても、これまでの前進を振り返るのではなく、目標到達にさらにどのくらいがんばらなくてはならないかに意識が向かう。このような完璧主義により、社会的、情緒的な困難を抱えるが、それがうつの一要因にもなる[38]。

理想主義が発達の凹凸や非同期性と結びつくと、期待に満たないという結果が生じ、ひねくれたりうつになったりすることもある。ギフティッド児はあらゆることに秀でようとし、それができないと失望する傾向がある。能力間の差が激しく学習障害と見なされる場合、自己への失望はより一層激しい。限局性学習障害のギフティッド児は自分自身に失望していることがほとんどで、自尊心は低く、うつに悩むことが多い[39]。

人間関係上の孤立

ギフティッド児の多くは内向的だ[40]。ハイリー・ギフティッドの人々は、熱烈な興味関心に没頭するために非常に多くの時間をひとりで過ごしたがったり、ひとりや一対一で遊ぶような読書、チェス、レゴ、音楽などを好んだりすることが多い。ひとりの時間は才能を伸ばすうえでは望ましい（これは成人後に卓越した才能豊かな人の特徴でもある）。しかし、一方で仲間のサポートを得にくくなるということでもある[41]。

知的能力の高さ、繊細さ、激しさゆえに、ギフティッド児はごく幼いうちから自分は人と違うと感じる。彼らにとってみれば世のなかの見方や価値観が浅はかに見え、孤独を感じる。幼稚園や小学校の低学年ですでに、友だちの単純すぎる興味関心や学習進度の遅さにフラストレーションを抱えることが多い。ある一四歳の男子生徒が次のように言った。「僕はいつも何か違う――生まれた場所を間違えたのではないか――と感じていた。小学校に入学した最初の日、物事があまりにも単純すぎて戸惑い、漠然と落胆したのを覚えている。僕は先生の才能と素質を疑った[42]」。このような子どもが成長するにつれ、社会では平凡であることが非常に重視されていることをいやというほど思い知らされ苦しむ。成人期初期では、自身の関心や価値観が他の人とは大きく異なると感じることが多くなる。このような感情は、いずれはギフティッド児――特にハイリー・ギフティッドやプロファウンドリー・ギフティッド、外向的なギフティッド児――にとって問題となるときがくる。このような子どもが、興味関心を分かち合い、自分と同じように素早くそして深く考えられるような友だちを見つけるのは容易ではない。大半の学校には非常に多様な特性の子どもたちがいるが、それでもギフティッド児は、自分が認められていない、居場所がない、仲間外れにされていると感じることがあり、からかわれたりいじめられたりした場合には特にそうなる。自分の考えのなかやひとりの活動に引きこもるのは、孤独ではあるが当面の避難所にもなる。

どのような子どもでも、家庭や学校で尊重されていない、認められていない、あるいは支えてもらえないと感じれば、当然、孤独感や疎外感を感じるだろう。ただ、ギフティッド児にとってどうにもしようのない、さらには有害ですらある状態の家庭や学校――頻繁な批判、大人からの過剰な圧力のある家庭や学校――がある。このような環境の子どもは、人が自分を認めてくれるのは、人としてのありのままの自分ではなく、成功者としての自分だけだと考えるようになるだろう。

子どもは一個人として認められているのではないと感じると、孤立感やうつに対処するためにさまざまな方法を試すようになる。多くは、その子にとって現実世界よりもずっと楽しいファンタジーや白昼夢のなかに引きこもる。あるいは、心配や悲しみが頻繁に思考に侵入してくるため、自分で（あるいは、周囲の大人が）注意欠陥障害ではないかと心配することもある。

ギフティッド児はうつを覆い隠し、外見をよくしたりスポーツの才能を見せたりジョークを言うなど、うわべだけ人に受け入れられそうな人間を取り繕うことがある。しかし、表面的なものを基盤とした人間関係からは何の満足感も得られず長続きもしない。なかには、表彰や受賞など、外的評価に過度に依存——ほとんど中毒ともいえる——状態のギフティッド児もいる。そして、そのような称賛を得られなくなると——その日がいずれはくるが——、自信を喪失し、深刻なうつに陥る。またある者は、自分の孤独とうつに「対処」しようとして、興奮できるさまざまなこと、ときにアルコールや薬物までも試すだろう。自分はそれらを「頭がよいからコントロールできる」と考えていることが多い。いずれも一時的には痛みを和らげるが、その効果は長続きしない。

実存的不安

ギフティッド児の理想主義と孤独感が第四のタイプのうつを引き起こす。「実存的うつ」は、非常に聡明な子どもや成人にもっとも多く見られる[43]。この種のうつは一回だけで終わるものではない。つまり、一度経験すると二度と離れられない。いったん実存的問題を悩みはじめると、つねにそれに対処していかねばならなくなる。その問題に気づいていなかった頃に戻ることはできない。「覆水盆に返らず」だ。実存的不安を抱えた子どもは、それ以降ずっと生きているかぎり、この問題にどう対処するかを考えねばならなくなる[44]。

実存的問題には、世界的に大きな人道主義的問題——戦争、貧困、飢餓、地球温暖化、不正、残虐など——が含まれる。ギフティッド児はごく幼い頃から、これらの問題について猛烈に心配することが多い。なぜこのような問題があるのか？　解決策が必ずあるはずだ。幼いギフティッド児に「三つの願いごと」を尋ねると、たいてい少なくとも一つはこれらの世界的問題の解決があげられる。そして、これらの問題を自分と同じくらい真剣に考えている大人はほとんどいないと気づき、世界を救うために何もできないという無力感を抱く。その子にしてみれば、周りの人たち——友だちだけでなく先生、親、政治家、その他権威のある人々——は、これらの問題を表面的にしか考えていないように見える。ギフティッド児は世界がどうあるべきかを思い描き、たとえその解決法がとても簡単で明白に思われるような場合でも、自身の理想やビジョンを分かち合う仲間がほとんどいないことを非常に悩む。たとえば、大人は大義のために寄付すると、自分はよいことをしたと思うだろう。しかし、ギフティッド児は「確かに、あなたはお金を寄付した。でも、その問題解決のためにあなた自身がしていることはあるのか？」と考える。その子からすれば、そのような責任的立場にある人たちは鈍く不合理で偽善者ぶっており、見るからに無知に映る。世のなかは能力のほとんどない大人が支配していると思えてくる。

周囲の偽善、矛盾、無知、認識不足などに徐々に気づくようになると、ギフティッド児は、人間の価値はしょせん状況に依存したもの、恣意的なものなのではないかと悩みはじめる。孤独感、理解されていないという思いは、そもそも自分の人生に意味などあるのかという疑念をもたらすことがある。「自分――たかが子ども――などが、こんなにもクレイジーな世界を変えるなんてできっこない」「自分の人生に意味などあるのだろうか？」。人間の存在にかかわる根本的な問題――自由、孤独、死、虚しさ――から、明らかに自分が異質な存在であるこの世界に生きる価値があるのかという疑念が生まれる。ギフティッド児は、自分は頭がよく才能に恵まれているのだから人類を救う責任があるという考え――到底かなうはずもないと思える課題――に打ちひしがれるだろう。

人類への個人的な責任感という行き過ぎた感情が生じると、必然的に、悲しみ、怒り、無力感、うつが生じる。このような子どもを生かし満足できるようにするには、以下のような支援が必要だ。(1) 自分の気持ちを理解してくれる人がいると感じられるようにする。(2) 自分の考えを分かち合える人がおり、自分はひとりではないと感じられるようにする。(3) 世のなかに貢献できるような方法で、他の理想主義者とともに協力する。これらを通して初めて、このような子どもが自分の人生や人との関係に意味を見出し、この世界に居場所を見出すことができる。家族や友だち、メンターは、このような子どもが自分の人生に意味を見出し、理にかなった満足感の得られる人生の展望をもてるように導く重要な人々だ。

わが子が社会改善を目指す組織でのボランティアに参加すると、そこで支えられ、落ち込みが和らぐと感じる親は多い。社会的大義にかかわる人の多くは理想主義的なため、ギフティッド児は人とのつながりを感じやすく、人を助けることを通して人生に意味を見出すだろう。大義に向かう時間を得ると、その子自身がコントロールしているという感覚が高まり、自分の進むべき道についてポジティブな展望をもてるようになる。ボランティアとしては、スープキッチン［ホームレスのための無料食堂］で働くものもあれば、養護施設で高齢者に本の読み聞かせをするものもあるだろう。どのような業務に従事するかよりも、問題意識を同じくし、同じように熱心に取り組む人と一緒に活動することが重要だ。

中年の危機にある成人の多くも実存的不安の問題を抱え、「これが私の人生すべてなのか?」「私の人生に意味はあるのか?」という疑問を抱く。成人でもこれらの不安に対処するのは難しい。だとしたら、毎日のように「オタク」だとか「バカ」と言われているような一二歳のギフティッド児の心にこのような不安が生じたときに、どれだけ深刻なうつが生じるかは想像に難くないだろう[45]。

うつと怒り

これら四つのうつタイプに共通の基盤がある。つまり、いずれも背後に怒りの感情が存在する。それは、自身に対する怒り、状況に対する怒り、あるいは運命に対する怒りかもしれないが、いずれにしろ、その子は怒りを抱えている。自身や状況を変えることができないと感じるため、無力感も伴う。自分自身に怒りを抱えている子どもは、批判されながら育った場合は特に、自分が悪かったと思うことに対して自己懲罰（self-punishment）で償うことがある。完璧主義だと、セルフトークは自分の失敗や短所ばかりに注目したものとなり、怒りを募らせるだろう。そして、そのような怒りなど抱えてはいけない、自分の感情が間違っているなどのように思い込み、自身の怒りを否定したり、怒ってなどいないふりをしようとしたりすることもある。なかには、殴る、切るといった自傷行為のように、危険な自己懲罰に依存する場合もある。

他者や状況に怒りを抱えている子どもは、それを変えることができないという無力感も抱いている。怒っても実際何も変えられないと感じ、自分の怒りは理解されない、受け入れてもらえないと思い、怒りに対して罪悪感すら感じることもある。実存的うつの場合、怒り、ときに憤怒は人生の不公平さに向けられる。実存的うつの子どもや成人は、自分のいる世界は不条理で虚しいと感じ、世界はそうであってはならないと考えている。そして、世界を変えることができないという無力さに怒り、そのようなことを考えているのは自分だけだという孤独感を抱える。自分以外の人はこのような問題には悩んでなどいないように見えるからだ。

怒りや失望は、誰もが折に触れ経験するものだ。うつと怒りの関連のあり方を理解すると、うつを軽減する何らかの術を見出すことができる。我々の大半は自身の怒りを社会的に適切な方法で表現・対処する術を身につけている。そして、適切な方向づけができれば、怒りをその状況に対処しようという積極的な行動に変えられるだろう。対するうつは、消極的で抑圧的だ。自身の怒りを否定する人は他者を責めるかたちのうつになりやすい。そして、その状況がいかにひどいか、自分自身や他者がいかに無能で最低かという自己憐憫の思いを抱きやすい。

自分自身にも他の人々からもはっきりとわかる最初の感情はうつだ。しかし、うつの根底には、つねに怒りがある。古くからのことわざに、「怒りのあるところに痛みあり」とある。ちょうど同じように、うつのあるところに怒りがある。

怒りはエネルギーにあふれているが、子どもに感情まかせの怒りの爆発をさせておいてよいわけではない。かんしゃくは何の役にも立たず、周囲もかんしゃくを起こしている子どものそばにはいたくない。かんしゃくを起こすに任せておくのではなく、親のほんの少しの助けや支援があれば、子どもは自身の怒りを解き放ち、適切な方向づけができるようになり、無力感ではなく自信や自己効力感を得られるようになるだろう。子どもが落ち込んでいたり怒ったりしているときは、その行動を導くのは難しいときもあるだろう。しかし、それは不可能ではない。その子との強い絆があれば、なおさら大丈夫だ。うつを適切で有益な怒りや自己主張へと変えていくための具体的な方法は、本章で後述する。

自分自身への失望

自分自身に失望したとき、ある種の自罰感情を抱く人は多い。ギフティッド児の場合、不適切なほどに高い基準を設けたり、前章にあるような「自分はこれができなくてはならない」「自分は完璧でなくてはならない」といった不合理で非論理的な思い込みに陥ったりすると、特に自罰感情を抱きやすい。怒りのセルフトークはこの不合理な思い込みを刺激し、「自分は本当にダメな人間だ」「そんなふうにすべき（反応すべき）ではなかった」「私は、よい（思いやりのある／寛大な／秀でた）人間には、なりたくてもなれるはずはない」「私は自分を、そして人をも失望させてきた」「退いてどこか洞穴にでも身を隠すしかない」などと考えるようになる。誰もがときには自身に失望することがあり、的確な内省と自己評価のおかげで成長できることもある。一方、ギフティッド児が非常に長期間自分自身に対して過剰に怒りを抱えると問題が生じ、「自分はダメな人間だ」というセルフトークを繰り返しているとうつに陥る可能性が生じる。

うつの子どもを助ける

幸いにも、子どものレジリエンスを高め、深刻なうつに陥る危険性を減らすために家族ができることはたくさんある。[46] うつは治療、改善できる。以下に、親と教師のための八つの基本的な指針を記す。[47]

どの程度の期間その子が落ち込んでいるかを把握しよう

ほとんどの場合、落ち込んでいるのは数時間から長くても数日だ。もし、落ち込みが数日よりも長く続き繰り返しているようであれば、専門家に相談すべきだ。「年頃だから」と片づけてはいけない。

子どもの話に耳を傾けよう

これは非常に重要だ。親や教師が子どもの話を聞かないということは、その子は聞くに値しない存在だというメッセージを送っていることになる。うつ状態にある子どもは、自尊心をさらに傷つけられることは必要としていない。その子は、すでに自分自身に非常に苦しんでいるのだ。うつ状態にある子どもの心を開くことは難しいかもしれない。その子自身が自分の人生をできる限り楽しむことができるように、みじめな日々ばかりの人生にならないようにしてあげたいという、あなたの特別な配慮と助けを示す必要があるだろう。

心配を受け入れよう

うつやその根底にある怒りが、子どもにとってはどのようなものであるのかを考えよう。具体的な事物の喪失（転居に伴う通いなれた学校との別れ、最愛のペットとの別れなど）により悲嘆やうつが生じることもある。また、実体のない漠然としたもの（友情の破綻、人間不信、自尊心の喪失、ある意味自分を守っていた無邪気さの喪失など）により生じることもある。喪失により、誰もが知るところの人生のはかなさを思い知らされ危機やストレスが生じるが、喪失は成長と改善には不可欠でもある。[48]

その子の感情の激しさを無視したり軽く見たりすることのないように注意しよう。「そんなふうに感じることはないよ」などと言ってはいけない。そんなことは心配しなくても大丈夫だとか、落ち込むことはないなどとも言わないように気をつけよう。そのように言うのは、その子の感情を尊重していないということを伝えるだけでなく、人間としてのその子を尊重していないということを表明しているようなものだ。その子の感情はその子にとっては真実で、とても苦しいものだということを忘れないでほしい。その子の感じ方が間違っているなどと言うのは、その子の自己嫌悪感をさらに増し加えるだけだ。

その子に向かってあなたはとてもすばらしいのよと伝えると、その子はさまざまな理由を挙げて、いかに自分がダメな人間であるか言い張るかもしれない。あなたにはたくさんの友だちがいる、いろいろなことをやり遂げてきたなど、何かポジティブな特性に基づいてその子のすばらしさを伝えようとすると、その子は、なんて的外れなものの言い方だと思うだろう。落ち込んだギフティッド児を説得しようとしても、たいていは何の効果もない。このやり方に効果があるように見える――つまり、子どもがネガティブな感情について話すのをやめる――ため、説得の手法を用いる親もいる。そのような親の説得により、「誰も、親さえも、私をわかってくれないし信じてくれない」ことがより確かなものとなり、子どもの疎外感がより強まるだろう。そうこうしている間も苦痛と心配は取り除かれることなく、うつが重くなっていく。

説得の方法をとるのではなく、その子の気持ちを映し返し受け入れよう。その子を支えつつ、いつも、その子が自分自身や状況について別のとらえ方ができるような余地も残しておこう。あなたの思慮深い意見やその子との会話を通して、その子自身が自分を罰していることに気づけるようになるだろう。子どもが自分自身に怒り失望しているときには、その自己懲罰によってよりよい人間になれると思うか、また、どのくらいの期間「自分を嫌う」必要があると思うかを尋ねてみるとよいだろう。その子にはそのように感じる権利があることを認め、みじめな気持ちにいつけりをつけるかを決められるのは自分だけだということに気づけるようにしよう。しかし、根本はよい子なのだから必要以上に長期間みじめな気持ちにとどまるのは、親として残念だと伝えてもよいだろう。子どもの気持ちを認め受け止めながらも、あなたの見方はその子の見方とは違うということを伝えられる。子どもに耳を傾けること、子どもの気持ちを尊重すること、問題を否定したり軽く考えたりしないこと、やさしくも表面的ではない安心感を与えること、これらを忘れてはいけない。

情緒的サポートを与えよう

子どもは、頼りにしている人が自分の悩みの深刻さを本当にわかってくれていると感じたがっている。あなたのサポート、つまり、注意深く耳を傾けること、一緒にいることにより、その子が自分自身に対してどのような感情を抱いているかによらず、自分を大切に思ってくれている人（あなた）がいるというメッセージが伝わる。

もしできそうなら、その子に触れてあげよう。うつ、特に実存的うつのもっとも深刻な点のひとつに、この世のなかは自分のことなどどうでもよく、虚しいもので、自分はそのような世界でひとりぼっちだと感じるという点がある。肩にやさしく手を置かれたりやさしくハグされるのはとても支えとなり、慰めとなるだろう。その子があなたの手を振り払ったり触らないでと言ったとしても、驚くことはない。今はただ、その子はとても怒っていて自分自身が大嫌いで、誰ともハグなどという気分になれないのだろう。それでも、あなたは触れてあげようとすることはできる。

本や映画などからその子に必要な情緒的サポートが得られることもある。登場人物が孤独やうつの問題に向き合っている本を読むと、他の人も自分と同じように感じているのだとわかるかもしれないし、自分が直面している状況に対する別の対処法を思いつくかもしれない。ただし、うつの子どものなかには、回避行動として本のなかに引きこもる子どももいることに注意する必要がある。

その子を屋外の活動に、やさしく、それでいてきっぱりと誘うことも、親ができる情緒的サポートのひとつだ。なるべくなら、ハイキングやサッカー、自転車など身体を動かすものがよいだろう。うつ状態の人は動きたがらなくなり、部屋のなかにずっといることが多いが、これではうつを悪化させるだけだ。課外活動も、誰かといることで情緒的サポートを得られたり、自分自身から他の人へ目を向けたりしやすくなるため、よいサポート方法だ。運動もまたエンドルフィンを血中に放出させ、よりポジティブな態度を引き出す。

うつの深刻さとリスクの程度を見積もろう

子どものうつが深刻あるいは重いことを示すサインがいくつかある。主に、睡眠や食事習慣の突然の変化、集中力の欠如、死について話したり死のことばかり考えたりしている、大切にしていた物を手放す、家族や友だちとかかわろうとしなくなる、支えとなっていた人とのつながりを断つなどがある。いずれもうつのサインととらえるべきだ。複数のサインが見られたら深刻さは増しており、自殺の危険が迫っている。薬物やアルコールに手を出しているのであれば、それもまたうつや自殺のリスク要因となる。その子は、将来について話すのを嫌がらないだろうか？　将来の目標や夢に目を向けられないこともまた大きなリスクだ。将来の目標について話すことができれば、深刻さは小さくなる。

自殺について本人に尋ねよう

これは親や教師にとって難しいかもしれないが、必要なことだ。「自殺を考えているの？」と尋ねてほしい。このような質問が原因で、その子の心のなかに自殺の考えが芽生えるということはない。あなたが目の前の子にこの質問をしようと決心するような状況になる頃には、すでにその子は自殺のことが頭によぎるくらいのことは経験しているだろう。ほとんどの場合、このような質問を受けた子どもは、あなたが自分のことを本当に心配しているのだと感じる。もし、その子が、そんなことは考えたこともないと否定しつつも、それがまったくの本心からではないように見えたら、「もし、そういうことを考えるようなことがあったら、話してくれる？」と伝えてほしい。

一〇代の子どもが自殺を考えるのは珍しくはない。自殺を考えたことがあるティーンエイジャーは二〇％以上にものぼり、三～四％は最近二週間以内に考えたことがあるということを示した研究がある。ここでもやはり次のような質問を直接し、その子が自殺の考えを実行に移そうとしているのかどうかを確かめることが重要だ。その質問は、「どうやって自殺するか決めたの？」だ。具体的な計画や方法を考えているときは、その時、場所、方法などは考えずにただ漠然と考えているときよりも、はるかに自殺の危険性が高い。自殺の可能性が現実味を帯びてきていることが心配なときは、子どもの友だちとも話す必要があるだろう。自殺を考えている青年の多くは、それを友だちに話している。そして、それは助けを必死に求めている証であることが多い。

専門家に相談しよう

子どもの自殺やうつに関して何らかの心配があるならば、専門家に助けを求めよう。二四時間体制のいのちの電話が電話帳に載っている。カウンセラー、かかりつけ医、心理士、精神科医に相談することもできる。病院の緊急治療室に連れて行くこともあるだろう。少なくともひとりの専門家と相談するまでは自分自身を傷つけるようなことはしないと、子どもに約束させてほしい。

行動に移そう

うつを見過ごしてはいけない。その子の命はこの上なく尊く、できうるかぎり幸せであるべきだからだ。それ以外にどんな理屈が必要だろうか。うつは、幸福と対極をなすものだ。自殺をほのめかすというのは、それがどのようなものであれ必死に助けを求めているのだということを忘れないでほしい。なかには、子どもが自殺を口にするのはそういうそぶりを見せて周囲を困らせようとしているだけなのではないかとか、そうやって親を焦らせようとしているのではないかなどのように考える親もいる。もしかしたら、そうかもしれない。しかし、たとえそうであったとしても、とにかく重く受け止めるべきだ。専門家に相談し、専門的な見解を聞こう。たとえそれが「単なる自殺のそぶり」で死に至る可能性のないものだったとしても、あなたはとるべき行動をとる必要がある。その行動を見て、あなたがどれほど自分のことを愛しているのかが、その子に伝わるのだから。

自殺

自殺率についての研究が進められるなか、ギフティッド児が実際にうつになり、実際に自殺していることは明確な事実だ。どのような自殺も、その家族や友だちに、悲劇的で重大な終生の影響を与える。自殺念慮がいつも自殺行動に結びつくわけではないが、どのような自殺念慮であっても重く受け止めねばならない。特にギフティッド児がアイデンティティの確立を模索し、そして、自身の目標を追求することと仲間になじむこととが相容れなくなる青年期には、重く受け止めるべきだ。

ギフティッド児が自殺を考えることがあるというのは、多くの人にとって理解しがたいことだ。多くの才能に恵まれているではないか。生きがいにできるようなものをすべて備えているではないか。なぜそれほど恵まれた人生に終止符を打ちたくなるのか？　なぜ、自分に対してそんなことができるのか。そして我々に対しても。

絶望、無力感、そしてうつが増すにつれ、その根底にある怒りが膨れ上がり、自殺しかそこから抜け出せる方法がないと思うことがある。これは、一時的な問題に対する永久的な解決方法だ。衝動的に決意することもあれば、綿密に計画されていることもある。自分自身に向けられた究極の罰の場合もあれば、家族を同じように傷つけようとしている場合もある。

教育者のジェームス・デリーズル（James Delisle）は次のように言っている。「今日の青年ギフティッドは、……冷たく厳しい世界に巻き込まれている。しかし、青年にとって大切な大人や仲間に支えられることで、この心かき乱された青年は、もっとも深刻で最終的な選択肢である自殺を選び取らずにすむかもしれない[49]」。その子との関係が、誠実で隠し立てをせず、相手を尊重し思いやりのあるものであれば、重く長期にわたるうつを撃退できるだろう。これらの重要な問題を理解し、それが起ったときに心からの温かな努力を惜しまなければ、その子との関係性はよりよいものとなるだろう。

家族が最善をなしてきたにもかかわらず、ギフティッド児や成人初期のギフティッドが自殺してしまうことがある。このようなケースはあまりにも突然で、親や教師は何が悪かったのかわからないということがしばしば起こる。ギフティッド児のなかには自分のうつを隠すのがうまく、いちばんの親友さえ気づかないことがある。前日には、親が「大丈夫？」とことばをかけていたかもしれない。そして、「大丈夫に決まってるよ。練習が終わったら、すぐに帰るよ」という返事に安心していたかもしれない。夜中にその若者は自殺し、残された両親は、どうして気づいてあげられなかったのかと苦悩し続ける。このような悲劇は家族の心に傷を残す。このときこそ、家族や友だちが互いの関係を再確認し、支えあい、悲嘆への対処の助けを探すときだ。

あなたを心配させたくてこのようなことを書いているのではない。ギフティッド児が自殺しようとしたり、実際に自殺する確率は低い。しかし、自殺がもたらす結果の重大さを考えると、可能なかぎりその危険性を小さくしたいのだ。うつの可能性に気づき、うつについて新たな認識をもつことで、家庭にうつの問題が生じた際により適切に応じられるだろう。そして、あなたの子が孤独感や不幸感、さらには死にたいという気持ちを表したとき、専門的な支援を求めやすくなるだろう。

第8章　知人、友だち、仲間

人とのつながりを感じたいというのは、ギフティッドであろうとなかろうと、どんな子どもでも同じだ。友だちや家族との関係を通して情や絆を感じることができる。我々は他者がどのような考え方や行動をとるのかを学び、自身の世のなかのとらえ方を他者のそれと比較し、自分が価値ある存在とされているかどうかの感覚を発達させる。

ギフティッド児はどのように他の子どもとかかわるのだろうか？　短気だろうか？　仕切り屋だろうか？　飄々《ひょうひょう》としているのか？　幼少のギフティッド児の親の多くが口にするのは、「うちの子は他の子と遊ぶより本を読むことのほうが好きです」「うちの子はお友だちが少ないような気がします」「同じ学年の子とは遊びたがらないのです。大人と話をすることのほうが好きです。同じ歳の友だちをつくってほしいのですけれど」などだ。

親や教師は「他の子と歩調を合わせることも学ばなければならない。この世界で成功するためには、人から好かれる必要がある」と考えることがある。その一方、子どもが成長するにつれ、ピア・プレッシャーは必ずしも望ましいものではなくなる。中学生になると、親の心配は「同じ歳の子ともっと同じようになってくれればいいのに」から「同じ歳の子のようにはなってほしくない」へと変わる。ティーンエイジャーをもつ親は、わが子が友だちに合わせようとしすぎるという不満を抱える。そして、「昔は優秀だったのに、今ではブランドのジーンズを履いたり、他の女の子と同じような恰好をすることばかり考えているのです」あるいは「薬物など危ないことをしようというピア・プレッシャーに負けずにいられるのでしょうか」と言ったりする。

仲間関係の問題は、ほぼすべてのギフティッド児が抱える問題だ。彼らの興味関心や行動が風変わりで同年齢の仲間とは違うために、学校や近所では同年齢の仲間はほとんど見つけられないかもしれない。知的能力、激しさ、繊細さが並外れて高いギフティッド児の場合、同年齢の友だちを見つけるのはなお一層難しくなる。彼らは二～三歳年上の子どもと遊びたがるかもしれないし、大人と過ごしたがることもあるかもしれない。

なかには、仲間内で好かれているギフティッド児もいる。外向的な人は気質的に人との関係を築きやすいため、生まれながらにして社会性が高く、友だち関係の問題を抱えることがほとんどない。このようなタイプのギフティッド児は、通常、人との関係づくりでの問題は少ないほうだが、リーダーでない場合は仲間の影響を気にしすぎるというリスクがやや高いだろう。仲間集団に懸命に合わせようとするために、自身の才能を否定したり軽く扱ったりすること、あるいは、独自の興味関心を捨て去ることもあるだろう。理想を言えば、親和欲求と達成欲求のいずれかを選択するようには迫らない仲間と出会えるのが望ましい。理想的な仲間は、ギフティッド児の本質となる両側面の真価を認めるものだ。

非常に聡明ではあっても外向的ではないギフティッド児の場合、自分は人と違う、ひとりぼっちだと感じ、仲間がほとんどいないことがある。このような子どもは、人とかかわりたいという欲求とひとりで過ごしたいという欲求の両方をバランスよく満たす仲間を見つける必要がある。いずれのケースにおいても、ギフティッド児の健全な社会性や情緒的発達を促すために親ができることのひとつは、彼らが真の仲間に出会える機会を増やすことだ。また、人との関係は親密さ、思いやり、友情の上に成り立つこと、仲間と知り合いとは異なることをギフティッド児が理解できるようになることも重要だ。

ギフティッド児にとっての真の仲間

ギフティッド児にとっての仲間とは誰だろうか？　同年齢の子どもか？　一年生であらゆる恐竜の名前を知っている子どもが他にもいるだろうか？　天文学に興味のある一年生は？　バード・ウォッチングに関心のある一年生は？　仲間というのは一般に、興味関心が同じで能力も同程度だ。ギフティッド児は運動、知的能力、情緒のニーズごとに別の仲間や、人生を笑い飛ばせるような気持ちにさせてくれるような人を必要とすることが多い。ギフティッド児の能力や興味関心のレベルは非同期発達ゆえに大きな開きがあるため、おそらく他の子どもたちよりも多様な仲間を必要とするだろう。この点を考慮すると、たとえばある幼少のギフティッド児の写真仲間は思春期前の子どもたちで、野球仲間はより実年齢が近い子どもとなったりする。恐竜に興味があるギフティッド児の場合、古生物学者や博物館の館長と話すことのできる地域に住んでいなければ、興味を分かち合える仲間には出会えないかもしれない。

このように考えると、仲間は必ずしも同年齢であるとは限らない。一般に成人の場合、興味関心に応じてさまざまな年齢層の友人がいるものだ。コンサートに行く相手はハイキングに一緒に行く相手と同じとは限らず、職場での友人とも異なる。一般に成人と同様、ギフティッド児にもいくつかの異なる仲間グループがある。近所で一緒に遊ぶ同年齢の仲間がいるかもしれない。一方、高度なコンピュータ・ゲームをするときには年上の子どもと、チェスをするときは大人と一緒にやりたがるかもしれない。

ギフティッド児同士であれば最良の仲間となるだろうか？　そうなることもある。特に、年齢や知的レベルが近く、興味関心を同じくするようなギフティッド児同士は、最良の仲間となるだろう。ギフティッド児が運よく親友に出会えるようなときは、その子もまたギフティッド児であることが多い。才能と興味関心を分かち合えるようなギフティッド児の友だち同士のやりとりには非常に迫力があり、周囲の大人はその活力にほとほと疲労困憊してしまうほどだ。見るからに熱気にあふれ、たいてい非常に騒々しい。ギフティッド児が二〜三人集まるとその激しさはいや増し、まるで互いが互いの熱狂のなかで生き、食べ干しては眠り、飲み干してはまた息をするかのように見える。ギフティッド児にしてみれば、自分と同じ速さで一つの話題から次の話題へと次々に進むことができ、新しい情報、興味関心、スキルを分かち合えるような仲間を得るということは、非常に興奮することなのだ。

友だちは何人必要か

近しい友人はほんのわずかだと、多くの大人は言う。そして、その友人とは定期的に会う場合もあれば、ときどきしか会わない場合もある。それ以外は、友人というよりは知人、同僚というべき関係となる。このように考えると、わが子が何人の友だちを本当に必要としているのかがわかるだろう。

さらに親が注意すべきことは、大人の考えるよい仲間関係と、ギフティッド児にとって満足のいく仲間関係とは異なるということだ。なかでもエクセプショナリー・ギフティッド児や内向的なギフティッド児の場合、ほんの少しの友だちがいれば満足し、周囲に溶け込む必要性をそれほど強く感じていない。一方、広くさまざまな友だちを必要とするギフティッド児もおり、彼らは自分の能力や興味関心を犠牲にしてでも人から好かれたいと思うだろう。いくつもの仲間グループに同時に溶け込もうとし、彼らの態度は知的な仲間といるか社交的な仲間といるかにより激変することがある。

わが子と気の合う友だちを見つけるために、ギフティッド児の親が子ども同士の遊ぶ約束を取り決めるなど、かなりがんばることが多い。特に子どもに友だちがたくさんいる場合、親はお抱え運転手のような気分になるかもしれない。子どもの交友相手の年齢層の幅に驚くこともある。ギフティッド児がチェスクラブや電子機器販売店、動物病院、図書館のようなところで、自分よりずっと年上の子どもや大人とでさえ友だちになるということは珍しくない。たとえば、自分でコンピュータを組み立てているような小さなギフティッド児の例をあげよう。その女の子は、地域のコンピュータ店の従業員たちとは顔見知りだったが、なかでもコンピュータを組み立てている従業員何人かとは仲間のような関係だった。

友だちがほとんどあるいはまったくいないギフティッド児もいる。これには考えられる理由がいくつかある。まず、単純にあまり人と一緒にいたいと思わない、ひとりを好むということが考えられる。次に、何らかの理由で友だちづくりの基本的なスキルを学び損ね、子どもたちに嫌われてしまうために友だちがほとんどいないということがある。カブスカウト（Cub Scouts）やティーボール（T-ball）のような、大人の導きがあり、基本的なスキルを学ぶことのできる集団を経験したことがないということもある。コンピュータやテレビゲームばかりしており、学校の休み時間以外に他の子どもたちとかかわることがほとんどあるいはまったくないということもある。たとえば、最近では、ビデオポーカーで「儲けた人」などをテレビで見て、ビデオポーカーにはまる聡明な子どもが多い。また別の理由として、ジョークを言ったり話をしても、その必死すぎる様子に他の子はおもしろいとか笑えるとは思えないということがある。

仲間関係の問題はいつからはじまるか

仲間の問題を早くから経験するギフティッド児や、クラスメイトとうまくかかわることができない就学前のギフティッド児もいる。学齢期のギフティッド児では、豊富な語彙を用いたり高度なダジャレを言ったりするため、周りの子をイライラさせるかもしれない。いずれの年齢でも、複雑な仲間関係を仕切ろうとして問題が生じることがある。たとえば、ギフティッド児の強い個性ゆえにリーダーとして頭角を現すかもしれないし、他の子にイライラしてしまうかもしれない。

就学前の仲間関係の問題

特別に聡明な子どもとその親は、就学前に仲間の問題に直面する可能性がある。シリアルの箱に書かれているレシピを読むことや足し算引き算のできる四歳児には、他の子どものことが「なぜみんなは読めないの?」のように不思議に思えるだろう。自分よりもペースの遅い他の子どもにイライラすることもある。その子にしてみれば、自分のできることは当たり前で特別ではない。とすると、就学前という幼い時期でも、ギフティッド児にとっては同年齢の子どもが必ずしも仲間とはならないことにも頷けるだろう。同年齢の仲間からの孤立がこの時期に始まり、ひとりで過ごしたり年上の子どもと過ごしたりするほうがよいと感じるギフティッド児がいる。ただし、配慮ある教師の支援があれば、ときにはひとりで過ごすこともよいものだとギフティッド児が感じられるようになるだろう。そして、幼稚園のプログラムがフレキシブルであれば、そのような子どもも年上の子どもや興味関心を同じくする子どもと自由にかかわることができるだろう。

親もまた、子どもが幼稚園にいる頃から孤立感を経験するかもしれない。自分の子どもがしていることを他の親とは共有できないと感じることがある。話したところで、自慢だとか大げさに言っていると受け取られてしまうのだ。教師からも、善意からのことではあるが理解不足のために、親が「どんどん先取りしてできるようになる」ように子どもにプレッシャーをかけていると非難されることがある。「お子さんを、子どもらしくいさせてあげるべきです。こんなに早くから勉強のことを心配する必要はありません」と言われるかもしれない。ギフティッド児についての根拠のない神話がこの時期の人間関係に影響を及ぼすこともある。その子の人生にとってのギフティッドネスの重大な意味を周囲が理解していない場合、ギフティッド児の親子にとって、人間関係は早くから居心地の悪いものとなる。

多くの時間を大人と一緒に過ごすギフティッド児は多い。このことは、ギフティッド児の口調が命令的になりやすいことの原因のひとつとなる可能性がある。命令的な口調は他の子どもには威張っているように見え、仲間外れにされる。聡明な子どものなかには複雑なルールのゲームをたくさん作り出す子がいるが、ゲームが難しすぎたり、ルールを守らせようとするギフティッド児の姿が威張っているように感じたりするため、他の子どもは一緒に遊びたがらない。

学校での仲間関係の問題

昔ながらの幼稚園や一年生に所属するギフティッド児は、さらに強烈なピア・プレッシャーを経験する。ほとんどの学校には入学にあたり子どもにできていてほしいことの明確な基準があり、それらは通常、非常に基本的な就学レディネス［ここでは、基礎的な識字、書字と数の概念の理解などの、いわゆる学習レディネスを指している］としてのスキルとなる。ギフティッド児は突如として気づくことになる。自分が所属しているところは能力も興味関心も行動も自分よりはるかに基本的なレベルの子どもたちの集まりであること、カリキュラムは融通が利かず、学習ペースは一定に定められていること、みなが同時に同じことを行い、たいてい、子どもたちはあたかもまるで同じものであるかのように扱われることを。

この、多くの学校に共通する融通の利かないカリキュラムが原因で、問題が生じる。子どもの学び方はそれぞれ異なれば、学習ペースも異なる。すべての一、二、三年生が二〜四学年上の読み能力をもっていたり基本的な代数の概念を理解できるわけではない。すべての子どもが、チェスが好きだったり並外れた音楽の才能があるわけでもない。子どもの学習進度や記憶力はさまざまだ。それでもなお、我々は知的に早熟な子どもに同じクラスの同年齢の子どものなかから友だちや仲間を見つけてほしいと期待することが多い[1]。従順さと調和が個性よりも重視され、明らかにその子の真の能力よりもはるかに低い能力水準の環境では、起こりうることが二つある。一つは、その子が周囲に受け入れられるような方法で従い、調和し、低い水準に合わせるようになること、もう一つは、突き抜けることだ。いずれにしても、仲間関係の問題をはらむ。前者の場合、その子自身は、周囲に受け入れられるために自分を偽り、うわべを取り繕うことを身につける。後者の場合、突き抜けた子どもは早くから目に見える違いばかりに注意が向き、友だちになりうる相手を「遠ざけ」るようになるかもしれない。

家庭でのピア・プレッシャー

ギフティッド児は、誰とどのようにかかわるかということについて、親からのプレッシャーを感じていることがある。年少のギフティッド児の親のほとんどは、居場所となる仲間をもつことの大切さを強調する。一方、ギフティッドのティーンエイジャーの親は、わが子が友だちの影響を受けすぎているとか、わが子は社会の中心的存在になれるのだろうかと心配する。子どもの友だち関係をよく把握しつつ、干渉しすぎないでいるという絶妙なバランスが親には求められる。特に、外向的で友だちの多い親にとって、内向的で一人友だちがいれば十分だというギフティッド児を理解するのは難しいだろう。

親にとってのピア・プレッシャー

親自身もまたピア・プレッシャーを経験する。飛び級や特定教科の早修〔実年齢に基づいた当該学年のカリキュラムよりも先の内容を学習すること〕など、親が子どもの教育環境を整えようとすると、他の親だけでなく教師からも、親は引っ込んでいるように、今の環境に合わせるように、というプレッシャーを感じることが多い。[2]『卓越者の幼年時代 *Cradles of Eminence: Childhoods of More than 700 Men and Women*』にあげられている著名人の親が、確固たる信念をもってピア・プレッシャーに屈しなかったという話を読むと勇気づけられるだろう。[3]

ソーシャルスキルはどの程度重要か

たいていの親はわが子に、人から好かれる人であってほしい、人とうまくつき合うことができ社交的であってほしいと願う。多くの親が「バランスのとれた多才な」子であってほしいと言うが、それは、人から好かれる子どもも、人とうまくやっていける子どもも、スポーツなどの課外活動にも参加し、たいがいは世のなかとうまく合わせていける子どもということになる。そのような親は、人とうまくやっていければ、高校や大学あるいは職場で、将来的に成功する可能性が高いと考えていることがある。教師も同様に考えており、同年齢の仲間とうまくやっていき伝統的なやり方に従順に従うような「バランスのとれた多才な」子どもの育成に尽力する。

我々の社会ではソーシャルスキルが重視され、「エモーショナル・インテリジェンス[4]」つまり、他者の態度や感情に気づき、それを動かす力が引き合いに出される。ほぼいかなる状況においても、相手に対してどのような感情を抱いているかにかかわらず、その相手とうまくやっていくことが求められる。親はわが子に熱心に社交上の常識を教え、礼儀社会で受け入れられるような人間に育てようと努力する。親は人から好かれないということがいかに辛いことかを承知しており、わが子に多少は慣習に合わせてほしい、あるいは多数派のなかにいてほしいと望むこともあるだろう。わが子には幸せになってほしい、受け入れられていると感じてほしいものだ。わが子がのけ者にされたと感じてはいないか、人とうまく合わせられないことで悪い影響はないかと心配になるのだ。

それではどの時点で、子どもは従順や調和を考えずに済むのだろうか？　慣習は達成、創造性、発見、自律の感覚や自立した自尊心の確立よりも大切なのだろうか？　ギフティッド児には、どの程度普通の社会生活が必要なのだろうか？　世界的な偉業を成し遂げた人々の多くは、社会性があまりなかった。エレノア・ルーズベルト〔米国大統領フランクリン・デラーノ・ルーズベルトの夫人。社会運動家〕は全寮制の学校で自分と同じような女子生徒に出会って初めて仲間を得た。マヤ・アンジェロウ〔米国の活動家、詩人、歌手、女優〕はトラウマを抱え何年も自分の殻の中に閉じこもっていたが、後に魅力的な詩人、活動家として高い評価を得た。テンプル・グランディン〔米国の動物学者〕は自閉スペクトラム症と診断され、生涯人とのかかわりを好まず動物とのかかわりを好んだ。彼女の知的能力は高く、博士号を取得し、何冊もの書籍を執筆し、人道的な動物ケアについての熱心な唱道者となった。功績をあげた成人ギフティッドの多くが大学生あるいは大学院生になるまでは仲間がいなかったと言っている。

どの程度の社会性が必要かという問いに対するもっとも適切だろうと思われる答えは、少なくとも「ビジネス・フレンドリー」なスキルを身につける必要があるということだろう。つまり、人と気持ちよく仕事をしていくために必要な行動や態度を身につけるということだ。ただし、これは相手と親友になるとか、相手の考えや価値観、態度を受け入れることではない。ほぼ誰もが、新たに知り合った相手とは「ビジネス・フレンドリー」な関係から始める。次に、相手のことをよりよく知りたいかどうかという段階に入る。親がモデルとなり、図書館、地下鉄、スーパー、職場など公の場で、子どもに「ビジネス・フレンドリー」な態度や行動を示すとよいだろう。また、他の子どもや先生を尊重することがいかに大切か、ただしそれは、その人たちの意見や主張に同意することとは違うのだということを、子どもと話してみるのもよいだろう。

年上の遊び仲間

ギフティッド児は語彙力をはじめ、さまざまな能力がかなり早熟なことがあるため、すぐに同年齢の子どもたちよりも先に進んでしまい、このギャップが人間関係上の問題を生み出す。ギフティッド児が語彙力や興味関心のより近い年上の子どもや大人に惹きつけられるのももっともなことだ。

しかし、異年齢の人間関係もまた難しい。学校で早修しているようなギフティッド児は知的には年上の子どもとのほうが合うが、社会性の面ではさまざまな問題の可能性が想定される。第一に、同年齢の子ども集団とは接点がない場合、同年齢の仲間同士の友情を育む機会が多く失われる。第二に、周囲の人々はその子のことを背伸びしすぎていると考えたり、「子どもを急かしている」と親を非難したりする可能性がある。第三に、年上の遊び仲間は授業以外の場で、年下の子にとっては早すぎる話題をもちかける可能性がある。第四に、知的な仲間とのネット上のチャットルームを通じて、不適切な内容に触れる可能性がある。異年齢仲間には長所もあるが、その子と年上の子どもとのやりとりを親や教師が把握し、その子にとって、同年齢の仲間と知的な仲間とのもっともバランスのよい状態を見つける必要がある。

特別な友だち

ギフティッド児には、通常少なくとも一人か二人の非常に特別で親密な、そして、たいていその関係は長期にわたる友がいる。たいてい興味関心を分かち合えるような相手とそのような友情が育まれる。その友情は非常に熱く、まるで生活時間ほぼすべてが食い尽くされているように見える。この友情は実に強い絆で結ばれ、時と共により一層深まる。また、ギフティッド児が受け入れられていると感じることのできる相手とも特別な友情が生まれ、その相手が仲間であろうとメンターであろうと、友情により安息を得ることができるようになる。

ギフティッド児の友情欲求は、特別で熱烈な関係が一つあれば満たされる場合もある。互いに満たされる時を過ごし、本やゲームを貸し借りし、スポーツから宇宙空間に至るまであらゆることについて話し、しばしば再会を待ちきれないでいる。ギフティッド児のための特別イベントなどでこのような友だちに出会った場合には、イベント後もインターネットなどでのやりとりを通じてその友情が育まれる。

特別な友だちは大切だ。ほとんど誰もが非常に親密な友だちを二〜三人は思い浮かべることができるだろう。そのような相手は、自分の考えや感覚を安心して表出できる確認場所、安全基地だったはずだ。

わが子が友だちと親密になりすぎているのではないか、そのことで何か問題が起きやしないか、特に、その関係に終わりが来たときに問題が生じるのではないかと心配する親もときおりいる。その友情は非常に熱烈なため、終焉を迎えたときには悲しみ、涙、傷心、怒りが伴うかもしれない。その苦悩は痛烈だが、人間関係について学ぶことができるような親子の会話の機会も与えられる。子どものコミュニケーションをオープンに保ち、子どもが人間関係の複雑さを学ぶことができるように、また、困難な状況で最善を尽くせるようにしよう。

興味関心を分かち合える特別な友情は大切だが、それ以外のやや穏やかな関係もあるとよいだろう。子どもの人間関係を広げられるように励まし、友だちや知人の真の価値を感じとることができるようにしよう。ギフティッド児には難しいかもしれないが、相手に応じて期待を調節する力をつけ、その人への忍耐や感謝ができるようになる必要がある。

内向性と仲間

外向的なギフティッド児もいるが、標準的な子どもと比較すると、ギフティッド児には内向的な子どものほうが多い。[5] ギフティッド児と同年齢の仲間との間の興味関心、能力、知識、繊細さ、激しさという点でのギャップがこの内向性と相まったとき、ギフティッド児、特にハイリー・ギフティッド児は、自分は同年齢の仲間とは共通点がないと感じるのももっともなことだ。

内向的な子どもは、初対面の相手に自ら近づこうとはせず、誰かが自分に働きかけてくれるのを待っていることが多い。その状況をよく観察してからでないと加わろうとせず、外向的な子どもほど多くの友だちをほしがらない。このような子どもは、友だちのつくり方がわからないでいることがある。自分の考えや興味関心に没頭するあまり、単に他の人に気づいていないというギフティッド児もいる。そのようなケースでは、その子にとってみれば仲間との交流よりもその子の頭のなかの世界のほうが大切なのだということを、親や教師が理解する必要がある。ただし、その子の行動によって嫌な気持ちになっている人がいるかもしれないことに気づけるようにすると、自身の社会性の未熟さが自滅を招くかもしれないということにその子が気づき、変わろうとするかもしれない。

内向的な人はサプライズを好まず、次に何が起こるのか、あらかじめ知っておきたがる傾向がある。よかれと思い、娘のためにサプライズの誕生日パーティを親が計画したとする。パーティに招かれていたゲストが登場すると、この「主役」は長椅子の後ろに隠れ、ゲストたちと一切かかわろうとしないかもしれない。親が子どもの内向性や外向性といった基本的な特性を敏感にとらえていれば、より適切な計画や介入ができる。

ひとりの時間

わが子がひとりで遊び満足している姿を見て心配する親もいる。そのような親は「うちの子は友だちと遊ぶよりも、家でレゴで遊ぶほうが好きみたいです。学校では友だちと外で遊ぶよりも読書をしていることのほうが多いようです」と言う。ギフティッド児はひとりで過ごしているとき、本の登場人物と友だちになっていることがある。我々の多くが子どもの頃（また、今でも）本にのめり込みその登場人物や内容に共感したときなど、計り知れないほどの満足を感じた（感じる）のではないだろうか。ジュディス・ホールステッドの『本は私の親友』に、このことがよくとらえられている。[6]

ひとりの時間は多くのギフテッド児、特に内向的なギフテッド児にとって大切な時間だ。それは、その子の才能を伸ばすのに必要な時間でもあるかもしれない。バーバラ・カー（Barbara Kerr）の研究により、成人後に偉業を成し遂げた女性の少女時代に共通した特性があることが明らかにされた。彼女たちはみな非常に多くの時間を、ひとりで読書や考えごとをしたり、自分だけで楽しめることをして過ごすのを好んだ。[7] さらに、彼女たちのほとんどがとりわけ礼儀正しく社交的であったわけではなく、むしろ「つき合いにくい」子どもだった。なかには、人とやりとりしながら遊ぶ力がとてもあるにもかかわらず、あえてひとりで機械いじりや物づくり、読書にふける時間をたくさんもつギフテッド児もいる。

ひとりの時間はどの程度だと多すぎるのだろうか？　社会的に本当に孤立していても平気なギフテッド児はほとんどいない。ひとつの目安として、その子が自ら好んでひとりの時間を過ごしているのか、それともソーシャルスキルの未熟さや人との関係づくりが苦手なことが原因なのかという点があげられる。以下のような問いをもって状況を判断できるだろう。

- この子がひとりで過ごしているのは、ソーシャルスキルが未熟なためだろうか？
- この子は人から拒絶されることを恐れているのだろうか？
- この子はひとりの時間を心から楽しんでいるだろうか？
- ひとりで過ごすことで、この子の頭のなかに浮かんでいる楽しい考えや活動に集中できているだろうか？

その子が興味関心や能力を分かち合えるような仲間とのやりとりを十分に楽しむことができている

のであれば、心配することはほとんどない。ひとりで過ごすのは、共通点のほとんどない同年齢の相手といるよりはひとりで本を読んでいたほうがよいと思うためであることが多い。あなた自身もまた、こんなイベントに参加するよりは家で本でも読んでいたほうがよかったと感じるようなことが、一度や二度はあるのではないだろうか。ただし、その子が人とのかかわりをあまりもたずにいることを心配するに足る理由があるときは、専門家に相談したほうがよい場合もあるだろう。

ひとりの時間は大切で、必ずしも有害ということではない。たとえば、俳優やミュージシャン、オリンピックメダリストになるようなスポーツ選手の子ども時代は、典型的な子ども時代とはかけ離れた過ごし方をしていることが多い。才能を伸ばすために多くの時間をひとりで過ごし、ホームスクールあるいは特別な家庭教師をつけて勉強していることもしばしばある。集中的なトレーニング期間や成果を見せる舞台の間の社会生活は制限される。それでも、このような子どものほとんどが、その才能分野で活躍し続けるか否かによらず、適度な社会性のある大人に成長する。

仲間同士の比較とギフティッドというラベル

学校は勉強するためだけの場所ではなく、社会性を育む場でもある。自分についてフィードバックを受け、社会性や行動規範を学び、自分が人からどのように見られているのかを理解する。学校で初めて家族以外の他者と比較されることを経験する子どももいる。体格、運動能力、ソーシャルスキル、知的能力、さらには服装までもが、クラスメイトや教師による比較材料となる。ほどなくギフティッド児は自己概念を発達させ、自身と他者とを比較しはじめる。肯定的に比較できれば、自分はそこになじんでいるように感じる。そうでない場合、なんとかして人から受け入れられようとする。ときには、受け入れられるために自分の才能を隠すこともある。

「ギフティッド」というラベルが比較を引き起こす。その子がギフティッドだとわかると、あるいはそう聞くと、教師はたちまち、それならばその子にとって勉強などたやすいことだろうと思ってしまう。学校のすべてとはいわずとも多くの場面で優秀なはずだ、才能があるのだから他の子よりも自信をもっているものだと考えてしまうこともある。仲間同士の比較により、ギフティッドのラベルがない子どもが、自分は「ギフティッドではない」のだから価値がないと考えてしまうことがある。そして、ギフティッド児に対して「ガリ勉」「オタク」「バカ」などと悪口を言ってバカにすることがある。

比較することで自己評価が生まれる。繊細なギフティッド児は人との違いに気づき、なんとかして周囲に合わせようとすることが多い。このような場合、ギフティッド児はそもそも大きく異なる相手と比較したりされたりしていることがある。彼らは自分がまるで「円い穴に合わせようと押し込められている四角い杭」のように感じている。[8] あるティーンエイジャーが次のように言った。「学校に友だちは一人もいないよ。知り合いだけさ。学校の勉強ができる子たちはみんな僕がなぜ学びたいかを理解できないアンダーアチーバーだよ。みんな、僕のことをすごく頭がいいとか天才と言う（僕は天才などではない）。そう言われるのは嫌なんだ。僕と少しでも話をすれば、僕が読書ばかりしているおとなしい小さな新入生などではないことがわかるさ！　学校以外のところでは本当の友だちが何人かはいるよ。僕のことを本当に理解してくれているし、僕のことを天才よばわりしない（その子たちも頭がよいからね！）。それに、一緒にいて楽しいんだ！」[9]。

教師のものの言い方次第で、このような比較があおられたり最小限に食い止められたりする。たとえば、ギフティッド児に身の程を思い知らせてやろうと考えている教師は、「週に二度ギフティッドクラスに行っても構わないですよ。ただし、私の授業の課題はすべてやってもらいます」「あなたなら何が正しいかわかるわね。ギフティッドだものね」のように言うことがある。このようなものの言い方は不健全な比較を促す。またあるときには、ギフティッドというラベルのために、教師は無意識のうちに不協和音や不健全な比較を生み出すことがある。「今回のテストが楽しみだ。頭のよいきみたちでも合格できるかどうかわからないぞ」のような言い方には生徒を尊重する姿勢が欠けており、ギフティッド児にフラストレーションを与えるばかりか、余計な仲間関係の問題をも引き起こすだろう。ギフティッド児ばかりでなくどのような子どもも健全に尊重しあう模範を示すことで、ギフティッドというラベルにより生じるストレスを極力小さくすることができる。

友だちのつくり方

友だちがほとんどいないことに悩んでいるわが子を見るのは、親にとっては辛いことだ。親として何ができるだろうか？　以下に、友だちづくりの方法をいくつか紹介する。[10] 親としてできることは、子どもが以下のことをできるようにすることだ。

- 友だちと過ごす時間をつくる。
- 自分から友だちに働きかけて関係をスタートさせる。
- よいもてなし役を務められるような力を身につける。
- ストレスの少ない状況で友だち関係に必要なスキルを練習する。
- よい聞き役となり、相手に関心を向けていることや相手を気にかけていることが伝わるようにする。

- 自分の能力に正直でありつつ、自慢になりすぎないようにする。
- 他の人のよい点に目を向け、それを褒める。
- たとえ苦手な分野でも集団活動に参加し、友だち関係を築く機会を得る。
- 自分とは異なる考えや行動を受け入れる。
- 勝ち負けによらずフェアに戦う。
- からかい、いじめ、噂話への対応力を身につける。

これらの方法は、たとえば何かの活動場所まであなたが子どもたちを車に乗せて連れて行くときなど、さまざまな場面で用いることができるだろう。演劇クラブ、サッカー、スカウトなど、その子が楽しめそうな集団活動に参加してみたらと勧めることもできるかもしれない。活動を共有できるようなペアで活動する機会はたくさんあるだろうし、そこで友だち関係に必要なスキルを学ぶことができる。

子どもと一緒に、友だち関係での典型的な状況について話し合ったりロールプレイをしたりしてもよいだろう。ギフティッド児は想像力が非常に豊かなことが多いため、これらの方法によって、どのような行動がどのような反応を招くかを考えやすくなるだろう。たとえば、「○○をしたらどうなると思う?」「それからどうなると思う?」「そうしたら、その人はどうする（考える、感じる、など）と思う?」「それに対してどう応じる?」「他にできそうなことはある?」などのように聞いてもよいだろう。その子と一緒に実際にやってみることで、どうなるかがその子にもわかるようになるだろう。

周りの空気を無視したりお構いなしの姿はどのように見えるかも、あなたが実際に手本となってやってみせてもよいだろう。人とのやりとりを促すさまざまなボディランゲージの見本を見せたり、一緒にロールプレイもできる。あるいは、実際に友だちづくりに必要な行動を練習するのもよいだろう。

その人との話に興味をもったときには、どんな表情をするだろうか？　楽しいときにはどんな様子に見えるだろうか？　親しみを感じているときは？

ロールプレイを取り入れる場合、ときどき役割を変えてみるとよいだろう。最初はあなたが子どもの役をし、次はその子が話しかけようとしている相手の役を演じる。子どもとの関係が良好ならば、あなたの伝えたいことを大げさに演じるなどして、子どもが笑いながら学べるようにしてもよいだろう。このようなロールプレイを通して、人がどう感じ考えているのかを理解できるようになるだろう。

先生やコーチに「ジェフは友だちをつくる際にちょっとした助言があるとスムースにできます。ですから、本人が困っているときなど、手をさしのべていただけませんか？」などのように協力を依頼するのもよいだろう。子どもが助けを必要としているとわかれば、たいていの大人は喜んで助けるものだ。スクールカウンセラーに協力を依頼することもできる。友だちづくりなどに支援の必要な子どものための小さなグループセッションを行っているスクールカウンセラーもいる。

ギフティッド児のなかにはソーシャルスキルの困難を伴うアスペルガー症候群でもある子どももいる。アスペルガー症候群の子どものためのソーシャルスキルに関するよい本がいくつかある。それらのなかには帯漫画が描かれ、友だち関係がうまくいかなくなるような言動をとる子どものシーンが出てくるページと、友だちになりたくなるような言動をとる子どものページが対になって作られているものがある。アスペルガー症候群の子どもをもつ親は専門的な支援を探さなくてはならなくなるかもしれないが、そのような場合でも、これらの本は、ギフティッド児が今までとは別の人とのかかわり方を知るうえで役立つだろう。

青年期のピア・プレッシャー

ティーンエイジャーは特に仲間関係に敏感で、「私はいったい何者か？　私は何に属する者か？」という根本的な問いへの答えを見いだそうとして行動することが多い。ギフティッドのティーンエイジャーはクラスメイトと自分との違いを少なくとも漠然とは感じていることが多く、能力や学業成績の高い者に対する仲間のステレオタイプに気づき思い悩む。彼らはギフティッドネスに関する神話や見下したような論評と格闘する。ギフティッドのティーンエイジャーたちが、自分がただギフティッドであるがゆえに経験したことを書き記したものの一部を以下に記す。

「ギフティッドというラベルを貼られると、ギフティッドのイメージに合わないようなこと、つまり、パーティに行ったり夜遅くまで出歩いたりテストでCをとったりということをすると、変だと思われる。けれども、運動だけが取り柄の奴が夜遅くまで出歩いたりCをとったりしても、お咎めなしだ。奴らはそれでいいと思われているのだ[11]」

「私は社会ののけ者でもなんでもない。しかし、私がギフティッドだからということで、同じ年の友だちにはまったく受け入れられていないように感じることがある。私はからかわれてばかりいる。ギフティッドネスを長所として受け入れてもらえたらいいのにと思う[12]」

「僕の高校生活はまさにお決まりのものだった。……いじめに苦しんだ。……僕がみんなとなぜ違うのかをわかってもらいたかった。廊下で押されたり、『ゲイ』とよばれたりなどされたくなかった。なんというか、いわば僕の『ポリシー』が僕を突き動かし、人と違った服装をしたりサッカーに興味をもてなかったりしたということだ。そして、友だちはそれが気に食わなかったのだ[13]」

「私のことを、気取っていて近寄りがたく仲良くなれそうにないと思っている人もいます。その人たちは私のうわさを聞くだけで、直接私のことを知っているわけではありません。あらすじだけ読んでその本を読んだと言っているようなものです[14]」

「学校では無視されています。高校二年の数学の時間、手を大きく振って答えを大声で言いますが、誰も反応しません。先生すら反応しません。しかし、僕の隣の席の生徒が同じ答えを言うと、先生は必ず応じるのです！　社会の先生は、僕が答えを全部知っていることがわかっているので、もう僕を当てないと言いました[15]」

ギフティッドのティーンエイジャーが一時的に自分の才能を隠したり、あまりよくないと思えるような友だちとかかわったりしても、驚かなくてよい。おそらくその子は何らかの困難と闘っているのだろう。何かに属すということがどのような感じなのか、あるいは他の人の生き方、考え方、感じ方を知りたがっているのかもしれない。ただ、もう一方では、仲間とは異なるものも含め、自分自身の才能や興味関心を伸ばしていきたいという思いもあるだろう。その子はぐらつくかもしれない。しばらくの間は過剰なほどに周囲に合わせるかもしれないし、仲間と一緒になって反抗的にすらなるかもしれない。そしてしばらくすると、自らその仲間と離れ、大人や年上の仲間と過ごすようになるだろう。

わが子の友だち関係をいつも首尾よく選んだり制限したりできるわけではないということは、親にとってはストレスだろう。子ども自身がこれらの問題を解決するまでは、そのような親は子どもの交友関係を心配しながら生活することになるだろう。わが子には、自分をしっかりもち、とある仲間関係よりも目標を達成することのほうが大切であることに気づいてほしいと願うこともあるだろう。ギフティッドのティーンエイジャーとの親子コミュニケーションがある程度うまくいっているのであれば、その仲間関係から何を得られると考えているのか、何が犠牲になり失われていると思うのかを徐々に問いかけ、その子の考えを聞いてみるのもよいかもしれない。また、親自身のこれまでの人生で種々の仲間関係の問題にどのように対処してきたかを話すのもよいだろう。

ピア・プレッシャーとアンダーアチーブメント

我々の文化は一種の同調文化だ。メディアの影響を受け、世間全般的に、構え、想定、さらには話し方すら、数十年来均質化されてきている。場にふさわしい服装、ふさわしい言動を、というプレッシャーがつねに我々にのしかかる。賢い男児女児がアンダーアチーブメントに陥る最大の理由のひとつに、居場所を得たい、周りから浮かずにいたいという欲求がある。

聡明な女児におけるこの問題を最初に取り上げたのは、コラムニストのアン・ランダース（Ann Landers）だ。彼女は何年も前に、「女の子で周囲から浮かずにいたいと考えるのであれば、賢すぎるのはあまり賢いとは言えない」と記した。残念ながら、やはり女子の自尊心はどれほどの男子や男性を惹きつけることができるかということによりある程度規定される[16]。人気を得るためには、女子は美しく、繊細、フレンドリーで、積極的であるよりは受け身、素直で、きれいな髪とスタイリッシュな服装という点での魅力があり、あまり頭がよすぎない――少なくとも「男にモテる」とされる限度以上には賢くない――でいる「べきだ」とされる。これらの素質がいかに学業成績とは無関係であるか、さらには、卓越した女性の特性とは相容れないものであるかがわかるだろう。

ギフティッドの男子にも同様のプレッシャーがある。人気を得るためには「ボーイ・コード」の大半を優先させ、受け入れ、身につけていかねばならない[17]。代々受け継がれるボーイ・コードの不文律は、自信があり、度胸や勇気ある行動をとり、頼れそうな構えをし、やさしさや共感性、人に頼るような「いくじなし」な姿は見せないよう気をつけねばならないというものだ。何らかのスポーツが得意であれば、なお望ましい。アメリカン・フットボールやバスケットボールのようなチームスポーツがもっとも尊敬されるが、テニスやゴルフなどの個人スポーツでも、まったくスポーツをしないよりはずっとよい。ボーイ・コードの大半は学業とは無関係だ[18]。

ヒスパニック系やアフリカ系アメリカ人の文化では、同調へのプレッシャーはまた別の代償を生む。つまり、優秀な学業成績のアフリカ系あるいはヒスパニック系の男児は、仲間から「白人気取り」だとか、自文化の裏切り者と見なされる。学業成績がよいと自身の民族から排斥されかねないのだ。

このように、仲間うちで価値あるものとされているもののなかに学業成績はまったく含まれない。ギフティッド児の成績がよいと、それほど成績のよくない仲間の弱さや欠点を浮き彫りにするため、その成績は仲間を脅かすものと受け取られることが多い。クラスの仲間は自分より成績のよい人に向かって、「不正競争」だと批判するかもしれない。このようにして、ギフティッド児が仲間から受け入れられるうえでより一層の障壁が作り上げられてしまう。

ギフティッド児は、自分が聡明であることを喜びに感じる一方、聡明さゆえに友だちから仲間外れにされていることを悩んでいるかもしれない。「自分ならではの才能や能力をどれだけ発揮し伸ばしているか」よりも「どれだけなじめているか」に必死になっているかもしれない。知能が標準から離れれば離れるほど、仲間から浮かないようにするために「本来の自分」をあきらめねばならなくなるであろう部分が多くなる。ティーンエイジャーは自己が未確立なため、喫煙や飲酒、度を越したパーティなどのような、道徳的にも身体的にも破滅的なことをする仲間グループからの誘いを断るのは難しい。特に長年仲間関係の困難を経験していた子どもや、どこかに居場所がほしいと切望していた子どもにとって、仲間意識や居場所の魅力は非常に強く、抵抗できない。学業など二の次となる。

学校が実年齢だけに基づいて学業上のグループ分けをし続け――たとえば、七歳児はすべて二年生に配属される――、個々の学力や能力のレベルに応じたグループ分けをせずにいるかぎり、また、社会が運動のできる男子や美しい女子を高く評価し続けるかぎり、ギフティッド児にとって、学校を始めとする社会システムは居心地の悪いものであり続けるだろう。ただ聡明だからということで周囲とは異なる特性のある子どもたちは、すでに知っているスキルを教えられるだけのクラスに配属され続け、知的なやりがいを経験できないままにされ、周囲から受け入れられないままでいることになるかもしれない。

当然、学業成績もよく、友だちもいるギフティッド児もいる。わが子がギフティッドだからといって、すぐに友だちができないとかアンダーアチーブメントに陥ると心配することはない。アンダーアチーブメントはギフティッドのティーンエイジャーが直面する可能性のある問題のひとつだが、喜んで勉学に励み、自己感覚が十分発達し、真似たいとは思わない仲間の誘いにノーと言えるギフティッド児も多くいる。

大学以降の仲間関係

すべてではないが、多くのギフティッド児は大学へと進学し、そこで自分と似た学術面でのギフテイッドに多く出会う。しかし、大学でも仲間関係の問題は生じ、なかでもハイリー・ギフティッドや達成志向の高い場合にその問題が生じやすい。プレジデンシャル・スカラーズ（Presidential Scholars）［大統領から褒賞される奨学生］を対象とした研究によれば、大学時代に組織的なレジャー活動に参加しているのは、対象者のうちたった三分の一だった。[19] 大半がそのような活動の「参加者となる」時間や関心がないと言った。

ギフティッドの大学生のほとんどは、学生時代に友だちを得ることができる。それでも、激しさ、繊細さ、理想主義、せっかちは消えることはない。大学卒業後も、満足のいく議論のできる相手や情熱的な理想を分かち合える相手を見つけるのに苦労することが多い。交際相手や結婚を意識してつき合うパートナーを見つけるのも難しいことがある。このような成人期初期の若者は、職場、社会、人間関係上の制約に非常にイライラし、何でも今すぐにしたり決めたりしたがる。また、身の回りにあふれる標準的な基準に釈然としない気持ちでいる。なかには、世のなかに個人的な意味を見出そうと探し求める思いを共有できないことに不満を抱く者もいる。これらが原因で、職場でも家庭でも人間関係がうまくいかなくなる可能性が生じる。子どもの頃のギフティッドの特性は成長とともに多少落ち着きは見せるものの、成人期以降にも引き継がれていく。

友情の段階

ギフティッド児には、人とのやりとりに関する基本的な事項の理解を促すことで、状況が好転することがある。人との関係は、知り合いから仲間へ、そして親しい友だちへと、しばしばゆっくりと発展していくことを子どもが理解できるようにしよう。幼児の場合、遊び友だちは近所の子や保育所で知り合った子であることが多い。学齢期の子どもの場合、友だちはおしゃべりしたり助け合ったり励ましあうことのできる相手となる。成長とともに、共通の興味関心があること、互いに歩み寄れること、頼り頼られる関係であることの重要性が増す。より成熟した関係では、価値観をともにし、長期的で親密なものとなる。

人間関係のなかでは、通常以下の順で三つの問題が生じる。（1）受け入れられるか排除されるか――「私は、この集団の一員だろうか、それとも部外者だろうか？」（2）統制――「何かを決める際に、私はどの位置にいるだろうか？　リーダーか？　従者か？　労働者か？　それとも……」（3）相互の配慮――「相手は私の悩みを本当に気にかけてくれているだろうか？　私はどうだろうか？」。[20] 最初の二つの問題が解決されて初めて三つ目の問題が生じる。通常、人が気にかけ愛情を抱く相手とは、共通の興味関心があり自分を認めてくれる人、なんらかのかたちで頼りにできる人となる。

ギフティッド児は、これらの基本的な問題に悩むことが多い。たとえ自分が望んでいたとしても、自分が本当にそのグループの一員なのか、あるいは果たして自分はそれを望んでいるのかと思い悩むことがある。仲間の一員であることがはっきりした場合には、権限や決定権の問題が生じやすい。ギフティッド児は理想主義であることがとても多いが、周囲はギフティッド児と同じような理想に価値をおいているとは限らないため、ギフティッド児の公平さへのこだわりが障壁となることがある。あるいは、自分より能力のない人がリーダーとなった際にイライラしてしまうかもしれない。仲間とのやりとりのなかでフラストレーションを感じるようなことがありながらも、仲間でいたい、彼らから尊重されたい、気にかけられたいという思いも強いため、矛盾した感情が沸き上がる。

関係性の段階が進むごとに、仲間関係はバランスの難しさを伴うようになる。リーダーになるギフティッド児や仲間からとても慕われるギフティッド児もいる。一方、仲間となじむことに苦労するギフティッド児や、今はまだ友だちはあまり必要ないと考えるようになるギフティッド児もいる。彼らは、そのような状況に何らかの方法で対処できるようになり、広いソーシャル・ネットワークではなく一人か二人の親友がいるだけの「一匹狼」でいることで十分だと感じている。ギフティッド児は、その定義のとおり標準からはかけ離れた存在だ。このことは当然、彼らの人間関係にさまざまな影響を与える。

攻撃的か、受け身的か、アサーティブか

子どもたちはよい友だち関係を維持、発展させていくために、自分がどのくらい積極的、アサーティブであるべきか、その塩梅を会得する必要がある。なかでも特に幼少の外向的なギフティッド児の場合、攻撃性が高すぎて他の子が逃げていくことがある。一方、内向的な子どもは受け身で他の子が自分に働きかけてくれるのを待つ傾向がある。大半の親は、わが子にはこの両極端な例の中間あたりにいてほしい、つまり、適度な自己主張ができ、攻撃的でも受け身でもないというあたりにいてほしいと願うものだ。攻撃的、受け身、アサーティブの違いを子どもに説明するとよいだろう。[21]

受け身の子どもは自分のことを他者に決めてもらい、自分の考えや感情を口に出さないでいる。自信がなく、自分が主張したり攻撃的になったりすると物事がうまくいかなくなるのではないかと恐れていることが多い。そのため、人をうまく操ったりおだてたりするなど、間接的な方法を用いて自分の目標を達成しようとすることが多い。

攻撃的な子どもはいつもきまって人のことまで自分で決め、自分の感情をあけっぴろげに、しばしば軽率に表現する。実際に攻撃したり暴力的な行動をとることもある。彼らもまた自信がないことが

多いが、それを隠そうとして支配的な態度を見せたりバカにしたりし、いじめることもある。自分は傷つきやすくなどないということを確かめるような行動、威圧的な態度をとる。自分の欲求が満たされるよう強く要求することが多い。

アサーティブな子どもは、自分のことを自分で決め、相手へ配慮をしながら自分の考えや感情を気軽に伝える。自分自身に、また、自分の能力に自信をもっている。周囲に配慮しつつ率直に自身の目標達成を目指し、やり遂げる。このあり方がよい仲間を見つけるうえで役立つだろう。

実践的提案

秩序を与えよう

特に幼少の子どもたちに対しては、親や教師による秩序や制約が子どもの仲間関係の促進に役立つだろう。「お昼まではレゴで遊んでいいよ。お昼になったら、みんなでサンドイッチ作りを手伝ってちょうだい」「はい、基地に必要な物だよ。ただ、うるさくなりすぎたら、お外で遊んでね」のように、親子間での半構造的あるいは構造的な遊びの約束を設けると、遊びの境界が明確になりポジティブなやりとりが増えるだろう。

過密すぎる日課は避けよう

ギフティッド児の興味関心の広さ、また、親がその子の経験を豊かにしてあげたいという思いから、過密すぎる日課となり、友情を育む時間がほとんどなくなってしまうことがある。一週間あたりの宿題、音楽レッスン、サッカー、スカウト、宗教教室［放課後に宗教について学ぶ教室。ミッションスクールなど教育機関としての宗教系の学校とは異なる」、それぞれの往復時間を合わせると、純粋に友だちと遊ぶ時間はほとんどなくなる。これらの活動のなかでももちろん友だちはできるが、その友だちを深く知ることができるような時間がなければ、友だちづくりにどんな意味があるのだろうか？ 子どもが遊べる日を確保しよう。一般に、友だちと遊ぶ時間にはテレビは見ないようにしたほうがよい。

仕切り屋をリーダーに変えよう[22]

ギフティッド児のなかには仕切り屋あるいは独裁的ですらあるなどで、仲間から疎んじられる子どもがいる。このような子どもは意図的に他の子どもが嫌がるようなことをしているのではない。通常、彼らは意志が強く、新しい考えや自分が考え出したばかりのゲームにたくさんのエネルギーと情熱を注ぎ、他の人たちは参加したくないと思っているかもしれないなどとは微塵も考えずに、仕切り口調で思わず自分の考えを口走ってしまう。自分は猛烈に引き込まれているがために、周囲がそれに関心がないなどのネガティブな反応に気づかないこともある。たとえば小学一年生のギフティッド児が休み時間に「ねえ、アーサー王［英国の伝説上の英雄］ごっこをしようよ。きみは白騎士でカレンは乙女ね。僕は白騎士と一騎打ちする黒騎士だよ。僕たちは馬に乗っていて、こうやってやりをもっているのね。で、こういうふうに突撃しあって、きみは、僕を馬から落とそうとするの。でも、僕が剣で戦ってきみを馬から落とすの。他のみんなは見ている人だよ。きみはあっちから応援していて。それで、カレンは僕に勝ってほしいっていうことで、僕があげたハンカチを落とすの」と言うとしよう。一方、他の小学一年生はこの子が言っているゲームやそのルールがまったくわからず、「僕たち、そんなのやりたくない。昨日やったお山の大将をしたいんだ」と言って去っていく。さらに悪い事態になると、「あいつ、変な奴だよな！」と口々に言いながら去っていく。

あなたの子どもがこの熱血あふれる仕切り屋の一年生のようであれば、折を見てやさしく説明するとよいだろう。自分がやろうと思っていることを他のみんなもいつも同じようにやりたいと思っているわけではないこと、友だちをつくるためには、何をして遊ぶか決める前に相手が何をしたいのかを聞く必要があるということを。ギフティッド児は状況を分析する力を身につけ、リーダーシップと仕切ることとの違いを的確に理解できる。周りの子はあれこれ命令されたり指図されたりするのが好きではないだろうということ、独裁権力のもとで暮らすのが好きな人はほとんどいないということを、それとなく伝えるのもよいだろう。

その子の興味と結びつけて説明するとわかりやすくなるだろう。前述の例の場合、アーサー王が円卓を造ったのは、騎士たちが平等に意見を言うことができるようにするためだったと話すこともできる。いつもアーサー王ばかりではなく、ときには騎士になってみるのもおもしろい、自分ばかりがリーダーになるのではなく、誰か他の子がリーダーになるのもよいものだと話してもよいかもしれない。野球やアメリカン・フットボールのようなチームスポーツの話をしながら、選手はそのときどきの状況に応じてさまざまな役割を果たしていると伝えることもできる。アメリカン・フットボールでは、全般的な統率者はコーチだが、フィールドではクォーターバックが指示を出す。タッチダウンをしたときなどは、その選手が「花形」となる。しばらくはある人が引っ張り、またしばらくすると別の誰かが引っ張っていく。

優れたリーダーは、他の人の考えや情報を尊重すること、あらゆることをつねに自分だけで決めているわけではないこと、チームワークやリーダー交代の意義も理解していることを、子どもに伝えるよう心がけよう。権限を人に委ねる、影の支えとなる、手伝う、支援する、これらすべてがリーダーシップの大切な要素だ。そして、いつ、どのように行動すべきかを見極めることがカギとなる。優れたリーダーは人より多くのアイディアをもっているが、物事を複雑にしすぎたりあまりにも非現実的すぎたりして周囲が取り残されてしまうようなことはしない。

仕切ることと協同の違いについても話してみよう。その違いに実感をもたせるために、仕切り口調で何か命令してごらんと子どもに言ってみよう。その後、今度はもっと協調性と説得力のある言い方で何か頼むように言ってみよう。自分の部屋を片づけるように言われるシーンを思い浮かべ、「ギャビン！　今すぐ部屋を片づけなさい！」と言われるのと、「ギャビン、今日の午後、おばあちゃんとおじいちゃんが来るまでに、お部屋を片づけておいてほしいのだけれど。サッカーの練習の前かあとにできるかしら？」と言われるのとでは、どちらが片づけたくなるか考えてみるように言うこともできる。そして、どちらの言い方で頼まれたいか、それはなぜかを話し合おう。両スタイルにはどのような違いがあるだろうか？

リーダーシップ・スキルを実際に使うような機会もあるとよいだろう。家庭でなら、仕切り屋の子どもも健全で適切なリーダーとなる機会を得られるだろう。コミュニケーションの章［3章］で触れた「スーパーサタデー」も、リーダーシップ・スキル訓練の場のひとつとなるだろう。コミュニティのなかには、他にもリーダーシップやイニシアチブをとる訓練となるような機会があるかもしれない。

ギフティッド・スクールやギフティッド・プログラムを視野に入れよう

ギフティッド児のための学校やプログラムは、年齢だけでなく能力も考慮してのグループ編成となるため、より自分に合った仲間を見つけやすいだろう。ただし、これは万能薬ではない。似た者同士が集まるために仲間関係上の問題の生じる可能性は小さくなるが、ギフティッド児同士がつねにうまくやっていけるとは限らない。

比較しすぎない

親や教師がギフティッド児の功績を他の子どもの見本として取り上げることは、あまり望ましくない。また、親はわが子の態度を改めてほしいがあまりに、わが子が劣っているかのように感じる方法で他の子どもと比較してしまいがちだ。このような方法をとるよりは、むしろ、その子自身に、自分の態度や行動をどう思うかを尋ねるほうが効果的だろう。

ピア・プレッシャーを広い視野でとらえよう

ピア・プレッシャーは、同年齢の仲間との同調が求められる学齢期にもっとも強く、大学以降は急激に減少する。高校を卒業したら、当時誰がいちばん人気のある男子や女子だったかなど気にする人は誰もいなくなることを、ギフティッド児が理解できるようにすることが重要だ。それを伝える方法のひとつに、以下のようなジョークを使うこともできる。[23]

親：一生懸命勉強して、与えられた課題以上に自ら進んで勉強して、学業に熱心で、先生の話をまじめに聴こうと本気でがんばっているような子って、何とよばれるの？
子：ガリ勉、頭でっかち、ゴマすり。
親：じゃあ、大人の場合、全力を尽くして、与えられた課題以上に進んで仕事に励み、仕事熱心で、新しいことを学ぼうという姿勢のある人は？
子：う〜ん、わからない。何？
親：実力者。

このような短いエピソードなどを使い、学業に励むこと、ピア・プレッシャーに負けないことで道が開けると子どもが気づけるようにするのもよいだろう。

読書療法を利用しよう

ギフティッド児は読書を通して、友情、完璧でない状態への耐性、悪ふざけの許容、恐れや悲しみの共有、守秘、容赦、特異性の受容など、多くを学び取ることができる。ジュディス・ビオーストの『ロージーとミシェル *Rosie and Michael*』や、メアリー・ケイ・シャンリー（Mary Kay Shanly）の『この子がアーティチョークは食べられるって教えてくれた *She Taught Me to Eat Artichokes*』[24]は、これらのテーマを扱う代表作だ。ジョーク、笑い、持ち物の共有、緊急事態での助け合いもまた、友情には大切だ。これらに関するテーマの書を読むことで、その子の洞察力が深まり、仲間関係を育む力も増すだろう。その他の書は、ジュディス・ホールステッドの『本は私の親友』に掲載されている。[25]何冊か親子で一緒に読み、登場人物について話すのもよいだろう。このような本の登場人物の気持ちや行動を通して、間接的に自己洞察力が高められるだろう。

青年期や成人期初期にあるギフティッド者の場合、著名人の伝記を読むのもひとつの方法だろう。よく考えて本を選び、強制的でなくそれを渡せば、あなたが伝えたいと思っているメッセージがその本を通して抵抗感なく伝わる——子どもが聞く耳をもつ可能性が高まる——だろう。これら強力な方法を通してその子は自己洞察を深め、やがて徐々に行動が変わりはじめるだろう。

家庭内での仲間関係

子どもの仲間関係に家庭環境の及ぼす影響は大きい。子どもが、学校では自分が同級生とは違いすぎ目立っていると感じているようであれば、家族がその子の特性を丸ごと受け入れ、その子の才能を開花できるように励ますことが特に重要となる。孤立したギフティッド児にとって家族は命綱だ。職場や近所で親自身が経験するピア・プレッシャーのこと、また、それらにどう対応することにしているかを話すことでも、その子の洞察が深まり、よりよい方向へと進むだろう。

親や祖父母が、活動ごとに友だちも違ってよいのだと肯定するだけで支えとなることもある。その子には活動ごとに別の友だちが必要なのだということを認めると、子ども自身が普通ではないと感じているであろうことに対して、それはちっとも変なことではないと思えるようになるため、それだけでその子は安心できるかもしれない。親はこれまでの人生のなかで、多種多様な仲間と出会ってきたのだから、ある特定のグループで、あるいは広く人から人気を得ることに必死にならなくても、幸せに生きていく方法はいくらでもあるということがわかっているはずだ。

ギフティッド児にとって、大人は大切な仲間となりうる。親、祖父母、叔父叔母の多くが、たまにはボードゲームやカードゲームで子どもと遊んで楽しんだり、ときには童心に返って遊び、笑ったりもする。家族以外の身近な大人とも仲間としての関係をもつことができる。たとえば、一三歳の子どもが近所に住む六〇代のおじさんのことをチェス仲間だと思っているということもある。ティーンエイジャーが退職した人のそれまでのキャリアに関心を寄せれば、その人はメンターのような存在にもなる。

ピア・プレッシャーに対処する親への支援

大人もピア・プレッシャーを経験する。我々のコミュニティは、「立派な親」はどうあるべきか、子どもはどう「行動すべき」かについての想定枠がある。ギフティッド児の親は、他の親からの批判的な見方やコメントを通してピア・プレッシャーを受けることがしばしばある。「どうして、お子さんに、そんなに読み方を教え込んでいるのですか?」のような言い方をされ傷つく。ギフティッド児の親がわが子に読み方を指導するなどありえないのだ。その子が勝手に「これ、何と読むの?」と聞いたりしながら読めるようになってしまうのだ。しかし現実は、親は他の親からの批判を通してピア・プレッシャーを感じている。

ギフティッド児に普通に見られる特性のために、同年齢の他の子どもと比較するとギフティッド児は目立ってしまう。ギフティッド児の親がわが子のことを他の親に話すと、多くは信じてもらえず、不思議がられ、批判されることになる。「うちの息子はそんなに繊細ではないわ。どうして、そんなに気難しい子に育ててしまったの?」「どうして、自分の子どものそのような失礼な態度を許しておいたり、大人に向かっていろいろ聞くままにさせておくの?」「なぜ、お子さんは同じ年頃のお友だちと遊ばないの?」「お子さんは、なぜそんなに仕切り屋なの?」「シャツのタグを全部とってあげたり、サテンで縁取りしてある特注の毛布を与えるなんて、甘やかしすぎだとは思いませんか?」。他の親は、ギフティッドネスの意味するところを知らないため、ギフティッド児の生まれつきの特性をもってギフティッド児の親を非難する。自分の子どものことで得意になりすぎているとか、自慢していると責められることもある。親が自分の子どもの才能のことばかり話したりしなければ、その子も他の子どもと一緒にもっとうまく遊べるのに、とまで言われるかもしれない。このように言われた親の心は深く傷つく。

このような経験を重ねるうちに、ギフティッド児の育児は非常に孤独なものとなるだろう。わが子が普通では考えられないことをするということや独特の育児経験を分かち合える親は滅多にいない。

ギフティッド児の親は、自身を情緒的に支援し励ましてくれるような親を必要としていることが多い。自分の経験が実際に起きていることなのだという訴えに耳を傾け、信じ、受け入れてくれる人を必要としている。[26]

ときにピア・プレッシャーが非常に強く、両親のうちの一方あるいは双方が、わが子に「普通に」「標準的に」なってほしい、ほんの少しだけでも他の子どもと同じようになってほしいと願うようなことがある。周囲からのピア・プレッシャーに耐えるのは難しい。わが子の興味関心や情熱が何であれ、それを支え続けるのは勇気のいることだ。――ちょうど、ギフティッド児に勇気が必要なのと同じように。

第9章　家族関係――ひとりっ子、きょうだい関係

ギフティッド児のいる家庭の人間関係は激しく、ときには心配の種にもなるだろう。ギフティッド児にきょうだいがいる場合、ひとりっ子の場合、それぞれにある種共通する問題がある。家庭での人間関係は、子どもが成人してからの人との関係のもち方、コミュニケーションの取り方に影響を及ぼす。育児スタイルもまた、その人の生まれ育った家庭から新たな家庭へもち込まれ、親自身がひとりっ子であるかきょうだいがいるかの影響も受ける。育児スタイルが異なれば、ギフティッド児が家庭内で経験する人間関係もまた異なる。家庭での人間関係に生じる問題は、ギフティッド児がひとりっ子かきょうだいがいるかにより異なる点もある。

ひとりっ子

ひとりっ子と長子は似ている点があるが、それはおそらく、長子はきょうだいが生まれるまで――ときには長い年月――ひとりっ子であるからかもしれない。ひとりっ子は、非常に自立している傾向

がある。大人を手本とし、率先して忙しく生活する。きょうだいからのプレッシャーがないため他の子どもに合わせる必要がなく、反逆児のようになるかもしれない。優れたリーダーになることもあるが、自身の興味関心に関して自己完結的で、集団活動よりも個人活動を好む傾向もある。

家庭内に大人が二人いれば、ひとりっ子の育児は比較的楽なことが多く、大人は子どもにとてもよく注意を払う。親にとってみれば、ひとりっ子であればコンサート、図書館、大人の社交の場に比較的連れて行きやすく、子どもはそこでより洗練された会話や活動に触れられる。親には子どもに豊かな教育環境を与える余裕もある。卓越した人の多くが長子かひとりっ子である理由が、この豊かな教育環境との接触にあるとする研究があるのも頷けるだろう。それはまた、親子が纏綿《てんめん》(enmeshment)［S・ミニューチン S.Minuchin の家族療法（構造派家族療法）において用いられる用語。親子の境界がほとんどなく、互いに相手を自分とは異なる一人の存在として尊重できていない状態。親の子どものためにという思いが過剰に強く、子ども自身が対処すべき物事に対しても親が過度に干渉したり保護したりすることなどが起こる］状態にあったり衝突状態にあったりすると、ひとりっ子や長子がハイアチーバーになるか、はたまた皮肉にもアンダーアチーバーになるかのいずれか両極端になるゆえんでもある。[1]

ひとりっ子の育児のリスクもあるが、この問題については、育児の難しさについての章［11章］で論じる。ここで簡単に触れると、大人は非常に聡明な子どもを大人と同等扱いし、あらゆること——何を食べるか、どこに遊びに行くかなど——につけて、相談をもちかけたくなってしまう。その結果、家庭内でのその子の力が強くなりすぎ、後にきょうだいが生まれた際にどの子にも同じだけ親が気を配ることが難しくなる。

きょうだい間の競争と協力

ギフティッド児の激しさは、当然きょうだい関係にも影響する。ギフティッド児はしばしば自分ときょうだいとを比較し、両親からどのくらいの特権を許され、注目され、親を独り占めできるかをもとに、自分の価値を測ることもある。きょうだい間の親密さばかりでなく競争意識もまた、当然ながら強烈な感情を引き起こす。その不安定で激しやすいきょうだい関係に親が非常に悩むこともある。というのも、他の親が、きょうだい関係は概してよいものだと言うのを耳にするからだ。いずれの家庭も葛藤や緊張を経験するが、当然そこにはきょうだい関係の影響がある。幸いにも、きょうだい間のストレス軽減のために親ができることがある。

家庭内でのきょうだい間の口論、張り合い、けんかをできるだけ少なくする必要があるのはなぜか？　もっとも直接的な理由は、家庭をできるだけ楽しい場所にするためだ。さらに、子ども時代に学んだ家族の役割は、通常成人期以降にももち越され、将来的には伴侶や同僚との関係にも影響を及ぼす。その長期的影響はポジティブなこともある。それはちょうど、成績の優秀な若者が成功し続け、非常に尊敬された成功事業の経営者となることがあるのと同様だ。一方、子ども時代の経験が邪魔して成人期以降もうまくいかないことがある。たとえば、大人の今に至ってもなお「いつも正しい」あるいは「第一人者」でなくてはならない状態に縛られ、誰も一緒に仕事をしたがらないというケースもある。あるいは、子ども時代に兄には「到底かなわない」状態にあった女児が、成人して兄と離れ比較もされなくなった今でもなお、人一倍働いてがんばりすぎる──休むことのできない「ワーカホリック」になる──こともある。アデル・フェイバ（Adele Faber）とエレイン・マズリッシュ（Elaine

Mazlish）による『憎しみの残らないきょうだいゲンカの対処法――子どもを育てる心理学』（騎虎書房、p.28）のなかで強調されていることは「……きょうだい関係が肯定的であれ否定的であれ、激しい感情を引き起こし、私たちの子ども時代に強い影響を与えるばかりか、私たちが成人しても、こういう同じ感情がきょうだいの間に依然としてあり、また次の世代にまでも伝えられかねない……」[2]ことだ。ポジティブなきょうだい関係を早くから育むことは、その人の人生を通しての益となるだろう。

きょうだい間で一般に生じる行動や役割についての理解を深めると、口論の少ないやりとりや、より協力的な関係が育まれるように子どもたちを導くことができるようになるだろう。我々大人が相違への対応のしかたのモデルを示し、年長者がそれほど「仕切る」者ではなく、末っ子もそこまで「何もできない」「愛情に飢えた」「めそめそした」者ではなくいられるようにでき、きょうだい同士のポジティブな関係を促すような他の方策も使うことができる。家族の基本的な役割や、新しい家族が増えることに伴う役割の変化を理解することが有用だ。

出生順位

心理学者のケビン・レマン（Kevin Leman）は『出生順位 *The Birth Order Book*』のなかで、長子か末っ子か真ん中かによる、家庭内で子どもが引き受ける「役割」の違いを記している。[3] たとえば、一番上の長子は、きょうだいのなかで「いちばんできる」ことが多く、「仕切り屋」と思われることがある。対する末っ子は「ひょうきん者」「社交的」「ちびちゃん」となり、周囲から注目されることに長けていることが多い。真ん中の子（たち）は「押しつぶされる」あるいは無視されているように感じるが、ゆくゆくはもっとも人とうまくやっていける適応的な大人になる傾向がある。このようなきょうだいの役割は必ずそうなるわけではないが、多くの家庭で実際にそのような傾向が見られるようだ。

長子（ひとりっ子も含め）は、学術面でのギフテッドと判定される傾向がもっとも高い。[4]親は一番上の子どもとより長い時間を過ごし、話しかけ、散歩に出かけ、概して高い期待をかける。二番目の子が生まれると、親はその赤ちゃんと遊んだりやりとりをしたりする時間があまりないため、上の子にその役割を求めることが多い。「夕食を準備している間だけ、少し赤ちゃんと遊んでいてくれる？」から始まり、「中学校で妹のことをよく見ていてね」となる。驚くにはあたらないが、長子の大半がまじめで信頼でき、誠実で、大人から認められたがる傾向があることが研究により示されている。また、きょうだいの二番目、三番目よりもきちんとしており学業成績に関心がある。

大半のきょうだいは知的才能が非常に似通っていることが大規模データの研究で示されているが、二番目の子どもはギフテッドと判定されにくい。[5]きょうだいの誰かがギフテッドならば、遺伝的要因や家庭環境が類似していることから、ギフテッドと判定された子どもほど顕著ではなくとも、他のきょうだいもギフテッドの可能性はあるだろう。二番目の子どもは仲間やきょうだいから認められようとする傾向があり、親や教師を喜ばせようとする傾向は低いことを示した研究がある。なぜこのような傾向が見られるのかははっきりしない。確かに言えるのは、親は二番目、三番目の子どもと過ごす時間が短くなり、期待や要求がゆるく寛大になるということだ。

「真ん中っ子症候群」についてさまざまなことが言われている。つまり、一番上の子は一番年上ということでさまざまな特権を得、末っ子は「ちびちゃん」ということで特別な注目を得るが、真ん中の子は家庭内での「ちびちゃん」の地位を追放されるばかりか、明確な役割もなくなる。真ん中の子は学術面でのギフティッドとは認められにくいが、人間関係やリーダーシップのスキルに優れている点を認められる傾向がある。きょうだいの調整役となり口喧嘩を防いだりまるく治めたりするなかで、人間関係やリーダーシップのスキルを身につけることが多いためだ。[6]

役割と地位

きょうだい間の地位や役割をめぐる張り合いは当然生じるものだ。どんな子どもでも、親から特別な存在──唯一無二の存在──とされたいと思うのは当たり前だろう。子どもたちは親を注意深く観察し、何が価値あるものとされるかを察知する。また、自分やきょうだいの行動に親がどう反応するかをよく見ている。よきにつけ悪しきにつけ、きょうだいのうちの一人がしたことへの親の反応を見て、別の子どもはそれを真似したり違う行動をとったりする。さまざまな分野で自分がどのくらい優れているのか、頻繁にきょうだいと比較する。きょうだいと同じように父親や母親を笑わせたり喜ばせたりすることができているか？　楽器をきょうだいよりも上手に奏でられるか？　車やコンピュータのことについてきょうだいよりも詳しいか？　運動ができるか？　いちばん勉強ができるか？　物事を判断するのがいちばん上手か？　このような評価や比較により、家庭内での自分の役割を見つけ「自分は何が得意なのか？」「自分はこの家族にどう役立つことができるか？」という問いへの答えを見出す第一歩が始まる。

あからさまであろうと密かにであろうと、このような比較や張り合いを通してきょうだいの間で役割や地位の住み分けがなされる。きょうだいの一人が学業面での首位を揺るぎないものとすれば、別のきょうだいは社会性など他の分野での首位に立とうとすることが多い。結局、年長者が学業面での名誉を早々に「ものにする」。どの子もさまざまな分野で相当な才能をもっていたとしても、このようにして決まる役割は固定化することが多い。そして、ときにそれは非常に早くから固定化することがある。一人が「音楽家」となればもう一人は「賢い子」となり、もう一人は「ひょうきん者」「社交的な子」あるいは「問題児」にもなる。きょうだいのうち一人に特定の役割ができると、多くの場合、家族は無意識にその役割に関連する行動に特別な注意を払うなどして、それを強化する。

特定の役割は、その子に特別な居場所を与え安心感につながるという意味でよい点もある。一方、子どもがきょうだいの役割を「二者択一」のものと誤解したり、一つの分野での特別な役割は一人しかもらえないと誤解したりすると、その役割は制限するように働くことになるだろう。たとえば「この家族でギフティッドなのはジョアンナだから、私はギフティッド・プログラムには入れないだろう」と考えてしまうことがある。また、きょうだいと比較して自分に才能がないと思われることを恐れながらある分野での才能を伸ばそうとするかもしれない。

特別な役割は、その子が生まれもった才能、性格、興味関心、気質などから自然に生まれることがある。どのような子どもでも、人より容易にスキルを習得できる分野がある。ただし、だからといって他のきょうだいが同じ分野で同じスキルを伸ばそうとするのが妨げられるべきではない。きょうだいと比較してそれほど優れてはおらずとも、その子が音楽やスポーツの習いごとを喜んでやっているのであれば、親はそれを続けるように認め、励まそう。

きょうだい間の役割や地位は学業不振とも関係する。学業面で「特別」とされていた一番上の子どもが学業不振に陥るケースで多いのは、あるときその「特別な地位」が自分のもとから他のきょうだいに明け渡された場合だ。このようなケースは、親が再婚して新たなきょうだいができること、あるいは、その子に憤慨、落胆した親が別のきょうだいにその役割を取って代わらせることに伴い生じることがある。「特別な子ども」がいるときには、それ以外の子どもは「目を向けられていない」と感じているかもしれない。[7]

どの子も居場所や大切にされている感覚を得、同時に、どの子も新たなスキルや役割を探求できるよう支援するには、どうしたらよいだろうか？　きょうだい同士の協力を励まし、猛烈で破壊的ともいえるほどのきょうだい同士の張り合いを防ぐには、どうしたらよいだろうか？

きょうだい間の張り合い

きょうだい同士の張り合いはさまざまに見られるが、その大半が怒りの行動――自己中心的あるいは意地悪な言動、告げ口、弱い者いじめ、人の大切なものを邪魔したり台なしにしたりする、批判、責任をなすりつける、恥ずかしい思いをさせる、けんか――として表出される。その渦中にあるときは難しいが、このような表出された行動そのものではなく、その背後にある理由に目を向けるよう努めよう。その理由がわかれば、その行動ではなく欲求に、冷静に応えやすくなる。その行動を無視するということではないが、最初のうちは行動には目を向けないようにするほうが良い場合もある。肝心なのは、その行動の背後にある動機を的確にとらえたうえで、もっともよい仲裁方法を判断することだ。

子どもたちがきょうだいに対して抱く感情がいかに激しいものかを親が理解するのに役立つ、興味深いエクササイズがある。[8] 次のような状況を想像してみよう。ある日、夫（妻）が帰宅するなりこう言う。「おまえ（あなた）、とっても愛している。おまえ（あなた）はとっても素敵だし、とても魅力的だね。だから、もうひとり、おまえ（あなた）のような妻（夫）をもつことにしたよ」。これを聞いての反応は、まずショックを受け、そして否定し、傷心、純然たる怒りへと移り変わるに違いない。このエクササイズには、さらにいくつかのシナリオが準備されている。たとえば、この新しい妻（夫）

はいろいろな人から、そのかわいらしさやすばらしさを注目され褒められてばかりいる。そして、自分の夫（妻）は、この新しい妻（夫）にあなたの洋服を貸してくれないか、あなたのコンピュータやゲームを使わせてくれないかとあなたに頼んでくる。このエクササイズをした人の大半が、激しい怒りと懐の狭さと復讐の反応を見せる。この怒りと復讐心こそが、まさにあなたの子どもの感情そのものだ。そして、その子はまだ子どもなのだから、変化を理解する理性や「大人の」思考スキルは、大人よりずっと少ない。きょうだいに家庭での自分の居場所を奪われていると感じている子どもが強硬に反応するのも無理はない。

注目してほしい、認めてほしい、特権がほしい

きょうだい間の張り合いは不測の事態というわけではないが、子どもはその行為の背後にある目的を自覚していないことがある。子どもたちは自分が大切だと感じること――注目、承認、特権――のために張り合う。ギフティッド児も例外ではなく、親から愛されている存在としてだけでなく価値と能力のある存在として認められたがっている。彼らはきょうだいと自分を比べ、自分の能力や自分を脅かす可能性を見積もり、それに応じて適切に反応する。ある分野でうまくやっているきょうだいがすでにいれば、別のきょうだいはそれをあきらめるかもしれない。ある分野に尻込みしたり弱さを見せたりするきょうだいがいれば、別のきょうだいがそこでの才能を見せようと飛び込むかもしれない。きょうだい間の張り合いが極端な家庭もある。それは激しく険悪で、「お姉ちゃんが私の椅子に座っている！」「あいつが俺のことを見ている！」さらには「あいつが俺の空気吸っている！」に至るまで、きょうだいのことを「告げ口」あるいは「通報」することもあるだろう。きょうだいの失敗や欠

点を指摘して自分をよく見せようとするのだ。

自分自身や自分の行動が価値あるものとは認められていない、受け入れられていないと感じる子どもほど互いに張り合い、比較し、親の気を引こう、特権を得ようとして極端な手段を使う。ある聡明な七歳の子が、その優れた語彙を用いて弟の面目をつぶし、悩ませた。「げぇっ！　おまえ、『衣類』なんか身にまとってんの！　おまえとなんて遊びたくないね」と言ったのだ。弟の語彙がまだ少ないことにつけ込み、無意味なことばを並べてなじっても理解できないだろうと見越してこのように言ったのだ。

理由が何であれ、ギフティッド児が自分はあまり注目されていないと感じると、非常に巧みに注目を得るための行動に出る。大人との会話で特別大人びてふるまうなど、ポジティブな行動で注目を得ようとすることもあれば、大人がその子に目を向けざるを得ないように質問を次々と投げかけるなど、あまりポジティブとはいえない行動をすることもある。大半のギフティッド児は非常に言語能力に優れ敏感で鋭くもあるため、親が自分に目を向けて他のきょうだいと過ごす時間を少なくするようにできてしまう。

適応がよく、受け入れられている、価値を認められていると感じているギフティッド児ですら、大人がどれだけ自分に時間を割いてくれるか、目を向けてくれるかについては非常に厳しい。もともと興味関心が広く好奇心旺盛な子どもたちだ。親は、そのような子どもにより多くの時間と注意を割いてしまいがちだ。その子がエクセプショナリー・ギフティッドの場合は特にそうなる。当然、きょうだいたちはどうすれば親の気を多く引けるかを鋭く感じとり、どの子にも同じだけ時間を割くことは親にとって非常に難しくなるだろう。ひとりの子に並外れた才能、あるいは障害があるために特別な学校、レッスン、何らかの高度な教育、家庭教師などが実際に必要となることがある。このような特別必要な活動にその子を送り迎えするのに何時間もかかる場合、他の子どもにもバランスよく注意を払うのは一層難しい。アンバランスが生じたときはたいてい、子どもは親に訴える。やんわりとうまく訴えることもあれば、あからさまに、そして痛烈に訴えることもある。子どもがアンバランスを感じ同じだけ注目されたいと思っているときに反抗的な態度を示したり文句を言ったりしても驚いてはいけない。

ギフティッド児は、きょうだいと張り合って特権を得ようとするばかりでなく、家庭の状況が原因で特権を得てしまうことがある。たとえば、年長のギフティッド児は特に家庭への影響力が強く、親——特にひとり親——は、ギフティッド児を家庭の重要なリーダーとしてしまうことがある。その子が有能で博識、そして手厳しいために、家庭での会話の内容、旅行計画、ある活動での予算などの決定権をその子に譲り渡してしまいがちだ。他のきょうだいはそれに嫌々従うが、恨みを募らせ、そのような家庭からは距離をおくようになりやすい。

言い争いや張り合いのその他の理由

きょうだいの口論や張り合いには多くの理由があるだろう。親が自分以外の子どもだけをかわいがっているという嫉妬、注意を引きつけるため、フラストレーションや、心の底にある抑うつ、失望などさまざまだ。そのような子どもは忘れられたような気分、寂しさ、真価を認められていないという思い、平等に扱われていないという感覚を抱いている。その行動を引き起こしている動機や感情がわかれば、より適切に応じられる——行動や状況に対してだけでなく、その子も家庭のなかで価値あるものとされているのだという安心感を与えられる——だろう。

消極的で依存的な子どもは、また別のわかりにくいきょうだい間の張り合い行動を示す。彼らはきょうだいの誰かが人気者だと思うと、その子の真似をすることがある。これは特に、弟や妹が新しいスキルをどんどん身につけていく乳幼児である場合に見られる。兄や姉となった自分もまた多くのスキルを身につけているが、赤ちゃんがハイハイしたり、立ち上がったり、おしゃべりしたり、走ったり、登ったりできるようになったときほどの称賛は得られない。上の子は何年も前にできるようになったスキルであっても、称賛を得られるものであれば何でも見せびらかす（あるいは下の子ができるようになっていることと同じような行動に退行する）ことがある。逆に、下の子は上の子の行動のほうがより価値のあるものだと思えば、それを真似ようとするだろう。注目されたり高く評価されたり価値あるものと見なされるために、親の行動を真似ることもある。

そのような真似には望ましい面もある。つまり、正常な行動、発達の過程で通る道であり、子どもが新たな行動を身につけるのを促しもする。ただし、なかにはその模倣が非常に長期間続く、あるいは極端な子どももおり、ほとんど他者のコピーのようになってしまうほどのことがある。このような子どもはたいていアイデンティティが不安定で、家族に受け入れられていない、価値を認めてもらえないと感じている。それはまるで、あえて彼ら自身ではなくなり、他者の役割を背負わなくてはならなくなっているかのように見える。たとえば、スポーツ選手である父親が同じく運動のできる息子を自慢に思っているとする。兄に向けられるポジティブな視線を感じとった弟は、野球に励むようになる。しかし、野球は本来この弟が大好きなものでも得意なものでもない。本当はクラリネットが好きなのだ。

きょうだい間で異なる能力

大半の家庭で、きょうだい間の全般的な能力レベルはかなり似ているだろう。ただし、きょうだいのうちひとりあるいは複数が全般的能力の明確な遅れがある、あるいはギフティッドでありながら学習障害などの困難をもち合わせていることもある。全般的な能力レベルが似通っていても、優れている分野や思考スタイルは劇的に異なることもある。この違いはきょうだい関係や親の行動にも影響を及ぼす。

親の行動は家族歴、伝統、価値観の影響を受け、ある能力に特別価値がおかれることがある。家庭内で知的能力よりも音楽の才能のほうが評価されるということはないだろうか？　数学の能力よりもスポーツの才能ということは？　家庭内での価値観はあからさまに伝わることもあれば暗に伝わることもあるが、ことば、ボディランゲージ、家族のライフスタイルから、持ち前の才能があまり評価されていないと子どもが感じるということが生じうる。プロのアメリカン・フットボールの試合のチケットを買うだろうか？　子ども部屋の壁紙がフットボールのプリントで、子どものパジャマもフットボールの柄だったりするだろうか？　テレビでスポーツチームの情報は欠かさずにチェックするだろうか？　サッカーやリトルリーグのコーチを親がしているだろうか？　親は無意識のうちに、特定の能力の価値を高く評価するというメッセージを送っている可能性がある。

いうまでもなく、ある分野での能力が他のきょうだいに及ばない子が、自分は注意を向けられ愛される価値がないと感じるようなことには、誰もがしたくないものだ。親から認められていないのではないかと感じるようになると、その子は憤慨し、直接あるいは暗にその気持ちを表すようになるだろう。さらにギフティッド児の要求が強いため、能力が低いほうの子どもに注意を払えなくなりやすく、「あいつは単なるバカだ！」のように、ギフティッド児がきょうだいに対してひどい言い方をしたり傷つけたりすることもある。

能力面では似ていたとしても、思考スタイルや秀でている学術分野などは大きく異なることもある。親はどの子どもに対しても、その短所ばかりでなく長所に注目し、子どもたちが互いに批判しあうのではなく違いを自覚できるようにしよう。1章では、思考スタイルの違いと各思考スタイルに適した課題について触れた。また、多重知能、多様な能力の側面、聡明な子どもに多く見られる非同期発達についても触れた。きょうだい間の能力の違いについて話し合う際に、これらを話題にするとよいだろう。いくつかの分野でだけ能力の違いがあるのだろうか？　「ギフティッド傾向のより小さい子ども」には、実は他のきょうだいより優れている分野があるのではないか？　その子は「遅咲き」なのではないか？　あるいは、まだその子の能力を発揮できるような適した環境が与えられていないのではないか？　親や教師はギフティッドネスを限定的にとらえがちで、子どもの特別な才能を見落としやすい。網を広く投げ、多様な分野での長所を探そう。一番上の子がギフティッドならば、他のきょうだいにもどこか秀でたところがある可能性が高いことを忘れないでほしい。たとえその子の能力や才能がギフティッド児ほど明確ではなくとも、また、特定のギフティッドネスの型にあてはまらずとも、そして、そのレベルがギフティッドと判定された子どもほどではなくとも。

その子が学業面で秀でているわけではなく、学術面での「ギフティッド」とは判定されなかったら、その子は並外れてやさしく共感性に秀でているかもしれないし、サッカーやリーダーシップ、友だちづくりに秀でているかもしれない。その子独自の能力やギフトを探そう。そして、その子には価値があり、有能で、その子の才能を誇りに思っているというあなたの強い思いを伝え、その才能を強化しよう。子どもの自尊心には、愛されている、受け入れられている、自分にはできる力があると感じ、きょうだいの誰もが家族に同じように認められていると思えることが重要だ。

きょうだい関係のパターンはいつまで続くのか？

あなたにきょうだいがいたら、子ども時代のきょうだいのパターンは長く続くことがわかるだろう。生まれ育った家族が集まるような場できょうだいの誰が会話の主導権を握り、誰が愚痴を言い、誰が決定権をもっていて誰が無視されるのか、予想がつくだろう。ある母親となった女性が次のように言った。優れた功績をあげた弁護士となった今でも、きょうだいからは何もできない「ちびちゃん」として扱われていると。

家族のパターンはほぼ変わることはない。そもそもそれは長年かけてさまざまな場面で培われてきたもので、その役割は確立されている。この役割を居心地の悪いものに感じる人もいるが、それでも予測できるという点では安心できる。そして、通常、家族同士互いに和解し、対立や「地雷を踏む」ようなこともなくなる。家族の誰もが価値を認められている、受け入れられていると感じると、その役割が何であれ心地よく、見通しのもてる関係となる。子どもの頃からの問題や恨みをいつまでも引きずっていると、その関係は心地よくはないが、それでも予測できるものにはなるだろう。

役割モデル

あなたの育った家族での役割はどのようなものだろうか？　きょうだい同士の張り合いは激しかっ

ただろうか？　あなたはきょうだいのボスだっただろうか？　年上のきょうだいに遅れないように必死についていこうとしていただろうか？　どのような信念をもつようになっただろうか？　きょうだいと張り合い、「あいつよりはできるようになってやる！　少なくとも、あいつと同じくらいにはできるようになってやる！」と決心しただろうか？　あなたの家族での役割や信念は成人後も受け継がれているだろうか？[9]

まさかと思うかもしれないが、きょうだい関係のあり方の主要な役割モデルとなっているのは親だ。あなた自身のきょうだい関係を振り返り、親がそれにどのように応じていたかを思い出してみよう。あなたのきょうだいのことを子どもに話す際、どのように話すだろうか？　育った家庭で身につけたパターンを繰り返しているだろうか？　その繰り返しは、今のあなたの家庭にあってほしいものだろうか？

子どもにとっての有益なモデルとなりたければ、自身の子ども時代を振り返り、それが成人した今、どのように影響しているかを考えよう。幼児期に「年上の奴なんか信じられない」「男は信じられない」のような誤信念を作り上げていなかっただろうか？　そのような信念は今の生き方にも影響しているだろうか？　自身の誤信念や現在のライフスタイルを吟味し、たとえば、子どもの頃に「いつだって張り合っていなくてはいけない」「いつも主導権を握っていなくてはいけない」「私の言い分を聞いてもらうには、いつも自分で自分を守るか戦わなくてはならない」と考えていたことなどがわかれば、洞察が深まり、現在のきょうだい関係だけでなくあらゆる人間関係にもよりよく応じられるようになるだろう。このような洞察ができれば、自身の信念や行動を自身や家族にとってもっと有益なものへと変えることができるようになり、よりよい役割モデルとなることができる。

親として、我々は家族同士協力しあいたい、チームワークを高めたいと思う。子どもには、特権を得ようと必死にがんばらなくてはいけないとか、注目してもらえるように演じなくてはいけない、親を喜ばせることなど到底無理だ、誰かが特別に高く評価されるものなのだ、などのようには思ってほしくはない。我々自身が家族や同僚との関係のなかで、協力やポジティブな問題解決のモデルを示すことで、子どもに協力のあり方を示すことができる。あなたにも、人とのつき合い方のモデルとしたくなるような友人がいるのではないだろうか？　その人のこと、その人の関係のもち方をもっと知り、あなたにも取り入れられそうなことを探してみよう。

当然、きょうだい関係の役割モデルとなるのは親だけではない。テレビ、映画、教師、他の親子も、きょうだい関係のモデルとなる。あいにく、メディアが伝えるきょうだい関係は、バカにする、嘲る、意地悪、復讐、いじめなどが含まれることがある。たとえその番組がユーモアを伝えようとしている場合であっても、親は、そのような攻撃的な役割モデルから子どもを守ろう。最低限、あなたはそのような行動をよいとは思わないこと、大切に思う人とのやりとりにそのような行動は不適切である理由を説明すべきだ。

実践的提案

スペシャルタイムを活用しよう

本書の前半でスペシャルタイムについて触れ、それを取り入れることを勧めた。毎日少なくとも数分間、どの子にもその子だけと向き合う時間をもとう。これは、きょうだいのうち誰かが自分は他のきょうだいよりも目を向けられていないと感じている場合の、きょうだい間の争いを予防したり減らしたりするうえで特に有用だ。スペシャルタイムにより、子ども自身が人として価値あるものと認められていると感じられるようになる。そして、あなたはいずれの子にも、その子がたったひとりの価値ある存在だと伝えられる。

制限を設けよう

子どもがしてはいけない行動を明確にしよう。たたいてはいけない、蹴ってはいけない、傷つけてはいけない、悪口を言ってはいけない、おもちゃを投げたり壊したりしてはいけない、陰で人を傷つけるようないたずらをしてはいけない、などだ。「たたいてはいけない」のように普遍的な制限もあるが、家庭独自の制限もある。あなたの価値観に基づいて、あなたの家庭に適した制限を設けよう。ひとたび制限が設けられルールが明確になれば介入もしやすくなり、予測も立つようになるだろう。親から見て、状況がエスカレートし誰かが傷つきそうになっていると思えば、きっぱりと「たたくのはダメ。二人とも冷却時間が必要ね。一〇分間別々の部屋にいてちょうだい。その後、お互いの食い違いをどうすればいいか、別の方法を考えてちょうだい」と言おう。冷静になる期間を設けるだけでなく、子どもが問題を解決できるはずだという期待を示すということも忘れないでほしい。これまで確固とした制限を設けたことがなければ、子どもがあなたの言っていることを理解できるまでには時間がかかるだろう。しかし、「ルールを思い出してちょうだい。たたいてはダメだよ。誰かを傷つけるのはいけないよ」のように伝え、思い出せるようにしよう。

家の中でけんかはしない、けんかや怒鳴りあいをするなら外でするという制限を設け、けんかが始まったら外でするように言うことにしている親もいる。これだけでけんかが収まることが多い。というのは、けんかはそもそもゲーム、おもちゃ、親からの注目、親のかかわりを得ようとして始まることが多く、外では誰からもそれらを得ることができないためだ。

居心地のよい環境をつくろう

あなたは親として、家庭にあってほしい雰囲気を高める権利がある。制限を設けることもその最初のステップだろう。あなたの鼓膜を守り、平和と静寂を確保する権利もある。たとえば、「そんな音をたてたら耳が痛いよ。やめて。お願いだから静かに話してちょうだい」と言うことで、家庭の雰囲気として求めているものがはっきりと伝わる。

受け入れがたい行動に対しては断固たる態度をとるべきだが、あまりにも批判的すぎたり懲罰的になったりしないようにしよう。前述のように、厳しくきつい罰は親子関係にダメージを与え、きょうだい間の張り合いもひどくなり、せっかくあなたが作り出した楽しく心地よい環境が台なしになる。親がとげとげしく応じるときょうだい間の張り合いはますます激しくなり、各々が少なくともきょうだいと同じくらいの力はあると確認したがり、自分は罰を逃れきょうだいが罰を受けるように仕向けようとして、卑怯な方法を探し出し自分の地位を上げようとする。親のオーバーリアクションもまた子どもに罪悪感や不安を抱かせ、自分が家族に受け入れられているかどうか自信をもてなくさせる。

比較をしない（最小限にしよう）

大人になっても自分ときょうだいとを比較している人は多い。「姉たちは私より頭がよいし成績もよかったけれど、私のほうが社交的だったので、今は私のほうが人とうまくやっていけると思う」「私は家族のなかでは『バカ』だってことになっていたし、今でもそうだ」「兄は本当に乱暴者でした。きかん坊で問題ばかり起こしているのを私は見ていたので、絶対に同じことはしないと決めました」などのように。我々は家族の誰かと比較して自分がどのような人間かを自ら決めていく。それならばなぜ、子ども同士を比較しないことが望ましいのか。

おそらく、まったく比較をしないというのは無理だろう。しかし、その頻度を減らし、比較が子どもにどのように映るのかについて、より敏感になることはできるだろう。あからさまにきょうだいを比較することを控えるだけでなく、友人との会話の場で、特に子どもにそれが聞こえるようなときは、きょうだいの比較は控えよう。誰かに子どもの話をするときは、必ず子どもにわからないようにしよう。たとえば、自分の言っていることが次のようなことだとは気づかない親がいる。「一番上の子の成績はオールAで『優等生』です。二番目は『社交的』です。『ママは『お姉ちゃん』のほうが好きなんだ。成績がよいから』と思い込むかもしれない。母親は何の評価もしているつもりはなく、単にきょうだい間の違いを言っただけかもしれない。しかし、それを聞いた子どもは最悪の可能性を考える。ギフティッド児はすでに自分ときょうだいとを比較しているため、親も比較してしまうと、それが重すぎて対処しきれなくなることがある。自分のことを誰かに話しているだろうという想像が、まさに現実として確認できてしまうからだ。

無意識なことが多いが、ひとりの子と意気投合し、意図せずして偏愛を伝えている親がいる。「ハンナは芸術の才能があるね。おばあちゃん譲りだね」と言う父親が伝えているのは、ハンナはどうも好かれているようだという見え透いたメッセージだ。親のエゴがギフティッド児の功績と結びつくことがある。その子が成し遂げることを通して、親の願望や夢がかなえられるのだ。当然、他のきょうだいはそれをひどく嫌がるだろう。

功績の比較はその人の価値が背後で評価されていることを意味するため、特にネガティブな影響を与える――それはギフティッド児への影響のときもあれば、他のきょうだいへの影響のときもある。

競争心の高い子どもは成績や通知表を見せびらかしたがり、Aばかりだと自慢したりする。親としては次のように伝えるのがよいだろう。「ここで通知表のコンテストをやっているわけではないのよ。これはあなたたちのこの六週間の、学校での学習と行動の記録でしょ？　別べつに落ち着いて話したいわ。そうすれば、あなたがたの進歩についての先生のご意見がわかるし、あなたがた自身の感想が聞けるもの」[10]。親が伝えるべき大切なメッセージは、それぞれの子どもが独自の存在で、どの子も自分なりのベストを尽くしてほしいこと、ただし、比較をしようとは思わないということだ。

比較ではなく描写しよう

きょうだいと比較された子どもがどのような気持ちになるのかがわかるエクササイズがある[11]。夫（妻）から次のように言われたとしよう。「どうやったらあなたみたいに、レポートをぎりぎりまで放っておけるんでしょうね。お兄ちゃんはいつも、期限前に終わらせるわよ」あるいは、「どうしてゲーリーのようにきちんとしないの。ゲーリーはいつもとてもすてき。髪はさっぱりしているし、シャツはズボンの中に入っているし。ゲーリーを見ると気持ちがいいわ」。このように言われたら、怒り出すか、こんなことを言う人などに喜んでもらいたくもないと思うだろう。大人でも人と比較などされたくない。人の行動ではなく自分の行動に基づいて評価してもらいたいと思う。子どもには「必要なときにはあなたの行動に基づいて評価するけれども、きょうだいが設定した『基準』に基づいた評価はしない」というメッセージを伝えよう。

思わず比較しそうになる衝動をどう抑えたらよいのか？　比較する代わりに、単純に起こっていること――してほしくない行動――や、どうすべきかを描写しよう。他の子をそこに持ち込んではいけない。たとえば、「赤ちゃんみたいな食べ方だね。服じゅう食べこぼしだらけだよ」と言うのではなく、「服に食べこぼしがついているよ」とだけ言えば、赤ちゃんと比較しない言い方になる。子どもは服のシミを拭き取ったり新しい服に着替えたりすればよい。また、「お兄ちゃんがやっているみたいにジャケットをかけてくれる?」と言ってその子の兄と比較するのではなく、「ジャケットが床に落ちているのは嫌だな。クローゼットにかけてほしいな」と言おう。そうすることで、その子が行動を正すチャンスを与えている。子どもがそのとおりにしたら「ジャケットをかけてくれてありがとう。玄関がきれいだとうれしいよ」と言える。[12] どこにも比較はない。

あなたが見ていること、感じていること、どうすべきかを描写しよう。子どもがそれをしたら、見たこと感じたことを再び描写しよう。そうすることで、きょうだいを持ち込まずに問題を指摘でき、直接対応でき、子どもも素直に応じられる。子どもを批判するのではなく、あなたがその子にしてほしいと思っている行動にその子を向けなおすことができ、そうするチャンスを与えられる。そして、子どもを傷つけるような比較をせずにすむ。

他の人が比較をしたとき

親戚、近所の人、教師など、他の人が不注意にきょうだい同士を比較した言い方をして、きょうだい間の対抗意識を掻き立てることもある。祖父母、他の親戚、教師があなたの子どもを誰かと比較したときには、子どもがいない場で、実際に比較をしたのかを確認しよう。そして、できる限り、子どもを他の人と比較しないでほしいと頼もう。どの子も独自の存在で、その子独自の長所と短所があり、それぞれ違うのは自然なことだということを再確認しよう。当然、あなたがいつも人の言うことをコントロールできるわけではなく、望ましくない比較も生じるだろう。そのようなときは、あなたはその子の特別な長所と能力を認めているということを子どもに伝えることで、その比較の影響を最小限に抑えられる。その子が唯一無二の存在で、その独自の存在があなたの喜びなのだということを子どもに伝えよう。

極力巻き込まれないようにしよう

どのようなきょうだいでも口論、言い合い、口喧嘩があり、取っ組み合いのけんかも起こるだろう。きょうだいの言い争いは、大人の仲裁が必要だと思うほどにエスカレートしないかぎり無視するのがよいだろう。子どものけんかや口論の多くは、親の気を引きたい、あなたを引っ張り込みたい、他のきょうだいを貶めて自分をよく見せたい、という思いからなされる。それに親が立ち入ると、子どものほしがっている注目を与えるため、けんかを強化してしまう。その騒ぎを一切気にせず自分のことをいつもどおりこなしていれば、それは子どもたちが解決すべき問題であり親が解決すべき問題ではないこと、子どもたち自身でその問題を解決できるはずだと思っていることが伝わる。「あなたたち二人で解決できると思うよ。だから、口出ししないでおくね」と言ってもよいだろう。成長のうえで重要なのは、口論や問題をどう解決するかを学ぶことだ。大人がいつも仲裁していたら、そのスキルを身につけられないままだろう。幼少の子どもが口論を解決するには、モデルや導いてくれるものが必要なことがあるが、ギフティッドの幼児でも、争いを自分で解決する方法を学ぶことはできる。

しつけの章［5章］に、「暴風から帆を守る」ことを記した。きょうだい間で口論が起こっているとき、そして、あなたがそれに引き込まれそうなときにも、このテクニックを使うことができる。聞いている人がいなくなれば、たいてい口論は止む。だから、口論の現場から離れよう。別の部屋に行って自分の仕事をしよう。あるいは、掃除機をかけるのもよいだろう。その音が口論をかき消してくれるので無視しやすく、それでいて仲裁が必要かどうか状況を見守ることもできる。

感情を受け入れよう

特定の行動を禁止したとしても、その行動を引き起こしている感情を理解し受け入れよう。気持ちや感情はいかなるコミュニケーションでも重要だ。言い争いやけんかはコミュニケーションのひとつのかたちだ。子ども自身が争いにかかわる感情について表現したり話したりできれば、あるいは、親がその子の気持ちをことばで表現できるように助けられれば、その子はすぐに痛みや傷からいくらかは解放される。そして、解決策を考えることに意識を向けられる。次の四つのステップを踏もう。[13]

まず、行動の背後にある感情をとらえ理解しよう。なぜ言い争いや張り合いが生じたのか？　何が口論やけんかを引き起こしたのか？　この怒りはどこから来ているのか？　注意を向けてもらおうとしているのか？　特権がほしいのか？　きょうだいよりもよく見られようとしているのか？

第二に、その子の感情を表現しよう。「あっているか教えてくれる？　ママがあなたの妹と一緒にいるのがとても嫌で辛くなって怒っているのね？」あるいは「あなたがイライラするようなことを弟がするから怒っているのね」のように言ってみよう。あなたのことばに助けられ、その子が自身の感情をとらえられるようになる。もしあなたの考えが間違っていれば、子どもが訂正するだろう。

第三に、たとえそれがまったく非現実的だったとしても、その子の願望を認めよう。「ときどき、赤ちゃんなんかいなければいいのにと思うんだね」「うちの子どもが自分だけだったらいいのに、おもちゃとかを弟なんかと分けなくてもすめばいいのにと思っているのね」「貸してあげた服なのだから大切にしてくれればいいのにと思っているのかな」、これらは、あなたがその子を理解していることを一層よく伝え、その子も自分の感情が受け入れられていると感じることができる。

最後に、解決方法を提案しよう。「もしかしたら、どれだけあなたが怒っているか、妹にことばで説明してみてもいいかもしれないね。妹に『何も言わずに私の服を着ないで』と言ってみたら？」

「もしかしたら、クローゼットのドアに『私物――入るな！』と書いて貼っておけばいいかもしれないよ」のように言えるかもしれない。

このように話し合うことで、その子はあなたに自分の感情が受け入れられていると感じる。そして、自分の怒りを、自他を傷つけるような行動ではなく、ことばで直接表現できるようになる。これらを通して、あなたが子どものために問題を解決してあげるのではなく、その子が合理的な解決を見いだせるように導いていることになる。そして、その子は今後も起こるであろう対立に対応できるという自信がつく。

中立を保とう

通常、誰が問題を巻き起こしているのか、問題の発端なのかを突き止めようとしないほうがよい。ギフティッド児は難癖、操作、正当化、議論にとても長けているだろう。いざこざにかかわっている子どもたち全員に責任をとらせ、かつ／あるいは、子どもたちだけで理にかなった解決方法を見つけられるはずだと思うと伝えるのがよいだろう。ことの成り行きを終始目撃しているのでなければ、どの子も怒られたくないのだから、問題の発端となった子どもを探すことはきょうだい間の対立を激しくするだけだ。どの子にも責任をとらせることで、以降は親を巻き込もうとして争いを始めることが少なくなるだろう。他人をトラブルに巻き込むことは難しいこと、理由が何であれ自分も同じように責任をとらなくてはいけなくなるとわかるからだ。

一緒に使うことや問題を解決することを教えよう

公平さの問題は、きょうだいでおもちゃを一緒に使うときや何かを分けるときに生じる。クッキーやピザを分けるようなときには、ひとりの子どもに分けさせ、それ以外の子どもに選ばせよう。あるいは、おもちゃなど分けられない物のときは、それを公平に使えるよう自分たちで工夫するように言おう。

それ以外に子どもたちで問題を解決してほしいという思いを伝えるには、「お互い本当にものすごく怒っているみたいね！」（子どもの感情について触れ、それを認める）、「まあ！　子どもが二人でダンプカーが一つしかないのね。それが問題なのね？」（問題を描写する）、「そうだね、お互い使えるように何かよい方法を見つけられると思うよ」（自分たちで解決するように励ます）のように言う方法がある。そして、その場を去ろう。仲裁に入らないようにすることで、子どもたちで問題を解決するように励ましているばかりでなく、あなたの注目――子どもたちにとって、おもちゃよりもほしいもの――を退けることができる。

子ども個々の役割を広げ、際立たせよう

子どものアイデンティティがある特定の（いくつかの）役割に強く依存しているように感じたら、その子の役割を広げるとよいだろう。たとえば、新たな関心をもてるようにそっと背中を押してみたり、その子が普段やっているあらゆることに焦点を当て、家族がどれほどそれに助けられているかを伝えてみよう。新たな役割を考えたり役割転換の機会を探したりもできる。たいてい人のあとについていくような子どもに、一日リーダーの役割をさせたりもできる。3章で紹介した家族の「スーパーサタデー」も、きょうだい全員がリーダーシップの役目を担える簡単な方法のひとつだ。まだ小さく内気なギフティッド児の親は、その子にさまざまな新しいことに興味を向けさせるのは難しいかもしれない。役割が広がりはじめたら、その子が家族のなかで果たしている大切な役割にあなたが感謝し

ていることを伝えるとよいだろう。

子どもの目から見れば、他の役割よりも劣って見える役割もある。音楽やダンスに秀でていることは、スポーツのスターほど価値が高く感じられないかもしれない。そのような場合には、その子の役割について話す際に、それらに必要なスキル――身体的な協調性、数学の才能、強い決断力など――を一つずつあげていくとよいだろう。そうすることで、その子の役割は今まで思っていた以上にすごいということがわかるようになるだろう。

均等は必ずしも公平を意味しない

「お兄ちゃん（弟、姉、妹）のほうが多い！」は、食卓などでよく見られる光景だ。ギフティッド児にとって公平性や個人の価値は重要な問題だ。子どもが不公平だと文句を言うのは、自分が他のきょうだいと同じだけ価値あるものとされているかどうかを知りたがっているためだ。そして、自分が同じ大きさのパイをもらえるか、同じおもちゃで遊べるかということでそれを確かめたがる。きょうだいよりも多くもらいたがるときは、ある意味子どもの目から見て自分はきょうだいとは違うという点――たとえば、自分が年上だ。だから大きいほうをもらえるはずだ――を認めてほしいということだ。

食べ物をめぐってそのような言い争いが始まったら、次のように言うのが賢明だろう。「まだお腹がすいているの？　もしそうなら、食べるものはたくさんあるよ。自分の分を食べても足りなかったら、ミルクもあるし、リンゴも、ピーナッツバターのサンドイッチもあるよ」。

多くの場合、子どもは唯一無二の存在として接してほしがっており、均等に接してほしがっているわけではない。たとえば、チョコレートケーキがあり「公平」であろうとして、四人の子どもにそれを均等に分けるとしよう。ここで考えてほしい。子どものうちひとりはダイエット中でそれを食べられない。もうひとりはチョコレートアレルギーがある。もう一人はチョコレートが嫌いだ。そしてもうひとりは、チョコレートケーキに目がない。このとき、チョコレートケーキを同じ大きさに四つに分けるのは均等だが、その同じ大きさのケーキを四人それぞれに与えるのは、まったく「適切」でも「公平」でもない。実際は、二人の子どもは健康上の理由からチョコレートケーキをまったく食べられない。四人の子どもに同じように応じるのではなく、個々に応じるべきだ。

子どもが大きくなったら、同じ習いごとや学びの機会を与えているだろうか？　きょうだいのうちひとりが音楽の才能がありギターを習いたがっており、習わせたとしよう。そして別の子は音楽などにはまったく興味がないとしよう。「公平」であろうとして、その子にもピアノを習わせるだろうか？　それとも、その子の興味関心に合った別の機会を与えるだろうか？　きょうだいが三人いれば三人とも同じ大学に入れようとするだろうか？

以上の例は、状況に応じて子ども個々に応じるべきであることを示している。均等に応じることが必ずしも適切とは限らない。子ども個々の才能、興味関心、能力に基づいたニーズに目を向けよう。買い物に出かけ、きょうだいのうちひとりの興味関心や必要に合った物を見つけたら、他のきょうだいに同じような物を買ってあげる必要はない。きょうだいのうちひとりが早朝に楽団の練習がありフードつきトレーナーを必要としているところに、特売品でちょうどよいものを見つけたとする。他のきょうだいはすでにジャケットをもっており、楽団にも入っていない。明確で一貫した目的のあるアプローチをとることで、何か必要な物があれば親が買ってあげるというメッセージをどの子どもにも送ることができる。

均等に与えるのではなく、子ども個々のニーズに応じて類いないものを与えることを心がけよう。

日常的にスペシャルタイムを取り入れている親であれば、それぞれの子どもが何を必要としているかは、「何をお話ししたい？」あるいは「今日のスペシャルタイムには何をしたい？」のように聞くだけでわかる。スペシャルタイムが家庭内で日常的に行われていれば、子どもたちは自分が特別でありのままの自分が価値あるものだとわかる。自信がつき自尊心が十分培われているため、親にも自分が何を必要としているかを言える。平等・公平であることは、子ども個々に必要としているものを与えることを意味するのであって、みんなに同じものを与えることではない。

きょうだいでの協力

ある家庭では、協力を促す意味で、庭の遊具を買うためのお金をみんなで貯めた。就学前の子どもでも、空き缶をリサイクルしてお金を貯めた。楽しみながら、全員が成果だけでなくそのプロセスに目を向けた。目標を達成したときには全員とても喜び、新しい遊具を使う際に、子どもたちは進んで譲り合いながら使った。全員がプロセスと結果にかかわった。子どもたちは協力、努力、物事を成し遂げることの価値を学んだ。どの子どもも大切な役割を担い、どの役割も価値あるものだった。

この例にある子どもたちは、家庭内で価値あるものと認められている、公平に扱われている、励まされていると感じ、自信を得、ネガティブなきょうだい間の争いが少なくなった。当初からの親密さがより確かなものとなった。これまでは、家族以外の人から誰かがひどいことを言われたときだけ、きょうだいが団結していた。それが今では長く協力しあい、特に成人期以降は長期的に協力するようになり、互いにますます親密になっている。基本的な役割――誰それはコメディアン、誰それはいつも遅れる――は今でも続いているが、怒り、嫉妬、恨みはほとんどなくなり、協力と友情が強められている。これも家族プロジェクトが基礎を培ったためだろう。

きょうだいでの協力は健全な目標だ。可能なかぎり、きょうだい同士の張り合いではなく協力をするように促そう。六、七人もの子どものいる家族で互いに尊重・協力しあっている家族がある。そのようなケースでは、家族が自分のしていることや役割ばかりでなく、人のしていることや役割の大切さも高く評価している。そして、このような家庭が、親の注意を引くためにきょうだいが争ったり常時混沌としているような家庭よりも望ましいのはいうまでもない。ひとりの人間の全般的な行動パターンは、たいてい死ぬまで維持される。しかし、変えることはできる。ただし、大人になってからよりも若いうちに直すほうが簡単だ。そして、子どもが小さい頃からのきょうだい関係への親の対応がカギとなるのは確かだ。

第10章　価値観、慣習、独自性

ギフティッド児は軽はずみに、失礼で不適切に見える行動をとることがある。「どうして髪の毛がないのですか?」「何歳ですか?」「体重は何キロですか?」のように個人的なことを尋ねるのは、今日の社会では失礼とされる。また、なかには先生の言っていることが間違っていると思えば、遠慮なくそれを正すギフティッド児もいる。「それは間違っています。コロンブスがアメリカを発見したのではありません。実際はヴァイキングが一九四二年よりもはるか昔に発見しています」のような具合だ。

ギフティッド児は好奇心から質問をするが、経験が未熟なために不都合が生じることがある。つまり、人生経験が未熟なため、年齢や外見のように個人的な質問は失礼と考えられていることがわからない。社会的慣習もまだあまり身についていないが、たとえそれを説明したとしても、彼らは慣習など「ばからしい」と思うかもしれない。ある場にはフォーマルな服を着ていき、また別の場にはカジュアルな服を着ていくなどの社会的慣習は、彼らにしてみればまったく不合理に映る。ギフティッド児は頭の回転が速く論理的で物事を多角的にとらえることができるため、慣習に異議を唱え問題となることがある。彼らの行動様式は慣習にとらわれず、それは標準とは異なるかもしれない。なかには、決まりを無視することで反骨精神を表現するギフティッド児もいる。

教師や親の間違いを指摘することは慣習破りの行動だ。つまり、大人は子どもよりもいろいろよく知っていることになっているのが常だ。しかし、誤りの情報にギフティッド児は心底耐えられず、大きな不快感が引き起こされる。そして、その状況におけるストレスを減らすために、訂正しなくてはならないと感じる。ギフティッド児――特に聴覚継次型学習スタイルの者――の完璧主義、手厳しさ、事象についての字義どおりの解釈、真実や正義へのこだわりゆえに、強い反応が引き起こされる。成長とともに、授業中に先生に異議を唱えるのではなく授業後に先生と話すなど、このような状況に対してより適切に対処できるようになるが、反応が激しいことには変わりない。彼らの道徳心、真実や公正さを求める気持ちは非常に強く、その瞬間に対処せずにはいられない。

慣習を踏襲しようとしないのはギフティッド児の本質そのものだ。アインシュタインは「大切なのは疑問をもち続けることだ」と言ったと伝えられており、これこそギフティッド児のモットーだと思えることがある。ギフティッドの幼児ですら「なんで？」と聞くのが常だ。成長すると、さまざまな慣習における間違った考えや矛盾を素早く指摘するようになる。たとえば成人ギフティッドが上院議員や新聞の編集者に手紙を書いたりすると、彼らの確固たる根拠をもった意見が高く評価されることが多い。また、昔から信じられてきた通念に挑む科学者も称賛される。つまり、偉大な発見のなかには、慣習を打ち破った創造的な科学者による発見がある。彼らのものの見方は通常とは異なり、通常よりも優れたものだったということだ。

慣習を踏襲しようとせず、打ち破ることすらあるのはギフティッドの人々の本質的な特性だが、その結果、彼らは痛い思いをすることが多い。慣習破りには代償が伴うことにギフティッド児が気づくのに時間はかからない。その代償とはからかいや嘲りで、友情を失うこともある。学校の課題をめぐって教師に異議を唱えることは、成績を下げる危険を伴う。家庭で慣習について疑問を投じることは家庭不和を引き起こしかねない。九歳のギフティッド児と学校での自発的祈り〔行政の命令により公立学校で祈りがなされることは違憲とされている。自発的な祈りについては議論の分かれる問題となっている〕の是非について論じたがる親は滅多にいない。

ギフティッド児や成人ギフティッドは社会的に適切とされる方法で慣習に立ち向かうこともある。たとえば、一〇歳のギフティッド児が大企業の広報部に手紙を書き、コマーシャルが的確かどうかを論じるようなことがあるかもしれない。一方、言い争いをしたり個人間に敵意をつくり上げるなど、状況を改善しようとするあまり不適切な方法をとってしまうギフティッド児もいる。経験豊富な大人として、風習や慣習の価値、ときにそれができた理由を理解できるようにギフティッド児を支援し、それから、いつどのように慣習に挑んだり崩したりするのが適切なのか、その例を示そう。

子どもが我々の風習や慣習を踏襲しようとしないと、人はなぜそれほどまでに憤慨するのだろうか？　たいてい、それは我々の慣習が我々の価値観を反映しているから、あるいは現状を変えてしまうからだ。

慣習、風習、社会規範の価値

いずれの社会にも、話し方、ふるまい方、ときに考え方まで、さまざまな慣習や「決まり」に沿った行動様式がある。これらの風習は文化、社会、家族をもつなぎとめる接着剤の役割を担う。慣習のなかには、国家威信、選挙、言論の自由などのように、国中で共有されているものもある。一方、宗教義式や教育目標などは非常に個人的な慣習で、家族や宗教法人、一部の社会階層のなかで熟考されたものだ。「お願いします」や「ありがとう」と言うなどの慣習は、マナーや社交性を示す行動だ。方言やことば遣いなどは、環境の影響を受け、他者を見て身につく習慣となる。

慣習があるおかげで我々は安心して人との絆の感覚をもち、生活体制を確立できる。そして、周囲に期待すべきこと、また、周囲が自分に期待していることが何であるかがわかる。大半の文化圏では、子どもはある一定年数学校へ通う。交際や結婚の風習があるおかげで、新たな家庭のスタートのしかたがわかる。宗教上の慣習、儀式、倫理規定、条例などは、いずれもさまざまな状況や場でどのようにふるまうべきかを示してくれる。赤信号では止まり、緊急車両には道を譲る。選挙法に基づいて投票し、法律に基づいて税金を払う。

大半の慣習は習慣と意味のある用途との間に位置する。かつては何らかの趣旨があったものも、現在は昔の名残だけになっていることもある。かつては夏季には涼しい白い服を着た。季節が移り寒くなると、暗い色の服が取って代わった。今ではセントラルヒーティングやエアコンなどにより、空調が快適に保たれているにもかかわらず、レイバー・デー〔労働者の日。九月の第一月曜日〕以降は白い服を着ない。

社会全体で世代から世代へと受け継がれ、その慣習がなぜどのようにして始まったのかもわからなくなっているものもある。たとえば、バースデーケーキのろうそくを吹き消す習慣の起源は何十年も遡る。音楽の演奏を楽しんだ聴衆は拍手をし、特別感動したときには、その感激をスタンディングオベーションでさらに表す習慣も同様だ。

新しい慣習にしろ古くからの慣習にしろ、よく吟味されたものにしろ単純に受け入れられているものにしろ、我々の生活習慣となっている慣習は我々の価値観を反映し、互いの行動が想定可能だという居心地のよさをもたらす。そのため、慣習には強い感情や心情が伴い、我々はそれが脅かされることを嫌う。ギフティッド児は、慣習に「論理的に」疑問を呈したつもりなのに、相手から感情的な反応が返ってきて驚くことがよくある。ギフティッド児の異論を、周囲の大人は家族への敬意が欠如していると見なすこともある。たとえば、大人から話してもよいと許しがおりないかぎり、子どもは静かにしていなければならないという慣習をもつ家庭がある。そのような家庭では、幼児がメアリー叔母さんに向かってこんなことをうっかり口走ってしまうと、その子は礼儀知らずと見なされる。「どうしておばさんの歯は黄色いの？」。

大半の風習や慣習――誕生日、記念日、卒業のお祝い、祝日、毎週末おじいちゃんおばあちゃんを招待する、近所に引っ越してきた家族に挨拶のクッキーを一皿届けるなど――を通して、次の世代にも受け継いでほしいと望む価値観が確認、反映される。古くからの慣習である倫理遺言[1]〔人生最後の私的なメッセージや記録。自分の考えや価値観、思い出、人生の教訓、助言、将来に対する希望を分かち合うためのもの。法的な書類ではない。近年のethical willは、日本におけるエンディングノートに近い内容のものを指す場合もある〕の復活は、特定の価値観や信念を何世代にもわたって受け継いでいってほしいという願いのよい例だろう。

大半の子ども、特にティーンエイジャーたちは、ときにはさまざまな風習や慣習の必要性に疑問を投じ、「誕生パーティだからって、どうしてきちんとした服を着なくてはいけないの？」のように言うこともあるだろう。一方、ギフティッド児は独創的な「よりよい」代案を思い描き、矛盾や論理的な欠陥が見えてしまうために、彼らからすれば非論理的でばかげていて恣意的に見える儀式や慣習に対して異論を唱える傾向は、通常のティーンエイジャーよりもずっと高い。「どうして女性はハンドバッグを持ったり口紅を塗ったりするの？」「どうして男の人が庭仕事をして女の人が家の中のことをすることになっているの？」「どうしていつもフォークはテーブルの左側に置かなくてはいけないの？」「大人が間違っているときに、どうして子どもはそれを正してはいけないの？」。

我々はなにごともバランスを考えながら歩んでおり、ギフティッド児にもそれが必要だ。我々大人は、ギフティッド児には独創的であってほしいと願っている。革新や進歩は独創性から生まれるからだ。ところがその一方で、慣習も尊重してほしいとも思う。ギフティッド児は大人が答えに窮する質問を投げかけ、気まずい雰囲気をつくりだすかもしれない。彼らは「そういうことになっている」という答えには滅多に納得しない。その理由を知りたいために疑問を投じることが多いからだ。自分でその理由を見出せるように、独創性と慣習とのバランスがとれるように、最終的には、当初疑問に感じていた慣習を受け入れられるように支援しよう。

慣習のタイプ

我々のあらゆる日常的な行動ややりとりは、社会システムの背後にある多くの個人的、社会的な慣習や風習により方向づけられているともいえる。法律は我々が共有する基本的な価値観を国家として規定したものであり、信仰教義や倫理規定は道徳的価値を共有したものだ。これらは社会に基本的な体制、秩序、まとまりをもたらし、これらがないと社会は混乱し、予測できなくなる。

正式な会議や儀式――洗礼式、卒業式、バル・ミツバー［ユダヤ教の儀式］、結婚式、葬儀、理事会、裁判――は、社会で共有される価値観をあらためて見つめるときでもある。台本のある儀式を通して秩序や予測可能性の意義を思い起こし、形式的手順を通して「正式な」物事の進め方が示される。

社会のなかにある集団もまた独自の慣習をつくり、共有されるべき価値観を強調する。クラブ、ビジネス、宗教、民族の集団、さらにはスポーツチームまでもが、慣習や儀式をつくり、信念や価値観を共有する人同士を結びつける。多くの慣習はビジネスとかかわりがある。ウエイター、美容師、タクシードライバーにはチップを渡すが、医師や株式仲買人には渡さない。新しい仕事関係者や企業顧客とは握手をする。さまざまな状況で「望ましい」行動がどのようであるべきなのかを示し導くのが慣習だ。慣習なくしては、我々はどのように行動すべきかわからず途方に暮れるだろう。

なかには、コミュニティや学校のように一部の集団だけに見られる慣習もある。子どもにとってそれらの慣習はわかりにくいが、非常に重要なものだ。ことば、服装、型通りの作法、あらゆるものに、その人が「その集団」に属すか否かを伝えるコードが盛り込まれている。ティーンエイジャーが最新の流行についていけないと、特定のグループから外されることもある。

慣習のなかには通過儀礼もあり、家族内での小さな儀式——たとえば入学式、成人式、卒業式、運転免許取得日、選挙権獲得の年など——も含まれることが多い[2]。これらの慣習は個人の人生における大切な節目であり、文化に基づき、あるいは家庭独自の方法で意味づけられる。

家庭にもまた育児方法、しつけ方針、お祝い、教育志向などにかかわる慣習がある。「うちではそんなことはしません！　どこのうちの子か考えてちょうだい！」と母親が忠告するのをよく見かける。また、「うちでは教育がとても大切だと考えている」「うちでは人の信念を尊重することが大切だと考えている」のように親が子どもを諭すこともある。

日々の慣習は家庭で学ぶため、それがほとんど自覚なしに習慣化していることもある。なかにはその慣習が明確で、書き出されている家庭もあるが、たいていは暗黙のルールとして、ときに非常にデリケートに子どもに伝えられる。「礼儀正しい」行動にかかわるルールは口づてに伝えられる。どの場ではどのような服を着、いつ握手をしたり立ち上がったりするか、なぜ人の収入や年齢、既婚か未婚かなどを聞いてはいけないのかが逐一書き出されているエチケットブックを読んで礼儀を学ぶことを、子どもたちはしなくなった。ジェンダーや家族の役割も暗黙のものだ。母親が買い物に行ったり食事のメニューを考えて作ったりし、父親は家や車のメンテナンスをするものだと了解されている家庭もある。暗黙の世代間ルールとして、年長者は尊敬されるべきで異議を申し立ててはいけないということになっていたりもする。

多くの風習、特に家庭や小さなグループの慣習は非論理的に見え、恣意的にすら思えることもある。論理だけで生活様式を理解することはほぼできない。人は非常に長い期間、他者と共に、そして他者を見て生活し、複雑な一連の様式を学ぶ必要がある。偶然にしろ意図的にしろ、そこに規範が生まれ、たとえ恣意的な性質を帯びたとしても、それは世代を超えて受け継がれてきたものだ。

慣習は葛藤を引き起こしうる

慣習が問題を生むこともある。ユーモア作家のアーマ・ボンベック（Erma Bombeck）による『家族の絆：団結させ息も詰まらせるもの *Family: The Ties that Bind... and Gag!*』では、家族同士の期待が結びつきすぎて子どもの世界が過度に制限され、その可能性を伸ばす機会が奪われることがあると論じられている。[3] 家族などの集団が、有害で機能を成さない慣習に縛られてしまうことがある。たとえば強い偏見、偏狭さ、家族の秘密、否認などの慣習があるかもしれない。あるいは、親が自身の言動とは矛盾する決めごとに子どもを従わせようとすることもあるだろう。「どうして私はその宗教活動に参加しなくてはいけないの？　お母さんはどの宗教的慣習にも従っていないよね！」と指摘するギフテイッド児はひとりとはいわない。

慣習がギフティッド児自身には関係ない、意味がないと感じられると、彼らはその慣習に疑問を投じたり、踏襲しようとしない傾向がある。「どうして？」は多くのギフティッド児の大好きなことばだということを忘れないでほしい。それは我々をイライラさせもするが、矛盾や慣習へ疑問を投じることで、彼ら自身の世界が広がるとともに、彼らがより広い世界になじめるかどうかを見極めることができる。ルールや慣習に一貫性がない、ふさわしくない、合わない、意味をなさないと感じたときほど、ギフティッド児は疑問を投じる傾向がある。

慣習に挑む

聡明な子どもは幼いうちから選択肢というものの存在に気づき、彼らの多くが、みなが従っている慣習に縛られなくてもよいのだと気づきはじめる。彼らはさまざまな理由をあげて、ルール、風習、慣習に疑問を投じる――破ることすらある。通常彼らの判断力は暦年齢相応で、知的年齢には及ばない。そのルールがただ理解できないから従えないということもあるが、これはときに、彼らからすればそのルールがまったく非論理的であることが原因の場合もある。エレベーターに乗っていた子どもが同乗していた人に体重を聞き、失礼だと母親に叱られた際に、「でも、最大積載量が書いてあるでしょ！」と言い返したりする。その子は論理的に考えており、自分や他者のウェルビーイングを心底心配しているのだ。つまるところ、最大積載量を上回ってしまえば問題が生じかねない。公的な場で人の体重を聞くのは失礼だという社会的ルールは論理性とは無関係の問題だ――そして、感情と慣習に配慮したふるまいが求められる。その子の知的年齢の高さからそのような疑問が生まれるが、経験や判断力の未熟さから葛藤が生じる。その子はわざと親を気まずくさせたり恥ずかしい思いをさせたりしようとしているのではない。一見、そのように見えることもあるが、そうではない。親がこのように理解できれば、それぞれの人の体重を黙って頭のなかで見積もり合計体重を頭のなかで計算するなら大丈夫だと、あとで説明できるだろう。親がその子のことを礼儀知らずだとか非礼だと決めつけてしまうと、深刻な軋轢が生じる。

ときにギフティッド児は、やってみたい、ワクワクするという気持ちから慣習やルールを破ることがある。「自分の家族とはまったく違う生活習慣や価値観の家族とかかわったらどうなるだろう？」あるいは、「このドラッグを一回だけ試してみたらどうなるだろう？ 僕は頭がいいから一回でやめられるよ」「一つ盗むだけじゃないか。つかまるなんて、ありえない」のように危険な状況もある。ギフティッド児は興奮を求めている。そして、必ずしも起こりうる可能性を立ち止まって考えているわけではないことがある。

ギフティッド児が慣習に挑むのには、たいてい彼らの理想主義が絡んでいる。特にそれが理にかなっていないように彼らには思えたり彼らの道徳基準と相容れないときに、その慣習を踏襲しようとはしない。たとえば、「私たちの生活は物に支配されすぎている。もっと質素に暮らすべきだ」「肉を食べるのはやめるべきだ。生き物を殺さなくてはならないし、肥育場は残酷で環境にも有害だ」と考えることもある。

理想主義的なギフティッド児の場合は、早くも幼少期に予測しやすい現状の心地よさを率先して放棄し、生活やあり方の改善を求める。彼らには改善の可能性が見えるのだ。ホームレスを助けたがったり、家族にもベジタリアンになってもらいたがったり、車をLEVに買い替えてほしいと言ったりする。また、特別な目的のために募金活動を企画したりもするだろう。

感情が強く結びついた慣習とギフティッド児の激しさとがぶつかると、ギフティッド児による挑戦は破壊的な状況、ときに家庭内分裂の危機にまでエスカレートする可能性がある。これは特に、家庭やグループが他者の慣習に寛容ではないときに生じやすい。公民権運動時代のディープサウス〔米国南部の保守的な地域〕では、理想主義的なわが子が人種差別の風習を変えようとすることに気まずい思いをする親が多くいただろう。

わが国だけでなく世界中が直面している重大問題の多くが新たな解決策を要するため、我々は、ギフティッド児には創造的な問題解決者となってほしいと願う。しかし、ギフティッド児が執拗に質問したり慣習を破ったりすると、家族や教師など周囲は自分の行動を恥ずかしく思ったり、気まずく感じたり、また、自分の信念や生き方が脅かされているとも感じ、不快感を抱く。断固として決まりに従おうとしなかったり、あるいは質問のための質問をしたり、あるいはただ人と違っているというだけのことが、ギフティッド児や彼らをとりまく人々に、壮大な真理の探究とともに辛い生き方をもたらすだろう。たとえば一〇代のギフティッド男子の親は、息子が髪を長くポニーテールにしてイヤリングをするのを、とてもではないが耐えられないと思うかもしれない。あるいは、以前はとても魅力的で身だしなみもきちんとしていたギフティッドの娘が、今やボロボロのヒップハングのジーンズとタイトなトップスしか着ないのを見て絶望的な気持ちになるかもしれない。わが子の反体制的な姿勢を喜べないこともあるだろう。思春期に入ると、ギフティッド児は世のなかの矛盾や偽善に苛立ちを抱く傾向がより一層高まる。

進歩は慣習への挑戦から生まれることがある

現状に立ち向かうには犠牲が伴うことが多いが、多くの慣習はいずれは手放す、少なくとも見直し改める必要がある。これは、世のなかをよりよくしていくために、環境保護のために、より健康な生活習慣のために、病気の新たな治療法を見出すために必要となる。歴史を振り返ってみてもわかるだろう。地球は平らではなく球だという理論は、当時の社会通念を覆すものとして忌み嫌われた。より最近では、かつて健康的な食事のガイドとして受け入れられていた四つの食品群が食生ピラミッドに取って代わられた。ハイブリッドカーは徐々にガソリンカーよりも需要が高まっている。これらの変化には何らかの代価が払われており、革新を引き起こす人々は個人的あるいは専門的な立場での苦しみを経験している。進歩のためには慣習、風習、通念に立ち向かわねばならないこともあること、人が古くからのやり方を捨て去るのは容易ではないということだ。たとえ手放すべきだとわかっていても、なかなか捨て去ることのできない慣習もある。たとえば、ほとんどの人々はいまだに通勤に公共交通機関を使わず、ひとり一台車に乗っている。

子どもが家庭やコミュニティの慣習を無視したり、それに立ち向かったりすると、我々は戸惑うだろう。それは我々の権威や常識を侮辱するものだと感じる。腹を立ててしかるべきときもある。他方、我々は長年生きるなかで、髪の長さやファッションなども含め多くの慣習の変化を経験してきている。そして、世代が変われば慣習も変わることも承知している。

ギフティッド児には並外れた分析能力があり、ある慣習は変えられるべき、さらには破られるべきと言ったりもするが、それは正しいことがよくある（それが偶然にも我々大人が大切にしていたわけではない慣習の場合、当然ながらギフティッド児の主張はずっと受け入れられやすい）。たとえば、七〇年代に多くの若い母親が再就職した際に、その上の世代の親たちは、母親は子どもと一緒に家にいるべきだ――当時までの慣習――と考えた。慣習に従わなかったり挑んだりすると、人々は不快になることが多い。なぜ現状に荒波をたてるのか？　どこへ向かうのか？　我々は、いつだってそうしてきたのだ！　しかし、理想主義的なギフティッド児は物事の可能性が見えたとき、その理想を実際に行動に移そうとすることが多い。これは、我々が彼らにしてほしいと願っていることなのではないだろうか？　そうではあるが、彼らはときに、我々の想定よりもはるかに早くそして劇的に変革しようとする。

社会の慣習に挑むことは、たとえそれにより生じる変化が一時的に他の人々、特にすぐにはその意義を理解できない人を悩ませたとしても、益となりうる。奴隷制度廃止のために南北戦争が起こった。女性の選挙権獲得には何年もかかった。アフリカ系アメリカ人の選挙権獲得や公立学校への通学には、女性の選挙権獲得後さらに年月を要した。人種やジェンダーの平等は進歩を遂げてきたが、まだまだ改善の余地がある。たとえその過程で人々に不快感が生じても、別のあり方があるはずだと考え、それを行動に移す人が必要だ。

創造的で思いやりがあり勇敢な人間が慣習に挑み続けるかぎり、世のなかは着実によい方向へと向かう。ローザ・パークスは、南部でのバスの黒人と白人の区分に挑み、人種差別撤廃に貢献した。マーティン・ルーサー・キング・ジュニアは、アフリカ系アメリカ人に対する古くからの言い伝えや憶測に挑み、公民権運動を通してポジティブな変化をもたらした。英国ではジョゼフ・リスターが、院内感染は起こらないという既成概念に挑み、消毒方法を開発した。ライト兄弟は空気よりも重い機械に乗って空など飛べるはずがないという既成概念に挑み、アメリア・イアハートは、女性が空など飛べるはずがないという通念に挑んだ。

社会の進歩の大半は、誰かが既成概念に挑みそれを覆そうと決心することから起こる。あるギフティッドの女子中学生は、スポーツ部活動の資金、機会ともに男子と女子とでは不公平な違いがあるとして、ボイコットを企画した。全校生徒を説得し、組織的な「退席ストライキ」を起こし、ランチルームから野球場まで抗議の行進、座り込みをし、校長が生徒の懸案事項を取り上げるまで無言の抗議を続けた。そして、結果を勝ち取った。生徒たちは教育委員会へ出向き、女子生徒のスポーツ部活動の予算を増やすよう要望書を提出し、教育委員会はそれを認めた。権威への挑戦は、たとえそれが大義名分のもとであっても気づまりする人が多いのはいうまでもない。しかし、気まずいからという理由で、強い信念をもって通念に挑む人を忠告してやめさせるべきではない。知識や社会の進歩は、慣習への挑戦なしには起こりえないのだ。

慣習、価値観、規範意識の発達

慣習は我々の価値観と密接にかかわり、その価値観を表現するために慣習が生まれることが多い。日曜日には店が閉まり、誰もが安息日を守ることができた時代もあった。かなりの人々が日曜日は礼拝するだけでなくショッピングにも出かけられたらいいのにと考えたことで、この慣習への挑戦が始まった。変化は分裂を生む。日曜日に買い物ができたらよいと考える人もいれば、従来のように、誰も働くことなく静かな日曜日を過ごしたいと考える人もいる。何を重視するかについての真の相違が価値観の相違となる。

心理学者のローレンス・コールバーグ（Lawrence Kohlberg）は、人の成長と発達をとらえるなかで、慣習や価値観と密接に関係する「道徳性発達理論」を提唱した。彼の理論により、ギフティッド児について、また、ギフティッド児と他の子どもとの違いについて理解を深められる。ギフティッド児の精神発達は、ほとんどの段階で標準よりも早く進む。この「道徳性の発達段階[4]」も例外ではない。コールバーグの提唱した道徳性の発達段階を表8にまとめた。

この理論のなかでは、各段階に到達するたびにそれまでの段階は過ぎ去り、子どもの（成人の）人生が変化する。新たな段階への到達は自分の人生に対する新たな見方の獲得を意味し、新たな課題や新たな機会が生じる。いずれの段階に移行する際にも、ある意味での快適さはなくなり、別の意味では増していく。

この理論における最初の段階をコールバーグは「自己中心的服従」とよんだ。これは大半の幼児に見られる自己中心性に由来する。幼児は、世界は自分を中心に回っていると考え、この世界のなかでの自分の力について魔術的思考に基づいた信念をもっている。コールバーグが強調していることは、この初期の段階にある人間は、人からのネガティブな罰を避けポジティブな報酬を得ようとする自己中心的な理由からルールに従うという点だ。ジークムント・フロイト（Sigmund Freud）も同様の概念を「快感原則」――人間は本来快を求め不快を避けようとして行動する――として説明した。

道徳性の発達の中間段階には、慣習的水準が含まれる。特定の文化圏では大半がこの段階にあり、ほとんどの人々がこの段階にいる。順守そのものが目的となり、社会的な非難を逃れる。個人は何の疑問も抱かずにルールや法律に従い、大半の人が行っている古くからの慣例に対する異議はほとんど生じない。

道徳性の発達段階の最終段階にある人は、一貫して、また、思慮に富んだあり方で、慣習に疑問を投じる。彼らはルールや法律を理解しているが、習慣とは相容れない個人的、道徳的、倫理的基準が視野に入る。最終の第六段階はもっとも高い発達段階だが、普遍的な道徳的、倫理的原則が統合される。深遠な考えとその可能性が鋭く吟味され、その人の行動が人類、世界、あるいは宇宙にまでも与える影響について熟考される。コールバーグは、最後の二つの段階に到達するのは全人口の約一〇%だけだろうとした。そのような人々は、社会的通念に挑み、それを変え、新たなよりよい道を切り開くリーダーやクリエイターであることが多い[5]。

表8　道徳性の発達段階[6]

各発達段階と道徳的関心事	
自己中心的服従（小学生に広く見られる）	
I	善し悪しは罰を受けるか否かにより判断される。規則に従うのは、権力のある人からそうするように言われ、罰を受けたくないため。
II	他者に何かをしてあげるのは、その見返りが期待できるため。何らかの見返りを受けようとして、自分の利益となる行動をとる。公平性、互恵性、平等な分け合いは、それ自体の尊さゆえに価値あるものと捉えるのではなく、自分が人から同じだけの見返りを得られるため。
慣習の遵奉（社会に広く見られる）	
III	善い行いとは、家族、グループ、社会において他者を喜ばせることを指す。何であれ多数派がよしとすることは道徳的に正しい。人に受け入れられるために善いことをする。従順が高く評価される。
IV	慣習が確固たる「正しい」決まりや義務となって個人に定着する。社会的秩序、グループの権威、法律、社会のルールを維持すること、それに従うことは自分自身のために重要だ。
従順を超えた道徳的信念（成人の多くはここに達しない）	
V	道徳的価値は権威や特定の集団の主張を超えて生じる主義・信念となる。すべての人に公平な原理、ルール、方法に関心が向く。個人の責任と良心、他者の幸福、個人の権利の保守に非常に重きをおき、そのコンセンサスを探し求める。
VI	全人類の幸福、普遍的な倫理、深遠な道徳性に関心が向く。慣習的な道徳的判断を超越し、一貫性と包括性を重視しながら公正、互恵性、平等、尊重の完全な原理を探し求める。

実践的提案

代償を理解できるようにしよう

意志が固く確固たる主義主張のあるギフティッド児のために親ができるもっとも大切なことは、おそらく、行動には必ず代償と利益があるとその子が気づけるようにすることだろう。慣習に挑むことは確かに何らかの利益をもたらすが、代償も伴い、それは個人的な代償にとどまらない。つまり、専門性や人間関係の面でも代償が伴うことがある。ギフティッド児はしばしば慣習を破る自由を求め、その代償が親や他の大人を気まずい思いにさせようとも、その自由を選びとろうとする。たとえば、毎日シャワーを浴びないことに代償が伴うのは明らかで、人との関係に影響を与える可能性が高い。長髪の男性、人目を引くタトゥーや服装は型破りなイメージを醸し出し、ティーンエイジャーの希望している職に就けないかもしれないという可能性も生じる。

親や教師は、ギフティッドが慣習について別の視点からとらえられるようにしよう。慣習の起源やその歴史などを説明するのもよいかもしれない。親は慣習に挑もうとしているギフティッド児を理解していることを示し、現実社会への気づきを促すこともできる。人々は慣習に従わない人と一緒にいると気まずい思いをするため、そのような人を敬遠しがちだ。もし、あなたが慣習や現状に挑むならば、あなたはもはや他の人にとっては想定外の存在となり、敬遠されるだろう。なかには、あなたが個人的な怒りや恨みを表現するためにわざと慣習に従わないのだと考える人もいるかもしれない。そのような人々からは、あなたは悲観的だとかひねくれていると思われたり、怖がられたり避けられたりするだろう。

子どもが慣習へ挑みたがり、それによる深刻な結果が予想されるときには、特に難しい問題が生じる。その子は何か違法行為をしようとするかもしれないし、長期的に有害なことが予想されることをしようとするかもしれない。子どもがこのような類いの慣習破りをしようとしている様子を見せたら親としてどのような行動をとるかを、はっきりと重要事項として打ち立てねばならない。なぜなら、危険性のある状況では、親は当然の事態から子どもが学ぶに任せてはならないからだ。当然の事態が死を意味する行動がある。

対峙するのか導くのか

あなたのなかにある昔の世代――「古きよき時代」――の知恵をもって、ポジティブな変化はたいてい実現するが、必ずしも望んでいるほどすぐにではないということを子どもが気づけるようにしよう。そして、その変化は怒りや挑戦的な対峙よりも、むしろ導きにより成し遂げられることが多いということも示すことができるだろう。アフリカ系アメリカ人の公民権運動が成功した理由のひとつにはおそらく、リーダーたちが非暴力を重視し、感情だけでなく理性に訴えたことがあるだろう。"I Have a Dream" や "We Shall Overcome" のように、ことばと音楽を通して伝えられ、これらの非暴力のメッセージは広く耳にされることとなった。

ときには対峙もやむを得ないこともあるだろうが、さまざまな社会的抗議の間、対峙により周囲はますます慣習的な通念を防衛、固持するようになる。文化や社会の変化が急激に起こると、人間は昔からのなじみのあるあり方に頑なに固執し、変化に巻き込まれて不快な思いをしないようにする。

ギフティッド児は、自分の希望を情熱的に周囲に押しつけすぎて、周囲がそれを押しのけ、権威や制限を行使することにならぬよう、少しずつ段階を踏んで変化の道を探したり周囲を説得していく方法を学ぶとよいだろう。多くのギフティッド児はそのような忍耐や粘り強く取り組むことが苦手で、古くからの慣習を自らが価値をおくものに即座にとってかえたがる。性急すぎると周囲は腹を立てて物別れに終わり、やがてギフティッド児が孤立し孤独な状態になることも考えねばならない。

自分自身に正直に

自分の信念のために人が自分から離れていく、あるいは関係を断たれるのは不安だろう。自分自身であり続け、仲間とは違うという選択のリスクを引き受けるには、勇気と自信を要する。自分から離れていく人々との関係が元に戻ることはないだろう。それでもなお、不誠実あるいは無責任と思える慣習を消極的に受け入れるのではなく、自分の信念や価値観に正直であることが重要だ。たとえば、数学のテストで広くカンニングがなされていることを知っているギフティッド児は、教師の目にとまるような問題となって反感を買うよりは黙っているほうがよいと思うだろう。勇気ある学生が自身の信念への誠実さを貫きそれを報告したとしたら、間違いなく他の学生からの怒りを買うだろう。そして、予想だにしないほどの長期的な人間関係上の問題が生じるだろう。

実直に慣習に挑む姿勢と古くからの慣習に合わせることとのバランスのとれた状態とは、どのような状態だろうか？　その答えは容易には見つからない。シェイクスピアは「己に誠実であれ」と言ったが、合わせることと挑むこととのバランスをとるのは難しい。何をもってバランスがとれた状態とするのかは、子どもにより異なる。代償と利益について話し合うことのできる親子関係にあれば、そのバランスを見出しやすく、また、より安定したアプローチを見出すことができるだろう。

自分自身の信念を自覚しよう

あなたは風習や慣習にどのように応じるだろうか？　他者の慣習に寛大だろうか、それともすぐに非難や批判をするだろうか？　あなた自身の慣習をよく考えてみたことはあるだろうか？　あなたの日常は慣習に支配されているだろうか、それとも人生計画をよく考えているだろうか？　その子の価値観はあなたの価値観よりも悪いものなのか、それともただ違うだけなのか？　たとえその子の行動、スタイル、ことばに同意できずとも、その子を尊重して接しているだろうか？

思春期頃の子どもは特に、独特の主張をしたり、あなたの感覚や慣習からすれば怒りたくもなるようなことをしたりするものだ。あなたが一〇代だった頃を思い返してみれば、あなたの家庭の慣習と対立するような考えのひとつやふたつはもっていたことが思い出されるのではないだろうか。思春期頃は自身のアイデンティティを探しはじめる時期で、人と違う行動や態度をとってみようとするのは自然なことだということを忘れずにいよう。

率直な意思疎通ができるようにしておこう

子どもが小学生の頃に良好な親子関係を育むことができていれば、そうでない親には難しくなる、思春期以降のギフティッド児との意思疎通ややりとりを維持することができる場合が多い。我々がギフティッド児について言えることは、つまるところ、思春期から成人期初期にあるギフティッドの人々を導くためには、意思の疎通と良好で信頼できる関係性が極めて重要ということだ。一〇代は慣習にもっとも疑問を呈する時期だ。その一〇代の時期にも思いやりのある関係性を維持すれば、その子は家族とだけでなく社会とつながっているという感覚を得ることができ、彼らの創造性を伸ばすことができるだろう。休日の家族の集まりや礼状などの慣習や儀式に対しても、一時的には疑問を呈したり無視したりもするかもしれないが、最終的にはその重要性を理解できるようにもなるだろう。価値観や信念、慣習に挑むとなると、ギフティッド児は非常に優れた洞察力を発揮し、大人の偽善や矛盾をたびたび察知するだろう。そして、その子が自分の見解の「正しさ」を説得しようとするとき、その偽善や矛盾に議論を集中させるかもしれない。強い親子の絆があれば、どちらも個人的に攻撃されているという感覚を抱くことなく、議論のやりとりができるだろう。その子の意見をうけて、あなたの信念、慣習、風習の一部を、痛みを伴いながらも健全なあり方で再検討することにもなるかもしれない。

反抗は関係を傷つけうる

親子の衝突は慣習への挑戦を激化させるだけだ。ギフティッド・ティーンはその優れた創造性がゆえに、多様で独特の友だちをつくることが多い。そして、事あるごとに家でも学校でも大っぴらに反抗する。衝突している場では特にそうだ。染めた髪、ファンキーな服装、家族や社会の拒絶、薬物や問題行動、退学の恐れ、礼拝に行かない、あるいは、それらすべての行動が見られることもある。大っぴらに反抗したり非行に走ったりする場合もある。あるいはどんなことが起こるのか試してみたいがために行動に移すこともある。これらの行動は創造的で慣習にとらわれないものではあるが、親にとっては腹立たしくも恐ろしくもあるに違いない。親からすれば、そうすることで親などの反抗相手を傷つけることよりも、その子の将来を傷つけていることが心配なのだ。それでもなお、親は性急で強硬すぎる反応をしないことが重要だ。強硬すぎる反応により葛藤がエスカレートし、子どもはますます反抗する。ただし、特にそれが非行行動であれば、何らかの介入が必要なことは確かだ。衝突が積み重なるほど、外部の専門的な支援の必要性が高まる。

あなた自身が一〇代だった頃の反抗行動や当時の友だちのことを振り返ってみるとよいだろう。一〇代は通常、慣習破りの時期だ。マーク・トゥエインが言った。「私がまだ一四歳だったとき、父親の無学さに耐えられず、一緒にいられなかった。しかし、二一歳になったとき、父がこの七年間でどれほど多くを学んでいたかを知り愕然とした」[7]。どんなに反抗的なギフティッド児でもまた成長する。ただし、それは我々のスケジュールではなく彼らのスケジュールに則ってだ。

慣習にとらわれないジェンダー役割を探そう

子どもが慣習的なジェンダー役割に沿わなかったり、ときには逆らったりすると、親は心配することが多い。これは単にその子の興味関心や好奇心の幅広さが反映されているだけのこともある。ギフティッド児は通常、男児も女児も他の子どもより興味関心や態度が中性的だ。ギフティッドの女児は一般的な「女の子らしい」ことも好きだが、「おてんば」――バスケットボールなどのスポーツやアクティブなアウトドアの活動などが好き――なことがある。同様に、ギフティッドの男児の興味関心も幅広く、車やバイク、レスリングなど一般に「男の子らしい」ことだけでなく、ごっこ遊び、芸術、料理、ガーデニングなども好きだろう。この両性具有が子どもと親の双方にフラストレーションを生むことがある。息子には自分の後を継いでもらいたいと考えているスポーツ選手の父親は、その息子がチェロの演奏が好きだったりすると戸惑うかもしれない。

このようにギフティッドの興味関心は慣習的なパターンを覆すものもあるため、それをどう追求していくのがよいかを子どもが考えられるようになるには、子どもにとって大切な大人の支えが重要になるだろう。子ども自身が興味関心を表に出せる場とそうでない場があるだろうか？　興味関心のなかから職業選択につなげたいものはあるか？　この興味関心は慣習的に期待されていることと相容れないだろうか？　子どもは目に余るほどに反抗的だろうか？　ジェンダー役割についてかなり進歩したが、それでもまだ女性がCEOや重役になるのは難しいときがある。また、女性が警察署長になったり男性が看護師になったりするのが難しいコミュニティもある。ギフティッド児が本当に自分の情熱や興味関心に合った職業を選択できるよう、親としてすべきことは、励ますことだ。その子のために職業を選んであげることではない。

思春期頃のギフティッド児は興味関心が幅広く多様であるがゆえに、自分はゲイかレズビアンなのではないかと心配することもある。実際にそういうケースもあれば、そうでないケースもある。ギフティッド児の繊細さや慣習から外れた興味関心がギフティッドの特性の一部として成り立っているのか、それともゲイやレズビアンなのか、あるいはその両方なのかをギフティッド児本人や家族が見極めるのは、非常に難しいだろう。いずれであろうと、親は子どもを情緒的に支えるべきで、その子がどのようなことに興味関心があろうと、また、どのような性的指向であろうと、親にとってはその子の存在が喜びであり、その子を支え、愛されているということをその子が感じられるようにすべきだ。詳細に関心のある人のための情報として、全米小児ギフティッド協会（www.NAGC.org〔英文〕）に特別委員会が設けられており、ゲイ、レズビアン、バイセクシュアル、トランスジェンダーのギフティッドの若者に関する情報が掲載されている。

子どもが他の慣習を吟味するのを待とう

思春期には親以外に話のできる人がいることが、特にギフティッド児の支えとなる。そのような重要な他者となるのは、友だちの親のこともあれば、近所の人、教師、メンター、カウンセラーということもある。ティーンエイジャーは、自分がどのような人間になろうとしているのかを探し求めている。自分の親の完璧ではない姿が見えはじめ、親以外の役割モデルを探している。後々には親のルールや考え方、慣習などを再び受け入れるようになるが、ティーンエイジャーは誰もが当面は親に批判的で決別したがっているようだ。親はただ忍耐あるのみだ。

家庭の慣習を吟味しよう

あなたの現在の家庭を特徴づける儀式、風習、慣習は何だろうか？　付帯的なもの——吟味されずにただ世代から世代へと受け継がれているもの——はどれか？　それはあなたが必要とする慣習か？　そうでなければ、新たにどのようなものを考案できるか？　子どもへ、またその子どもへと受け継いでいってほしい慣習は何か？

慣習の吟味は意味のある慣習だ。家族全員が集まり、現在の慣習が何かを明確にし、その意義を問い、続けていくもの、棄てるもの、調整するものを決める。これはギフティッド児にとってとても実り多き経験となるだろう。家庭の風習のなかに先延ばしや他者を批判するようなものがあれば、それらは棄てるべきであり、家族にとって大切で有意義なものは持ち続ける価値がある。

人がもっとも慣習から解放されるのは、自分には独自の新たな慣習をつくり出すだけの力があると気づくときだ。家族それぞれがかかわり、自分たちにとってもっとも大切なものが何かを繰り返し吟味することができるだろう。

経験の共有を通して慣習が練磨される

家族は子どもに、遺伝子だけでなく目標、価値観、歴史、慣習をも引き継いでいく。共有経験は人との絆を感じるうえで決定的に重要だ。経験を共有することで、根本的な価値観や期待を共有しているという感覚や、一番身近な世界はそこそこ予測可能で安全だという感覚が得られる。慣習や風習を共有することで、より大きな文化とつながり、安全と帰属の感覚を得られる。

慣習の大半は我々が育った家庭やコミュニティから始まるため、我々の「ルーツ」や「故郷」の感覚の重要な部分となる。子ども時代の記憶が土台となり、慣習に挑むリスクを請け負うことができるようになる。そして、「子どもは成長とともに、背景の異なる他者との関係から生まれる側根を持ち込むようになる。これらもまた、より大きなグループでの安全や所属感、世界と融和した感覚をもたらす[8]」。

子どもも大人もともに慣習を吟味し取捨選択できる環境とすることを通して、ギフティッド児が安全に慣習に挑めるようにしよう。古くからの慣習の快適さや長所を維持する努力をしつつ、新たなよりよい方法を探すリスクをとるには、相当な度量、忍耐、柔軟性を要すだろう。たとえ数年あるいは数世代しか続かなかったとしても、新たな慣習の始まりを考えると熱い思いもわくだろう。

第11章　育児の難しさ

これまでの章では、子どもに焦点をあて、親が子どもと共にできることを記してきた。本章では、親同士の関係、親自身や家族全体のケアのためにすべきことに目を向けたい。ギフティッド児の親であることは骨の折れること、ときに疲労困憊してしまうほどのことだ。そして、現在のギフティッド児の育児は、ここ数十年来ずっと難しくなっている。

今の育児は、我々の親の時代やそのまた親の時代とは大きく異なる。我々の祖父母世代の育児では、父親が息子を薪小屋に連れて行き革のベルトで打つなどはよくあることだった。今日の育児はもっと民主的になり、懲罰的ではなくなっている。昔は、子どもは「姿は見せても口は出すな」と言われていた。今では、自分の考えや気持ちを大人にどんどん話すよう奨励されている。我々が子どもに期待することも異なる。最新の脳研究により、子どもがもっともよく学習できるときや方法の理解が進み、いくつかの分野では、これまで言われてきたものをはるかに上回る学習が可能だということが明らかにされた。若い世代の親が最新の研究や専門家の助言に詳しくなり、新たな情報とこれまでの伝統的な価値観や実践方法などとを比較することを通して、育児も絶えず変化している。

さらに、社会の変化により親の影響力が弱くなるとともに、昨今では親戚は互いに遠方に生活していることもあるため親戚からのサポートも得にくくなっている。科学技術、消費社会、仲間が子どもに与える影響力が徐々に重要性を増している。ただし、これらは現代の育児の難しさのほんの一部にすぎない。

現代の育児に影響を与える要因

流動性

今日の米国の家庭は平均して六年に一度転居するが、[1] その大半は親の仕事が理由だ。転居のたびにコミュニティを失う。数十年前までは、家族は二〇年以上同じ地域に定住し、近所の人とはよく知り合い、信頼しあっていた。みなが子どもの顔と名前を知っているため安心できた。近所の家で子どもが何か悪さをすれば、その場にいた人が注意することを親は承知していた。今日では、近所の人の名前すら知らないことが多く、コミュニティでの匿名性が高まった。

全国規模での転居となれば、子どもは祖父母、叔父叔母、いとこにあまり会えなくなる。親戚の存在は子どもに安定感、所属感、物理的な居場所を与えるものだが、遠方に住んでいるとなると関係を維持するのも大変だ。

昔の世代では、親戚中が小さな町に住み、そこで働き、同じ社交場に出向き、日曜日は一緒に夕食をとり、休日は一緒に過ごした。子どもはいとこ同士で遊び、叔父や叔母のこともよく知っていた。親戚は同じ墓地に埋葬され、家族という語は叔父叔母、いとこも含まれ、親やきょうだいだけを指すものではなかった。家族の集まる場では、誰それにはこんなことがあった、誰それはこんなことを成し遂げた、こんな惨事や失敗をこんなふうに乗り越えたなど、共有体験が話された。子どもたちもその話を耳にしたり、あるいは帰宅時に親にいろいろと尋ねたりしたことだろう。このような集まりや会話を通して、家族の価値観、慣習、帰属意識が世代から世代へと受け継がれていった。子どもたちは自分の家族がより大きな家族の文脈にどのように位置づいているのか——どう異なり、どう似ているのか——を理解できた。

二一世紀に入り、我々の生活スタイルには大きな自由が与えられている。どこに住み、どこで働き、どのような仕事に就くかを自分で決められる。しかし、いろいろな意味で、我々はこれまでよりもずっと孤立している。自分の子どもの成長をずっと見守り、関心を寄せ、休日や特別な機会を一緒に過ごすような親戚や近所の人がいることから得られるものを失った。数年たったらまた引っ越すかもしれないと考え、新たなコミュニティに根を下ろす気にはなかなかなれない。

家族同士が物理的に遠く離れていれば、何か問題が生じた際に互いにサポートしあうことがなかなかできない。たとえば、家族の一人が事故に遭い病院に緊急搬送されたとき、遠方に住んでいれば、そこに駆けつけ傍にいてあげることができない。また、親族関係の問題が生じたとしても、聞き役になる家族がいない。電話をかけたりメールを送ったりはできるだろうが、物理的なつながりが欠けてしまう。かつては家族に頼っていたことを、今では代わりに友だちやカウンセラーに頼らざるを得ない。そして、事が深刻になるまで黙っていることが多くなった。流動性により自由がもたらされたが、そこには代償も隠されている。

離婚と再婚

離婚率や再婚率は近年劇的に増加している。結婚した夫婦の半分近くが離婚し、家族がバラバラになる。友好的な離婚ですら、親、子、友人、さらに祖父母や他の親戚にまで長期的な影響を及ぼす。

離婚と家族の離散は、繊細な感情をもつギフティッド児により一層深刻な影響を与えるだろう。両親が同じ都市に住むか異なる都市や州に住むかによらず、親権の問題によってさらなる困難が生じる。親権の和解は公平になされるはずだが、それでも家族の生活をひどく破壊する。子どもは順応的とはいえ、双方の世帯での期待、慣習、ルール、ルーティンが異なるため、世帯間を行き来するのは難しいことが多い。

ほぼどのような離婚も、家族全員に精神的苦痛、失望、幻滅をもたらす。互いの関係がさまざまに影響されるだろう。聡明な子ども、特にティーンエイジャーは「私の家族に失望させられた。だから、親戚や親の新しいパートナーも含め、自分の家族の重みを低くして自分を守ろう」と考えるなどして、家族から距離をおこうと心に決めることがある。特に、離婚までに怒鳴り声や恐ろしい行為の伴うけんかがあったときは、子どもたちは自分の親——また、大人一般——をどれだけ信頼してよいものかがわからなくなる。デートの相手を信頼できず、将来結婚は危険だからしないと心に決めるかもしれない[2]。

再婚とそれに伴う混合家族にもさらなる困難が生じる。特に、子どもがいるときは深刻だ。子どもはステップペアレントとの新たな親子関係を受け入れ、関係をつくらねばならない。一方の家族で確立されている慣習を、他方の家族も理解し受け入れねばならない。きょうだい関係では、新たなきょうだい同士の関係をまったくはじめから構築しなおし、自分の役割や特権なども含め、家族のなかでの地位を確立しなおさねばならない。適応は非常に難しいことが多く、混合家族はカウンセラーの支援を必要とすることが多い。

スピード社会

一九七〇年代後半に未来学者や米国労働省が予測していたのは、コンピュータなどの科学技術により、二一世紀になる頃には多くの職がなくなり、人間は一週間のうち四日しか働く必要がなくなるだろうということだった。会社には保育施設が設けられ、毎年数週間もの休暇をとれるようになり、余暇時間は増えるだろうとして、未来学者は将来の余暇のための計画や何か趣味をもつよう奨励した。そして、二一世紀となった今、現実は大きく異なる。我々の大半が、これまで以上にプレッシャーを感じている。仕事のスケジュールはどんどんきつくなる。多くの労働者が片道一時間以上かけて通勤し、一日八時間働き、さらに家に持ち帰って仕事をする。車は一家に二台、立派な家、老後や教育費のための貯金など、快適な生活を送るだけの収入を得なくてはいけないというプレッシャーがのしかかる。切迫感があり、週末ですら何か生産的なことをしなくてはならないような気がしている。

携帯電話で話しながら道を歩く。仕事上のつき合い、メディア、テクノロジーを介した人との「つながり」から解放された「休息時間」はほぼない。ケーブルニュース、新聞、インターネットなどからいつでも情報が舞い込み、世のなかの出来事を知っていなくてはいけない、取り残されてはいけないというプレッシャーがつねに伴う。スピード社会は、親が子どもと一緒に過ごす時間すら削り取っている。

スティーブン・コヴィー（Stephen Covey）のベストセラー、『7つの習慣——成功には原則があった！』（キングベアー出版）は、人間は重要かどうかではなく緊急かどうかという感覚に応じて反応していることを指摘した。夕食後に子どもの宿題を見ることは、緊急の要件に思えるような仕事の電話よりも大切なこともある。「緊急度」に対して「重要度」にも目を向けることで、プレッシャーをいくらかでも弱められるようになるだろう。[3]

ありえないことは何もない

インターネットや衛星放送のニュースに簡単にアクセスできるようになったことからも、意図せぬ状況になっている。現代の子どもたちは、以前の世代には想像もできなかったようなことができたり、できごとにさらされている。インターネット上では仲間が安全でない行為をしているのを見聞きし、ニュースでは、ゾッとするような不安をあおる事件が繰り広げられているのを見る。テロリストの爆撃やエイズによる死、子どもの誘拐などの光景を目の当たりにする。聡明な子どもは繊細で激しく、同情心が強く、道徳的正義感が強いため、このようなニュースに強く影響されることが多い。実際、多くの専門家が、ニュース番組やその他の大人向け番組を親は小さな子どもに見せないよう忠告している。これらの映像のなかにはあまりにも生々しすぎるものもあり、子どもの頭に焼きついて不安や悪夢を引き起こすこともある[4]。

弊害となる役割モデル

多くのテレビ番組や映画が子どもたちに悪い役割モデルを提供している。番組内ではバカにしたりからかったり身勝手なやりとりがなされ、あたかもそのような行動が適切であるかのように、また、極端にユーモラスに、そして真似する価値のあるものであるかのように描かれる。ときには聡明で才能のある子どもが笑い者にされ、尊重され評価される対象ではなく、さげすむべき人物――あほ、バカ、ガリ勉、コンピュータオタクなど――として描写されることもある。メディアで聡明な子どもがバカにされると、その当事者以外の聡明な子どもたちの自尊心も傷つくだろう。

なかには、親も不適格者のように描かれるテレビ番組や映画もある。親がメディアでからかわれると、よい育児はますます難しくなる。仲間や社会が親よりも影響力を強める恐れもある。子どもがこのような番組を見ないように管理、制限をし、放送局に抗議する親も多い。

消費者主義

わが国〔米国〕の生活水準は大半の国よりも高く、食物、衣服、贅沢品があふれている。テレビのCMどおりだとすると、わが国の社会を支えている若年成人のほとんどが郊外に家をもち、新型の車が二台あり、ワイドスクリーンテレビ、Wi-Fi内蔵コンピュータ、携帯電話、リクライニングチェア、バーベキューセット、プールかスパをもっている。このような家庭の子どもたちは最新のテレビゲームをもち、流行最先端の服を着、流行の髪型をしているだろう。

一方、科学技術の進歩により家族関係に壁ができているのも事実だ。今日の子どもたちは、親や家族と双方向のやりとりのある活動をするよりもずっと多くの時間を、ヘッドホンをし、テレビゲームあるいはDVDを観て過ごす傾向がある。外食となれば、食事が来るまでiPodで音楽を聴いていたり、食後も時間を無駄なく過ごすかのようにゲームボーイ®を持参したりする。友だちとキックベースなどをして外を走り回ったり、図書館で本を借りたり、何かを造ったり、母親や父親と一緒に料理をする子どもはあまり見かけなくなった。二一世紀の多くの子どもが想像遊びや物づくりの楽しさを味わえずにいる。ハイテク機器が悪いというのではないが、あまりにも過剰に使われすぎている。ハイテク機器が他の遊びや人とのやりとりにすっかりとって代わったとき、家族関係に影響が生じる。

これらすべてが悲観的に思えるのであれば、そうかもしれない。しかし、これが我々の生きている社会の現実だ。その現実を認識し受け入れることで初めて、その影響に対処できる。それを受け入れた後に、その影響を小さくするために家族で行動すべきことを考えられる。

よい親とは

どんな親もよい親でありたいと思うが、何をもって「よい親」といえるのか？　何を目指せばよいのか？　親には以下の六つの大切な課題、あるいは目標がある。

- わが子を唯一無二の存在として受け入れ、喜びとする。
- わが子自身が自分を好きになり、人ともうまくかかわりあえるように支援する。
- わが子が良好な家族関係を育めるように、家庭内で居場所を感じられるようにする。
- 適切な価値観を育む。
- わが子の自発性、セルフマネジメント、自律性を育む。
- わが子が自分の情熱を注ぐ対象を見つけ、打ち込めるようにする。

本書のいくつかの章のなかで、これらの目標に到達できるようなアプローチのしかたやコツに焦点を当ててきた。我々が感じているのは、何をもって適切な育児スタイルとするかという考えは、親により実にさまざまだということだ。そして、その考えはたいてい親自身が受けた育児スタイルから来ている。子育てに王道はない。子どもにより実にさまざまだ。あなたとあなたのパートナーが合意しており、先にあげた六つの目標を達成するために継続的に実施できるものであれば何であれ、それがあなたの家庭でのもっともよい子育て方法だ。

人生に失敗はつきものだ。自分の育児が必ずしも自分の思い描いたようなものであるとは限らない。初期の心理学者であるハイム・ギノット（Haim Ginott）が断言したように、朝起きたときに子どもの人生をみじめなものにしてやろうと計画を立てる親などいない。「さて、今日は、チャンスがあれば子どもをどなりつけてやろう。うるさく小言を言って、うんと恥をかかせてやるんだ」と考える母親などいない。それでもやはり、思いとは裏腹にひどいことばを浴びせ、嫌になるような声のトーンになってしまうこともある。[5] ただし、その出来事から学び、改善しようと努力し続けることはできる。

人生の多くがそうであるように、育児の成功には運やチャンスの要素が含まれる。親は見たところすべて「正しい」ことをしているようでも、子どもは親の望んでいるようには育っていないという例を、我々は多く見てきた。親であることは自己の慢心を思い知らされるような経験だ。それを耐え忍び、最善を尽くすほかない。確かな基盤は築いた、適切な価値観を染み込ませたと、自分を信じるほかない。たとえその努力の成果がすぐには現れずとも、また、かなり長期間その成果を見ることができずとも。

親自身のケアも忘れずに

日常生活のプレッシャーから、親も打ちのめされたように感じることもある。子どものためばかりで自分の時間、友だちと過ごす時間、趣味の時間がほとんどないということもよくある。子どもの習いごとや課外活動などが家計の負担となる。才能に恵まれた子どもに豊かな環境を与えねばならないという責任感を感じるだろう。しかし、そのためにあなた自身の生活がどれだけ犠牲にされているだろうか？　わが子それぞれにスペシャルタイムを確保するのと同じく、あなた自身のための時間も確保しよう。あなた自身の充電ができなければ、人に分け与えられるエネルギーなどなくなってしまうだろう。

親にも大人同士のつき合いが必要だ。わが子のためにと熱心になるあまりに大人同士の関係が蝕まれてしまいやすい。子どもなしに、パートナーや特別な友だちと過ごす時間はあるだろうか？　夫婦の健全な関係のためには、子どもなしでデートできる夜やその他特別な時間が必要だ。ディナー、映画、散歩、アウトドア・アクティビティ、公園へのピクニック、コンサート、野球観戦、サイクリング、庭仕事やペンキ塗りでも何でもよい。このような時間を過ごすことで、子どもにバランスのとれた人生を実際に見せていることになり、互いの関係も良好になる。夫婦で一緒にスペシャルタイムの計画を立てよう。

なかには、特に親自身がギフティッドの場合、自分の仕事に猛烈に集中し、子どもとの良好な関係には熱心に努力しても、夫婦関係に目が向かなくなってしまうことがある。仕事、大人同士の関係、子どもたちの要求のバランスをとるのは気の遠くなるような話かもしれない。しかし、親子関係が夫婦関係よりも強くなったり大人同士の関係を肩代わりしたりするようになってしまうと、家族のバランスが崩れる。あなた自身のケアには、夫婦やパートナー、親しい友人との関係のケアも含まれる。大切な人の要望や興味関心について、どのくらい考えることがあるだろうか？　人との良好な関係をつくるには、その人が何をしたがっているのかに敏感になること、自分と相手のやりたいことのバランスを考えることも必要だ。双方ともに満足できることは何だろうか？

あなた自身の要望を考える際に、あなたは子どものどのようなモデルになっているかも考えよう。知的、情緒的、社会的欲求、人生の意味を見出したいという欲求にどのように対処しているだろうか？　大人がどのようにして人生のバランスをとっているのかを子どもは学ぶ必要があり、家庭はその絶好の場だ。また、大人がどのように人との関係を育むのか、どのように思いやりを示し、公平に議論し、争いを解決するのかも含め、子どもは見て学ぶ必要がある。

あなたのスタミナとエネルギーはどのくらいだろうか？　子どもにどれだけエネルギーを注げるか

は、あなた自身の健康やエネルギーによるところもある。あなたのエネルギーが足りなくなってきたら、誰か他の人の助けを借りて、子どもに刺激、サポート、励ましを与えてもらおう。他の親と話して安心できることもあるだろうし、友だちや祖父母が助けとなることもあるだろう。

スーパーマンやスーパーウーマンにならなくてはならないなどとプレッシャーを課さないようにしよう。疲れたり悩んだり失敗することもあるものだ、という構えでいよう。自分は愛されていると子どもが感じられているかぎり、失敗は許されるだろう。すべての答えを知っている必要はなく、いつも正しくある必要もない。非常に聡明で何でも知っている親には誰も太刀打ちできない。たとえば、こんな話がある。ある少年が、ハンニバルが象を連れてアルプスを越えた最初の人だという発見を誇らしげに説明した。すると、その父親は、実はその何年も前にハンニバルの叔父が同じルートで象を連れてアルプスを越えていたのだと返した。この父親は自分の百科事典のような知識が家族をどれだけがっかりさせているのかに、まったく気づいていなかった。この家の子どもたちは、父親に反論や却下されるのが嫌で、知っていることや意見を言わなくなった。ギフティッドで激しく、そしていつも正しい親は、強い――そして、ときに有害な――影響を家族に与える。

視野を広げ、距離をとる

ふたり親の核家族でのギフティッド児の育児は非常に消耗するものになるだろう。ひとり親となればなおさらだ。物理的、道徳的、情緒的サポートをもう一方の親から得られないだけでなく、経済的負担も重なることが多い。家庭に親がひとりしかいないことで、子育ての話をしたり、ときには子どもの世話を肩代わりしてくれるような人がいないということは、とてつもなく消耗することだ。あなたがもしシングルペアレントなら、あなた自身がボロボロになってしまわないよう、何らかのサポートが必要だろう。友人、親戚、祖父母などの協力を得、必要な休憩をとろう。[6]

計画的にシングルペアレントになったのではなく、離婚や別居、死別などの結果シングルペアレントになってしまったという状況が大半だ。結婚せずに、養子縁組などで子育ての道を選ぶ人も増えている。いかなる背景があろうと、シングルペアレント特有の困難がある。シングルペアレントの道を選んだ理由をどのように子どもに説明すべきか？　離婚、別居、死別について、幼いギフティッド児にどのように説明したらよいのか？　わが子の精神年齢を考えると、どのくらい詳しく説明するのがよいのか？　シングルペアレントとして心得ておくべきことは何か？　ギフティッド児をもつシングルペアレントが特に直面しやすい二つの危険がある。もちろん、それはふたり親の家庭にも起こりうることではある。それは、子どもの「大人扱い」と纏綿《てんめん》——あるいは巻き込み——だ。

ギフティッド児の大人扱い

相手がまるで大人であるかのようにギフティッド児と話したり、ギフティッド児のアドバイスを頼りにしたり、ときには情緒的なサポートさえ求めてしまうような事態に陥りやすい。ギフティッド児はどう見ても優秀で、非常に多くの点で大人のように見える。シングルペアレントは八歳や一二歳のギフティッド児に、子どもにはまったく不適切な個人的な問題を話してしまいやすい。聡明な思春期・青年期の子どもは大人の地位をあまりにも早く与えられすぎ、後々あなたの友人をあからさまに批評したり、あなたが誰とデートするかを相談してほしいと言うようになることもある。これでは家庭内での子どもの役割が混乱し、子どもは親の幸せのための責任感を、適切な範囲をはるかに超えて強く抱くようになりかねない。子どもは、大人の悩みや心配とは無縁ともいえる子ども時代を与えられるべきだ。ギフティッド児は実に目を見張るほどのことをする——大人のレベルに達することさえある。傍らにいる大人にとってこれは喜ばしいことではあるが、大人と子どもの境界を曖昧にしないよう注意する必要がある。ギフティッド児の情緒的成熟や判断力は、その知的能力よりもはるかに遅れていることを忘れないでほしい。たとえギフティッド児が大人のように見えても、大人の話題や事情に対する情緒的な構えは、通常、同年齢の子どもたちと変わらない。

ギフティッド児は家庭の状況を猛烈に心配し、通常より多くのコミュニケーションが必要で、同年齢の他の子どもにはありえないような話題についても話す必要もあるという認識が大切だ。たとえば、転居に際し、譲渡抵当や抵当債券に関する大人のような質問が飛び出すかもしれない。一方、きょうだい同士、誰がどの部屋にするかで年齢相応の言い争いも起き、ギフティッド児の不均衡な発達が顕著に現れるだろう。

状況がどうあれ、そのことを話し合い、その子が安心できるようにすることが、親子関係では大切だが、いかなる場合にも、ギフティッド児を大人の会話相手、親密な相手、交際相手の代わりにすべきではない。シングルペアレントが大人とのコミュニケーションを必要とし、子どもが情緒的サポートを与えてくれそうに見えてしまうようなときにこのことを思い起こすのは難しいが、それでも、誰か大人を探さねばならない。あなたの悩みや心配ごとを子どもと分かち合うようなことがあってはならない。大人の話題と情緒的親密さは、大人同士の間にとどめておくべきだ。

もう一つの大人扱いのかたちで、ひとり親にしろふたり親にしろときどき見られるのは、ギフティッド児に過剰な特権を与えてしまうというものだ。ギフティッド児をあまりに自由にさせたり、家庭内での権限を与えすぎたりしてしまい、しつけができずに権限のバランスがとれなくなる。ギフティッド児は人を喜ばせてくれ、魅力的で、非常に聡明で反応が早く、信頼できるため、家庭内で特別待遇を受け、何をしても正しくなってしまう。あるいは、親がその子の知的・創造的な行為を過剰に評価してしまうこともある。このようなことの原因として、その子の才能に対する親の驚嘆、あるいは、親ではなく友だちや「相棒」になりたいという親の願望、子どもに親自身の情緒的欲求や空虚感を満たしてほしいという親の不適切な「欲求」、よかれと思ってのことではあるが効果のない育児方針などがある。原因が何であれ、このような状態にある子どもは自分が大人と同水準にあると感じ、家庭内で過剰な特権があると思い込んだり、実際に特権を得たりするようになる。

ギフティッド児は、大人のように考え、行動し、反応する大人のミニチュアではない。子どもを「大人扱い」することで、重要で貴重な子ども時代の経験を奪い取ってしまいかねない。この問題に関してローパーは的確な助言をしている。「毅然とした親であり続けなさい。そして、子どもに主導権ではなく、自分は守られているという安心感を与えなさい[7]」。

親子関係の曖昧な境界（纏綿《てんめん》）

なかには子どもの人生と纏綿状態にある親もいる。親の行動や人生への満足感が子どもの行動と非常に強く結びついているために、親子の境界が曖昧になる。シングルペアレントや、子どもの成し遂げたことに注目しすぎる親は特にギフティッド児に巻き込まれやすい。シングルペアレントは、家で話し相手になる大人がいないために纏綿状態に陥りがちだ。また、ピアノやドラムの習いごとのように、親自身がやりたくてもできなかったようなせっかくの機会を子どもが「無駄にしている」ように見えるときに纏綿が起き、そのような機会のひとつ、あるいは複数で高いレベルに達するように、親が子どもに強要することがある[8]。広い視野をもち、少なくとも子どもの人生からある程度距離をおくことが大切だ。とすると、物理的にも情緒的にも、親はどの程度子どもの人生にかかわるのがよいのだろうか？

強要しているのか、それとも熱心なだけなのか

「押しの強い親」は、直接間接問わず専門家から批判されることが多い。多くの場合、親は押しの強い子どもにせっつかれて応じているうちに、子どもの才能を伸ばしている。親はいつ「強要する」親になるのか？　自身に問いかけてみよう。「わが子の才能をわが子が伸ばしていくのを支えるのではなく、子どもを通して、どの程度自分自身のファンタジーに生きているか？」あるいは、「誰のニーズが満たされているのか？——自分のか？　それとも子どものニーズか？」「自分の努力は子どもに向けられているか、それともいまだ満たされぬ自分の欲求に向けられているか？」。

強く熱烈な絆、そして、おそらくある程度の情緒的な纏綿状態も、何が何でも悪いということではないだろう。その子を守るために非常に多くの時間と労力を費やした結果、それが纏綿に見えてしまうこともある。ギフティッド児、特にハイリー・ギフティッド児やプロファウンドリー・ギフティッド児のために適した教育環境を見つけようと格闘する親は、子どもの問題にとりわけ強くかかわらざるを得なくなることが多い。成人後に卓越した功績を残した人の子ども時代は、親が強くかかわっており、ある程度その子の背中を押していたことが研究により示されている。[9]『卓越者の幼年時代』や『若者の才能を伸ばす *Developing Talent in Young People*』などでは、偉業を成し遂げた人々の人生が検証されている。[10] これらの書からいえることは、子どもの異才を開花させるためには、主たる養育者がかかわり励ますことが大切だということ、それがスポーツであろうと音楽であろうと、あるいはトップクラスの大学院での成績であろうと変わりないということだ。

常識は並外れた子どもに通用するか

その子は標準とは異なるため、親としてどうするのがもっともよいのかという点について——大半の親よりもはるかに——あなた自身の感覚を信じなくてはならないだろう。育児に関する常識だけでなく、教育者、心理学者、医師などの専門家からのアドバイスですら、その専門家がギフティッドやタレンティッドの子どもたちに応じた経験がなければ、頼れるとは限らない。もちろん、そのようなアドバイスに留意すべきではあるが、その子はユニークでエクセプショナルだということ、ときには他者には理解されないような決断が要されることを忘れてはならない。たとえば、その子は他の子よりも短い睡眠時間で十分だったり、音に過剰に敏感だったり、数学では早修が必要だったりするかもしれない。エクセプショナルな子ども——特別なニーズのある子ども——の親として、その子のニーズに応じるために膨大なエネルギーと時間を費やさなくてはならないこともある。どうすればもっとよい育児ができるのか、おせっかいなアドバイスもいろいろなところから受けるだろう。その子自身が余計なアドバイスをすることもある。

日常生活までもが、あなたの友人や近所の人とは大きく異なるかもしれない。あるギフティッドの少年の親は、わが子のとどまるところを知らない質問と議論に辟易していると漏らした。母親が言うには、その少年はあらゆる法の抜け穴や例外を知り尽くしているやり手の弁護士のようだった。ギフティッド児の鋭い観察眼、激しさ、強いパーソナリティにより、その家族に与える影響は計り知れないものとなる。ある母親は次のように言った。「私が押しの強い親なのではありません。この子が押しの強い子どもなのです！」。

ギフティッド児の親には、他の親たちや、ときに専門家にさえ話せないことがある。ギフティッドの人々にかかわった経験がほとんどあるいはまったくない人は、並外れて聡明な子どもを育てるうえでの複雑な問題をなかなか理解できない。日常の出来事などをいくつか話したところで、彼らはあなたが大げさに言っているだけだと思うだろう。あなたがその子と生活するなかで、実際に目の当たりにしているその子の言動を、周囲は到底信じられないのだ。ギフティッド児の親が、わが子の成し遂げたことを友人には滅多に話さないようにする、あるいはわが子の能力を控えめに話す必要性を感じるのも当然だ。また、子ども同士の興味関心が同じようでないと、家族ぐるみでのつき合いもなかなか難しいこともある。[11]

親へのピア・プレッシャーもまた、子どもへのピア・プレッシャーと同様に大きい。子どもに押しつけすぎている、自由すぎる、子どもの人生に巻き込まれすぎているなどの批判に応じる術を身につける必要も生じるかもしれない。なかには、実際にギフティッド児を自由にしすぎている親もおり、特に、子どもの不適切な行動の言い訳としてギフティッドを引き合いに出すような場合がそれにあたる。その子の創造性などの特性を大切にしながら、適切な社会性を育てるのを忘れていることがある。そのようなケースでは、子どもは甘やかされすぎ、礼儀知らずで自己完結的になることが多い。たとえば、隣の家の壁に勝手にペンキを塗っている子どもの問題に目を向けず、「まあ、この子はクリエイティブだわ」「この子の創造性をつぶしたくないのです」などと親が言っているケースがそれにあたる。その子はクリエイティブかもしれないが、節度をわきまえた行動を身につけられるような制限と導きが必要だ。不適切な行動の言い訳としてギフティッドであることを引き合いに出すようなことがあってはならない。多くのギフティッド児が日々実践しているように、社会的な節度と高知能や高達成とは両立しうる。適切なソーシャルスキルなくしては、今も後も、その子の達成は大きく妨げられるだろう。

その子がなんとかうまくやっていくのに必要なスキルや、その知的能力を世のために使えるようなスキルを身につけているかどうかの判断は、あなた自身の感覚を信じるほかないだろう。ただし、そのようなスキルは高潔さ、創造性、自立性を失うことなく身につけていくべきだ。これは容易ではない。なぜなら、親自身へのピア・プレッシャーが、子どもへのピア・プレッシャーに負けないほどに大きなものだからだ。

家庭の安定

家庭は太陽系にたとえられる。惑星の軌道が確立し、惑星相互の関係が相対的に安定している状態だ。このシステムの内あるいは外で何かが起こると一時的にバランスが崩れるが、その後、再適応して新たなバランスが生まれる。

ストレスや危機はどの家庭にも多かれ少なかれいずれは生じるもので、家族関係に変化をもたらす。転校、新しい地への移住、離婚、深刻な事故や病気、大学進学や結婚を機に家族のひとりがいなくなるなどは、一時的な不安定をもたらし、新たな安定に向かっての再適応が必要となる。ひとりの個人に変化があれば、周囲はその変化に応じて適応する。その適応の過程で、特に子どもに新たな役割が生まれる。きょうだい間の張り合いが激しくなることもあれば、自尊心が改善することもある。家族の慣習が新たな意味をもつようになることもあれば、アンダーアチーブメント、反抗、引きこもり、その他予想もしなかったことが起こることもある。

もっともストレスフルな出来事のなかに、離婚と家族の死別がある。また、どの家庭でも、逆境、トラウマ、悲劇をいずれは経験する。ギフティッド児はこれらの出来事に対して、不安、怒り、罪悪感、抑うつなどの感情を伴い強く反応することが多く、家族全員に影響を与える。この期間は家庭の危機で、バランスを欠き、緊張状態や不安定な状態にあると感じられるだろう。ギフティッド児も含め、家族はよそよそしく不安定で、予測できなくなる。

危機を経たあとに、いつしか新たなパターンが生まれるものだという認識が重要だ。この新たな安定に至るまでに、通常三〜九か月程度かかると言われているが、その期間は混乱の程度によりさまざまだろう。新たなパターンはそれまでよりも健全でより安定している場合もあれば、そうでないこともある。新たな安定性がどのようなものになるかは、不安定な時期の意思疎通の程度と関係性のあり方により決まるだろう。不安定な時期に、基本的な安全性と家庭での居場所は保証されていることを子どもに伝え、安心感を与えることが大切だ。たとえば離婚の場合、子どもたちが離婚の原因ではないこと、両親とも子どもたちを愛しており、子どもたちのために最善を尽くそうとしていることを伝えるべきだ。子どもが安心できるようなときを少し設けることで、子どもは、人生には変化がつきものので、変化には喪失——大半は必要なものの喪失——も含まれること、そして、喪失のあとに新たな機会がくることを理解し、広い視野をもてるようになるだろう。[12]

混合家族とステップペアレント

再婚に伴い混合家族が誕生するケースは、もっとも劇的な不均衡が生じる例のひとつだ。双方の親はともに子どもを連れ、異なる習慣をもって、ひとつの家族となる。あなたがそのような状況にあるのだとしたら、それがどれほど難しいことかはすでによくわかっていることだろう。双方の親ともに、それぞれの子どもとすでに何年もともに生活している。パターン、慣習、期待は子どもに対してのみならず、相手の親に対してもできあがっている。二回目、三回目の結婚での離婚率を見れば、これがどれほど難しい状況なのかがわかる。

ステップペアレントはギフティッドであるステップチャイルドとの関係をどのように育めばよいのか？　それは、その子の年齢や性格により異なる。焦らず気長に、その子ともう一方の親の両方をよく観察し、また、双方の話をじっくりと聴くとよい。相手の親は、その子とずっと長く人生をともに歩んでいる。幼少のギフティッド児がどのように発達するのか、その「奇天烈さ」にこれまで出会ったことがないならば、強い絆を育むうえでのカギとなる情報をもちあわせていない可能性もある。ギフティッド児が他の子どもとどのように異なるのかを知っておくとよいだろう。ステップチャイルドとの絆のつくり方は、あなた自身の子どもとの絆のつくり方とは異なるかもしれない。そして、より一層、隠し立てなく繊細に応じることが求められるだろう。自然に関係が育まれるのに任せ、無理強いしないようにしよう。

これまで別々に成り立っていた育児スタイルをすぐに合体させ、同時に個々の関係を構築し新たな親の責任を負うことは、極めて難しい。ひとりあるいは複数のステップチャイルドが通常とは大きく異なる能力や才能をもち合わせている場合は、一層困難だ。すべてが安定するまでに何年もかかるかもしれない。

混合家族で生じる困難の多くは、血縁関係にある親が自分の子どもの代弁者となり、ステップペアレントの怒りからその子を守ろうとするようなときに生じる。この状態は、ステップペアレントとその子の絆の構築が妨げられるばかりでなく、その子が自分で話す力を無視したり弱めたりすることになる。その子のやり方とタイミングで、そして、その子のことばで新しい親との関係をつくれるようにしていくのは難しいことではあるが、よい関係をつくるためには必要だ。

育児スタイルが異なる場合

ギフティッド児が幼い頃は、両親ともに同様の支援的な育児スタイルをもつ場合がほとんどだが、子どもの成長とともに育児方針にズレが生じることが多い。その子が就学する頃までには両親の育児スタイルは大きく異なることもあり、特に混合家族の状況ではそれが顕著に見られる。ギフティッド児の四分の三が、両親からの期待が一致していないと言っていることを示した研究がある。[13]

両親の育児の価値観を一貫させるのは難しいこともあるが、重要だ。片方の親だけ、多くは母親だけが主たる養育の役割を担うケースがある。ところが、母親だけでなく父親も子どもの発達に極めて重要な役割を果たすことが研究により示されており、それには知能の発達への影響も含まれる。[14] また、一方の親が独裁的で他方の親が救済者の役割を担う家族もある。[15] 一方が多くを要求し他方が擁護するような夫婦間の不一致は、家庭問題の主たる原因となる。また、育児スタイルの不一致は学業不振と関連することが多い。

あなたは、あなたの子どものもっとも強力な役割モデルだ。あなたのコミュニケーションの取り方、自分の仕事についての話し方、家の仕事のこなし方、ストレスへの応じ方、相手や家族をどのくらい尊重しているか、あらゆることが子どものモデルとなる。あなたの反応や行動は今の家族の関係性に影響を与えるとともに、その経験がその子の将来の家庭に取り入れられる。

どのような親も、互いに意見が食い違ったり、今にも口論になりそうになったりすることはある。そのようなことを言ったりしたりするのは子どもによくないと思うようなことを、もう一方の親がしようとしているのを目にすることもある。たとえば、疲れていたりストレスが溜まっていたりすれば、親も「カッと」なりやすいだろう。このようなとき、一方の親がもう一方の親の権威を傷つけたり、その親と子どもとの関係を意図せずして壊したりすることのないように、細心の注意を払わねばならない。

親の間の不一致

親同士の考えに不一致があったり、一触即発の状況にあるとき、「親の密談」を活用し、（子どもがいたとしても）子どもに聞こえないところで、その問題を話し合おう。子どもの前ではつねに夫婦一致した見解を示すほうがよい。子どもが親の議論に割り込んだり口を出そうとしたりすることのないようにしよう。「パパとママはこのことについて考えてお互いに話し合う時間がほしいの。詳しいことは明日話してあげるし、パパとママの考えも話すね」と言えばよい。それからそれぞれの考えを出し合い、合意点を見つけられるようにしよう。相手の意見を聞いてから自分の見解を伝えよう。互いの考えを聞いてから、そのよい点と悪い点をリストアップし、双方が合意できる点を決めよう。そのために何らかの妥協が必要なこともあるだろう。

夫（妻）のやったことは間違いだと思うようなときも、その決断を支持すべきだ。「ママは、今週のバスケットボールの試合に行ってはいけないと言ったんだね。パパもママの考えに賛成だ。来週のゲームに行けばいいじゃないか」。夫婦間で意見が違っても、子どもの前では、一方が課した約束ごとには徹底的に従い、夫婦の見解を一致させることが大切だ。そうしないと、後々、この聡明な子どもは自分の都合のよいように親の見解の不一致を操るようになるだろう。

実践的提案

どのような親でもよい役割モデルでありたいと願い、子どもには幸せで才能を十分発揮し、充足感と満足感のある人生を歩んでほしいと願っている。自分自身の子ども時代に身につけた古いパターンや否定的な言い回しに陥らないようにするには、どうするのがいちばんよいだろうか？　すべきことだと頭でわかっていることを、どのようにしたら思い起こして実行できるだろうか？

まず、自分をいたわり、自尊心を高め、自分のためのスペシャルタイムを確保し、自分が気分一新できるような時間を設けよう。自分のバッテリーがなくなってしまったら、エネルギーを他の人に与えることはできない。

次に、サポート・ネットワークを探そう。結婚相手や長くつき合っている相手がいるのであれば、互いに支えあい協力しよう。一方が疲れ切っていたら、もう一方が担おう。家事と育児の分担をし、それぞれに「休憩時間」が必要なことを確認しよう。母親が女友達と夕食に出かけたいと言うかもしれない。父親は一週間に一晩くらいバスケットボールをしたり映画鑑賞に行ったりしたいと言うかもしれない。食事の準備、皿洗い、子どもの就寝準備、寝かしつけの読み聞かせなどを交代でするのもよいだろう。子どもが家庭の堅実性や安全性を感じるうえで、協力している親の姿を見ることに勝るものはない。

あなたとパートナーとの絆を強めるような時間を設けよう。小さなことでよいので、パートナーに親の役割ではない価値を認めていることを表そう。子どもが寝たあとに互いのために時間を確保しよう。隠し立てのないコミュニケーションをしよう。あなたの一日を話そう。子どもがしたおかしなことやり遂げたことを話そう。子どもを抜きにして互いに楽しめることをしよう。ディナー、ドライブ、映画、キャンプ、友人宅を尋ねるなど何でもよい。子どもをベビーシッターに預けても一緒に連れて行ったとしても、その外出の目的は、あなたのパートナーとの時間を過ごすことだ。子どもは、ママとパパは自分との関係とは別の特別な関係にあることを理解する必要がある。

あなたがシングルペアレントであれば、あなた自身のケアやあなたの人間関係のケアに関して、同様のことが言える。サポート・ネットワークを探し、友人、近所の人、ベビーシッター、親戚などの助けを借りよう。子どもにすべての時間を費やすようなことがないよう気をつけ、自分の趣味や子ども以外の人との関係のための時間も確保しよう。習いごとをしたり何かのグループに参加したりしよう。子どもを同伴させてもさせなくても、大切なのは、それがあなたのための時間であること、あなたがやりたいことをする時間で、子どものやりたいことのための時間ではないということだ。

成人ギフティッド

ギフティッド児の親の多くが知的、創造的なギフティッドであっても当然で、驚くべきことではない。本書を読み進めるなかで、ギフティッド児の特性——激しさ、繊細さ、エネルギーの高さなど——のなかには、成人した今でもあなた自身にあてはまるものがあることに気づくかもしれない。あなた自身のギフティッドの特性が家族への期待や家族とのコミュニケーションにどのように影響しているか、また、同僚や上司との関係にどのような影響を与えているかの理解を深めよう。ギフティッド児の場合と同様、あなたの情熱、理想主義、質へのこだわり、完璧主義、我慢が苦手なことなどは、大きな長所にもなると同時に弊害にもなるだろう。あなたのギフティッドの特性にかかわる問題に対して個人的な不満を抱くこともあるかもしれない。

成人ギフティッドに関する書は少ないながらもいくつかある。[16] また、理想主義、人生の個人的な意味の探求、普遍的な原理に関する問題を扱う書もある。成人ギフティッドであることが何を意味するのかについて、家族と話し合うとよいだろう。おそらく、家族のなかであなたが最初のギフティッドということはないからだ。ギフティッドネスは学校を卒業したら逃れられる類いのものではない。

子どもの人生に積極的にかかわろう。しかし、あなた自身の願望を、子どもの願望と切り離そう。子どもには子どもの人生を、あなたはあなたの人生を生きられるようにしよう。あなたと子どもとの関係の重要性を理解し、それを胸に抱き、育もう。いくら努力しても思うような改善が見られないように感じるかもしれない。それでもやはり、関係を育む努力が大切だ。あなたの親としての行動は銀行への預金だと考えよう。塵も積もれば山となる。投資したものが急激に増えることもあれば、徐々に増えることもある。しかし、数年後には、あなたを喜ばせ、満足させ、希望がかなうほどの財産が、その子のもとに蓄えられているだろう。

第12章　2Eといわれる子ども*

著名な心理学者、ナンシー・ロビンソン（Nancy Robinson）が次のように指摘している。ギフティッド児はどのような障害からも守られているわけではない――ただひとつ、知的障害を例外として[1]。ギフティッド児もまた、行動障害、学習障害をはじめとするどのような障害にもなりうる。その結果、ギフティッド児のなかには、「二重にエクセプショナル（twice-exceptional：2E）」な子どももいる。彼らは才能の領域だけではなく、一つあるいはいくつかの障害の領域でも正規分布の標準から外れる。これが重複診断――障害の診断を受け、かつギフティッドである状態――と見なされることもある。2Eであることは、その子の教育や治療へも当然影響する[2]。

障害――視覚障害、聴覚障害、身体的障害、学習障害、行動障害など――のあるギフティッド児は、知的ニーズをはじめとするギフティッドの特性を見落とされることが多い。あいにく、多くの学校が「一人に一つのラベル」方式をとっているため、学習障害や視覚障害のプログラムを受けている子どもがギフティッドプログラムも受けるということには、なかなかならない。実際には、学習障害のあるギフティッド児は、これまで想定されていたよりもずっと多いことがわかってきた。しかし、教育・医療の専門家の相当数が、ギフティッド児が同時に学習障害を併せもつことはないという誤った認識をもっている。

なかには、学習障害、ADD／ADHD、感覚統合障害をはじめとする特異性が、ギフティッドネスからくる並外れた能力により相殺され、わかりにくくなるケースもある。他方、ディスレクシアなどの障害がその子の高い能力を隠してしまうこともある。さらに、ギフティッドネスと障害が互いを覆い隠し、何の支援の必要性も認識されずにいる子どももいる。

これらの課題にどのように取り組むべきかを考え、子ども自身が自分の弱いところを長所で補えるようにすることが大切だ。たとえば、書字に困難がある場合、学校では言語能力に優れたギフティッド児に、書く代わりに口頭での発表や試験の機会を与えることもできるだろう。あるいは、ノートパソコンを使えるようにして、書字の困難の影響を最小限にすることもできるかもしれない。多くの場合、その子に適切な活動を取り入れることで脳が再教育され、その子自身の弱さや障害による困難を克服できたり最小限にしたりできる。実際、たとえばディスレクシアを対象とした特別なプログラムがある。しかし、そのためには何よりも、的確な診断が重要だ。

誤診問題

2Eの子どものニーズに応じるにあたり、まず、その診断が的確かどうかをしっかりと見極めることが重要となる。たいてい、教師や専門家はギフティッド児には普通に見られる行動を、さまざまな障害と誤解する。たとえば、授業が退屈な場合に教師に猛烈に反抗的な態度をとるギフティッド児は反抗挑発症と誤解されることがあるが、この場合、これが誤診となる。また、授業の課題に見向きもしなかったり、空想にふけってばかりいたとすると、この子はADDあるいはADHDだと見なされたり、実際誤診によるラベルづけがなされたりすることがある。誤った診断がなされると、それに基づいた支援もまた不適切なものとなる。『ギフティッド　その誤診と重複診断』（北大路書房）には、この診断の問題が詳細に取り上げられている。[3]

ラベルは重要で、的確でなくてはならない。中国のことわざに次のようなものがある。「物事を正確に名づけることが、知恵の始まりである」。Dr.ファネット・アイドとDr.ブロック・アイド（Drs. Fernette and Brock Eide）は、『間違ったラベルを貼られた子ども *The Mislabeled Child*』というすばらしい書のなかで、非常に多くの子どもの学習上の問題に不的確なラベルがつけられ、その結果、その根底にある原因が見えなくなり、適切な支援が受けられないでいると指摘している。行動から誤ったラベルへ、そして不適切な介入へと不適切な飛躍が続く。アイド夫妻は書のなかで次のような例を用いて要点を述べている。「ノートパソコンが誤作動したら、……よく考えもせずにそのノートパソコンを『ノートパソコン欠陥障害』だと断言し、その障害のための市販のソフトウェアで対応するか、どのコンピュータシステムが不具合を起こしているのかを調べ、それに特化した方法で修理するかのいずれかだ[4]」。ギフティッド児に対して、その特性に特化した適切な介入を可能にする詳細な評価がなされずに、一般的な解決策があてはめられることが多くある。

ラベルが子どもにとって代わり、子どもがラベルになり、その子が新たなより望ましい習慣や行動を身につけることができるように我々がもっと熱心に取り組まないでいることの言い訳として使われていることがある。的確な診断は出発点であって、解決や治療――ましてやその子の宿命――などではない。[5] そのラベルが的確だと納得できたら、次に的確な介入を考えるべきだ。

ギフティッドネスと関連することの多い障害

アレルギーや喘息は、標準的な子どもよりもギフティッド児により頻繁に見られる。実存的うつやアスペルガー症候群では、ギフティッドネスに関連する行動パターンがその障害の背後にある原因の一部であるようにも考えられる。同様に、非同期発達による能力レベルの個人内格差の大きさや「ばらつき」が、学習障害の説明要因ともなりうる。

ある行動パターンが実際に障害によるものかどうかがはっきりしないことがある。多くの行動パターンは連続体のうえにあるように考えられる。つまり、ある行動は大半の人にとっては問題にはならないが、より激しく、そしてあらゆる場面で見られるようになる――激しいギフティッド児にあてはまりうる――とき、それが問題となる。その行動パターンによって、人とうまくやっていくことや何かを成し遂げること、幸せな実りある人生に支障をきたすためだ。たとえば、完璧主義はギフティッドに広く見られる特性だが、ある状況下では役立つものとして機能する。しかし、それが極端になると、強迫症とよばれる障害になる。

社会的・情緒的機能に支障をきたすという意味でギフティッド児が2Eと見なされることの多い状況を以下に記す。[6]

ギフティッド児の学習障害

ブロディとミルズ（Brody & Mills）は、学習障害〔原著発行時は Learning Disabilities。この時点での学習障害の枠組が用いられている」とギフテッドネスのいずれかあるいは双方が認知されていない、学習障害のあるギフテッド児を三つに分類した。[7] 第一のグループは、ギフテッドとは判定されているが、その才能が障害を埋め合わせてしまい学習障害とは診断されていない子どもだ。勉強が難しくなるとこのような子どもたちも苦戦するが、その学習障害が見過ごされ未診断の状態が続くことが多い。そして、成績の問題は意欲が足りないとか自己概念が未熟だとか怠惰などといった他の要因のせいにされてしまう。親はその子に学習障害があること、その子が成績を上げるためにできることはすべてやっていることに気づかずに、「成績を上げるには、もっとがんばって勉強すればいいのよ」と言うこともある。その子の能力の高い部分が、背後の困難を覆い隠してしまう。学習障害のあるギフテッド児は、まずギフテッドと判定されるかもしれない。そして、三〜五年生頃になると、教師は突如、その子が上手にあるいは十分に文字や文章を書いたり読んだりできないことに気づく。残念ながら、このようなケースでは、ギフテッドのラベルが見直されてしまい、ギフテッドのための支援と学習障害の支援を受けることにはなかなかつながらないことが多い。

第二のグループは、学習障害が深刻なために診断されるが、高い能力が見過ごされるギフテッド児だ。このような子どもたちは通常、学習障害の支援を受けられるが、秀でた分野での適切で高度な教育支援を受けられない。彼らの秀でた能力を発揮する機会や、彼らが必要とするギフテッド教育を受けられることは滅多にない。

第三のグループは、おそらくもっとも多いと思われるが、彼らの才能と障害の双方が互いを覆い隠しているギフテッド児だ。高い能力が障害を隠し、障害が学術面でのギフテッドネスを隠す。ほとんどの場合、彼らは学年相応かそれより少し高い成績をとっているため、特別なニーズを要しているとは認識されず、平均的な生徒と見なされる。ときどき周囲を驚かすような突出した部分や能力の低さを見せることもあるが、特別な支援を受けることは滅多にない。徐々に学業面での進歩も見られるが、その実は潜在能力をはるかに下回り、この非同期性のために、自信も、学校への意欲も失っていく。[8] 非常によくできる課題があるかと思えばそうでもない課題もあるため、フラストレーションを抱える。

学習障害のあるギフテッド児の多くは小学三〜四年生頃まで見過ごされるが、[9] ときには中学、高校まで見過ごされ続けるケースもある。学年が上がり、多量の情報処理が求められるようになって初めて、学習障害が明らかとなる。

学習障害の診断

学習障害の診断でもっとも広く使われているアプローチは、その人の能力や才能の測定結果と、その人の成績を反映させる結果との比較だ。実際の成績が潜在能力から推定されるもの——才能の評価に基づく——よりも大きく下回る場合、学習障害の可能性が疑われる。ただし、視覚障害、精神的苦痛、教育機会の欠如など、大きな乖離の原因となりうる他の要因が存在しないことが条件となる。

学習障害におけるアプローチは閾値モデルを用いている。その子の成績が可もなく不可もなければ、問題なしとされる。学業成績が当該学年よりも一学年下回っていても、学校での特別な支援は通常受けられない。そして、その子の才能を発揮できるような場は、通常のクラス以外には与えられない。

学習障害の診断に広く用いられている基準の一つに「乖離モデル」があり、その子の成績が予測値よりも二学年以上——あるいは一〜二標準偏差——低いかどうかという基準が用いられる。[10] このガイドラインはほぼいかなるときも当該年齢の平均に基づいている。大半の領域で同年齢の子どもをずっと上回りながら一教科だけ平均的という子どもに対して、教師や心理士がこの尺度を調整することは通常ない。たとえば、大半の教科で同年齢の子どもの上位五％にあり一教科だけ下位二五％にあったとしても、すべてのスコアが標準の範囲内かそれ以上であるため、正常と見なされる。学習障害の定義に関する議論がなされ、新たな連邦法が検討されているが、それにより、学校が学習障害を判定する方法が変わる可能性がある。[11]

診断情報を得るために、臨床心理士や神経心理学者は知能、能力、学力検査を含むアセスメントを実施し、データのパターンを分析する。知能検査では、言語性と非言語性の能力について、相互にまた他の尺度と比較され、下位尺度間の差が吟味される。乖離モデルを用いて、その子の測定された能力（各検査で測定されたもの）を現在の成績と比較することもある。大きなばらつきがあればいずれも機能障害が示唆されるが、学校心理士と臨床心理士とではその受ける訓練に相当な違いがあるため、異なるパターンは専門家によりさまざまに解釈されるところとなる。そして、ギフティッド児独特の問題は見過ごされるだろう。[12]

ギフティッド児にはパターンの非同期性が標準より多く見られるため、ギフティッド児の学習障害を特定するうえで認知尺度のパターン分析はあまり役立たない。[13]尺度間に大きな差が見られるようなパターンは、学習上の長所と短所また学習スタイルを反映してはいるが、必ずしも学習障害を意味しない。言語性と非言語性の能力間の大きな開きはギフティッド児にはよく見られることで、他に障害の証拠となる結果が得られていなければ心配することではない。[14]ギフティッド児の言語性ＩＱ得点が非言語性ＩＱ得点よりも高いこと、ときに劇的に高いことは、多くの研究により示されている。[15]

ギフティッド児に能力間の大きな開きが見られたとしても、それは州の学習障害の条件を満たさないことがある。つまり、学校システムは当該学年よりも二学年以上の遅れがあることを条件としていることが多いためだ。とはいうものの、知能検査により全般的には優れている能力の割に遅れている領域を特定でき、この情報が、子どもの学力や知的能力に不安を抱えている親や子どもを安心させることもある。ギフティッド児の自己効力感は、自分のできることではなくできないことに強く依拠するため、ばらばらの（あるいは大きく開いた）能力を示すギフティッド児は、学習障害であろうとなかろうと、自尊心に問題を抱えるリスクが高い。自分の能力の相対的な弱点だけでなく長所についても理解できていないと、自己概念の問題、フラストレーション、怒りや恨みまで抱える可能性がある。[16]

多くの専門家が、字の汚さを学習障害の診断指標として考えている。ギフティッド児の多くは字が汚かったりあまり上手ではなかったりするが、これは、彼らの思考が書き出せるスピードよりもずっと速いためである場合が多い。さらに、多くのギフティッド児がきれいに字を書くことを重要だとは考えていない。人の書いたものをあなたが読めて、あなたの書いたものを人が読めればいいではないか、書くことの目的はコミュニケーションなのに、なぜそこに芸術性を求めるのか、と反論する。この問題に対する簡単な対処法はキーボードやタッチタイピングだ。携帯レコーダーもまた、書いたりタイプする前に考えをまとめるのに役立つだろう。音声認識ソフトウェアは今では手頃な価格のものもあり入手しやすく、一層便利になるだろう。コンピュータ時代に手書きの重要性は減っている。子どもが大学に入る頃には、授業での試験監督つきのエッセイ・テストや手書きの実験レポートが求められるとき以外は手書きのものを提出することがほぼなくなり、他はほぼすべてワープロ機能を使ってなされるだろう。

学習障害の領域

医療・教育の専門家の間では、以前から学習障害は多くの領域——言語、非言語、音楽、感覚−運動など——に生じうるといわれていた。なかでもっとも認識されることの多いのが書字、読字、算数の学習障害だが、これは、学校でこれらの力に重きがおかれているためだ。多くの州の法規で学習障害と認められているのは、限られた学習領域でのこれらの障害のみとなる。

ギフティッド児における非言語性学習障害、特に視覚空間型学習障害は、最近かなり注目されている。[17]この障害のある子どもは、空間定位や人からの社会的手がかりの読み取りに困難を示し、普通の人が素早く気づく人間関係上の手がかりの多くを見落とす傾向がある。右脳損傷、プロソディ障害、[18]視覚空間処理障害[19]に関する研究は着実に増えている。

本章では、多くの学習障害の一部を簡単に記すにとどめる。学習障害のあるギフティッド児のためにできる、また、すべき特別な配慮はたくさんある。紙面の都合上、本章でそれらに触れることはできないが、ひとつだけ記すとすれば、テスト時間の延長は通常、学習障害のない子どもには意味がないが、学習障害のある子どもには非常に有効だということだ。専門家は、親や教師が学習障害のギフティッド児への特別な教育計画をつくるのを支援すべきだ。その子の認知特性に着目した再教育を行うことで、その子自身が自分の長所を用いて短所をカバーする方法を学べるようになる。

読字障害

読字障害は特に不利だ。情報にアクセスするうえでの主たる手段は読みであり、その人の才能を存分に発揮するには、幅広く深い知識が要されるためだ。毎日二〇分何かを読む人は、一年で平均一八〇万語読んでいることになる。一日あたり四・六分の人は一年で二八万二千語、一日あたり一分に満たない人は一年で八千語しか読まないことになる。[20]文字を読まない子どもは読みのスキルの訓練ができないだけでなく、読書習慣のある子どもがそれまでに身につけている情報に触れる機会をも逸している。学校でも、高度な内容のものは相当量の読みを要することが多いため、苦労する。

ディスレクシアは、あるタイプの読字障害と一部の書字表出障害を指す。ディスレクシアの子どもは、文字を逆さに書いたり小学校で読みの学習に遅れが見られるものと考えられることが多い。これらの特性はディスレクシアの人の多くにあてはまりはするが、そのように想定してしまうと、読字障害を始めとする言語性の学習障害を引き起こすさまざまな仕組みが見えにくくなる。ディスレクシアはさまざまな問題を包含する用語であり、その問題ごとに異なるアプローチが求められる。そして、読字障害は文字逆転の問題よりもはるかに広範囲の問題を含む。たとえば、ディスレクシアは以下のいくつかあるいはすべての領域での困難と関連する。[21]

- 書字
- 口頭言語
- 算数
- 運動プランニングと運動協調
- 体系化
- 優先順位づけ
- 時間見当
- 注意集中
- 左右の定位
- 空間認知
- 聴覚処理・視覚処理

• 眼球運動制御
• 記憶

ギフテッド児によく見られる、「ディスレクシアに見られる読みの問題を引き起こすような、下位の聴覚・視覚処理障害を高い言語スキルで埋め合わせている」状態を「隠れディスレクシア」という用語で表す専門家も出はじめた[22]。言語の一側面にのみ影響を与える障害が学業成績に影響し、親や教師、子どもが混乱する。たとえば、何か質問された際には雄弁に自分の考えを述べられる子どもが、いざ同じことを書くとなると、ぎこちなく、まとまりがなく、発達的に遅れの見られるものとなることがある。

子どもの音読を聞けば、通常は大半の教師が読みの問題に気づく。しかし、音読には複数のスキルが混在し、根本の問題をより一層特定しづらくしている。その原因となる領域にはいくつかの可能性があり、それぞれが調べられる必要がある。文字単語はそれ自体意味をなさない視覚パターンだ。子どもは文字の形と音との関係を学び、意識せずに音節や語を理解できるようにならねばならない。ことばの問題に見えるものが、単語の形象認識や習得を妨げる視覚障害が原因だったということもある。パターン認識に困難を示す場合、文字単語を全体として認識できず、文字をひとつずつ読み進めていくほかないという子どももいる[23]。

書字障害

書字障害の原因もさまざまで、その多くは読字障害と似ている。単語の綴りを正確に声に出して言うことはできるが、それを書くことができない子どもがいる。書き取りに困難を示し、音の文字変換に際し、その子の能力には見合わないほどのミスが生じる。このような困難が独自に生じることもあるが、発話などの言語障害を伴うことが多い。外傷性脳損傷や脳卒中、その他の神経損傷を負った子どもに特に見られる。実際のところ、本章であげる障害のすべてが外傷性脳損傷に伴い生じる。

言語産出

言語理解に問題はないが、自分の知識を正確に表現できない子どもがいる。発声発語器官の運動調節に障害があり、正しい音列や単語配列を産出できないこともある（ディスプラキシア（dyspraxia）やディサースリア（dysarthria））。

記憶と想起の問題

記憶の問題は読みに影響を与える可能性があり、ときにその影響のあり方はわかりにくい。たとえば、我々が子どもに読みを要求する際、それは同時に、単語や考えの記憶・想起を要求していることになる。その子が単語の解読に膨大な労力を費やさねばならなかったとしたら、内容を把握できないだろう。この意味で、その子は単語を拾っているだけで、単語の意味を統合させ節全体の意味とすることができないといえる。

算数障害

算数には数記号認識と操作の作業が含まれ、これはちょうど、読字に文字記号が含まれるのと同様の状況だ。小学二年生以前は、学校での算数のカリキュラムにこのスキルが重視されていないため、算数の学習困難の問題は二年生になるまで気づかれることがほとんどない。全般的な知的能力の高い子どもは彼らの能力で障害を補完してしまうため、算数障害を特定するのは特に難しい。小学五年生以降まで算数障害がわからないこともある。

非言語性学習障害

これまで研究がなされてきた学習障害の大半が言語や読みの困難にかかわるもので、それは主に脳の左半球の機能と関連している。一九八〇年代には、神経心理学者のバイロン・ルーケ（Byron Rourke）により右半球の異常と関連する問題のパターンが解明され、視覚空間処理、微細運動スキル、ソーシャルスキルに影響を与える一連の機能障害が発見された。この障害のある子どもには、特にプロソディ——コミュニケーションにおける声の調子、抑揚、大きさだけでなく、姿勢、ジェスチャー、表情など非言語的手がかり——の読み取りにかかわる困難が見られる。たいてい単語を正しく使用できるが、言語の「音楽」あるいは言語の根底にあるトーンやリズムが抜け落ちているように見える。ちょうどアスペルガー症候群に見られるように、皮肉、ごまかし、ユーモアなど、さまざまな矛盾したメッセージを理解できない。

現在、非言語性学習障害に関する領域は主に限定的な研究に依拠している。プロソディ障害など、個々の障害は認められるようになっているが、非言語性学習障害はまだ研究途上の障害で、専門家間での合意がなされていない点が多い。ただし、一連の困難が伴って現れているようであり、それらが大脳右半球の機能と実際に関連していると考えられる。

感覚統合障害

さまざまな感覚刺激に対する極端な過敏性はギフティッド児によく見られる。[24] たとえば、普通の歯みがき粉のミントの味がひどく激しい辛さに感じられたり、食堂の匂いのために集中できなくなったりすることがある。このような過敏性や、それに関連してその子がこれらの感覚を統合して行動するうえでの問題がある場合は、学習障害の評価に感覚統合のアセスメントと治療を組み込むことを推奨する専門家もいる。

感覚統合障害を簡単にいうと、感覚器官（眼、耳、鼻など）は正常に機能しているが、個人の経験や感覚が過剰に敏感あるいは異常であることをいう。[25] 感覚器官と個人の感覚経験との間のどこかに、情報が質的あるいは量的に適切に統合されない箇所がある。[26] たとえば、視力、眼球運動とも正常にもかかわらず、奥行きを認識できないということが起こる。あらゆる物を倒したりいつも転んでいるような子どもは、自分のからだを見ずにそれがどの位置にあるのかという感覚（固有受容感覚）が、多少なりとも阻害されている可能性がある。当然ながら、自分の知覚を人の知覚と直接比較することはできないため、このような問題を調べ特定するのは難しい。注意深く質問をしていくことで、知覚の違いを明らかにできることが多い。この根本的な原因の理解がなされないでいると、実生活でかなりの支障をきたしフラストレーションを抱えるだろう。

現在のところ、感覚統合障害の診断カテゴリは暫定的なもので、さらなる研究が必要とされる。他の多くの新しい研究領域と同様、ラベルをつけずともその子に有効な手法や介入を取り入れることが有用だろう。感覚統合障害が疑われるようであれば、地元の専門家よりも研究者にコンタクトをとることが必要となるかもしれない。感覚統合の問題を専門とする作業療法士に相談すると、実生活上の問題の対処に非常に役立つことがある。

聴覚情報処理障害

何らかのイベントに参加した際、騒々しい雑音のなかで相手と会話をするのに苦労した経験のある人は多いだろう。しばらくすると頭がボーッとしてきて、相槌だけは丁寧にしつつも会話の大半を処理できないでいることに気づくだろう。相手の話を聞き取ろうとすることで神経が非常にすり減り、静かな環境のなかでは喜んでできたであろう会話が面倒なものとなる。これとちょうど似た状態を、聴覚情報処理障害の人は経験している。パーティの参加者は聴覚や脳に障害があるわけでもないのに、会話についていくのに苦労する。聴覚情報処理障害児は、ちょうどパーティと同じくらいの「雑音」のなかで代数の勉強をがんばっているようなものだ。入ってくる情報に注意を向け処理することが非常に面倒な作業であるため、あらゆる意味が失われる。

聴覚情報処理は聴くこととは異なる。学校で受けた聴力検査を思い出してほしい。ヘッドホンを与えられ、音が聞こえたら手をあげるよう指示される。この基本的な聴力検査は、聴くという複雑な行為の検査としては不十分で、この検査で問題なしとされた子どものなかにも聴覚情報処理障害児がいる可能性がある。たとえば、周囲の雑音を無視すること、ひずみ語音の理解、なじみのない話し方に慣れることなどに苦労するかもしれない。彼らは、発達上あるいは軽度の神経学的障害のために、取り入れる聴覚情報の処理に困難を示す。一生懸命聞き取ろうとすることに疲れてしまうと、徐々に注意力がなくなっていくように見える。この障害のある子どもは、その日の一時間目、あるいは静かな教室で一番前に座るとよくできる場合が多い。読唇術を身につけて話の理解度を高めたり、聴き損なった部分を状況文脈的に推測したりしていることもある。

聴覚情報処理の問題は、聴力障害、不注意、言語発達遅滞、学習障害、あるいは読字障害のように見えることがある。このような子どもの知的・潜在的能力は見落とされやすい。また、聴覚の問題は個人の意図的なものと誤解されることがある（「ジェレミーはちっとも人の話を聞かないわ！　私を無視しているの！」）。誠意をもって言われたことをしようと努力したのに、あいにく親や先生はそんなことは言っていなかったということも起こる。

子どもの聴覚情報処理の問題への簡単で非常に有効な対処法がある。その子が話す人の近くに座り話す人の顔がよく見えるようにするだけで、問題はかなり改善される。また、一方の耳のほうがより正確に聞き取れることが多いため、よりよく聞き取ることのできるほうの耳が音源の近く、あるいは壁で音が増幅されるほうに向けて座るのもよいだろう。たとえば右耳のほうが正確に聞き取れる場合、教室の右端の一番前に座るとよいだろう。そうすると、右耳のほうで紙がパラパラめくる音などが聞こえることもなく、また、右側の壁から音が跳ね返り右耳に入りやすい。会食の場では一番左端の席に座ることで、その場に集う人たち全員のほうへ右耳を向けることができ、過ごしやすくなる。

介入

学習障害のある子どものためのリハビリテーション効果を実証する研究が増えている。[27] なかには神経学的なダメージを負ったあとの認知機能の「再構成」に注目したプログラムもある。このような再構成あるいは再教育プログラムは、脳の神経学的可塑性ゆえに子どもにおいて特に効果がある。[28] これらのプログラムでは、強みとなる領域が弱点となる領域を強化するために用いられる。そして、通常、訓練セッションがあり、注意の分割、注意やプランニングのセルフコーチングスキル、感情面の自己制御スキル、困難な状況の認識と備えに必要なスキルが教えられる。[29] 一般に親や教師のためのセッションも含まれ、子どもの特異的な弱点パターンに対応できるような訓練がなされ、改善度を測り記録するために、「セッション前」と「セッション後」のテストが実施される。

学習障害のあるギフティッド児のための介入では、根本的な問題へ対処するだけでなく、その問題がギフティッド児の社会性や情緒面に与える影響も査定する必要がある。多くのギフティッド児が自分の弱点に悩まされており、それらを補うためには自身の困難についてより正確に理解し安心できるようになる必要がある。学習障害のあるギフティッド児は、治療教育や補完スキルほどではなくとも、それらと同じくらい社会的なサポートを必要としている。これらの支援や治療教育において直面する挑戦課題で屈せずにやり通す姿勢を学ぶことは、さまざまな困難を克服するうえで重要な部分となり、将来的な成功にも影響を及ぼす。親や教師が学習障害のあるギフティッド児を理解・支援し、支援的なネットワークができていれば、彼らはこの忍耐力を身につけ、よりポジティブで建設的な教育経験を得られるだろう。

注意欠陥障害（ADD）／注意欠如・多動症（ADHD）

注意欠陥障害（ADD）／注意欠如・多動症（ADHD）は、子どもが医療機関に紹介される理由としてもっとも多い障害のひとつだ。[30] メディアでは、驚異的な勢いでこの診断を受ける子どもが増加していると報じられている。研究で示されている実際のADD／ADHDの発症率は低い（四～一〇％）[31]が、その診断は増加し続け、ギフティッド児もこの波に巻き込まれている。ADD／ADHDの治療に用いられる中枢神経刺激薬の処方頻度は、ここ二〇年でかなり増加した。[32]

ギフティッド児は生得的にADHD児と似た行動特性を多く示す。両者とも社会性の問題や学業上の困難を抱えることがある。[33] 実際、米国精神医学会（American Psychiatric Association）は、ギフティッド児におけるADD／ADHDの診断に警告しており、「教室における不注意は、知能の高い子どもが学業的に刺激の少ない環境におかれたときにも起こるかもしれない」という可能性を明記している。[34]

医療、教育、心理学分野での実証研究が不十分であるとはいえ、[35] ギフティッド児がＡＤＤ／ＡＤＨＤと誤診されることが多いと訴える専門家もいる。[36]

ＡＤＤ／ＡＤＨＤか、ギフティッドか、両方か？

ＡＤＤ／ＡＤＨＤは、そのコアとなる症状は不注意、衝動性、多動性ではあるものの、通常は多様な症状が同時に併発している。[37] ＡＤＤ／ＡＤＨＤを疑われる子どもには、通常、不注意や多動の問題が見られる。実際にＡＤＤ／ＡＤＨＤの子どもには注意の欠如があり、活動性レベルを自分でコントロールするうえでの困難が見られ、自分で自分をコントロールできないことによる問題が生じることが多い。

ルールや規則に従うことへの困難は、ＡＤＤ／ＡＤＨＤの可能性を示すサインとして広く受け入れられている。[38] ギフティッド児も似た行動特性を示すが、その理由は異なる。並外れて聡明な子どもたちは低学年のうちからルールや慣習、風習に疑問を呈す。彼らの激しさゆえに権力との衝突が生じ、その行動により親や教師、仲間が不快になる。

本来ＡＤＤ／ＡＤＨＤの診断は、他の原因の可能性をすべて除外したあとの最終的なものとすべきだ。不注意や多動、衝動性の原因となる問題としては、抑うつ、不安、学習障害、個人的な悩み、非現実的な期待、困難な境遇、能力と周囲の期待とのズレからくる退屈、聴覚処理の問題、脳震とう、軽度外傷性脳損傷、健康上の問題、薬物乱用、睡眠障害による疲労、劣悪な食習慣や摂食障害によるエネルギー欠乏、あるいは、薬物療法の副作用などがある。心理士はこれらを含む多くの可能性を除外せねばならず、そのために多くの時間を要する。それゆえ、ＡＤＨＤの診断は難しく、親や学校職員による評価項目への回答に目を通したかかりつけ医との一〇分程度の面会だけで下されるべきではない。同様に、「この薬物療法を一～二か月試して、効果があるかどうか様子を見てみましょう」のように、子どもへの薬物療法を勧められた場合は、その理由などをよく尋ねるべきだ。

「多動」は、ギフティッド児やADD／ADHD児双方の親が子どものことを言い表すときに用いる用語だ。ただし、親や教師はこの用語を漠然と目標志向的な並外れたエネルギーの強さを表すものとして用いており、ADD／ADHDに見られるであろう無秩序で的外れなエネルギーの流出という意味で用いてはいない。ADD／ADHD児は、すべてではなくともほとんどの状況において高い活動性レベルを示し、子ども自身でその活動性レベルを調整することに困難が見られる。[39]

一方、ギフティッド児の多くも同様に非常に活動性レベルが高い。ギフティッド児の四分の一もが標準的な子どもよりも睡眠時間が短くてすんでしまう――なかには一晩に四～五時間の睡眠で足りる子どももいる――にもかかわらず、日中の活動性レベルは非常に高い。[40]他方、標準よりも多くの睡眠が必要なギフティッド児もいる。いずれにしても極端な睡眠パターンを示すギフティッド児の家族にとっては困難な状況が伴う。ADD／ADHD児とは対照的に、ギフティッド児は自分の活動に非常に集中でき、長時間注意を持続できる。ギフティッド児の激しさゆえに、その時どきに注意を向けている対象に対しては、それが何であろうと自分のエネルギーと時間を注ぐことができる（あるいは、注いでしまう、ということになるかもしれない）。そして、その対象は、教師がエネルギーと時間を注いでほしいと考えている対象とは異なる場合もある。

診断や治療の方針を決めるにあたり、支障のレベルは特に重要だ。しかし、支障のレベルは、その子が身をおく学校や家庭での状況と強く関連する主観的な評価に基づいている。ギフティッド児はその課題に関心があれば、たいていはよくできる。関心がなかったりやる気がないときは、親や教師による行動チェックリストなどの主観的な評価ばかりか、客観的な注意の検査結果も非常に正確性に欠けたものとなりうる。注意の機能障害のように見える行動は、単に退屈や興味関心のなさを示しているだけのこともある。それゆえ、意欲のアセスメントも評価の非常に重要な一部をなす。

最後に、ギフティッドであり実際にADD／ADHDである子どももおり[41]、彼らは2Eの子どもだ。このようなケースでは、学校側にギフティッドとADD／ADHD双方のラベルを認めてもらうよう、強く求めることが大切だ。というのも、二つの状態（ADD／ADHDとギフティッドネス）は共存しえないと主張していると思われる専門家もいるからだ。そして、実際に知的能力の高さでADD／ADHDの症状が覆い隠されてしまい、的確な診断が遅れる可能性もある。[42] ADD／ADHDで非常に聡明な子どもの場合、低学年の頃は知識の豊富さや知的レベルの高さにより、授業中にほんのわずか集中するだけで、テストや課題は他の同年齢の子どもよりもよくできることがある。

ギフティッド児におけるADD／ADHDを見落とすという診断上のエラーは、実際はADD／ADHDではないギフティッド児がADD／ADHDと誤診されるのと同じくらい深刻な問題だ。[43] 幼少期にADD／ADHDが見落とされた場合、中学校や高等学校のカリキュラムでは小学校で用いていた補完スキルが通用しないという壁に突然突き当たる。そして、大きなフラストレーションを抱くようになり、どうしたらよいのか、どのように考えたらよいのかがわからなくなり、自尊心が落ち込む。子どもの行動特性が原因で学業、社会性、自己概念のうえで支障が見られるときは、臨床上の検査を注意深く行い、治療できる可能性のある点を除外することが重要だ。

子どもの知的能力が高い場合、ギフティッド児に関する訓練と経験を積んだ専門家による評価を受けるべきだ。これは重要な警告だ。なぜなら、これまでに述べたとおり、ADD／ADHD児の行動特性は、創造性やギフティッドネス、あるいは過興奮性に起因する典型的な特性と似ていることが多いが[44]、創造性、ギフティッドネス、過興奮性に起因する特性に対する的確な介入は、ADD／

ADHD児への的確な介入とは異なるためだ。さらに、リスクのない薬物療法はなく、薬物療法以外に診断する何らかの診断方法がある場合、特に診断と治療が非特異的な場合は、試しに薬物療法を施してみるということはすべきではない。

ギフティッドの行動特性とADD／ADHDとの類似点と相違点

ギフティッド児とADD／ADHD児は、いずれも学校環境下で問題が見られることがある。しかし、両者の違いのひとつに、ADHD児は学校外の状況下でも問題が生じるだろうという点がある。ギフティッド児もADHD児も、課題の遂行や提出にかかわり問題が生じることがある。ADD／ADHD児では、やり忘れる、指示に注意を向けられない、間違えてしまう、途中でやめてしまう、なくしてしまうという事態が起こる。ギフティッド児でもこれらのことが起こりうるが、課題を意図的に指示どおりの方法でやらなかったり、何らかの理由があり意図的に提出しなかったりというように、本人の意図的選択が絡んでいる傾向がより高い。算数の問題が五〇問あれば、ギフティッド児は最初の二五問は意図的に飛ばそうとする傾向があるのに対し、ADD／ADHD児では、課題用紙をなくしたり、すぐには手ごたえの感じられない長い課題に取り組めなかったりする。ギフティッド児もADHD児も、与えられた課題に粘り強く取り組んだり最後までやり通すことが苦手なように見えるかもしれない。しかし、ADHD児では、粘り強さが乏しいという特性がより頻繁に見られ、特に、手ごたえをすぐに感じることができないときや結果が曖昧な状態が続くときにその特性が現れる。

ギフティッド児はルールや慣習に疑問を呈すことが多い。特にルールが理にかなっていないときは疑問を抱く。対するADHD児は、ルールを覚えないまま、あるいは障害に伴う生得的な衝動性の高さのために、ルールや社会的慣習を考えることなしに行動することが多い。ここでもまた、ギフティッド児の行動はいつも賢明な選択とは限らないが、より自覚的に行動を選択している場合が多い。

ＡＤＤ／ＡＤＨＤ児もギフティッド児も、仲間関係で困難が見られる傾向がある。ＡＤＤ／ＡＤＨＤ児、特に不注意と多動／衝動性の両方がある場合、仲間に対してより攻撃性が高い傾向[45]あるいは調和しない傾向がある。そして、これが人とのやりとりにあからさまでネガティブな影響を与える。ギフティッド児も攻撃的だと思われることがあるが、それは、とことん議論したり、話を遮ったり、正したり、人に説教までもしたりする傾向があるためだ。彼らの興味関心や議論のレベルが仲間のものとは一致せず、同年齢の仲間から一様に拒絶されたりする。

このような類似性があるために、綿密な評価が必要となるだろう。シャロン・リンド（Sharon Lind）は「ギフティッド児をＡＤＤ／ＡＤＨＤ診断につれていく前に "Before Referring a Gifted Child for ADD/ADHD Evaluation"」と題された優れた論文のなかで、子どもをＡＤＤ／ＡＤＨＤの評価に連れて行く前に親が慎重に吟味すべきチェックリスト一五項目を作成している[46]〔日本語版は角谷（二〇二〇）予定〕。

これらの一五項目はＳＥＮＧのウェブサイト www.SENGifted.org〔英文〕でも見ることができる。リンドによると、まず教育環境やカリキュラムの調整の努力がなされていない状態でのＡＤＤ／ＡＤＨＤの評価を専門家に依頼するのは、概して時期尚早だ。的確なアセスメントにより、教育機関が必要な調整を始めることもある。学級、教育計画、育児に対して具体的で建設的な助言が伴わないアセスメントには、不備があると親は考えたほうがよい。

アスペルガー症候群

アスペルガー症候群〔原著発行時（二〇〇七年）の名称。現在はこの診断名は使用されていないが、著者らは、「アスペルガー症候群」が自閉スペクトラム症の一部に含まれるかどうかについての専門家の見解がいまだ一致していない点、「アスペルガー症候群」が広く一般にも馴染みのある点から、この用語を使用している。ウェブら〔二〇一九〕参照のこと〕が独自の障害であるのか、それとも自閉症の異型ととらえられるのかについては、今日でも議論の分かれるところであり、それを定義づける特性は専門家によりかなり異なる。[47] このような不一致があるにもかかわらず、アスペルガー症候群の診断を受ける子どもがますます増えている。以前は「高機能自閉症」とよばれていた障害を指すことがあるが、アスペルガー症候群と高機能自閉症とは別の障害だとする専門家もいる。[48]

知識の足りない臨床医は、社会的に不器用な人、場の空気を読むのが苦手な人、社会的状況から外れているような人に、アスペルガー症候群の診断を下すことがある。実際、アスペルガー症候群者には、障害ゆえに相当の支障が生じており、それは単に社会的に不器用だとか、普通と違う、人づきあいが苦手というだけでこの障害をあてはめることは適切ではない。にもかかわらず、今日ではすぐにアスペルガー症候群の診断に飛びつく風潮すらある。

アスペルガー症候群の根幹となる特徴は「重篤で持続する対人的相互反応の障害……と、限定的、反復的な行動、興味、活動の様式である……その障害は、臨床的に著しい社会的、職業的、または他の重要な領域における機能の障害を引き起こしていなければならない」だ[49]〔『DSM‐Ⅳ‐TR　精神疾患の診断・統計マニュアル』医学書院、p.91〕。

自閉症児〔ここでの自閉症はDSM‐Ⅳにおけるそれを指す〕のほとんどが、知的能力やコミュニケーション能力、思考力、学習に深刻な困難が見られるのに対し、アスペルガー症候群児には、通常そのような問題は見られない。彼らには能力間の凹凸が顕著に見られることが多いが、知能検査や学力検査では高得点をとることがあり、ときにＩＱ一四〇を超え、記憶に大きく依存する言語性課題や言語性検査において特に得点が高いことがある。構造化され暗記力が重視されるような授業で、特に彼らの弱点に配慮されているような場合、彼らの長所が発揮される。このような子どもたちがギフティッドと判定された場合、個別指導のようなより特別な教育的配慮を受けると、力を伸ばすことができる。

アスペルガー症候群児も自閉症児と同様、人とのやりとりに非常な困難を抱える。共感性に欠け、場の空気やニュアンスを読み取る力がない。[50]ルーティンや構造を強硬に好み、通常決まった儀式的なやり方の虜となり、ときにそれは強迫観念的・衝動強迫的に思える域にまで達する。[51]そしてこのこともまた、対人関係に影響を及ぼす。彼らの興味関心は理解されにくく、人からすれば魅力的にも思えないことが多い。アスペルガー症候群の人は、抽象概念ではなく具体的な事柄同士を結びつけるため、ひとつの状況から他の状況へ般化することに困難が生じる。たとえば、ある教室で小声で話すように学んだとしても、他の教室でそれを活かして同様の行動をとるということはない。学習は主に事実の記憶という形式でなされ、特別な指導や支援なしにはそれらを意味ある創造的な方法で応用することは滅多にできない。言われたことを字義どおり解釈するため、会話のメタファーの理解に困難を示す。具体的思考のために普通とは異なって見え、おそらく、このこともまた共感性が欠如しているように見える原因のひとつなのだろう。

アスペルガー症候群の人は変化に応じることに困難を示す。たとえば、教室の席替えでアスペルガー症候群児は困ってしまう可能性がある。彼らにとって、些細な違いというものは存在しない。どれほど小さな違いでも、それは新奇な状況を意味する。

アスペルガー症候群の診断に関する我々の強い懸念のひとつは、この重い診断があまりにも自由に不用意に使われているということだ。専門家はこの診断を適用する前に、深刻な（severe）、広範で持続的（sustained）、重大な（significant）というキーワードが行動特性にあてはまるかどうかを確認すべきだ。

ギフティッドの行動特性とアスペルガー症候群との類似点と相違点

アスペルガー症候群の人々の知的能力レベルは平均か平均よりも高いことから、アスペルガー症候群とギフティッドネスとは実際に関連があるように見えるかもしれない。確かに多くの行動特性が類似しており、[52] 歴史的著名人の多く（トマス・ジェファーソン、オーソン・ウェルズ、カール・セーガン、グレン・グールド、ヴォルフガング・アマデウス・モーツァルト、アルベルト・アインシュタイン）がアスペルガー症候群だったと論じる研究もある。[53] これらの人物のずば抜けた創造性や偉業を考えると、彼らがアスペルガー症候群である可能性は非常に低いこと、たとえそうであったとしても、それは軽度であったことがわかる。

アスペルガー症候群ではないギフティッド児も、アスペルガー症候群の子どもと似た特性を示すことがある。つまり、具体的、線形的で、まじめな考え方、また、聴覚継次型思考スタイルをもち、特定の社会的な状況下では不快を示すこともある。両者とも記憶力と言語能力が非常に高く、絶えず質問や話をしていることがある。両者とも並外れて早い時期から過度に理屈っぽい話し方をする。また、ある特定のこと、あるいはいくつかのことに熱中し、そのことに関する膨大な事実に基づく知識を求める。ただし、アスペルガー症候群児は、そこで得た知識に意味づけをして他に応用することができない。両者とも、公正さや正義に敏感なことが多い。ただし、アスペルガー症候群の人では感情的な部分が少なく、より一層論理的な反応を示す。

アスペルガー症候群の子どもとアスペルガー症候群ではないギフティッド児はともに、並外れたあるいは突飛なユーモアのセンスがある。また、両者とも、音、光、匂い、肌触り、舌触り、味などの刺激に対する過敏性（過興奮性）を示す。アスペルガー症候群児は、ほとんどいつも大人や仲間から変わり者だと思われる。アスペルガー症候群ではないギフティッド児は、教師や友だちから変わり者だと思われることがしばしばある。それは、非同期発達、合わない教育環境、著しい内向性、社会的な違和感などが原因となりうる。アスペルガー症候群のあるギフティッド児は、極端な非同期発達を見せることがあり、それがより一層不可解で奇妙な行動につながる。

ギフティッド児のなかには、アスペルガー症候群との識別が難しい子どももいるだろう[54]。実際、ギフティッド児のなかのある特性の程度が徐々に強まり、最終的には支障をきたすほどになり、アスペルガー症候群とよばれるものとなる。さらに、アスペルガー症候群児はＡＤＤ／ＡＤＨＤや強迫症を併せもつこともあり、診断がはっきりしなくなる[55]。

正確な診断を受けることが重要だ。実際にアスペルガー症候群の子どもが、変わり者なだけだとか、エキセントリックなギフティッド児だと見なされるにとどまるならば、必要な診断と有効な支援を受けられないままになるだろう[56]。ギフティッド児はたいてい教育環境が合わないことで問題が生じるが、それをアスペルガー症候群と誤診されると、不必要な、あるいは役に立たない介入を受けることとなり、もっとも助けとなる教育を受ける機会を失う可能性が高くなる。

的確な診断のカギとなるポイントが三つある。第一に、情熱を向ける知的興味関心を同じくする人と一緒にいるときのその子の行動をよく見ることだ。アスペルガー症候群の子どもは共感性がないように見え、ほぼどのような相手であろうと社会的に不適切な行動を見せる。アスペルガー症候群ではないギフティッド児では、興味関心を同じくする仲間とであれば、社会的に極めて適切で機敏なやりとりができる。つまり、会話には双方向性があり、共感性を示し、抽象的思考力が強力に発揮される。

第二のポイントは、他者が自分のことや自分の行動をどのように見ているのかについて、その子自身がどのように認識、洞察しているかという点である。ギフティッド児は社会的状況について知的に優れた洞察力を示し、周囲が自分をどう見ているかがわかっていることが多いが、アスペルガー症候群児はそうではない[57]。一般に、アスペルガー症候群ではないギフティッド児は自分が周囲となじんでいないことに悩み苦しむことが多く、悩まずとも気づいてはいる。たとえば、内向型のギフティッド児で友だちがひとりいるだけで十分社会的には満足している場合でも、頭のどこかで、自分は同年齢の仲間とは何か違うのだと、悩みはしないまでも気づいてはいるだろう。

アスペルガー症候群児は、自分の興味関心について学者のイメージにあるように淡々と話す。たとえば、なぜプリズムや洗濯機にそれほどまでに関心があるのかを説明できない。また、その魅力を伝え、相手をその魅力に惹きつけることができない。対するギフティッド児の興味関心も多くの（あるいは、ほとんどの）大人にとって退屈なもののこともあるが、たとえば、『スター・ウォーズ』™記念品のコレクターのような、特定のサブカルチャーに興味関心を共有できる人々がいるだろう。このようなケースではアスペルガー症候群の可能性は小さい。さらに、その子が自分の趣味を通じた喜びを人に伝えることができたり、自分からその喜びを分かち合える人を探すことができれば、アスペルガー症候群の診断が適切である可能性は一層低くなる。

第三のポイントは、問題行動がいくつかの状況でのみ見られるのか、それとも、もっと広くほどのような場合にでも見られるのかという点で、これは、ADD／ADHDとギフティッドとを識別する際の視点と同じだ。アスペルガー症候群児は、特別な訓練なしには場の空気を読むことがほとんどできないため、通常さまざまな社会的状況下で同様に全般的な機能障害を示す。また、とってつけたような知的な意味以外には、事実上どのような状況でも他者への共感性を表すことがほぼできない。そして、社会的な状況、特に予期しない状況に非常に強い不安を示すだろう。

アスペルガー症候群の子どもを支援する際には、彼らの認知機能は高いことが多いにもかかわらず、あらゆる社会的な行動を細かく分けて教えなくてはならない。たとえば、会話をする際の相手との適切な距離の取り方を実際にからだを使ってやってみせたり、また、相手の顔を見て話すことの大切さを詳しく説明したりする必要がある。アスペルガー症候群児の般化困難に対応するため、細かく具体的にソーシャルスキルを教える必要があり、いろいろな状況を想定して同じことを繰り返さなくてはならないことが多い。このような子どもは、社会的なやりとりの「ルール」を機械的に暗記して用いることが多いため、周囲は、アスペルガー症候群児がひとつの状況から他の状況へと知識やスキルを般化できると考えてはいけない。ソーシャルスキルを教えても、子ども自身にソーシャルスキルを改善する意欲や洞察力が欠けていたり、人の目を見るなどの行動を非常に心地悪く感じるなどの理由で、その効果が見られないこともある。

実践的提案

ギフティッド児に、不可解なあるいは明らかな不注意ミスやスキルの障害が見られる場合は、感覚統合障害、学習障害、または他の神経学的問題がないか注意深く調べるべきだ。同様に、親や専門家は、その子の環境への反応もよく観察する必要がある。たとえば、感覚が過負荷状態なために課題をやり遂げられない子どももいる。ギフティッド児に的確な障害の診断が正式に下されたならば、親や教師は、それらの問題に対応できるように適切な教育的介入を見出し、それを実行に移す必要がある。的確な診断は、ギフティッド児が自身の長所と弱点を理解する助けとなり、自己理解や自尊心を高めることにつながるだろう。

2Eの子どもにおいて、診断の説明や教育計画の際につねにギフテッドネスの要素を組み込むべきだ。その子の能力に合わせて教育環境を調整する必要があり、その子の長所を活かして弱点を補う必要がある。二者択一方式（ギフテッドネスか障害か）ではなく、両方の状況（ギフテッドネスと障害）から生じる悩みに対応することが重要だ。ギフテッド児は、自身の激しさや繊細さが障害の一部ではなくギフテッドネスの一部だと知ることで安心できるようになるかもしれない。行動特性についての正確な説明を受けることで、ギフテッド児は自分の知的能力を活かして、自身に下された診断の意味するところと診断とは関係ない部分とを理解できるだろう。ADD／ADHDのあるギフテッド児は、同年齢の標準的な知的能力のADD／ADHD児よりも、高度な知的方略を用いて自身の症状をコントロールできる場合もある。

あなたの子どもが2Eかもしれないと思うならば、以下のことを検討するとよい。（1）徹底したアセスメントを受ける、（2）その子の学習や行動特性の長所と弱点に関する綿密なプロフィールを作成する、（3）家庭や学校で実施できる教育、治療、遊びのプログラムを考案する。

あなたの計画において、三つの基本的なアプローチをとるとよいだろう。第一に、できる限り脳の「再配線」を促す治療的介入を用い、スキルが発達するような指導を取り入れたり、家庭教師を活用したりして学習での弱点の発達を支援する。第二に、補完――長所を用いて弱点に対処する方法――を用いる。たとえば、視覚的に思い描く力のある子どもでは、それを系統立てたり整理したりすることに活かす。第三に、必要に応じて合理的配慮を取り入れる。たとえば、書字に困難が見られ本人が悩んでいる場合、書く課題にキーボードを使うなどがある。合理的配慮とは、その子を課題から外すためのものではなく、その子に最善の教育を施し、スキルを最大限発達させ、弱点の影響を最小限にしてその子のもっているスキルを最大限発揮できるような状況を与えるということだ。

できる限り早期に治療的介入を始めることが重要だ。子どもの脳は急激に発達しているため、早ければ早いほど、脳の再配線がなされやすいためだ。「子どもを育て上げるほうが大人を修理するより簡単だ」という格言があてはまる。学習障害のあるギフティッド児が誤診されると、そうでなければ避けられた知的欠乏状態に陥るかもしれず、また、薬物乱用や精神疾患のリスクが高くなる。2Eの子どもの評価と診断を通して、それなくしては見落とされてしまう問題への対処を促すとともに、何年にもわたるフラストレーションや自尊心の低下から子どもを守ることができるだろう。

［＊本章の詳細、また、近年の動向を踏まえた議論は、『ギフティッド　その誤診と重複診断』を参照してほしい。］

第13章　学校はどのようにギフティッド児を判定するか

学校がどのようにギフティッド児を判定するかを知っておくことは、親にとって大切なことだ［日本の公立学校ではギフティッド児の判定は行われていないが、米国の諸事情を知っておくことは日本の今後のためにもなるだろう］。子どもは一日の大半を学校で、また、学校の課題をすることで過ごすため、そして、学校はギフティッド児を見落とし、判定しそびれることがしばしばあるためだ。ギフティッド児には秀でた才能があるため傍から見てそれとわかりやすい、というのは神話だ。ハイリー・ギフティッド児やプロファウンドリー・ギフティッド児は、その並外れた才能のために突出していることが多いが、比較的「定型」とでもいえるギフティッド児ははっきりとはわかりにくかったり、突出しないように自分の才能を隠していたりする。どこでも自分の才能を喜んで発揮できるギフティッド児もいれば、特定の状況でしか自分の才能を見せようとしないギフティッド児もいる。さらに、自分のギフティッドネスに気づまりし、ほぼどのような場でもその才能を隠している子もいる。[1]

子どものギフティッドネスは必ずしもクラスで簡単にわかるものではなく、教師は非常に聡明な子どもをギフティッド検査に推薦しそびれることがある。教師、学校心理士をはじめ、他の専門家もギフティッド児の特性に関する教育をまったく受けていない、あるいは、受けていてもほんのわずかであるため、たいてい教師が推薦するのは、成績優秀者やリーダーシップのある子どもとなる。アンダーアチーバー、創造性豊かでもクラスの決められた活動ができない、ルールに従わないようなギフティッド児は推薦されない。[2]

ギフティッド児の学習スタイルが通常とは異なると、教師はその子がギフティッドであることを見落とすかもしれない。あらゆる子どもが同じ方法で学習するわけではない。[3] 教師が視覚教材を使わずにことばだけで指示していれば、視覚空間型学習スタイルの子どもは授業中に非常な困難を示すだろう。[4] ギフティッド児判定のための検査で言語的手がかりやことばの微妙なニュアンスに比重がおかれていれば、視覚的手がかりをもとに学習するのが得意な子どもの成績は低くなるだろう。聴覚継次型と視覚空間型の学習者については1章に記されている。

通常とは異なる方法、教師の教授スタイルとは合わない方法で考えたり学習したりするギフティッド児もいる。たとえば、音楽のように考えたり視覚化して考えたりする生徒もいる。自分の手で何かを作りながら考える子どもや、からだを動かしながら課題に取り組む子どももいる。ダンスをしながらだともっともよく元素記号表を覚えられるギフティッド児もいた。まず身体的な関連づけがなされ、続いて自分が踊っているのをイメージしながら思い出すのだ。[5]

他にもギフティッドの判定を受けにくいギフティッド児がいる。それは、著しい非同期発達があり、さまざまな領域で一様な発達が見られないギフティッド児だ。[6] たとえば、学力検査と知能検査の結果の開きが大きく、二つの検査結果を平均するとギフティッド児向けのプログラムへの所属資格を得るための得点に至らないケースなどが該当する。[7]

2Eの子ども——つまり、障害（ADHDや学習障害など）があり、かつ、ギフティッドである子ども――もまた、彼らの優れた点が障害により覆い隠されるために、ギフティッドと判定されにくい傾向がある。このような子どもは実際、ギフティッドと障害の双方に適した教育的配慮を受ける必要があるが、一般に学校は、このような子どもたちに障害のための支援のみを提供しようとする。

従来のアプローチではギフティッドの判定が受けられないもう一つの原因として、文化的環境がある。[8]マイノリティや社会経済的地位の低い家庭の子どもは、検査様式になじみがないことが多い。検査が英語力に比重をおいていれば、英語を母語としないバックグラウンドをもつ子どもにとっては、言語環境の豊かな環境にいる子どもよりもよい成績をとるのは難しい。社会経済的地位の低い家庭や学業成績を重視しない家庭の子どもは、会話と読書のいずれにおいても言語に触れる機会が少ないケースが多い。

どのくらいのギフティッド児が見過ごされ、判定されずにいるのだろうか？　その正確な数値はわからない。ただし、裏づけのある推測としては、米国の学校に在籍するギフティッド児の半分が発見あるいは判定されずにいるだろう。聡明な頭脳の判定と教育は大きな課題だ。ベンジャミン・フランクリンは「教育されずにいる天才は鉱山の中の銀と同じだ」と言ったと伝えられている。

ギフティッドネスは、必ずしも学術領域にかかわるものばかりではない。成人ギフティッドを見れば、学術面で早熟な人ばかりではないことがわかる。[9]機械、音楽、リーダーシップ、ビジュアル・アーツやパフォーミング・アーツの領域でギフティッドである人々もいる。これらの分野でのギフティッドは、なおさら学校では判定するのが難しい。音楽や芸術の教師はその分野で才能のある生徒が力を発揮できるよう支援し、体操、リーダーシップ、電子工学などのような分野でのギフティッド児についても、同様に大人の支援者が支援することになる。

1章にあるように、全米のギフティッドネスの定義は一九七二年に遡る。マーランド・レポートのなかでギフティッドネスの定義が記された。それによると、ギフティッドネスは、以下の五領域のうちの一つあるいは複数に見られる。その五領域は、知的能力全般、特定の学問領域の才能、ビジュアル・アーツやパフォーミング・アーツ、創造性、リーダーシップとなる。学校でのギフティッド・プログラムは、一般に最初の二つ——知的能力全般と特定の学問領域の才能——に応じるかたちとなり、美術に特化した学校を除けば、それ以外の領域には応じられていない。その他の領域で才能のある子どもたちが力を発揮できる場として多いのが特別活動や課外活動で、ダンス、演劇、コーラス、オーケストラ、バンド、イヤーブックや新聞製作、小説、ドラマ、詩などの創作、文芸雑誌、種々の美術や工芸などに取り組むことができる。運動面でのギフティッド児の多くはスポーツに参加する。親は、音楽、芸術、スポーツなどの習いごとに通わせることが多い。

特に就学前のギフティッド児の親は、本書でこれまで記してきたような子どもの特性に気づきやすい。また、大半の親が、幼いわが子がさまざまなものに注意を向けたり、質問したり、早くから本を読みはじめたりすることに応じるなかで、自然にその子に合った教材や玩具、機会を提供している。子ども自身から生じる好奇心や学びたいという意欲によって学習が進み、自然にどんどん高度な知識に触れることとなる。

このような子どもの就学にあたり、就学予定先の学校がギフティッド判定の制度を設けているのか、設けているのであれば、いつどのように判定するのか、ギフティッド・プログラムに入ったとしたら、わが子はどの程度そこに適応できるのかを調べておくことが大切だ。判定方法やギフティッド・プログラムは学校区や州ごとに大きく異なる。ギフティッド児の判定と支援を定めている学校もあれば、そうでない学校もある。あらかじめそれらを調べ理解しておくことで、子どもの益となる方向に親と学校とが協力できるだろう。ギフティッド児をめぐる州や地域の前提条件やポリシーを親が知っていると、学校は親の声により敏感に応じやすいだろう。ギフティッド・プログラムのない学校でも、その子のために個別に教育的配慮がなされるように親が交渉できることもある。

判定方法

ギフティッド児の客観的な判定に用いられるのは知能検査だけではない。ほぼすべての学校区が付加的な情報として、チェックリスト、評価スケール、生徒の作品や成績、目標基準準拠テスト（criterion-referenced tests：CRT）などを用いている。[10] ギフティッド児の判定に標準化された検査［検査の実施条件や結果の処理方法が細かく規定され、母集団から抽出された標本による明確な評価基準が設けられた、客観性のある検査。信頼性と妥当性が保証されている。知能検査、標準学力検査、適性検査などが含まれる］の実施を課している州はほんのわずかだ。また、標準化された検査を用いている学校区でも、個別式知能検査は時間と費用がかかるために滅多に用いられない。特別支援教育を必要とする生徒には個別式の検査が多く用いられるが、ギフティッド児の判定には滅多に用いられない。

ギフティッド児判定のために学校がもっともよく用いるのが、集団式の学力、才能、知能検査のいずれかだ。これらは一度に一五〜二〇人の生徒に実施でき、全国基準に照らし合わせてパーセンタイルで得点を算出できる。[11] 集団式の検査では、騒音、検査項目の少なさ、マークシートに正確にマークできないなどの要因が結果に影響する。

学校は限られた予算内で非常に多くのことをしなくてはならないため、ギフティッド児判定にはもっとも費用対効果の高い方法を用いる。全米小児ギフティッド協会は、ギフティッド児判定には複数の基準を用いることを推奨している。通常、学校は客観的指標を一つか二つと事例や観察データに基づき、ギフティッド・プログラムへの配属を行う。[12]集団式検査とチェックリストの他に、チャイルド・スタディー・チーム〔保護者、子どもの担任、学校区の代表者、さまざまな領域の専門家からなるチーム〕が組まれることが多い。

学校での判定では、通常、最初に教師あるいは親からの推薦、集団式学力検査の双方あるいは一方を行い、どの生徒についてさらに評価を進めるかを判断する。ギフティッド児の選別に教師推薦を用いることにはいくつかの限界があり、なかでも、学校の期待や価値に合ったあり方でギフティッドネスを率先して表に見せ、また、そうする能力がある子どもばかりが推薦されるという点がもっとも大きな限界だ。その子がクラスの道化師役、反逆児、課題をやらないアンダーアチーバーだと、教師からはギフティッド・プログラムの評価プロセスには推薦されない。このようにして、当然、正式な判定プロセスの最初の段階にも入れないギフティッド児が出てくる。典型的な社会的・情緒的特性を含め、ギフティッドの特性について教師が学べば、ギフティッドの可能性のある子どもをより的確に推薦できるようになるだろう。[13]

学校はできる限り公平に判定しようとして、マトリックスを用いて多くの要因を考慮しようとすることがある。もっとも一般的なマトリックスでは、以下の点に比重のおかれた点数がつけられる。（1）教師推薦や教師によるチェックリスト結果、（2）成績、（3）集団式学力検査や集団式能力検査得点。これらほどではないが、親による推薦（行動チェックリストに基づく）、自己推薦、仲間からの推薦、生徒の作品例などもマトリックスに含まれることがある。

このようなマトリックスでは学業成績に重きがおかれ、ユーモアのセンス、創造性、激しさなどのギフティッドネスは重視されない。従来型の収束的思考や学習に注目しすぎるため、学業不振児やわが道を行くような生徒は見落とされやすい。ビジュアル・アーツやパフォーミング・アーツ、リーダーシップに秀でている生徒もまた、これらの才能に特化したプログラムや特別なカリキュラムをもったマグネット・スクール〔数学・科学・芸術・スポーツなどに特化したカリキュラムのある学校〕ではないかぎり、大半の学校での判定基準では漏れてしまうだろう。

教師による推薦

一般に、ギフティッドの可能性のある生徒を選び出して「才能プール」〔人材を蓄えデータベース化すること〕とするうえで、教師による推薦や集団式学力検査が用いられる。その才能プールのなかから、特別な教育支援プログラムを受けることのできるギフティッド児を発掘するために、さらなる判定方法が用いられる。ギフティッド児判定の最初のプロセスは、教室での行動観察や集団式学力検査結果に基づく教師による推薦となる。

的確な判断を下すのは、親にとって難しいのと同様、教師にとっても難しいだろう。教師も同様にギフティッドネスに関する理解が不足していたり、不適切な思い込みがあるなどして、それがギフティッド・プログラムに誰を選出するかに影響を与えることもある。ギフティッドならば優秀な生徒であるはずだと思い込んでいれば、真のギフティッド児ではなく優秀な生徒を選出するだろう。ギフティッドに関する教育を受けていなければ、問題行動のように見えるものが実は合わない教育環境へのギフティッド児の反応だということに気づかないだろう。問題行動のある生徒を教師がギフティッド・プログラムに推薦することは滅多にない。これまでの一連の研究により、教師推薦が原因で多くのギフティッド児が判定されずにいること、その状況はこれまであまり改善されていないことが示されている。[14] エクセプショナリー・ギフティッド児ですら、見落とされることがある。[15]

教師がギフティッド児の特性、傾向、教育的ニーズに関するスペシャル・トレーニングを受けることは滅多にないが、実際にその教育を受けた教師は、ギフティッド児をより的確に判定することが示されている。[16] ギフティッド・プログラムのある学校では、ギフティッド児の特性について教師への研修の機会を設けることが大切だ。実際いくつかの州では、一定時間ギフティッド・プログラムに携わっている現職教員向けの研修を行っている。ギフティッド・コーディネーターやギフティッド教育専門家がこの研修を開き、ギフティッド児に関心のある教師に情報を提供している学校システムもある。

集団式学力検査

集団式学力検査は、今日の学校でギフティッド児判定にもっとも頻繁に使用される方法だ。広く用いられているものとして、アイオワ基礎学力検査（*Iowa Test of Basic Skills*：ＩＴＢＳ）、カリフォルニア式学力検査（*California Achievement Test*：ＣＡＴ）、スタンフォード標準学力テスト（*Stanford Achievement Test*）、認知能力検査（*Cognitive Abilities Test*：ＣｏｇＡＴ）がある。これらの集団検査は、教師による主観的な学力や能力の印象よりも客観的に生徒を評価できる。これらのテストは認知能力検査、能力検査、推論能力検査などと見なされることもあるが、大半は潜在的な能力や才能ではなく、実際の学力を測定する。これらが測定するのは、主に子どもがすでに学習したことがどれほど身についているかであり、未開発の能力や教育で伸ばしうる特別な才能ではない。大半の学校の方針では、学力検査結果が上位三％以上――九七パーセンタイル以上――であれば、通常、ギフティッドと判定される。[17] それに対して、知能検査で正規分布の九七パーセンタイルといえば、ＩＱ一三〇となる。

学力検査（特に低学年での学力検査）には重大な限界がある。それまでの家庭での学習環境がすばらしく、また、意欲が高い場合、低学年の子どもは、知的能力が平均よりもやや高い程度であっても学力検査で非常に高得点をとることがある。低学年では就学前に豊かな学習環境が与えられている子どもばかりではないため、教師は三年生より前にギフティッド児の判定をしようとはせず、学校教育を通して知的刺激が与えられたあとに、子どもがどのように反応するのかを見る方針をとる学校が多い。なかには、三年生までに子どもの能力は「平均化」し、低学年のうちは高得点をとっていた多くの子どもの力が平均に寄ってくるだろうと考えている教師もいる。ところが、このように進んだ能力の特定を遅らせることは、低学年ですでにより高度な知的刺激を必要とし、適切なチャレンジが与えられれば学力検査においてもギフティッドにあてはまる範囲内にとどまるであろうギフティッド児に不利に働く。

学校の学力検査の得点は低い——実際の能力よりもはるかに低い——ギフティッド児がいる。その理由として考えられるのは、（1）標準化された択一形式の質問にまったく答える意欲がわかないため、（2）検査の問題に対して「クリエイティブ」すぎ、求められているものよりもずっと難しく独創的な答えを探すため、（3）検査は言語能力に比重がおかれているのに対し、当該児の才能は言語以外の領域にあるため、（4）英語力に問題があるため。あいにく、一度に二〇人、三〇人、あるいは一〇〇人もが受ける集団式検査では、個々の子どもの結果にこれらの要因のいずれかが影響しているのかを見極めることができない。

集団式検査が個別式検査ほど正確ではないのには、いくつかの理由がある。集団式検査は通常五〇項目以下からなるが、それらで学力や能力の全スペクトラムを測定しようとしている。大半の集団式検査は下位七五パーセンタイルをターゲットとした項目から成り、大半の子どもが少なくとも半分は正解できるようにつくられている。高いレベルの能力測定のための項目はほとんどなく、七五パーセンタイルよりも上の子どもの能力の識別力は低い。このため、高レベルの項目を一つか二つ間違えたり飛ばしたりしてしまうと、その検査の成績は五パーセンタイル、ときには一〇パーセンタイルも落ちてしまう。たとえば、よく使われる検査のひとつ（ＩＴＢＳ）では、たとえ全問正解でもその最高得点は九九パーセンタイルということになり、一問不正解なだけで著しくパーセンタイル得点が下がる。四〜五項目あるいは一〇項目難しい問題が追加されれば、ギフティッド児がどの程度優れているかという情報が得られるのだが、それを示せるだけの項目数がない。このような集団式検査での天井効果のために、すべてのハイリー・ギフティッド児が不利になる。そのような子どもの能力を測定するには、年上の子ども用の「上級学年レベルの検査」、あるいは、高レベルの項目を多く含む知能検査を用いるほかかない。

集団式検査得点と個別式知能検査得点間の相違は、子どものＩＱが一三〇を超えると大きくなる。たいていの学校は、ギフティッドの可能性のある生徒に対して個別式の検査を実施しない。学校心理士がギフティッド児に個別式検査を実施するのだが、学校心理士はすでに、ギフティッド児とは対極のスペクトラム上にある子どもの検査で手一杯で、学校はギフティッド児のための個別式検査に必要な経費を心理士に支払うだけの十分な財政的支援を受けていないのだ。

学校は国と州から特別支援教育の財政支援を受けている。一方、ギフティッド教育プログラムのための国の財政支援はなく、州や地域からの限られた財源で賄われている。検査を希望するギフティッド児の親は、通常、学校外での個別式検査を私費で受け、学校にその検査結果を持参する。

集団式検査の天井効果を補うために、上級学年レベルの検査を実施している学校もある。たとえば、聡明な小学五年生が中学二年生用のＩＴＢＳを受け、その結果を中学二年生の規準と比較する。上級学年レベルの検査により「相当学年」得点――つまり、その時点でのさまざまな教科領域での得点がどの学年レベルに相当するのかを算出する――が得られる。上級学年レベルの検査で八〇～九〇パーセンタイルにあれば、その五年生は中学二年生レベルの能力があると見なされる。カリキュラムに関していえば、その子はもっと高度な課題を必要としているということだ。もし、上級学年レベルの検査でも九八パーセンタイルにあれば、もっと高いレベルの能力があると解釈できる。上級学年レベルの検査は、天井効果を小さくはできるが、取り除くことはできない。それでも、上級学年レベルの検査により、ハイリー・ギフティッド児により適した教育計画を立てられることは確かだろう。

集団式能力検査

個別式知能検査は時間と費用がかかる――学校心理士が一対一で時間を割く――ため、学校がギフティッド児の才能を検査するにあたり、一般には集団式能力検査が用いられる。集団式検査は個別式検査ほど正確ではないものの、費用対効果が高い。スクリーニング方法としては限界もあるが利点もある。視覚空間型の子どもの場合、言語式の集団検査では図形式検査ほど良い結果が得られない。その逆もある。つまり、言語型学習者は、今日多く用いられるようになりつつある集団式非言語検査では才能を発揮できない。

用いられることの多い集団式能力検査を以下にあげる。最初の五つは主に言語スキルに比重がおかれている。後の三つは主に非言語性（あるいは視覚空間型）能力の検査といえる。

- オーティス－レノン学習能力検査（*Otis-Lennon School Ability Test*）
- 認知能力検査（*Cognitive Abilities Test*：ＣｏｇＡＴ）
- 短縮版認知能力検査（*Developing Cognitive Abilities Test*）

• 基礎能力包括検査（*Comprehensive Test of Basic Skills*）
• 弁別式適性検査（*Differential Aptitude Tests*：ＤＡＴ）
• 視覚類推検査（*Matrix Analogies Test*）
• レーヴィン漸進的マトリックス（*Raven's Progressive Matrices*）
• ナグリエリ非言語性検査（*Naglieri Nonverbal Ability Test*：ＮＮＡＴ）

集団式学力検査と同様、これらの検査項目は主に中位〜下位の子どもをターゲットとしており、難しい項目はほんの少ししかない。天井効果があるため、上級学年レベルの検査を用いないかぎり、ギフティッド児の能力がどのレベルにあるかの識別はできないことが多い。ハイリー・ギフティッド児は高得点を得るが、もっと高レベルでの識別力のある検査であれば、その得点よりも高得点をとる可能性がある。

評価スケールとチェックリスト

評価スケールやチェックリストは、教師やときに親がある種の行動に注目し、さまざまな学習スタイルやタイプについて検討できるように開発されている。代表的な二つのスケールとして、ギフティッド評価スケール第二版（*Gifted Evaluation Scales-Second Edition*）[18]〔二〇一九年現在、第三版あり〕と「秀でた生徒の行動特性評価スケール」（*Scales for Rating the Behavioral Characteristics of Superior Students*）[19]がある。行動評価の例を表9に掲載する。これらのスケールは以下の一四の領域を対象としているが、多くの学校区はそのうちのいくつかだけを抽出して用いている。一四の領域は、学習、創造性、意欲、リーダーシップ、アート、音楽、演劇、コミュニケーション（的確さ）、コミュニケーション（表現力）、計

表9「秀でた生徒の行動特性評価スケール」が対象としている才能や発揮された力の領域

スケール１：学習能力の高さ
- ●語彙が年齢よりも高度で豊富。
- ●膨大な情報を蓄えている。
- ●抽象化や一般化をすぐに理解できる。
- ●学習したことをすぐに他の状況に応用できる。
- ●因果関係の洞察が素早い。
- ●習得や記憶が速い。
- ●鋭く油断のない観察眼。

スケール２：創造性
- ●想像性に富み、遊び心に富んだ知性がある。
- ●普通とは異なる、独創的あるいは機転の利く反応をする。
- ●リスクを取ることを恐れず、冒険心がある。
- ●ユーモアのセンスがある。
- ●郷に従うことをしない。人と違うことを恐れない。
- ●発想や物事をすぐに適切に行ったり、改善・調整したりできる。
- ●疑問や問題に対して多くの考えや解決法を思いつく。

スケール３：意欲
- ●長期間夢中になって集中できる。
- ●自分がすることについて大人からの指示をほとんど必要としない。
- ●課題志向的で粘り強い。
- ●主体性があり自立している。
- ●興味関心のあることには外発的動機づけをほとんど必要としない。
- ●興味関心のあることは粘り強く最後までやり遂げる。

スケール４：リーダーシップ
- ●責任感がある。
- ●クラスメイトから一目置かれている。
- ●考えを明確に話し、うまく伝えられる。
- ●同年齢の仲間のなかで自信をもっている。
- ●ものごと、人、状況をまとめたり秩序をつくることができる。
- ●人と何かをするときに協力できる。
- ●活動の中心となってまとめ役となる傾向がある。

スケール５：計画性
- ●課題に必要なものが何かを見極められる。
- ●全体像と個々のステップをすぐに関連づけられる。
- ●課題をやり遂げるのにどのくらいかかるかを見積も

ることができる。
●こうしたらどうなるか、何を優先すべきかを見通すことができる。
●課題をうまく整理し、詳細に計画を立てられる。
●目標達成のために必要とされる細かなことを考えられる。
●戦略を練ったり行動を予測したり、すぐに別の解決方法を思いつく。
●ものごとの限界や潜在的な問題の可能性を見極められる。
●取るべき手順を吟味し、賢明な手順で進められる。
●仕事を割り振ったり人に課題を割り当てる方法を様々に考えられる。

スケール6：コミュニケーション（的確さ）
●要点を絞って話したり書いたりできる。
●相手に合わせて表現の仕方を調整できる。
●明確に修正・編集できる。
●明確に描写・説明したり、ことばを的確・詳細に使って説明できる。
●考えを様々な様式や方法で表現できる。
●類義語をすぐに使うことができる。
●関連する単語や意味をたくさん使うことができる。

スケール7：コミュニケーション（表現）
●表現豊かに声を使い、意図するところを伝えたり強調できる。
●情報を非言語的に伝えられる。
●話し上手。
●想像的言語を用いることができる。

スケール8：演劇
●演じたいという思いが強い。
●すぐに話が浮かび、話すことができる。
●ジェスチャーや身体表現を用いる。
●即興でつくったり役割を演じるのがうまい。
●すぐに役に「なりきる」。
●人前などでも落ち着いている。
●劇をつくる。
●人目をひく。
●聴いている人の感情を呼び覚ます。
●真似がうまい。

スケール9：音楽
●音楽にずっと惹きつけられる。
●音のピッチ、音色、音量、響きの長さなど、楽音的要素の違いを認識できる。
●リズムやテンポに敏感。

- メロディーを簡単に覚える。
- 音楽的活動や楽器演奏が好き（あるいはやりたがる）。
- バックグラウンドの音に敏感。

スケール10：アート

- 芸術活動に参加するのが好きでメディアアートのプロジェクトをやりたがる。
- 考えを視覚的に、多様な要素を用いて表現する。
- 型にはまらないアプローチで芸術活動に取り組む。
- 様々なメディアや技術を試す。
- 他者の芸術的手法を細かに解説する。
- 鋭い観察眼をもち、環境に非常に敏感。
- 自己批判的でプロジェクトには高い基準を設ける。

スケール11：数学

- 数学的問題を解いたり見つけたがる。
- 数理パズルやゲーム、推論問題が好き。
- 数学的概念をすぐに理解する。
- 数学的問題の解決方法が独創的。
- 具体的なものを使わずに、抽象思考を用いて数学的問題を解く。
- 視覚的あるいは言語的に数学的概念を説明できる。

スケール12：読み

- 長時間夢中になって本を読む。
- より高度な本を読みたがる。
- 読解記述力を応用する。
- 難易度の高い読み物に挑戦しようとする。

スケール13：テクノロジー

- 幅広いテクノロジー・スキルを使える。
- 時間の許す限りテクノロジー・スキルを磨いている。
- 教わらずとも新たなソフトウェアを使える。
- 作品や課題にテクノロジーを活かす。
- 同年齢の子どもよりも進んだテクノロジー・スキルを発揮する。
- テクノロジーを自分で使ったり他者を技術サポートする機会を非常に欲しがる。

スケール14：科学

- 科学的事象や物の性質について知りたがる。
- 科学の話題を熱く議論する。
- 科学プロジェクトや研究に興味を示す。
- 科学の問題や議論に対して独創的な考えを示す。
- データのもつ意味を理解しはっきりと伝えられる。

Joseph S. Renzulli, Creative Learning Press の許可を得て再掲。

画性、数学、読解力、テクノロジー、科学となる。

創造性テスト

創造性の概念は知能の概念よりもさらにとらえどころがない。知能と創造性に関連があるように見えるために、さらに解釈が複雑になる。レンズーリ（Renzulli）は、創造性を基本的かつある程度独立した、ギフティッドの才能の現れを示す要素としている。創造性と知能の概念とが異なることは一般に広く受け入れられている。ただし、すべてではないが大半の専門家[20]が、創造性は拡散的思考と関連し、知能（少なくとも標準化された検査で測られる知能）は収束的思考と関連すると考えている。

創造性の測定は難しい。子どもの創造性測定は特に難しく、また、創造性テストにどれほどの信頼性や妥当性があるのかについての疑問もある。[21]クリエイティブであるためには、まず、その分野でのスキルをある程度身につけている必要があるが、幼い子どもがそのレベルまでスキルを身につけていることはあまりない。このような限界はあるが、創造性の測定を試みている検査がいくつかある。

ギルフォード（Guilford）とトーランス（Torrance）[22]の二人の初期の専門家は、認知的創造性の四つの基本要素──流暢性、柔軟性、独自性、精巧性──をあげた。これらの創造性の四要素はトーランス式創造的思考テスト（*Torrance Tests of Creative Thinking*：TTCT）の構成要素の一部となっている。[23]たとえば、言語を用いての創造的思考（*Thinking Creatively with Words*）テストでは、「クリップの用途をいくつ思いつきますか？」のような、オープン・エンドの質問がなされる。図を用いての創造的思考（*Thinking Creatively with Pictures*）テストでは、抽象的な視覚刺激に基づいて絵を完成させるよう求められる。テスト項目は、たくさんのアイディア（流暢性）、想定外のアイディア（柔軟性）、奇抜で独自のアイディア（独自性）、それまでの考えを発展させたアイディア（精巧性）を求めたものとなっている。どれだけ創造性の四要素が見られるかにより得点がつけられる。これらのテストの採点には時間がかかり、採点者の主観の影響も皆無ではないため、通常は採点方法の訓練を受けた専門家により実施される。このテストの実施には時間がかかり、訓練された専門家による実施が必要なため、学校では滅多に用いられない。

多角的な基準を用いる

ギフティッド児を見出すために多角的な基準――教師による評価、成績、学力検査や能力検査、創造性テスト、作品のポートフォリオなど――を用いるのが望ましいことは確かだ。特に、これは特別な教育的ニーズのあるギフティッド児を見出すうえで適している。しかし、あいにく多角的基準が「多角的ハードル」と誤解されることがある。つまり、ギフティッドと認められるためには、すべての基準をクリアしなくてはならないという誤解だ。多角的基準を用いるとは、正しくは、さまざまなデータ資料を用いて異なる判定方法を複数用意するということだ。[24]

得点と特性とがかみ合わないとき

評価、成績、集団式学力検査の得点、教師による推薦が、あなたの知っている子どもの姿と合わず、あなたの子どもがギフティッドとは判定されなかったら、どうすればよいだろうか？　まず、その子にはそのような方法あるいは状況で自分の才能を発揮する意欲がなかったという可能性を考えよう。

次に、その子の発達の非同期性により、判定プロセスがうまくいかなかった可能性を考えよう。学校が採用している判定マトリックスでは、さまざまな要因に同じだけの比重が置かれていることがある。その子には一つか二つの領域で非常に優れた力が見られるが、他の二、三の領域では高得点の範囲にはないという可能性がある。

ギフティッド児はあらゆる学習領域で秀でているという考えをいまだにもっている学校がある。たとえば、その子に並外れた国語の才能が見られたとしても、先生から「この子はギフティッドなはずがありません。算数の成績にBやCがありますから」と言われることもある。連邦政府により定義されているギフティッドの五領域のうちひとつだけでずば抜けた才能のあるギフティッド児は一五％にのぼると推定している専門家もいるにもかかわらず、ひとつの領域だけに並外れた才能をもつ子どもをギフティッドとすることに消極的な学校区がある。今以上に多くの子どもをギフティッド児と判定すると、就学児の一五～二〇％がギフティッド児となる可能性があり、管理当局は対応できなくなるだろうと見込まれている。[25] 親の多くが専門職の学校区では、ギフティッド児はもっと多いかもしれない。親が頭脳明晰で学歴が高い場合、その子どもは平均より利発な傾向がある。このようなコミュニティにある学校は、通常学級での授業レベルが高いという前提に立ち、ギフティッド児判定により厳しい基準を用いていることがある。「私たちの学校の生徒は、みなギフティッドです」と答える学校もある。

あなた自身の子どものとらえ方に確信がもてるのであれば、その子がギフティッドかもしれないという考えを早々に棄ててはいけない。親、特に幼いギフティッド児の親は、自分の子どもの並外れた能力を正確に見て取ることを報告した研究がある。[26] 担任の先生と話し合おう。あなたの見てきた子どもの姿を先生と共有しよう。学校以外の家庭などの場でその子が成し遂げたことや作品などの一例を見せてみよう。学校関係者にその子の個別評価を依頼したり、学外の有資格の専門家に検査を依頼するのもよいだろう。チャイルド・スタディー・チームに、担任の先生や学校心理士など、その子を知っている人との面談を依頼し、ギフティッド教育プログラムやカリキュラムの配慮を受けることがその子にとって有益かどうかを話し合うのもよいだろう。

個別式検査[27]

あなたの子どもの家庭と学校でのウェルビーイングや行動を全体的に把握したら、学校心理士や有資格の民間の心理士に、個別式知能検査や個別式学力検査を依頼しようと思うかもしれない。学校関係者から「検査は必要ありません。お子さんの頭がよいことは承知していますし、お子さんのニーズにどのように応えていったらよいのかもわかっています」と言われることもある。これは残念なことだ。というのは、ギフティッドネスについて見識のある学外の専門家による検査を受けることで豊富な情報が得られ、その子にとって最適な教育プログラムを見出せるからだ。学校関係者を動かす説得力のある情報として検査が必要なことがある。ただし、学校システム以外で実施された検査結果を受けつけない方針の学校もある[28]。

ギフティッド児、特に、ハイリー・ギフティッド児や学習障害のあるギフティッド児が個別式検査を受けることで、その子が<u>どのような領域</u>で優れた才能があるのかがはっきりとわかる。そのような情報を得ることで、その子が普通とは異なる才能をもち、他の子どもとは非常に異なる方法で学習すること、何らかの教育的配慮が確実に必要なことを学校が理解できるようになる。その配慮として、科目ごとの早修、あるいは、ひとまず一学年分の飛び級をし、様子を見てもう一学年飛び級をするなどの方法がとられるかもしれない。

個別式検査は、検査者との一対一のやりとりができるために、集団式検査よりも優れた点がある。まず、集団式検査よりもはるかに、その子にとって最適な検査環境となりやすい。たとえば、標準化された指示内容を読んでいる最中でも、検査者は子どもとやりとりして、その子の集中力とやる気を最大限に引き出し、注意散漫になって結果が悪くなることのないような環境をつくりだせる。他には、検査中の行動観察により、得点や矛盾の原因と推測されるものをより的確に解明できる。疲れているようだ、他のクラスメイトは休み時間に入っているため不安そうだ、昼食前なのでお腹が減っているようだ、などのように把握できる。検査者は子どもの様子を把握し、それに応じて調節できるため、小休憩を入れるなど最適な検査環境をつくることができる。個別式検査の検査者は資格や免許をとるために膨大な訓練と指導を受ける。集団式検査には特別な訓練は必要ない。

知能検査

知能の概念は複雑だ。正確な定義のうえでの議論が続いており、新たな定義も次々に生まれている。それでもやはり、高知能が存在すること、知能はさまざまな方法で表されうること、学業の強い規定要因となることについては広く合意がなされている。[29]
個別式知能検査は言語性・非言語性推論、記憶、洞察、抽象化など、さまざまな能力を測定する一連の下位検査から成る。一つの個別式知能検査を遂行するのに、聡明な子どもの場合二時間以上かかることがある。疲労の影響を避けるため、いくつかのセッションに分けて実施されることが多い。
個別式知能検査においても、ギフティッド児の下位検査得点には平均レベルから得点表を超えるまでの大きな開きが見られることが多い。[30] もっとも低い得点が平均の範囲にあったとしても、この得点間の大きな開きが学習障害を反映していることもある。あるいは幼少のギフティッド児の場合、一時的な発達の凹凸を反映している場合もある。これは非同期発達により説明できる特性で、親や教師がその子に適切な要求ができるような情報となる。

心理士はさまざまな検査の実施と解釈のための訓練を積んでいる。その子に学習障害がある場合は、各学習障害のタイプに特化した情報が得られる検査を実施するだろう。

一般に八歳頃から知能指数は安定するが、さまざまな要因の影響で、個々の検査間には大きな開き――ときに一五～二〇ポイントもの開き――が見られる。知能検査は検査時点でのその子の機能や潜在能力――その子の能力のスナップショット――を測定する。疲労、動揺、体調不良、検査への不安、検査者とのラポール〔信頼関係〕不足、知的刺激の不足など数々の要因により、知能指数は低くなる。ただし、個別式検査では、そのような様子を検査者が記録し、検査結果報告の際にそれを盛り込んで親や学校関係者と情報共有できる。

知能指数により、その子の学習スタイル、長所、弱点、教育的ニーズなどに関する情報を豊富に得られる。ただし、知能検査結果が意味をなすのは、その子の生活状況においてだ。ギフティッド児についての見識があり、判断力と社会性に優れた心理士による解釈が要される。心理士は、親や教師などが知能指数は不可侵の神聖な定数などではないと理解できるように支援せねばならない。知能指数はかなり正確な予測要因となるが、標準化された状況から得られる有用な情報の一部にすぎない。プロのクォーターバックの力がコンプリート率だけで判断されるわけではなく、野球選手の力が安打数だけで判断されるわけでもない。同様に、子どもの力も知能指数だけで判断されるべきではない。子どもの価値は点数では測ることはできない。

知能指数には限界があるが、それでもさまざまな分野で同年齢の子どもたちと比較することで、その子に想定できることの見通しをもたせてくれる。同様に、教師もまた日常の観察や評価に基づいて、学習における子どもの潜在的な能力を想定できる。そのような観察に対して標準的な基準を提供するのが知能検査であり、教師は検査結果と自身が日常的に観察していることとを照合して考えられる。

個別式知能検査が、「問題行動のある生徒」あるいは「特別支援を要する生徒」という誤ったラベルをつけられているギフティッドのアンダーアチーバーの発見につながることがある。特別支援教育を受けるために検査を受けたところ、実はギフティッド児で、フラストレーションゆえに「シャットダウン」していたり、不満を態度で表している状態だったという例がいくつもある。

前述のとおり、知能は学力と異なり、知能検査は学力検査とは異なる。知能検査は全体的な潜在能力を広く測定したり、ある領域に特化した才能を測定したりする。学力検査は、子どもがテストに出てくる範囲内でそれまでに学習したことをどれだけ表出できるかを測定する。

もっとも広く用いられている個別式知能検査にウェクスラー式――六歳以上対象の「児童向けウェクスラー式知能検査第四版」（WISC-IV）［最新版はWISC-V］、三〜七歳対象の「ウェクスラー幼児用知能検査第三版」（WIPPSI-III）――がある。これらの検査は心理士により実施、採点、解釈がなされるが、その実施には二時間ほど要する。WIPPSI-IIIは全検査指標、言語理解指標、知覚推理指標と、処理速度指標、語彙総合得点からなる。WISC-IVは全検査指標と四つの指標――言語理解、知覚推理、ワーキングメモリ、処理速度――からなる。

もうひとつ用いられている頻度の高い検査に、「スタンフォード・ビネー知能検査」がある。近年、ハイリー・ギフティッド児の検査には旧バージョンの「スタンフォード・ビネー知能検査L－M版」が用いられている。これは最高値が高く、経験豊富な心理士であればもっとも高得点の領域のIQ一八〇〜二〇〇まで測ることができる。最新版の「スタンフォード・ビネー知能検査第五版」(SB-V)は、第四版よりもかなり使いやすいが、それでも最高レベルのギフティッド児の能力を測定するのは難しい。[31] ウェクスラー式と同様、SB-Vもまたいくつかの指標――全検査指標、言語性指標、非言語性指標と、ワーキングメモリ、知識、視覚空間処理など――からなる。

知能検査はいつ受けるのがよいか

知能検査のなかには二歳から受けられるものがあるが、五歳頃に一回、一〇〜一一歳頃に再び検査を受けるのがよいと感じる親が多いだろう。知能指数は五歳頃までにはかなり安定しはじめ、また、教育計画に直結するようになる。就学前の早春に検査を受けるのがよいだろう。キンダーガーテンや一年生に早期入学すべきかを考える時期でもあり、あるいは、その子の発達が進んでおりカリキュラムの調整が必要であることの証拠とすることができる。早期に知能検査を受けていないと、ギフティッドと認識されないままでいるケースも出てくる。三年生になる頃までには、未判定のギフティッド児は膨大な時間を無駄にし、平均的なクラスに合わせること、目立たないように自分の才能を隠すことを身につけるかもしれない。早期に判定されると、学習への構えをつくる極めて重要な時期に、学校から適切なチャレンジが与えられることにつながる。

検査結果の正確性は三歳から一四、一五歳頃までの間に高まり、一〇、一一歳頃には非常に正確なものとなる。[32] 一〇歳か一一歳で二度目の、あるいは再検査を行うことで、中学や高校での教育配置に直結する重要な情報をさらに得られる。また、その子の知識やスキルの進度を把握でき、飛び級、一教科での早修などの教育的配慮の必要性を検討できる。たとえば、一〇歳の子どもが高校二年生レベルの読解力や言語能力を示していれば、学校側は国語の早修などの選択肢を提供することを検討できるだろう。

知能検査における文化的平等性の問題

ヒスパニック系、アメリカ先住民、アフリカ系アメリカ人のギフティッド児は米国内の大半のギフティッド・プログラムから漏れてしまう確率が高い。それに対して、ギフティッド児におけるアジア系アメリカ人の割合は、米国全人口のアジア系アメリカ人人口の割合の二倍にものぼる。[33] 検査器具におけるバイアスが原因となる可能性に多く目が向けられてきたが、[34] 最近では、米国社会における特定の人々の不利な環境が注目されている。[35] 社会階級要因、特に貧困は、虚偽表示の原因として民族的背景よりも重要だと考えられる。[36]

ギフティッド児判定における文化的に公平な検査を保証するために、さまざまな工夫がなされている。たとえば、学校は、子どもに適した言語に翻訳された知能検査を用いることがある。バイリンガルの心理士により、スペイン語でのウェクスラー式知能検査が実施できることもある。特にキンダーガーテンから二年生で有効な工夫として、子どもの作品のいくつかが評価されるようなポートフォリオ方式での評価もある。[37] さらに大規模なアプローチとしては、DISCOVER Model［Discovering Strengths and Capabilites while Observing Varied Ethnic Responses Model　多様な人種の才能発掘モデル］があり、さまざまな課題における子どもの様子を教師が体系的に観察する方法がとられる。[38]

文化的に公平な知能の測定方法として、非言語的尺度を用いる方法がある。ウェクスラー式知能検査の非言語性知能得点に基づく評価や、視覚空間能力を測定するレーヴィン漸進的マトリックス、視覚類推検査、ナグリエリ非言語性検査などの検査を用いる方法もある。言語能力に比重のおかれた学力検査は、一般に貧困家庭の生徒には不適切な検査とされている。ただし、生徒の母語が英語ではない場合、母語による学力検査が実施されることもある。

あなたの観察眼を信じよう

ときに判定漏れするギフティッド児もいる。学校外で検査を受けてもなお壁があることがある。「当校のギフティッド・プログラムへの所属は、当校で実施している集団検査の得点のみに基づいて決まります」と言われたと報告する親もいる。個人的に受けた検査結果は「正確でない」として譲らない、あるいは「お金を積めばどんな高得点でももらえますよね」と言う学校関係者もいる。このような状況にあったら、民間の心理士がギフティッドではない子どもをギフティッドと言ったところで何のメリットもないということを覚えておこう。倫理的な心理士は、子どもをギフティッド・プログラムに入れようとして得点を増すことなどしない。適切な教育サービスを受けられるようにすることが目的で、正確な検査あってこそ、この目的を達成できる。個別式知能検査は択一形式の検査ではないため、「勘」で高得点を得ることはできない。

あなたの子どもには意欲の問題から授業中には発揮できていないような力があることに、あなたは気づいているかもしれない。あるいは、数学のような特定の分野では並外れて高い才能があるが、それを覆ってしまうような学習障害があるのかもしれない。あなた自身の観察眼と経験知とを信じよう。必要となれば、心理士が学校の管理職員に対して、検査結果とその子にとって最適な教育プログラムが何かを説明してくれるだろう。ギフティッド児の親は、さまざまなアセスメントや教育についての幅広い知識を身につけねばならない場合もある。なかには、適正手続き、調停、さらには訴訟にまで踏みきった親もいる。[39] しかし、大半のケースでは、学校は民間での検査結果を受け入れ、ギフティッドと判定されるのであれば、そのための教育サービスを受ける資格を与えるだろう。

検査は重要な情報を提供するが、親自身の観察眼、判断力も重要だということを忘れないでほしい。個別式知能検査にも限界はある。検査得点にとらわれずに子どもを理解すべきだ。ギフティッドの判定にあたり、多くのギフティッド児は学業成績にはその才能が反映されていないということを忘れずにいよう。地域のとある学校の職員の言うことだけで、その子がギフティッドか否かが決まるのではないということ、学校外にも個別式知能検査や学力検査を実施する専門家がいるということを忘れないでほしい。

訳者あとがき

本書の原著である *A Parent's Guide to Gifted Children* は、米国で iParenting Media Award、USA Books News Award、GLYPH Award の三つの賞を受賞しています。英語圏ではもちろんのこと、オランダ、サウジアラビア、スイス、台湾をはじめ、最近ではトルコでも翻訳され、世界各国で読まれています。そして、ギフティッド児を身近にもつ親や教師を支え、その進むべき方向を照らしてきました。本書は原著の全一五章のうち、一三章分を訳出したものです。「適切な教育機関を探す」「適切な専門機関を探す」の二つの章は、ページ数の都合、また、現在の日本の状況とはかけ離れていると考えられることから、本書には含まれていません。今後、これらの章も日本にとって有益だととらえられる日が来ることを切に願います。

原著の第一著者であられるDr.ジェームス・ウェブ（Jim の愛称でよばれていました）との交流は二〇一七年の一月から始まり、二〇一八年七月一九～二二日、サンディエゴで開催されたSENG Annual Conference 2018 にて、ようやく直接お会いすることができました。当時は、まだ本書の翻訳の夢が叶うかどうか見えない時期でしたが、Dr.ウェブには、私が翻訳したい書の一冊として話していました。学会での別れ際に、Dr.ウェブの奥様であり原著の共著者でもあられるジャネット・L・ゴアとともに、日本での啓発に向けて励ましのことばをくださいました。そのことばは、『ギフティッド――その誤診と重複診断』（北大路書房）に記させていただきました。この直後、Dr.ジェームス・T・ウェブは、二〇一八年七月二七日、七八歳で急逝されました。彼は、ギフティッドをめぐる日本の事情をよくご存じでした。

現在の日本では、ギフティッドを理解している医療や教育の専門家は非常に少ないです。一方、親は「この子はどうも普通とは違う」と、その子がごく幼いうちから強く感じます。ただそれは、その子の秀でた才能ゆえにではなく、むしろ、過敏さや激しさからくる育てにくさによることが多いのです。実際、その子育ては困難を極めます。そして、親は助けを求め情報を探しますが、求めれば求めるほど傷つくことになります。「ギフティッドですか？　知りませんね……。ただ、こういう（知能の高い）子どもは、口が達者で大人をイラッとさせることが多いんですよね。その時も、何か先生が気に障ることを言ったのではないですか？」「ギフティッド？　あぁ、マスコミやネットでいろいろ言われているものですね。そういうのは信頼できません。アスペルガーや自閉症の子どもがものすごい能力をもっていることが多いので、そっちのケアをされた方がよいでしょう」「お母様が自由に好きなことをさせるという方針で子育てをなさっているのでしょうか？」。子育てそれだけでも苦境の極みであるのに、有益な情報や支援ではなく、傷口に塩を塗られるような経験をすることが少なくありません。そして、日本にはギフティッド児のための教育や支援の制度もありません。

しかし、本書は力強く訴えています。「たとえ教育環境が意味の少ない、もっといえば、有害なものであったとしても、親は適切な環境を創り出すことができる。そして、その子は羽ばたいていくことができる」。これが、Dr.ウェブをはじめ、原著者四名の専門家の確信するところだと述べられています。そして、そのためには何よりも親子の関係性が大切だと訴えています。このことばは、ギフティッド児を巡る社会的な資源がほとんどない日本において、ギフティッド児の親にとっての希望とな

Dr. ウェブ、ジャネット・L・ゴアとともに
（SENG Annual Conference 2018にて）

り拠り所となるでしょう。そして、どうすることもできずにただ立ち尽くすだけだった親に、再び歩み出す勇気を与えてくれることでしょう。本書は、原著者のこのような確信に基づき、具体的にどうしたらよいのかが記されています。

本書に救われた思いのギフティッド児をもつ親は、世界中に溢れていることと思います。SENG学会中、Dr.ウェブは親からの質問を受ける形でのワークショップをなさる（満員でした）以外は、ご自身で設立されたGreat Potential Pressのブースに静かに座っておられ、彼の書に救われた思いの多くのギフティッド児の親たちの訪問を受けていました。その功績だけでなく、温かで気さくでユーモアあふれる人間性は、彼とかかわった世界中の多くの人々が感じていたことだと、in memoriam（https://jamestwebb.com/in-memoriam-dr-james-t-webb/）からもわかります。

翻訳にあたり多くの方々のお力添えをいただきました。翻訳出版の熱い思いと躊躇する気持ちの入り混じった私の背中を押してくださり、その都度相談にものっていただき、ご指導くださった、大学時代からの恩師でもある白梅学園大学名誉教授無藤隆先生。原著の解釈から原著者との連絡に至るまで、言語的サポートをしてくださった、タッド・スタフォード（Todd Stafford）先生と上越教育大学名誉教授北條礼子先生。このような仕事を理解し、そして協力してくれた家族。ここに感謝申し上げます。また、私の思いを形にできましたのは、何よりも春秋社、手島朋子様のご尽力のおかげと、心より感謝申し上げます。
日本にも、確かにギフティッド児はいます。そして、悩み苦しんでいる親も多くいます。そのような方々にも、本書が確かな道しるべ、慰め、勇気の源となることを願っています。

角谷詩織

二〇一九年一〇月

わが子がギフティッドかもしれないと思ったら

問題解決と飛躍のための実践的ガイド

2019年12月25日　第1刷発行
2025年 5 月15日　第9刷発行

著者――――ジェームス・T・ウェブ、ジャネット・L・ゴア、
エドワード・R・アメンド、アーリーン・R・デヴリーズ
訳者――――角谷詩織
発行者―――小林公二
発行所―――株式会社 春秋社
〒101-0021 東京都千代田区外神田 2-18-6
電話 03-3255-9611
振替 00180-6-24861
https://www.shunjusha.co.jp/
印刷・製本――萩原印刷 株式会社
装丁――――伊藤滋章

ISBN978-4-393-37330-9　C0037
定価はカバー等に表示してあります

■著者紹介

［原書刊行時のもの。ジェームス・T・ウェブは 2018 年 7 月に急逝された］

ジェームス・T・ウェブ　James T. Webb, Ph.D., ABPP-Cl
ギフティッド教育に最も影響を与えた、全米トップの心理学者 25 名の一人。ギフティッド児、タレンティッド児の社会的・情緒的ニーズをめぐり、学校や教育プログラム立案者、ギフティッド児との相談に携わる。1981 年、国の非営利団体で、ギフティッド児および成人ギフティッドに関する情報や訓練の場の提供、学会やワークショップの開催などを行う SENG（Supporting Emotional Needs of Gifted, Inc.）を設立。現在、名誉会長として理事会にかかわる。*Gifted Child Quarterly* の編集顧問、*Gifted Education Communicator* の国家諮問委員会委員。

州や全米学会でのキーノート・スピーカーやワークショップ・スピーカーを数多く担う。

ライセンスをもつ臨床心理学者で、臨床心理学ディプロメイトの正式な資格保有者。米国心理学会（APA）フェロー、運営組織の議会委員を 3 年間務めた。小児心理学会、パーソナリティ・アセスメント学会フェロー。1992 年、米国心理学会より Heiser Presidential Award for Advocacy を、メンサ教育・研究基金より National Award for Excellence, Senior Investigator Division を授与される。全米小児ギフティッド協会（NAGC）理事、米国ギフティッド児協会プレジデントを歴任。現在は、Great Potential Press，Inc. のプレジデント。

オハイオ州心理学会の元プレジデントで、評議委員会委員を 7 年間務めた。臨床家としての職務の他、クリニックや病院の様々なコンサルタントの職務にもついている。オハイオ州デイトン、ライト州立大学大学院臨床心理学科創設者の一人。教授職、学科長を務めた。デイトンの子どもメディカルセンター心理部を管理し、ライト州立大学医学大学院の小児科・精神医学科臨床学准教授を務めた。それに先立ち、オハイオ大学大学院心理学科教員を 5 年務めた。

これまで第一著者として以下の 4 つのギフティッド児に関する書を執筆し、うち 3 つが受賞している：『ギフティッド児を育てる *Guiding the Gifted Child: A Practical Source for Parents and Teachers*』;『ギフティッド児の祖父母にできること *Grandparent's Guide to Gifted Children*』;『ギフティッド　その誤診と重複診断』;『ギフティッド児の親の支援：SENG モデル *Gifted Parent Groups: The SENG-Model*』。

『ギフティッド児を育てる』は、米国心理学会より National Media Award を授与された。「並外れた子どもたちのユニークで繊細な情緒的ニーズの理解に重要な貢献を果たした」書籍の証である。12 万部以上発行され、世界各国で翻訳されている。『ギフティッド児の親の支援』は、全米また諸外国で取り入れられ、成果をあげている。ギフティッドやタレンティッドの子どもに関する 60 以上もの専門雑誌論文、12 の書籍、多数のリサーチ・ペーパー、学会発表の業績がある。

テネシー州メンフィス生まれ。ローズ・カレッジ卒業後、アラバマ大学にて博士号取得。6 人の娘の父。

ジャネット・L・ゴア　Janet L. Gore, M.A., M. Ed.
ギフティッド・タレンティッド児の教師、進路指導教員、学校管理者、政策立案者、親として 30 年以上の経験をもつ。受賞書『ギフティッド児の祖父母にできること』の著者の一人。アリゾナ州のギフティッド教育長を 3 年務め、州のギフティッド児向け教育の監督と質の向上に貢献した。その間、各州のギフティッド教育長による全米協議会の会員となる。その 5 年前には、アリゾナ州ツーソンにおける、高校生ギフティッド児の指定カウンセラー兼擁護者の務めを行う。学業、社会的・情緒的助言、大学進学や就職支援に加え、

当時の AP プログラム［Advanced Placement program：高校在学中に大学の入門レベルのカリキュラムを学べるプログラム］、メンターシップ／インターンシップ・プログラム、高校生の自主研究の拡充をはかった。地元の大学でよりハイレベルなコースを受講希望の高校生のために重複登録（concurrent enrollment）のシステム推進にかかわった。

行政・経営者の実績として、アメリカ先住民人口率の高い多民族区における高校の教頭を務めた。また、アリゾナ州ギフティッド・タレンティッド学会の理事会委員で学会主催を務めた。SENG モデル親支援グループ（SENG-Model parent support group）の指導に携わる。

教師として幅広い経験をもつ。中学校、高校、大学の教師、小学校、中学校のカウンセラーとして勤めた。Academic Decathlon［十種類の学業分野に関しての回答を各高校代表チームが競う］や Future Problem Solving［世界規模での実際的な問題についての解決を 2 時間かけて考え競う］のチーム指導経験もある。ノーザン・アリゾナ大学、フェニックス大学の大学院コースでギフティッド教育、創造性、心理学、検査と測定、コミュニケーション、進路指導などに関する指導にあたっている。1983 年、アリゾナ大学よりギフティッドの極めて優秀な教師・カウンセラーに選ばれた。

ミネソタ州ノースフィールドのカールトン大学卒業。アイオワ大学にて英語の修士号（M.A.）を、アリゾナ大学にてガイダンス・カウンセリングの教育学修士号（M.Ed.）を取得。

現在は、Great Potential Press, Inc. のコンサルタント、編集者である。州、地域、全米、国際的に、ギフティッド児の教育的ニーズとプログラムに関するワークショップを継続している。

エドワード・R・アメンド　Edward R. Amend, Psy.D.
臨床心理士。ケンタッキー州レキシントンにて、Amend Psychological Services, PSC を開業し、ギフティッドやタレンティッドの子ども・若者とその家族の社会的、情緒的、教育的ニーズを専門としている。ケンタッキー州とオハイオ州で心理サービスを提供するライセンスを有す。開業臨床心理士として、また、コミュニティ・メンタルヘルス機関でも職務を果たし、クリニックや病院でのコンサルタントの職にもある。『ギフティッド その誤診と重複診断』の共著者でもある。ギフティッド、学習障害、ADD、2E 等、様々な特別なニーズのある子どもや青年のアセスメントとセラピーを提供している。子どもや親のためのディスカッション・グループや、教育グループの指導を行い、学校職員を対象としたコンサルテーションやトレーニングを実施している。州や国で開催される学会で多くの発表を行っている。そこでは主に、ギフティッドにかかわる ADHD、アスペルガー症候群等の誤診、学業不振、完璧主義、教育計画、社会・情緒的ニーズの問題を扱う。
SENG の理事会委員を 5 年務め、財務責任者でもあった。ケンタッキー州ギフティッド教育協会（KAGE）の地区代表を 6 年務め、現在プレジデントである。NAGC カウンセリング・ガイダンス部理事、議長を務めた。現在、デイビッドソン人材育成研究所コンサルタントである。米国心理学会会員、APA Division53（Child-Clinical Psychology）会員、ケンタッキー州心理学会会員である。2000 年 4 月から 2003 年 12 月まで、ギフティッド教育に関する専門誌 *Roeper Review* の編集者でもあった。
ペンシルベニア州ユニオンタウンの生まれ。ペンシルベニア州ラットローブのセント・ヴィンセント大学を首席で卒業し、オハイオ州デイトン、ライト州立大学大学院臨床心理学科にて博士課程修了。そこでジェームス・ウェブ博士の指導を受けた。ノースイースト・オハイオ大学医学大学院［現在はノースイースト・オハイオ医科大学］にてチーフ・インターンを務め、インターンシップと研修を修了した。

アーリーン・R・デヴリーズ　Arlene R. DeVries, M.S.E.

デモイン公立学校にて20年以上にわたりギフティッド・タレンティッド教育のコミュニティ・リソース・コンサルタントを務める。ガイダンス・カウンセリングの修士号をもつ。ギフティッド児とその親の社会的・情緒的ニーズに特に関心がある。アイオワ大学、ドレイク大学の大学院で心理学を教授。2005年、ドレイク大学学校教育研究科より優秀卒業生賞を受ける。

SENGプログラムにてジェームス・ウェブ博士より訓練を受ける。『ギフティッド児の親の支援』の共著者でもある。1985年以降、ギフティッド児の親向けの10週間ディスカッション・ガイダンスを70以上実施している。ウェブ博士とチームを組み、米国だけでなく諸外国でのSENG Modelを用いた専門家の訓練のためのワークショップを実施している。

全米や各州でのギフティッド児の親や教師向けの学会での講演を多数行う。SENGプレジデント、SENG、全米ギフティッド児協会（NAGC）理事会員、*Roeper Review* や *Parenting for High Potential* の編集委員会委員。ギフティッド教育に関する専門誌に論文を多数掲載される。NAGCの親・コミュニティ部会議長、アイオワ州タレンティッド・ギフティッド協会の議長を数年務める。2004年、アイオワ州タレンティッド・ギフティッド協会より功労賞受賞。

Delta Kappa Gamma や Phi Delta Kappa［女子大学生の自主的教育組織で、寮生活をしながら固い結束のなか、社会問題を考えたり勉学に励む。希望者誰もが入れるわけではない］、Sigma Alpha Iota［男子学生の同様の組織］にも積極的にかかわる。幼稚園から高校までの音楽の教授経験をもつ。現在は需要の高まる成人教育のなかで「クラシック・ミュージックを楽しく学ぶ」というクラスを開講している。デモイン・シンフォニーによるコンサートの開演1時間前にプレ・コンサート・プレビューを開催している。

2人のタレンティッド児、5人の孫をもつ。ギフティッド・タレンティッド児の特別なニーズにどのように応じていけるかを他の親とともに考える取り組みを積極的に行っている。

■訳者紹介

角谷詩織　Shiori SUMIYA
お茶の水女子大学大学院人間文化研究科博士後期課程修了。博士（人文科学）。現在、上越教育大学大学院学校教育研究科教授。専門：発達心理学・教育心理学。
著書に『理科大好き！の子どもを育てる――心理学・脳科学者からの提言』北大路書房（分担執筆、2008年）、訳書にウェブ他『ギフティッド　その誤診と重複診断――心理・医療・教育の現場から』北大路書房（監訳、2019年）、ハーレン他『8歳までに経験しておきたい科学』北大路書房（共訳、2007年）などがある。

翻訳協力
知久麻衣（コネチカット大学大学院）
　はじめに、序章、1章、2章、8章、10章、11章、13章

原註

はじめに

1 Strip & Hirsch (2000).
2 米国心理学会（American Psychological Association）の元会長、マーティン・セリグマン博士（Dr. Martin Seligman）は、「ギフティッド児は何でも自分でできるから大丈夫」という世の中に蔓延した誤解に触れ、「…（この神話により）非常に大勢のギフティッド児が失望と不満の道端に追いやられている。…非常に多くの学校が、能力の高い生徒を認めたりサポートしたりができないでいる。さらに悪いことには、彼らを拒絶して凡人へと押しやっている」(1998a, p.2) と述べた。
3 Webb, Meckstroth, & Tolan (1982).
4 ギフティッドの 10 ～ 20%が高校をドロップアウトしており、トップの高校を卒業した者の 40%が大学を中退している（Colangelo & Davis, 1997, p.352)。
5 Fish & Burch (1985); Ruf (2005); Silverman (1993).
6 Clark (2002).
7 Gottfried, Gottfried, Bathurst, & Guerin (1994); Ruf (2005); Silverman (1993); Webb & Kleine (1993); Webb et al. (1982).
8 Webb et al. (1982, p.31).
9 *On Being Gifted* (1978, p.x). 米国小児ギフティッド学会（American Association for Gifted Children）は、青年ギフティッドの分科会を開催した。彼らの経験は今日にも通じる。

序章

1 Roeper (1995, p.142)
2 成人ギフティッドの多くは、自分の親が自分の才能に刺激を与え、それを伸ばしてくれたと言うことが多い。それに対し、学校から大きな影響を受けたと言うことは滅多にない。なかには、学校からはネガティブな影響を受けたと言う成人ギフティッドもいる (Albert & Runco, 1987; Bloom, 1985; Goertzel & Hansen, 2004; Milgram, 1991)。
3 サポートグループでは、ギフティッド児が家庭にもたらす独特の難しさについて、親同士で話をすることができる。もっとも広く用いられているサポートグループは、Supporting Emotional Needs of Gifted (www.sengifted.org) により開発された SENG Model である。このようなグループのなかで親同士は学びあい、支援や参考となる見解を得ることができる。
4 Ruff (2005); Silverman (1997b); Webb & Kleine (1993) を参照のこと。ギフティッド児の行動特性により、ADHD などの障害と誤診されることがある。詳細は、Webb, Amend, Webb, Goerss, Beljan, & Olenchak (2005)［ウェブら『ギフティッド その誤診と重複診断』2019］を参照のこと。
5 American Association for Gifted Children (1985); Webb (2001); Webb et al. (2005)［ウェブら, 2019］.
6 Marland (1972).
7 これらの神話は以下から引用した。Cross (2005); Delisle (1992); Webb & Kleine (1993); Webb et al. (1982); Winner (1996)［ウィナー『才能を開花させる子供たち』1998］.
8 Gottfredson (1997) は広範囲にわたる研究をまとめ、知能が現代社会での困難に応じるうえで特に重要であることを示した。
9 ギフティッド児の自殺に関する研究は主に、すでに学校でギフティッドと判定された子どもを対象としている。これは、その子たちがある程度適応できていること、少なく

とも学業面ではよくできる子であることを意味する。このようなギフティッド児を対象とした研究から、ギフティッド児は他の子どもと比較して、自殺を試みたり実際に自殺したりする可能性が高いわけではないと結論づけている。ところが、うつの章（7章）で述べられているように、ギフティッド児のなかには自殺念慮や自殺行為のリスクがより高い者もいる。

10　Neihart, Reis, Robinson, & Moon (2002).

11　この概念はホリングワース（Hollingworth）によるものである（1942）。ホリングワースは米国で初めてギフティッド児のための小学校を創設した。彼女についての興味深い伝記が以下に記されている。*A Forgotten Voice: A Biography of Leta Stetter Hollingworth* (Klein, 2002).

12　ホリングワース（Hollingworth）は、これをもっと手厳しく表現している。ギフティッド児の課題は「愚鈍を容認すること」だと言った（1942）。

13　研究によれば、知能の約50％が遺伝によって決まる。研究をまとめたものとしては、Plomin & Petrill (1997) やGottfredson (1997) の2つが優れている。さらに、訓練や環境からの刺激により脳の物理的変化が生じることを示した研究もある（e.g., Maguire et al., 2000）。

14　この分野の先導的な人々のなかには、ガニエ（Gagné）のように、“talent”は生得的な潜在能力を、“gifted”は育成された潜在的能力を指すという考えもある（1991; 1999）。我々はガニエの考えに異論はないが、本書ではシンプルにギフティッドとタレンティッドを同じものとして扱う。将来的には、「高度な学習者」「潜在的能力の高い子ども」などのことばが広く用いられるようになってほしいと思う。

1章

1　大半の州の指令、規則、法令は、「運動能力」を除外する形で調整されている。運動の「ギフト」や才能は、すでに学校や社会から十分認められ支援されているためである。ギフティッドネスの定義や各領域のギフティッドネスの測定方法は州ごとに多少異なる。詳細は、全米小児ギフティッド協会（National Association for Gifted Children）から定期的に発行される *State of the States* の報告を参照のこと。

2　大半の州の規約には、NAGCやマーランド・レポートの定義が取り入れられているが、なかには、1981年に制定された教育統合改善法（Education Consolidation and Improvement Act）（公法 Public Law 97-35）における連邦政府の定義を採用している州もある。教育統合改善法の定義によれば、ギフティッド児、タレンティッド児は、「知的能力、創造性、芸術、リーダーシップ、あるいは特定の学問領域における高パフォーマンス能力が証明された子どもであり、その才能を十分に伸ばすうえで、通常の学校教育では提供できないサービスや活動を要する子ども」(Sec. 582) とされている。

3　創造性、リーダーシップ、ビジュアル・アーツやパフォーミング・アーツは、ほんの一部の州や自治体を除いて、あるいは、親が特別な機会を探し求める場合を除いて、あまり注目されない。この状況は何十年にもわたり続いており（Cox, Daniel, & Boston, 1985; Fox, 1981参照）、今日に至る（Davis, 2006; Rogers, 2002参照）。

4　概して、ギフティッド児は標準的な子どもと比較すると、運動協調性以外の領域において、発達指標となる行動ができるようになるのが30％早い。Ruf (2005) は、様々な知的レベルのギフティッド児における発達指標となる行動を一覧にしている。

5　Sattler (2001).

6　Bouchard (1984).

7　標準化された個別式知能検査の再検査をすると、通常、子どものおよそ90％のIQ得点は最初の検査得点から10ポイント以内の範囲に入る（Sattler, 2001）。これらの再検査得点は、平均的な範囲内にある子どもについて言えることである。ギフティッド児は

「外れ値」であるため、標準的な子どもの得点ほど安定しない。Clark (2002) は、環境からの刺激が知能の発達に与える影響を調べた研究をまとめている。

8 Matthews & Foster (2005) は、ギフティッドネスの「ミステリー」モデルと「マスタリー」モデルを比較し論じている。より最近の研究（Clark, 2002 参照）では、刺激豊かな活動の結果、脳構造が実際に変化したことが示されている。

9 Piirto (2004).

10 大半の知能検査は、平均が 100、標準偏差が 15 とされている。

11 Cronbach (1990); Gottfredson (1997); Mackintosh (1998); Matarazzo (1972).

12 たとえば、Gardner (1983); Sternberg (1986).

13 知能指数のベルカーブにおける IQ160 周辺の「凸」は、IQ の高い人々が想定以上の割合でいることを示している。ただし、その正確な割合は明らかでなく、さらなる研究が要される。ここに該当する人々は、遺伝的／生物学的に他と異なる可能性がある。

14 Ruf (2005); Webb & Kleine (1993) などでは、知能指数が 160 よりも高い人はベルカーブ上の想定よりも 2 倍以上、180 よりも高い人は 3 倍以上いることを明らかにしている。これらの結果は、あまり知られていないが、当然のことである。Wechsler (1935); Cronbach (1990); Dodrill (1997) などによると、知能指数が「標準的な」滑らかなベルカーブを描くという前提が誤りであるとされている。検査作成者が用いた標準的なサンプルには、ハイリー・ギフティッド者の割合が少なすぎる可能性がある。あるいは、突出をベルカーブという前提に合わせるために（意図的に）取り除き、平滑化曲線を用いている可能性がある。

15 知能検査は、ギフティッド児、特に、ハイリー・ギフティッド児の測定に十分な精度をもっているとはいえない。これは、大学院生を対象として GED (General Education Development) や HiSET (high school equivalency test) など、高等学校卒業程度の試験を実施し、対象者の様々な能力をその得点から判断しようとするのと同様の状況となる。そのテストで大半の対象者が 100 点を取ったとしたら、個々人の特性をどのように判別したらよいのだろうか？　天井効果のために、ギフティッド児は知能指数で表されるよりも聡明であると言うことしかできない。これは、ギフティッド児、タレンティッド児の心理検査を行う者を悩ます問題である (e.g., Ruf, 2005; Silverman & Kearney, 1992)。天井効果に関する詳細は Ruf (2005) を参照のこと。

16 Albert (1991); Ruf (2005).

17 Gagné & St. Père (2002); Sattler (1988); Tannenbaum (1991).

18 National Association for Gifted Children (1998).

19 Rivero (2002); Robinson (2000); Rogers (2002); Silverman (1993); Strip & Hirsch (2000); Winner (1996)［ウィナー, 1998］.

20 Silverman (1997a).

21 Gagné (1991); Roedell, Jackson, & Robinson (1980).

22 Webb & Kleine (1993); Webb et al. (2005)［ウェブら, 2019］.

23 Gardner (1998) は、博物的知能、スピリチュアル知能［自身やものごとの本質を洞察する能力］、実存的知能の可能性を提唱した。

24 ここにあげた知能は Gardner (1983) に基づき引用した。

25 Maker (2005) は、これらの知能を見いだす観察モデルを開発し、「発見モデル (Discover Model)」とよんだ。このモデルでは、子どもが言語、数学、空間、音楽、運動、対人関係、内省知能にかかわる課題に取り組む様子を、訓練された観察者が観察評価する。このモデルを採用している学校区では、このモデルによりさらなるギフティッド児が見いだされると考えられている。ただし、ギフティッド児判定のためにこの方法を進んで用いようとする学校はほとんどない。観察者の訓練には多くの時間と費用を要するためである。

26　残念なことに、これは、親がそのような機会を子どもに与えるだけの余裕がある場合に限られている。社会経済的地位の低い家庭の子どもは、そのような機会が与えられることは滅多にない。

2章

1　ケン・ヴィントン（Ken Vinton）との個人的な話（1993）。

2　このリストは主に Clark (2002); Davis (2006); Webb & Kleine (1993) をもとに作成されたが、実質的には、ギフティッド児やタレンティッド児について書かれた書であればどこにでも同様の内容が記されている。

3　このような狭い興味関心がその子を目立たせ、アスペルガー症候群とよばれる障害の誤診につながることがある。ギフティッド児の特性が障害と誤解されることについての詳細は、Webb et al. (2005) による *Misdiagnosis and Dual Diagnoses of Gifted Children and Adults* を参照のこと［ウェブら, 2019］。

4　カレン・アイザックソン（Karen Isaacson）はその魅力溢れる書 *Raisin' Brains* (2002) のなかで、彼女のギフティッド児がおこなった面白く創造的な実験を紹介している。

5　Isaacson (2002).

6　Ruf (2005).

7　ノーベル賞受賞者に共通する点は「特に自然界の難問を解決する情熱と根気強さ」だと報告された（Gottfried & Gottfried, 2004, p.129）。

8　Ornstein (1997).

9　Goldberg (2001).

10　Ornstein (1997).

11　Lovecky (2004); Silverman (2002); Webb et al. (2005)［ウェブら, 2019］.

12　Silverman (2002) と Davis (2006) に基づき作成した。

13　Mann (2005).

14　過興奮性は、ドンブロフスキの建設的崩壊理論（Theory of Positive Disintegration）のほんの一部の概念である［一般に「積極的分離理論」と言われているが、ドンブロフスキが「それまでの人格の完全な破砕まで含まれる」としているため、本書では「建設的崩壊理論」とした］。過興奮性に関する詳細の参照には、Kitano (1990); Lind (2001); Piechowksi & Colangelo (1984); Tucker & Hafenstein (1997) が非常によい文献である。関連する「建設的崩壊」などの概念も含めたドンブロフスキの理論について網羅されたものとしては、SENG のウェブサイト上にある、シャロン・リンド（Sharon Lind）の "Overexcitability and the Gifted" http://sengifted.org/overexcitability-and-the-gifted/ や Dąbrowski & Piechowski (1977) を参照のこと。

15　今日のギフティッド教育分野の先駆者たちは、高知能のギフティッド児や成人ギフティッドが生来の激しさをもち合わせる傾向が高いために、刺激に対する反応が強いことを経験的に感じている。そして、これが過興奮性と関連づけられている（Bouchet & Falk, 2001; Lind, 2001; Tucker & Hafenstein, 1997; Silverman, 1993）。

16　Meckstroth (1991).

17　Jacobsen (2000).

18　過興奮性に関する記述は、主に Lind (2001) と Piechowski (1991) からのものである。

19　Meckstroth (1991); Webb (2000a, 2000b, 2000c); Webb et al. (1982).

20　Peters (2003).

21　Piechowski (1991, p.287).

22　Webb et al. (1982, p.12).

23　教師であるメイ・シーゴー（May Seagoe）が 1974 年に最初にこれらを一覧にした。現在では広く受け入れられている。

24　Neihart et al.（2002）によると、ギフティッド児は全体でみると確固たる自己概念を形成している傾向が示されている。ただし、なかには社会的・情緒的な悩みを抱えやすいギフティッド児もおり、特にレジリエンスが育っていないギフティッド児にその傾向がみられる。
25　Clark（2002）; Seagoe（1974）を加筆修正した。
26　Fish & Birch（1985）; Ruf（2005）; Tannenbaum & Neuman（1980）; Webb & Kleine（1993）には、定型発達児、ギフティッド児がそれぞれ発達指標に到達する年齢を一覧にしている。
27　Ruf（2005）.
28　Strip and Hirsch（2000）.

3章

1　*The Optimistic Child: A Proven Program to Safeguard Children against Depression and Build Lifelong Resilience*（Seligman, 1996）［セリグマン『つよい子を育てるこころのワクチン』2003］より。この興味深い本は、ギフティッド児の育児に非常に参考になる。
2　2005年にカイザー家族財団が行った全米調査（Rideout, Roberts, & Foehr, 2005）は、2000名を超える小学3～高校3年生を対象としている。そして、児童やティーンエイジャーの間では「オールドメディア」とよばれるテレビ、活字メディア、音楽などに費やす時間が減らないまま、「ニューメディア」とよばれるパソコン、インターネット、テレビゲームの使用時間が増えていることが示された。さらに、複数のメディアを同時並行で使うことが多く（例、テレビを見ながらネットをしている）、その結果、一日あたりメディア使用時間が同じでも、その使用量は増加していることも示された。
3　McPherson, Smith-Lovin, & Brashears（2006）.
4　Sattler（1988; 2001）.
5　Goleman（1995）.
6　Free Spirit Publishing® にある感情ポスターには、60種を超える感情を表すことばとその説明が記されている。（www. Freespirit. com）
7　アドルフ・モーゼー（Adolph Moser）は、特定の感情やその状況に関する子ども向けの素晴らしいシリーズ本を書いている（1991）。以下に、一部タイトルを記す。*Don't Pop Your Cork on Mondays: The Children's Anti-Stress Book*; *Don't Feed the Monster on Tuesdays: The Children's Self-Esteem Book*; *Don't Rant and Rave on Wednesdays: The Children's Anger-Control Book*; *Don't Despair on Thursdays: The Children's Grief-Management Book*; *Don't Tell a Whopper on Fridays: The Children's Truth-Control Book*; *Don't Be a Menace on Sundays: The Children's Anti-Violence Book* である。*Alexander and the Terrible, Horrible, No Good, Very Bad Day*（Viorst, 1987）には、主人公の男の子が自分のネガティブな感情を理解していく話がおもしろおかしく描かれている。Halsted（2002）には、これら以外にも多くの素晴らしい本が紹介されている。
8　Reivich & Shatté（2002）［ライビッチ、シャテー『レジリエンスの教科書』2015］を加筆修正した。
9　Delisle（2006, p.131）.
10　Satir（1988）による造語。Betts & Neihart（1985）は、この方法のギフティッド児への適用について論じている。
11　Iメッセージの手法は、*Parent Effectiveness Training*（2000）［ゴードン『親業』1998］の著者トーマス・ゴードン博士（Dr. Thomas Gordon）により開発された。
12　心理学者のシドニー・ジュラード（Sidney Jourard）は、自己開示が自己開示を引き起こすとした（1971）［ジュラード『透明なる自己』1974］。これが、実際に人々が互いに深く知り合っていくプロセスである。一方が自身のことを少し見せ、もう一方も少し見

せる。そして一方がさらに個人的なことや感情を少し見せ、もう一方が…のように続く。
13 Rimm (1996).

4章

1 小学生の間に意欲の問題が見られるときは、その原因は主にセルフ・コントロールの問題またはしつけの問題にある。意欲はしつけと関連しており、育児の最大の目標は、子ども自身が適切な自発性と自律性を身につけられるようにすることだ。しつけについては5章でとりあげる。
2 Whitney & Hirsch (2007).
3 小学生から高校生までのギフティッド児の少なくとも半数が、主要教科での退屈さを報告している。自分が既に習得してしまった学習内容をクラスメイトが習得するのをただ座って待っていなくてはならないためだ（Gallagher, Harradine, & Coleman, 1997).
4 Reis & McCoach (2004).
5 Whitney & Hirsch (2007) は、ギフティッド児の意欲喪失の理由を詳細に記している。
6 詳細は Rimm (1995) を参照のこと。
7 Kerr (1997).
8 Kerr & Cohn (2001) には、ギフティッドの男子が「ボーイ・コード（Boy Code)」に自分を合わせようとしたときに生じる問題が、マイノリティの子どもに特有の問題も含めて詳細に記されている。
9 Morris (2002).
10 Rimm (1995); Whitmore (1986); Whitney & Hirsch (2007).
11 Reis et al. (1993); Rogers (2002).
12 Marland (1972); Rimm (1997); Rogers (2002).
13 Marland (1972); Reis et al. (1993); Rogers (2002).
14 Bricklin & Bricklin (1967); Clark (2002); Webb et al. (1982); Whitmore (1980); Whitney & Hirsch (2007) に基づき作成した。
15 ギフティッド児の意欲を高めるために、お金、おもちゃ、特権没収などで外発的な動機づけを用いた際に、実際にその子の内発的動機づけが低下することを示した研究がある（e.g.,Gottfried & Gottfried,2004)。
16 Reis & McCoach (2004).
17 Olszewski-Kubilius (2002); Robinson (2000).
18 マズローの理論（Maslow, 1954［マズロー『改訂新版 人間性の心理学』1987], 1971; Maslow & Lowery, 1998）は、特にギフティッド児および成人ギフティッドとの関連性が高いものとして、ギフティッド教育分野の多くの研究に引用されている。
19 Csikszentmihalyi (1990)［チクセントミハイ『フロー体験』1996].
20 Csikszentmihalyi, Rathunde, & Whalen (1993); Robinson (2000).
21 Milgram (1991); Reis & McCoach (2004).
22 Reis & McCoach (2004).
23 Emerick (2004); Reis, Colbert, & Hébert (2005); Rhodes (1994).
24 Betts & Kercher (1999) は、子どもたちが「自律的学習者」になることを促す方法について長年研究している。
25 ギフティッド児の自己概念、学力、創造性の発達における関係性の重要性に光明を投じた有名な研究がある。Paul Torrance (1981) は、ギフティッド教育の先駆者だが、ギフティッド児の人生に特に重要な影響を与える教師の特性を検討した。彼は、卒業後のギフティッド児に、自分の人生を「良い方向に導いてくれた先生」についてインタビューを行った。その結果、教師が何を教えたかということの影響はほとんどなく、教師とその生徒との関係性の影響が大きいことが示された。同様の結果が Emerick (2004)

でも示された。

26 Rimm (1995).

27 Stephen Covey (2004)［コヴィー『7つの習慣』2009］と Sean Covey (1998)［コヴィー『7つの習慣ティーンズ』2002］は、自分が人からどのように見られたいと思っているのか、また、自分の人生や人との関係で何を大切にしたいのかを自覚できるようになるための練習法を提案している。

28 Borba (2001)［ボーバ『道徳の練習帳』2005］; Covey (1998)［コヴィー, 2002］; Covey (2004)［コヴィー, 2009］. これ以外に有用な書籍として、Gary Davis による *Teaching Values* (1996a); *Values are Forever* (1996b); *Values Clarification* (Kirschenbaum, Howe, & Simon, 1995) がある。子どもが自分の価値観を自覚し、目標を設定するのを支援する書籍の改訂版となる。

29 Bloom (1985); Goertzel et al. (2004).

30 Olszewski-Kubilius (2002).

31 Miller (1996)［ミラー『才能ある子のドラマ』1996］; Webb et al. (2005)［ウェブら, 2019］.

32 Roeper (1995, p.149).

33 「成功の連鎖 (successive successes)」は Webb et al. (1982) の *Guiding the Gifted Child* の中で用いられている。心理学用語としては、スキナー (B. F. Skinner) らの「逐次接近法」が馴染み深い。ビジネス業界では、Blanchard & Johnson (1981) の「部下が仕事をうまくやっているところを見つける」に相当する。［ブランチャード、ジョンソン『1分間マネジャー』1983］

34 Reivich & Shatté (2002)［ライビッチ、シャテー, 2015］; Seligman (1996［セリグマン, 2003］; 1998b［セリグマン『オプティミストはなぜ成功するか』2013］).

35 Rimm (1995; 1996; 1997).

5章

1 Bath (1995); Brenner & Fox (1998); Deater-Deckard & Dodge (1997); DeVet (1997); Gershoff (2002); McCord (1998) いずれにおいても、子どもに厳しく一貫性のない罰を与えることと、その後の非行や行動化［通常は望ましくない行動の衝動を自制できずに実際に行動に移してしまうこと］との関連が示されている。

2 McCall, Appelbaum, & Hogarty (1978); Smith & Brooks-Gunn (1997).

3 Leman (2000).

4 Betts & Kercher (1999).

5 Chidekel (2003) は、独裁的な育児スタイルが学習性無力感を引き起こすことを示した。

6 Chidekel (2003).

7 たとえば、McCall et al. (1978) を参照のこと。

8 Glasser & Easley (1998).

9 Glasser & Easley (1998, p.11).

10 Rimm & Lowe (1998).

11 これは、注意欠如・多動症 (ADHD) や注意欠陥障害 (ADD) のあるギフティッド児には一般にあてはまらない。このような子どもには、ほぼすべての行動とやりとりにおいて、非常に明確な制限と想定が必要である。そして、セルフコントロールを身につけるために、ルールを守ったかどうかに伴う結果は即座に一貫して与えられる必要があり、また、何度も繰り返される必要がある。

12 Chidekel (2003, p.155) をもとに作成した。

13 Rimm (1996).

14 ギフティッド児のなかには、短時間睡眠体質の者 (natural short sleepers) や長時間

睡眠体質の者（natural long sleepers）がいる（Webb et al., 2005［ウェブら, 2019］）。

15　子どもの年齢に適したルールをつくったり、独自のしつけの計画をたてるうえでは、以下の書が参考となる。Dr. Thomas Phelan の *1-2-3-Magic*［フェラン『「させる」「やめさせる」しつけの切り札』2003］; Kenneth Kaye の *Family Rules*; Matthew Johnson の *Positive Parenting with a Plan*（*Grades K-12*）; Dr. Sylvia Rimm の *Smart Parenting*。

16　Dreikurs & Soltz (1991)［ドライカース、ソルツ『勇気づけて躾ける』1933］.

17　Coloroso (2002)［コロローソ『子どもの力を引き出すシンプルな習慣』2015］.

18　Ruf (2005) は、様々なレベルのギフティッド児について、その典型的な発達指標を報告している。

19　このアプローチを有効活用する方法についての詳細は、Dreikurs & Grey (1993); Dreikurs & Soltz (1991)［ドライカース、ソルツ, 1993］; Mackenzie (2001); Severe (2003) を参照のこと。いずれも、当然の事態［ドライカース、ソルツ（1993）では「自然な結果」と訳されている］の活用例があげられている。

20　Phelan (2003)［フェラン, 2003］はこの手法を勧めている。

21　「ハエを追い払う」は、Dreikurs & Soltz (1991) *Children: The Challenge*［ドライカース、ソルツ, 1993］での造語。

22　Dreikurs & Soltz (1991)［ドライカース、ソルツ, 1993］.

23　Rimm (1996) を基にした。

24　心理学者のハイム・ギノット（Haim Ginott）は、子どもの自尊感情の発達において、選ぶということの大切さを強調している。また、ほぼあらゆる状況で選択肢があるとも述べている（2003）［ギノット『子どもの話にどんな返事をしてますか？』2005］。

25　Cornell (1983); Rimm (2007).

6章

1　カーとコーン（Kerr & Cohn）は、特に中学校入学に伴う強いピア・プレッシャーについて記している。女子は自分の能力を隠して「レベルダウン」することが珍しくない。男子は「ボーイ・コード」とよばれる男らしさに合わせて強がったり無神経であるように見せたりするようになる。詳細は Kerr (1997); Kerr & Cohn (2001) を参照のこと。Coleman & Cross (2001) も同様に、自分の能力を隠すことについて論じている。

2　子どもだけでなく成人のレジリエンス育成については、Reivich & Shatté (2002)［ライビッチ、シャテー, 2015］が大変参考になる。

3　Hoge & Renzulli (1991).

4　Neihart et al. (2002); Reynolds & Bradley (1983); Scholwinksi & Reynolds (1985).

5　Gross (1993); Neihart et al. (2002); Silverman (1993); Webb et al. (2005)［ウェブら, 2019］.

6　気質研究は、Guerin, Gottfried, Oliver, & Thomas (2003) のフラートン縦断研究にまとめられている。この研究では、健康な 1 歳児 130 名を 17 歳まで追跡し、19 回の臨床検査、3 回――乳児期、就学前期、中学生の時期――の家庭訪問を実施した。同じ被験者の研究から、ギフティッド児の早期の IQ 発達に関する基礎的な縦断研究がなされた（Gottfried et al., 1994）。

7　Neihart (1999).

8　より詳細は、伝統を打ち破ることに触れている「価値観、慣習、独自性」の章［10 章］を参照のこと。慣例にとらわれない行動には、周囲の不快感が伴う。

9　そのような子どものなかには、ADHD、アスペルガー症候群、強迫症、双極性障害、抑うつ障害などに誤診される子どもがいる（Webb et al., 2005）［ウェブら, 2019］。

10　Hollingworth (1975, p.13).

11　成人ギフティッドもまた、必ずしも判断力に優れているわけではない。Sternberg

(2002) には、多くの科学者、政治家などが多くの場面で知的能力よりも判断力がずっと遅れていることが示されている。

12 Baum & Owen (2004).

13 『遠い空の向こうに』*October Sky*、『グッド・ウィル・ハンティング／旅立ち』*Good Will Hunting*、『小説家を見つけたら』*Finding Forrester*、『リトルマン・テイト』*Little Man Tate* などの映画には、このタイプの非同期発達が鋭く描かれている。

14 Ruff (2005) は、これらの問題が、その子の知的能力レベルや、教育環境がどの程度その子に合っているかによって変わることを示している。

15 Schuler (2002) は、健全な完璧主義と不健全な完璧主義との違いを明示している。

16 Neihart は、2006 年 Montana AGATE conference にて、このアナロジーを用いた。

17 この数値は Adderholdt & Goldberg (1999); Kerr (1991); Silverman (1993) など多くの専門家により算出されている。これは「不健全な完璧主義者」(Parker & Mills, 1996) とよばれ、強迫症の指標と考える医療関係者もいる。

18 これは「自己志向的完璧主義者 (self-oriented perfectionists)」とよばれる。Hewitt & Flett (1991b); Neumeister (2004) を参照のこと。

19 Seligman (1995) は多くの関連研究をまとめている。Neihart et al. (2002) も参考になる。

20 これらの子どものなかには、アスペルガー症候群と誤診される子どももいる。つまり、共感性の欠如、秩序を求める・頑固・事実や詳細志向、状況や生活へのまじめで堅い構えという特性がみられる。

21 Neumeister (2004).

22 Kaufman (1981) によるプレジデンシャル・スカラーズ (Presidential Scholars) ——高達成者だがおそらくオーバーアチーバーではない——の研究がこのポイントを示している。これらの聡明であるか、もしくは適応のよい大学生は、受賞したり周囲から認められることが当たり前のようになり、就職後にそれまでほど人から認められる機会がなくなると、当惑したりフラストレーションを感じることが多かった。

23 Csikszentmihalyi (1990)［チクセントミハイ, 1996］.

24 Goertzel et al. (2004).

25 Maddi, Bartone, & Puccetti (1987).

26 MacKinnon (1978, p. 171).

27 Olszewksi-Kubilius (2002).

28 Galbraith & Delisle (1996).

29 1950 年代に、心理学者のアルバート・エリス (Albert Ellis) は、「論理療法 (Rational-Emotive Therapy)」を開発した。そこでは、「セルフトーク」が、悲嘆を引き起こすような不健全な思考の鍵となる概念だと明確に述べられている。彼の理論は、Ellis & Harper (1979)［エリス、ハーパー『論理療法』1981］に記されている。

30 ヴィクトール・フランクルは自身の経験からロゴセラピーとよばれる心理療法を開発した。また、自身の経験に基づいたいくつかの書籍も出版されている。その中の 2 冊、*Man's Search for Meaning* (1997)［フランクル『新版 夜と霧』2002］、*Man's Search for Ultimate Meaning* (2000)［フランクル『人間とは何か』2011］は、いずれも世のなかで起こるできごとのとらえかたの重要性を論じている。

31 セルフトークは、脳内の「実行機能」とよばれるもの——つまり、先を見通して計画をたて、自分の行動が引き起こすであろう結果を見積もる力——の鍵となる要素だ。

32 Silverman (1993); Whitney & Hirsch (2007).

33 Whitney & Hirsch (2007).

34 Delisle (1992); Ellis & Harper (1979)［エリス、ハーパー, 1981］.

35 セルフトークや不合理な信念、それらのマネジメント方法についてのさらなる詳細は、

Dryden & Hill (1992); Ellis & Harper (1979)［エリス、ハーパー, 1981］; Albert Ellis Institute (www.rebt.org) を参照のこと。
36 米国心理学会元会長のセリグマン (Seligman) は、人間の心理・行動特性で、変えうるものと遺伝的に決められているものに関する研究をまとめた (1995)。
37 Seligman (1995) による *What You Can Change—And What You Can't* は、このことに関する研究をまとめた素晴らしい書だ。
38 Miller (1996)［ミラー, 1996］は、聡明な子どもの親がどれほど過剰に巻き込まれやすいか、また、ときに子どもの人生を通して自分の人生を生きなおすことすらあることを痛烈に述べている。
39 このアプローチの詳細は Reivich & Shatté (2002)［ライビッチ、シャテー, 2015］に記されている。
40 アルバート・エリス (Albert Ellis) により開発された論理療法のなかで「自滅的」が用いられた。
41 Hébert (1995) と Hébert & Kent (2000) には、ギフティッド児への読書療法について解説がなされている。
42 Halsted (2002) は、司書とギフティッド専門家の立場から、ギフティッド児の知的、社会・情緒的発達への読書の重要性を強調している。彼女の書は、ギフティッド児にとっての読書について書かれているとともに、300 冊近くの書籍の要約と、K-12 の読みレベルごと、テーマごとの索引が記されている。
43 これらの書の著者は以下の通り。Galbraith & Delisle (1996); Galbraith (1984); Adderholdt & Goldberg (1999); Greenspon (2001); Coloroso (2004)［コロローソ『いじめの根を絶ち子どもを守るガイド』2006］; Kaufman, Raphael, & Espeland (1999)［カウフマンら『強い自分になる方法』2005］.
44 Hébert & Neumeister (2002).
45 Progoff (1992).
46 Miriam Adderholdt & Jan Goldberg (1999) は、著書 *Perfectionism: What's Bad about Being Too Good* のなかで、最初はうまくいかない状況にあったが、それに耐え、後に成功、卓越するまでに至った多くの著名人を挙げている。
47 Goertzel et al. (2004).
48 Jones (1994)［ジョーンズ『間違いを活かす発想法』1997］; Panati (1987)［パナティ『物事のはじまりハ？』1998］.
49 Peterson & Ray (2006) は、全国規模の調査を行い、中学 2 年生の半数近くがいじめを受け、11% が繰り返しいじめを受けていることを示した。
50 “hungry, angry, lonely, tired” の頭文字を集めた HALT は、アルコホーリクス・アノニマスにおいて、自身が再び飲酒に「転がり落ちる」ようなトリガーとなる状況に目を向ける方法として長年用いられている。独自に頭文字を組み合わせた「シグナルワード」をつくっている家庭もある。
51 ギフティッド児の反応性低血糖症についての詳細は、Webb et al. (2005)［ウェブら, 2019］を参照のこと。
52 Seligman (1996)［セリグマン, 2003］; Reivich & Shatté (2002)［ライビッチ、シャテー, 2015］を参照のこと。
53 精神科医でありハーバード大学医科大学院の教授でもあるヴァイラント (Vaillant, 1995; 2002) は、824 名を 50 年以上追跡した 3 つの社会学的研究プロジェクト——白人男性を対象とした Harvard Grant study、非行歴のない男性を対象とした Inner City study、ギフティッド女性を対象とした Terman women study で、それぞれ 1921 年、1930 年、1911 年に調査が開始された——の青年期〜高齢期までのデータを分析した。これら 3 つの研究において、定期的に被験者へのインタビューが実施された。その結果、

身体的・心理的に健康に加齢できるかどうかは、タバコやアルコールの乱用がないこと、適応的なコーピングスキルがあること、適度な運動による健康体重の維持、愛し合う関係（大半は結婚）、教育歴の影響を受けることが示された。代々の寿命、親の特性、小児期の気質など、変えることのできない要因は予測要因とはならなかった。より詳細は Vaillant (2002)［ヴァイラント『50歳までに「生き生きした老い」を手に入れる』2008］を参照のこと。

54　Martin Seligman (1996)［セリグマン, 2003］と彼の同僚は、子どものレジリエンスを高め、ストレスへのよりよい対処ができるようになるプログラムを開発した。

55　Colangelo & Davis (1997); Silverman (1993); Webb (1993).

7章

1　Shenk (2005) には、エイブラハム・リンカーンがうつをばねとして断固とした決意と信念をもつに至った様子が書かれている。

2　Cross-National Collaborative Group (1992).

3　10～13歳の子どもを対象とした研究では、うつの発症率は2～9%だった。14～16歳の青年を対象とした場合、女子の15%が重いうつにあるのに対し、男子のうつは8～9%にとどまった (Costello, 1989; Lewinsohn, Hops, Roberts, Seeley, & Andrews, 1993)。

4　自殺のリスクが最も高いのは白人男性だが、若い黒人男性の自殺率も急増している。15～19歳のアフリカ系アメリカ人男性の自殺率は、1980～1992年にかけて165%増加した。自殺は、15～24歳の米国人の死亡原因の第3位とされている (National Center for Disease Control and Prevention, 1997)。詳細は、American Academy of Child and Adolescent Psychiatry (1997); Costello (1989); Lewinsohn et al. (1993) を参照のこと。

5　Pelkonen & Marttunen (2003).

6　National Center for Disease Control and Prevention (2006).

7　たとえば、Blatt (1995); Delisle (1986); Kaiser & Berndt (1985); Piechowski (1979) を参照のこと。Neihart et al. (2002) には研究がよくまとめられている。

8　たとえば、Cross (1996; 2005); Gust-Brey & Cross (1998) がある。

9　そのような子どもは、ギフティッド・プログラムに推薦されるということ自体、学校で適応できているということになる。そして必然的に、大半の面で、社会的・情緒的に深刻な問題はないということになる。

10　Neihart (1999).

11　Baker (2004).

12　研究年報のコピーは www.whoswho-highschool.com からダウンロードできる［現在は閲覧不可］。

13　Davidson & Linnoila (1991).

14　Kerr (1991); Piirto (2004); Silverman (1993).

15　Jamison (1995); Ludwig (1995); Piirto (2004).

16　Neihart (1999).

17　「学習性無力感」は、心理学者のマーティン・セリグマン (Martin Seligman, 1996) がつくった概念で、もともとは犬を被験者とした研究に基づいている。それが後に人間にも適用され、行動を起こせば改善できる可能性があっても無力感に陥る状況を記した。

18　Rogers (2002) と Ruff (2005) は、子どもに合う教育プログラムの重要性を論じ、ギフティッド児に適切な教育計画を作る方法を記している。

19　Dweck & Licht (1980).

20　このことが、成人男性と女性は全般的な楽観性では共通していても、特定の領域での

楽観性が大きく異なる所以かもしれない。成人男性は仕事について楽観的だ。つまり、仕事での失敗や問題を一時的なもの、特定の状況に限定されたもの、自身の根本的な欠点ではないものと捉える。ところが、人間関係上の問題には悲観的で、長期的あるいは永続的なもの、状況によらないもの、個人の欠点によるものとみなす。成人女性はこの逆で、人間関係上の問題には楽観的で業績には悲観的だ（Seligman, 1996［セリグマン, 2003］）。

21　思春期にかけて、うつの発症率は着実に増加する（Seligman, 1996［セリグマン, 2003］）。

22　American Psychiatric Association (2000).

23　男児と女児のうつ症状の違いについては、Kerr (1997); Kerr & Cohn (2001) が大変参考になる。少し専門的だが参考になるものとして Ilardi, Craighead,& Evans (1997) がある。

24　薬物やアルコールはそれ自体で抑制剤となり、思考を不明瞭にし、たいてい、うつを悪化させる（American Institute of PreventiveMedicine, 2005）。

25　Seligman (1998b)［セリグマン, 2013］.

26　Evans (2004).

27　Carver & Scheier (1999); Seligman (1998b［セリグマン, 2013］; 2002).

28　Plomin (2004).

29　Seligman (1996)［セリグマン, 2003］.

30　11歳になる前に母親と死別した場合、その後の人生でうつになるリスクが高まった。父親との死別にはこの傾向は見られなかった（Seligman, 1996）［セリグマン, 2003］。

31　U.S. Census Bureau (2001).

32　この問題傾向は Pipher (2000)［パイファー『アナザー・カントリー』2000］に雄弁に語られている。

33　社会的孤立が増加し支援ネットワークが減っている（McPherson et al., 2006）。コミュニティの結束と分裂がメンタルヘルスに影響を及ぼすことが、正式な研究で示されている（ Egeland & Hostetter, 1983 など）。離婚や両親の不仲が子どもに不安定感をもたらし、後のうつにつながることを示した研究もある（Nolen-Hoeksema, Girgus, & Seligman, 1986; 1992）。

34　Seligman (1996, p.27)［セリグマン, 2003, p.18。ただし本書では Webb et al. (2007) の原文に沿って訳出した］.

35　Viorst (1998, p.5).

36　Delisle (2006, p.88).

37　Delisle (2006, p.124).

38　たとえば、Hewitt & Flett (1991a); Whitmore (1980).

39　Baum & Owen (2004); Baum,Owen,& Dixon (1991); Hayes & Sloat (1990); Webb et al. (2005)［ウェブら, 2019］.

40　Winner (1996)［ウィナー, 1996］と Silverman (1993) によれば、ギフティッド児や成人ギフティッド――特にハイリー・ギフティッド――に占める内向型の割合は、一般人口に占める内向型の割合よりも高い。内向型の人々はひとりで過ごす時間に充電するのに対し、外向型の人々は人と一緒に過ごすことで充電、リフレッシュする傾向がある。内向気質は、うつの診断やギフティッド児への対応を難しくする要因となる。

41　Bloom (1985); Goertzel et al. (2004); Kerr (1997).

42　Delisle (2006, p.15).

43　実存的問題について、心理学、精神医学的見地から書かれたものとして、Cooper (2003); May (1994); Van Deurzen (2002); Webb (1999), Yalom & Yalom (1998) がある。

44　実存的うつについて書かれたものは多くある――Albert Camus, Viktor Frankl, Rollo

May, Jean Paul Sartre, Irving Yalom など――が、それをギフティッド児や成人ギフティッドと関連づけたものはほとんどない。実存的うつは IQ が 160 以上の子どもや青年に非常に多く見られることを記したものはさらに少ない。ギフティッドの要素は大半の実存的うつの核となる部分であるにもかかわらず、見落とされることが多い。

45　うつになりやすい子どもは、人との関係に消極的で引きこもりがちなことが多い。このような特性により、人からつけこまれやすい。ただし、自分の欲しいものがすぐに得られないと爆発するようないじめっ子になる子どももいる。

46　Seligman (1996)［セリグマン, 2003］.

47　これらの基本的指針は Hayes & Sloat (1990) より引用した。

48　この点について、ヴィオースト（Viorst, 1998）が名著 *Necessary Losses* の中で指摘している。

49　Delisle (1986, p.560)

8章

1　複式学級制（例えば、1年生と2年生、3年生と4年生を合わせる）をとる学校は少ない。その子のレディネスに応じて学習を先へ進めることのできる学校はさらに少ない。モンテッソーリ式の学校は、通常、その子のレディネスに応じて先に進むことができるようになっている［米国の場合］。ただし、それでもやはり、わずかながらも体制が存在し、ギフティッド児の適応が難しい場合がある。

2　子どもの早期入学や飛び級を希望する親は、説得力があるが間違っているアドバイスを受けることが多い。多くの親や教師は早修や早期入学に反対するが、研究ではその効果が広く支持されている。これまでの研究の概要と早修の方法については、Assouline et al. (2003) による「アイオワ早修マニュアル」(*Iowa Acceleration Scale Manual*) に記されている。より詳細な情報は、www.nationdeceived.org から、*A Nation Deceived* の無料コピーがダウンロードできる［英文］。そこでは、早修の意義、飛び級や特定教科の早修など、その有効性が支持されている様々な早修形態について報告されている。

3　Goertzel et al. (2004).

4　Ciarrochi, Forgas, & Mayer (2001)［チャロキーら『エモーショナル・インテリジェンス』2005］と Goleman (1995)［ゴールマン『EQ こころの知能指数』1996］参照のこと。

5　Silverman (1993); Winner (1996)［ウィナー, 1996］.

6　Halsted (2002).

7　Kerr (1997).

8　Webb et al. (1982, p.147).

9　匿名での個人的な情報（2006).

10　4歳から12歳までの友だちのつくり方についての詳細は Frankel (1996) を、もう少し小さい子どもについては Brown & Brown (2001) を参照のこと。

11　Galbraith (1983, p.83).

12　Galbraith (1983, p.83).

13　Kerr & Cohn (2001, p.137).

14　American Association for Gifted Children (1978, p.20)

15　匿名での個人的な情報（2006).

16　Kerr (1997).

17　Kerr & Cohn (2001).

18　男子女子共に、仲間内で価値あるとされるものに学業成績は含まれないということに注目してほしい。我々の文化が非常に多くのギフティッド児（男子も女子も）の学業不振をつくりあげているということが確かにいえるだろう。学校も大学もこのことに気づきはじめ、女子や女性が数学や科学の学びを深めることのできるような特別プログラム

や、マイノリティの生徒たちが大学に行けるようなプログラムを開発している。ただし、これらのプログラムにおいても、ギフティッド児は日常的にピア・プレッシャーを受けている。

19 Simpson & Kaufmann (1981).

20 Schutz (1958) の理論に基づいたもの。FIRO-B テストの結果は、自分自身のことや、人とよりよく働くためにどうすべきかの理解を促すために、ビジネス業界で最も広く用いられているものの一つである。

21 Coloroso (2004) [コロローソ, 2006]; Kaufman et al., (1999) [カウフマンら, 2005]; Paterson (2000) に多くの実用的ヒントが記載されている。

22 12歳以上の子どものためになるプログラムとして、Karnes & Chauvin (2000) の *Leadership Development Program* がある。

23 このビネットは Rimm (2007) より引用した。

24 Viorst (1988) と Shanley (1993) によるこれらの書籍は、文献一覧に掲載する。

25 Halsted (2002).

26 SENG Model 親支援グループ (DeVries & Webb, 2007) は、ギフティッド児の親が、育児の様々な選択肢についての情報を得ながら支えられているという気持ちになれるような、素晴らしい場を提供している。同様に、ギフティッド児の特性を知っている祖父母もまた、親のギフティッド児理解を促したり親に安心感を与えることができる (Webb, Gore, Karnes, & McDaniel, 2004)。

9章

1 Rimm (2007).

2 Faber & Mazlish (1988, p.29) [フェイバ、マズリッシュ『憎しみの残らないきょうだいゲンカの対処法』1998].

3 Leman (2004).

4 Gross (1993).

5 Silverman (1988) によると、ギフティッド児のきょうだいの約3分の1が、互いのIQ得点の差が5ポイント以内で、約3分の2が10ポイント以内である。

6 Dreikurs & Soltz (1991) [ドライカース、ソルツ, 1993].

7 Rimm & Lowe (1998).

8 このエクササイズは Faber & Mazlish (1988) [フェイバ、マズリッシュ, 1998] に基づいている。

9 心理学者のアルフレッド・アドラー (Alfred Adler) は、このような信念を「ライフスタイル」とよんだ。「ライフスタイル」は幼児期から形成され始める。この信念は成人期になっても役立つものもあれば、「誰も信じられない」のように人間関係の妨げとなるものもある。ライフスタイルの信念は世のなかについての非常に限られた経験に基づいて形成されるため、「誤信念」となることもある。この誤信念も人の行動に影響する。

10 Faber & Mazlish (1988, p.78) [フェイバ、マズリッシュ, 1998].

11 このアクティビティは Faber & Mazlish (1988) [フェイバ、マズリッシュ, 1998] による。

12 Faber & Mazlish (1988, p.80) [フェイバ、マズリッシュ, 1998].

13 Faber & Mazlish (1988, pp.44-45) [フェイバ、マズリッシュ, 1998] に基づいている。

10章

1 中世、またそれ以前でも遺書が書かれていた。これは、具体的な資産の処分のしかたを指示するだけでなく、我が子や子孫に代々受け継がれるような倫理的宗教的な教示も含まれていた。このような倫理的な遺書は「倫理遺言」とよばれ、今日も受け継いでい

る家庭がある。倫理的遺言はその家庭に価値ある貢献をしていると考えられる。それは、複数世代が合同で書くこともある。より詳細は Baines (2001) が素晴らしい。

2 Kerr & Cohn (2001) は、我々の社会が多くの通過儀礼をなくしてきたこと、その結果、聡明な子どもたちが成長するに伴い、世界はより一層複雑なものになることを指摘している。子どもたちは仲間との一体感を得るために独自の通過儀礼や儀式をつくりあげてその埋め合わせをするが、その集団はギャングであることが多い。

3 Bombeck (1988).

4 コールバーグ (Kohlberg) の理論は 1964 年に出され、今日に至るまで最も影響力のある理論の一つとなっている。ただし、キャロル・ギリガン (Carol Gilligan) は、コールバーグの理論は男性のみに基づいた理論であり、女性の道徳性の発達にはあてはまらないとしてその理論を批判した。Gilligan (1993) [ギリガン『もうひとつの声』1986] は、女性は規範に基づくのではなく「ケアの倫理」に基づいてどうすべきかを判断することが多いこと、最高段階では、自分や他者を傷つけないことが重視されることを示した。

5 Gross (1993) は、オーストラリアでの研究対象となったエクセプショナリー・ギフティッド児の大半が同様に高レベルの道徳性を示すことを明らかにした。

6 Kohlberg (1964) に基づいて作成した。

7 この引用文はマーク・トゥエイン (Mark Twain) が 1937 年 9 月に Reader's Digest のなかで述べたことに基づいている。

8 Webb et al. (1982, p.178).

11 章

1 U.S. Census Bureau (2001).

2 大変参考になる資料として、Wallerstein, Lewis, & Blakeslee (2001) による *The Unexpected Legacy of Divorce* [ウォラースタインら『それでも僕らは生きていく』2001] と Kalter (2005) による *Growing Up with Divorce* がある。

3 Covey (2004) [コヴィー, 2009].

4 心をかき乱すようなニュース番組について子どもと話すとよいだろう。子どもが何らかの支援を実際にしたがるようなときもある。積極的にその分野で支援活動をしている慈善団体に寄付することなどで、その子の統制感がある程度高められるだろう。

5 Ginott (2003) [ギノット, 2005].

6 祖父母は親に育児休憩を与えるだけでなく、子どもに貴重な知恵、視点、スペシャルタイムを与えられる。Webb et al. (2004) を参照のこと。

7 Roeper (1995, p.149).

8 Miller (1996) [ミラー, 1996] は、自身の臨床診療で見られた纏綿のパターンを記している。

9 Bloom (1985); Goertzel et al. (2004); Winner (1996) [ウィナー, 1998] はいずれも多くの例をあげている。

10 Goertzel et al. (2004); Bloom (1985).

11 Ruf (2005) は関連する多くの例を記している。

12 Viorst (1998) は、喪失と後に続く新たな機会の必要性、安心感を与えることの必要性について、説得力をもって説明している。

13 Rimm & Lowe (1998).

14 Nugent (1991); Radin (1994).

15 Rimm & Lowe (1998).

16 たとえば、Jacobsen (2000) と Streznewski (1999) を参照のこと。

12章

1　Robinson (2006).

2　障害のあるギフティッド児は12万～18万人（Davis & Rimm, 1994）、さらに54万人（Minner, 1990）とも推定されている。

3　Webb et al. (2005)［ウェブら, 2019］.

4　Eide & Eide (2006a, p.241).

5　詳細はWebb & Dietrich (2006); Eide & Eide (2006a) を参照のこと。

6　あなたの子どもがこのような状況にあれば、是非、*Misdiagnosis and Dual Diagnoses of Gifted Children and Adults* (Webb et al., 2005)［ウェブら, 2019]; *Different Minds* (Lovecky, 2004); *2e—The Twice-Exceptional Newsletter* を参考にしてほしい。本書の最後に多くの参考資料を掲載している［「文献」の最後に「おすすめ書籍」として邦訳のあるもののみ掲載した］。

7　Brody & Mills (1997).

8　Robinson & Olszewski-Kubilius (1996).

9　Kay (2000) やEide & Eide (2006a) を参照のこと。

10　公法94-142は、学習障害の支援を受ける子どもの基準を定めた連邦指令だが、2つの基準を設けている。(1) 全検査IQの標準化得点よりも1.5標準偏差以上成績が低い場合、あるいは (2) 当該学年よりも成績が2学年以上低い場合。これは一般に「乖離モデル」とみなされる。米国内で学習障害の支援を受けられることになった子どもの大半が、知的にギフティッドであるなしにかかわらず小学3年生以降になるまで学習障害とみなされないのも当然だろう。小学1、2年生では、2学年よりも低い得点を取ることはできない。また、3年生になるまで知能検査や学力検査を受けることは滅多にない。

11　2005年に、連邦IDEA法（障害者教育法：Individuals with Disabilities Education Act）の改訂版が採択されたが、学習障害の判定や特に2Eの子どもたちにかかわる改定は未だ見られない。そのため、本書の発行時点［2007年］では、州や学校レベルでの特定の判定基準はまだ法として定められていない。

12　通常、心理士は最初に言語性IQと動作性IQの差を確認するように教わる。その差が20ポイントよりも大きければその乖離には学習障害がかかわっている疑いがあると指導される。その後、言語性IQと動作性IQそれぞれの下位尺度間の得点のばらつきを確認し、それが大きければ、限局性学習障害が疑われる。ただし、学習障害児を対象とした研究でこのアプローチは支持されなかった（Sattler, 2001）。学習障害児は非常に多様なため、特徴的パターンがわからなかったのだ。さらに、知能検査の課題の大半が頭頂葉の機能を測定しているため、所定の心理教育アセスメントでは前頭葉や側頭葉の機能障害が見落とされることが多い（Spreen, Risser, & Edgell, 1995）。行動、情動、認知機能を規定する脳機能のすべての要素の正確な測定は、その訓練を積んだ人が検査をしないと無理だろう。そして、その訓練は、学校心理士の標準的なカリキュラムには含まれていない。

13　たとえば、Robinson & Oszewski-Kubilius (1996); Silverman (1997a) を参照のこと。

14　Silver & Clampit (1990); Sweetland, Reina, & Tatti (2006) を参照のこと。

15　Webb & Dyer (1993) による大規模調査研究によると、ギフティッド児の言語性IQと動作性IQには大きな開きがある――あるケースでは45ポイントもあった――が、いずれの神経学的、心理学的問題とも関連が見られなかった。全検査IQが130～144の年少ギフティッド児（10歳以下）の50％が、ひとつかそれ以上の下位検査で上限得点に達していた。全検査IQが145以上の場合、年少ギフティッド児の77％が、10の下位検査のうち4つ以上で上限得点に達していた。年長ギフティッド児では80％が10の下位検査のうち3つ以上で上限得点に達していた。Kaplan (1992) も、WPPSI-Rを用いて年少の高IQ児に同様の天井効果と下位検査間のばらつきを見いだした。Brown &

Yakimowski (1987); Malone, Brounstein, von Brock, & Shaywitz (1991); Sattler (2001); Wilkinson (1993) も参照のこと。

16 Fox, Brody, & Tobin (1983); Hishinuma (1993); Mendaglio (1993); Olenchak (1994); Schiff, Kaufman, & Kaufman (1981) を参照のこと。

17 Lovecky (2004); Maxwell (1998); Rourke (1989); Silverman (2002) を参照のこと。

18 プロソディ障害は、微妙なリズムやイントネーションなど、音声の調子の認識に対する困難を示す。微妙な表情やジェスチャーなど、コミュニケーション上の非言語的な側面を読み取ることの困難を含める専門家もいる。

19 Rourke (1989).

20 Shaywitz (2003) ［シェイウィッツ『読み書き障害「ディスレクシア」のすべて』2006］.

21 Eide & Eide (2006a) を参照のこと。

22 Eide & Eide (2006b) を参照のこと。

23 Goldstein & McNeil (2004) を参照のこと。

24 Lind (2001); Tucker & Hafenstein (1997).

25 感覚統合障害についての詳細は Kranowitz (1998) ［クラノウィッツ『でこぼこした発達の子どもたち』2011］を参照のこと。

26 生の視覚情報を何らかの意味のあるものに変換することに特異的な脳の領域がある。脳が意味のある情報に変換して初めて無意味な記号が意味をもつ。これはちょうど、コンピュータがデータを最初に一連の 0,1 データとして符号化するのと同じだ。このメタファーを拡大すると、感覚統合障害の子どもは、眼、耳、皮膚から伝えられる生の二値データを意味のある全体へと変換することに困難があると考えられる。よって情報は不完全な状態のままとなり、必然的にフラストレーションが引き起こされる。

27 Eide & Eide (2006a).

28 脳腫瘍の頭蓋照射を受けた子どもは不注意の問題をもち、全般的な認知機能の低下が 5 年間ほど続く。全米で有名な小児がんセンターのなかには、神経心理学者と共同してリハビリテーション・プログラムやリハビリテーション方法を開発しているところもある。専門性の高い神経心理学者が実施する同様のプログラムでも、不注意の問題や特異的な認知的欠陥のある子どもの支援ができるだろう。

29 大半のリハビリテーション・プログラムは 20 のセッションから構成され、部分的に医療保険が適用される［米国の場合］。通常、単純な注意と抑制を混ぜた課題から成り、その難易度が徐々に上がる。

30 Brown (2000) を参照のこと。

31 Furman (2005). 学齢期の ADD/ADHD の有病率は、男女合わせて 2% とする研究結果がある (e.g., Lahey, Miller, Gordon,& Riley, 1999)。米国精神医学会 (2000) の DSM によると、学齢期の ADD/ADHD 有病率は 3 〜 7% とされ、男児の方が有病率が高いとされている。

32 Ghodse (1999); Olfson, Marcus,Wiessman, & Jensen (2002) を参照のこと。

33 Guenther (1995); Hartnett, Nelson, & Rinn (2004); Leroux & Levitt-Perlman (2000) を参照のこと。

34 American Psychiatric Association (2000, p. 91) ［米国精神医学会『DSM-IV-TR 精神疾患の診断・統計マニュアル』2004, p.101］.

35 Kaufmann, Kalbfleisch,& Castellanos (2000) は、研究がほとんどなされていないことを指摘している。ただし、Goerss, Amend, Webb, Webb, & Beljan (2006) は、ギフティッド児が誤診されていることを裏付ける膨大な事例研究があると指摘している。

36 Baum & Olenchak (2002); Baum,Olenchak,& Owen (1998); Cramond (1995); Freed & Parsons (1997); Lawler (2000); Lind (1993); Silverman (1998); Tucker & Hafenstein (1997); Webb (2001); Webb & Latimer (1993); Webb et al. (2005) ［ウェブら, 2019］参照

のこと。
37　American Psychiatric Association (2000) [米国精神医学会, 2004].
38　Barkley (1990).
39　Barkley (1990).
40　Clark (1991); Webb et al. (1982; 2005 [ウェブら, 2019]). 興味深いことに、約20%のギフティッド児が他の多くの子どもよりもかなり多くの睡眠を必要としているようだ。
41　Moon, Zentall, Grskovic, Hall, & Stormont-Spurgin (2001).
42　Moon (2002); Webb et al. (2005) [ウェブら, 2019].
43　Kaufmann et al. (2000).
44　Cramond (1995); Piechowski (1997); Silverman (1993, 1998).
45　Barkley (1997).
46　Lind (1996).
47　Lovecky (2004) や Wing (1981) などを参照のこと。
48　アスペルガー障害 (Asperger's Disorder) はアスペルガー症候群 (Asperger's Syndrome) とよばれることが多いが、もともとは1944年オーストリアの小児科医であるハンス・アスペルガー (Hans Asperger) により発見された。
49　American Psychiatric Association (2000, p.80) [米国精神医学会, 2004, p.91].
50　アスペルガー症候群の人はプロソディにかかわる能力に困難を示す。つまり、声のトーン、アクセント、変調により伝えられるものの理解に非常な困難を示す。また、人とのやりとりの中で、表情、ジェスチャー、姿勢から発せられるニュアンスの理解にも困難を示す。
51　強迫観念的あるいは衝動強迫的に見える行動は、強迫症や強迫性パーソナリティ障害の行動とは通常異なる。アスペルガー症候群の場合、そのような行動ができなくてもそれほど辛いとは感じない。
52　Amend (2003); Neihart (2000).
53　Grandin (1996) [グランディン『自閉症の才能開発』1997]; Ledgin (2000, 2002).
54　ギフティッド児とアスペルガー症候群児とを識別する方法や基準が Webb et al. (2005) [ウェブら, 2019] に記されている。
55　Klin, Volkmarr, & Sparrow (2000); Lovecky (2004).
56　Neihart (2000).
57　Neihart (2000).

13章

1　Coleman & Cross (2001) は、*Being Gifted in School* のなかでギフティッド児は「表面的な連続性」を保つように、ある状況での自分の情報や反応を制御していることを記した。自身の才能を見せることを選ぶ子どももいれば、隠す方がよいと考える子どももいる。
2　Drews (1969) はギフティッド児を、社会的なリーダー、成績優秀者、体制に従わない反逆児、創造的知識人の4つに分類した。前者2つは教師に最も高く評価され、ギフティッド・プログラムに推薦されることの最も多いタイプで、後者2つは、たいてい同級生の人気者となる。
3　小児科医のメル・レヴィーン (Mel Levine) は、「すべての種類の心 (All Kinds of Minds)」というプログラムの中で、様々な学習スタイルを広く考慮する必要性を説いた。詳細は Levine (2002) [レヴィーン『ひとりひとりこころを育てる』2003] を参照のこと。
4　Silverman (2002).
5　この例が最初に記されたのは Webb et al. (1982).

6　Rivero (2002); Roedell, Jackson, & Robinson (1980); Rogers (2002); Silverman (1993); Strip & Hirsch (2000); Webb & Kleine (1993); Webb et al. (2005)［ウェブら, 2019］; Winner (1996)［ウィナー, 1998］.

7　このようなケースでは、高い方の得点に基づいてギフティッド・プログラムへの所属を許可すべきだ。このような子どもは、通常、当初は遅れている領域もすぐに追いつく。

8　Ford (1994); Frasier, Garcia,& Passow (1995); Robinson, Lanzi,Weinberg, Raimey, & Raimey (2004); Slocumb (2000).

9　Goertzel et al. (2004); Piirto (2004); Tannenbaum (1991).

10　Callahan, Hunsaker, Adams, Moore, & Bland (1995).

11　U.S. Department of Education (1993).

12　National Association for Gifted Children (1998).

13　Siegle & Powell (2004).

14　Baldwin (1962); Cornish (1968); Gear (1976, 1978); Jacobs (1971); Pegnato & Birch (1959); Wilson (1963). より最近の研究では、Archambault et al. (1993) により、通常の3、4年生の学級担任の約40％が、自分のクラスにはギフティッド児はいないと考えていると報告していることが示された。

15　マーランド・レポート（Marland Report, 1972）によると、ハイリー・ギフティッド児の約25％が教師推薦から漏れている可能性があるとされている。また、早期の研究によると、教師から知的ギフティッドと判定された生徒の10％が実際はギフティッドではなかったことが示されている（Jacobs, 1971)。

16　Clark (2002); Siegle & Powell (2004).

17　検査得点はスタナイン（stanines）として報告されることがある。（すなわち、「スタンダード・ナイン」で、正規曲線が9つの部分に分けられ、1～9の番号が振られる。）最も高い得点――標準化得点が9――は96パーセンタイルとほぼ同等であることを意味する。スタナインは教育の場で広く用いられているが、重大な天井効果があり、聡明な生徒の能力や成績の指標としては不正確なものとなる。スタナインの9（96パーセンタイル）は、IQが127以上の子どもであれば誰もが含まれる。IQが180や190の子どもも含まれることになるが、このような子どもの本当の能力を測定するためには、もっと高い得点まで測定できる別の検査を用いる必要がある。

18　McCarney & Anderson (1998).

19　Renzulli, Smith,White, Callahan,Hartman,Westberg,Gavin, Reis, Siegle,& Sytsma (2004).

20　たとえば、Piirto (2004).

21　Callahan (1991); Davis (1997); Piirto (2004).

22　Guilford (1967); Torrance (1966).

23　Torrance (1974).

24　Callahan et al. (1995).

25　Reis & Renzulli (1982); Richert (1997).

26　Meckstroth (1991).

27　Kathi Kearney (2000) には、ギフティッド児、特にハイリー・ギフティッド児の検査にかかわる多くの問題がより詳細に記されている。

28　セカンド・オピニオンは、医療業界では従来からなされてきているが、心理学や教育の領域でも次第に重視されつつある。

29　Tannenbaum (1991).

30　Webb & Kleine (1993).

31　様々な知能検査におけるギフティッド児の得点について興味深い比較がなされている。https://www.hoagiesgifted.org/highly_profoundly.htm.［現在閲覧不可］

32　Sattler (2001) によると、3 歳時の知能指数と成人後の知能指数の相関係数は .60 となる。
33　Colangelo & Davis (1997); Zappia (1989).
34　Baldwin (1985); Frasier (1997); Richert (1997).
35　Colangelo & Davis (1997).
36　Payne (2001); Slocumb (2000) を参照のこと。
37　Kingore (2000).
38　Maker (2005).
39　Karnes & Marquardt (1991a; 1991b; 1999) は大変参考になる。

文献

Adderholdt, M., & Goldberg, J. (1999). *Perfectionism: What's bad about being too good?* (Rev. ed.). Minneapolis, MN: Free Spirit.

Albert, R. S. (1991). People, process, and developmental paths to eminence: A developmental-interactional model. In R. M. Milgram (Ed.), *Counseling gifted and talented children* (pp. 75-94). Norwood, NJ: Ablex.

Albert, R. S., & Runco, M. A. (1987). The possible personality dispositions of scientists and nonscientists. In D. N. Jackson & J. P. Rushton (Eds.), *Scientific excellence: Origins and assessment* (pp. 67-97). Beverly Hills: Sage.

Alsop, G. (1997). Coping or counseling: Families of intellectually gifted students. *Roeper Review*, 20, 26-34.

Amend, E. R. (2003). *Misdiagnosis of Asperger's Disorder in gifted youth: An addendum to* Misdiagnosis and dual diagnoses of gifted children *by JamesWebb*. Retrieved September 1, 2006, from www.sengifted.org/articles_counseling/Amend_MisdiagnosisOfAspergersDisorder.pdf

American Academy of Child and Adolescent Psychiatry. (1997). *Facts for families*. Washington,DC: Author.

American Association for Gifted Children. (1978). *On being gifted*. New York: Walker & Co.

American Association for Gifted Children. (1985). *Reaching out to the gifted child: Roles for the health care professions*. New York: Author.

American Institute of Preventive Medicine. (2005). *Depression*. Retrieved August 24, 2006, from www.healthy.net/scr/Article.asp?Id=1529

American Psychiatric Association. (2000). *Diagnostic and statistical manual of mental disorders* (4th ed., text revision). Washington, DC: Author. [米国精神医学会編『DSM-IV-TR 精神疾患の診断・統計マニュアル 新訂版』高橋三郎ほか訳、医学書院、2004]

Archambault, F. X.,Westberg, K. L., Brown, S. W., Hallmark, B. W., Emmons, C. L., & Zhang, W. (1993). *Regular classroom practices with gifted students: Results of a national survey of classroom teachers*. Storrs, CT: National Research Center on the Gifted and Talented. (Research Monograph 93101)

Assouline, S. G., Colangelo, N., Lupkowski-Shoplik, A., Lipscomb, J., & Forstadt, L. (2003). *Iowa acceleration scale* (2nd ed.). Scottsdale, AZ: Great Potential Press.

Baines, B. K. (2001). *Ethical wills: Putting your values on paper*. New York: Perseus.

Baker, J. A. (2004). Depression and suicidal ideation among academically gifted adolescents. In S. M. Moon (Ed.), *Social/emotional issues, underachievement, and counseling of gifted and talented students* (pp. 21-30). Thousand Oaks, CA: Corwin Press.

Baldwin, A. Y. (1985). Programs for the gifted and talented: Issues concerning minority populations. In F. D. Horowitz &M. O'Brien (Eds.), *The gifted and talented: Developmental perspectives* (pp. 223-250). Washington, DC: American Psychological Association.

Baldwin, J. W. (1962). The relationship between teacher-judged giftedness, a group intelligence test and an individual test with possible gifted kindergarten pupils. *Gifted Child Quarterly*, 6, 153-156.

Barkley, R. A. (1990). *Attention-Deficit/Hyperactivity Disorder: A handbook for diagnosis and treatment*. New York: Guilford Press.

Barkley, R. A. (1997). *ADHD and the nature of self-control.* New York: Hill & Wang.
Bath, H. (1995). Everyday discipline or control with care. *Journal of Child and Youth Care,* 10 (2), 23-32.
Baum, S. M., & Olenchak, F. R. (2002). The alphabet children: GT, ADD/ADHD, and more. *Exceptionality,* 10 (2), 77-91.
Baum, S. M., Olenchak, F .R., & Owen, S. V. (1998). Gifted students with attention deficits: Fact or fiction? Or can we see the forest for the trees? *Gifted Child Quarterly,* 42, 96-104.
Baum, S. M., & Owen, S. V. (2004). *To be gifted and learning disabled: Strategies for helping bright students with LD, ADHD, and more.* Mansfield Center, CT: Creative Learning Press.
Baum, S. M., Owen, S. V., & Dixon, J. (1991). *To be gifted and learning disabled.* Mansfield Center, CT: Creative Learning Press.
Benbow, C. P. (1991). Mathematically talented children: Can acceleration meet their educational needs? In N. Colangelo & G. A. Davis (Eds.), *Handbook of gifted education* (pp. 154-165). Boston: Allyn & Bacon.
Benbow, C. P., & Stanley, J. C. (Eds.). (1983). *Academic precocity: Aspects of its development.* Baltimore: Johns Hopkins University Press.
Betts, G. T., & Kercher, J. (1999). *Autonomous learner model: Optimizing potential.* Greeley, CO: Alps.
Betts, G. T., & Neihart, M. F. (1985). Eight effective activities to enhance the emotional and social development of the gifted and talented. *Roeper Review,* 8, 18-21.
Blanchard, K., & Johnson, S. (1981). *The one minute manager.* New York: Berkley. [K. ブランチャード, S. ジョンソン『1分間マネジャー――何を示し、どう褒め、どう叱るか！』小林薫訳、ダイヤモンド社、1983]
Blatt, S. J. (1995). The destructiveness of perfectionism: Implications for the treatment of depression. *American Psychologist,* 50 (12), 1003-1020.
Bloom, B. S. (Ed.). (1985). *Developing talent in young people.* New York: Ballantine Books.
Bombeck, E. (1988). *Family: The ties that bind…and gag!* New York: G. K. Hall.
Borba, M. (2001). *Building moral intelligence: The seven essential virtues that teach kids to do the right thing.* San Francisco: Jossey-Bass. [M. ボーバ『道徳の練習帳――キレない子、みんなと仲良くできる子に育つ7つの力』丸山聡美訳、原書房、2005]
Bouchard, T. J., Jr. (1984). Twins reared together and apart: What they tell us about human diversity. In S. W. Fox (Ed.), *Individuality and determinism: Chemical and biological bases* (pp. 147-184). New York: Plenum Press.
Bouchet, N., & Falk, R. F. (2001). The relationship among giftedness, gender, and overexcitability. *Gifted Child Quarterly,* 45 (4), 260-267.
Brenner, V., & Fox, R. A. (1998). Parental discipline and behavior problems in young children. *Journal of Genetic Psychology,* 159 (2), 251-256.
Bricklin, B., & Bricklin, P. (1967). *Bright child, poor grades: The psychology of underachievement.* New York: Dell.
Brody, L. E., & Mills, C. J. (1997). Gifted children with learning disabilities: A review of the literature. *Journal of Learning Disabilities,* 30 (3), 282-286.
Brody, L. E., & Stanley, J. C., (1991). Young college students: Assessing factors that contribute to success. In W. T. Southern & E. D. Jones (Eds.), *The academic acceleration of gifted children* (pp. 102-132). New York: Teachers College Press.
Brown, L. K., & Brown, M. (2001). *How to be a friend: A guide for making friends and keeping them.* New York: Little Brown.

Brown, M. B. (2000). Diagnosis and treatment of children and adolescents with Attention-Deficit/Hyperactivity Disorder. *Journal of Counseling and Development,* 78, 195-203.

Brown, S. E., & Yakimowksi, M. E. (1987). Intelligence scores of gifted students on the WISC-R. *Gifted Child Quarterly,* 31, 130-134.

Callahan, C. M. (1991). The assessment of creativity. In N. Colangelo & G. A. Davis (Eds.), *Handbook of gifted education* (pp. 219-235). Boston: Allyn & Bacon.

Callahan, C. M., Hunsaker, S. L., Adams, C. M., Moore, S. D, & Bland, L. C. (1995). *Instruments used in the identification of gifted and talented students.* Storrs, CT: National Research Center on the Gifted and Talented. (Research Monograph 95130)

Carver, C. S., & Scheier, M. F. (1999). Optimism. In C. R. Snyder (Ed.), *Coping: The psychology of what works* (pp. 182-204). New York: Oxford University Press.

Chidekel, D. (2003). *Parents in charge: Setting healthy, loving boundaries for you and your child.* New York: Kensington.

Ciarrochi, J., Forgas, J. P., & Mayer, J. D. (2001). *Emotional intelligence in everyday life.* Philadelphia: Psychology Press. [J. チャロキー、J. P. フォーガス、J. D. メイヤー『エモーショナル・インテリジェンス――日常生活における情動知能の科学的研究』中里浩明ほか訳、ナカニシヤ出版、2005]

Clark, B. (1991). *Growing up gifted* (4th ed.). New York: Macmillan.

Clark, B. (2002). *Growing up gifted* (6th ed.). Upper Saddle River, NJ: Merrill Prentice Hall.

Cohn, S. J. (1991). Talent searches. In N. Colangelo & G. A. Davis (Eds.), *Handbook of gifted education* (pp. 166-167). Boston: Allyn & Bacon.

Colangelo, N., Assouline, S. G., & Gross, M. U. M. (2004). A nation deceived: How schools hold back America's students. *The Templeton National Report on Acceleration* (Vols. 1 & 2). Iowa City, IA: Belin-Blank Center.

Colangelo, N., & Davis, G. A. (1997). *Handbook of gifted education.* Boston: Allyn & Bacon.

Coleman, L. J., & Cross, T. L. (2001). *Being gifted in school: An introduction to development, guidance, and teaching.* Waco, TX: Prufrock Press.

Coloroso, B. (2002). *Kids are worth it! Giving your child the gift of inner discipline* (Rev. ed.). New York: HarperCollins. [B. コロローソ『子どもの力を引き出すシンプルな習慣――自分の力でやってみる喜びを育む』田栗美奈子訳、カンゼン、2015]

Coloroso, B. (2004). *The bully, the bullied, and the bystander: From preschool to high school—how parents and teachers can break the cycle of violence.* New York: Harper-Collins. [B. コロローソ『いじめの根を絶ち子どもを守るガイド――親と教師は暴力のサイクルをいかに断ち切るか』冨永星訳、東京書籍、2006]

Cooper, M. (2003). *Existential therapies.* Thousand Oaks, CA: Sage.

Cornell, D. (1983). Gifted children: The impact of positive labeling on the family system. *American Journal of Orthopsychiatry,* 53, 322-335.

Cornish, R. C. (1968). Parents', teachers' and pupils' perception of the gifted child's ability. *Gifted Child Quarterly,* 12, 14-47.

Costello, E. (1989). Developments in child psychiatric epidemiology. *Journal of the Academy of Child and Adolescent Psychiatry,* 28, 836-831.

Covey, S. R. (1998). *The seven habits of highly effective teens.* New York: Fireside. [S. コヴィー『7つの習慣ティーンズ』キングベアー出版、2002]

Covey, S. R. (2004). *The seven habits of highly effective people.* New York: Free Press. [S. コヴィー『7つの習慣――成功には原則があった!』川西茂訳、キングベアー出版、2009]

Cox, J., Daniel, N., & Boston, B. O. (1985). *Educating able learners: Programs and promising*

practices. Austin, TX: University of Texas Press.
Cramond, B. (1995). *The coincidence of Attention-Deficit/Hyperactivity Disorder and creativity*. Storrs, CT: National Research Center on the Gifted and Talented. (Research Monograph 9508)
Cronbach, L. J. (1990). *Essentials of psychological testing* (5th ed.). New York: Harper-Collins.
Cross, T. L. (1996). Examining claims about gifted children and suicide. *Gifted Child Today*, 19 (1), 46-48.
Cross, T. L. (2005). *The social and emotional lives of gifted kids: Understanding and guiding their development*. Waco, TX: Prufrock Press.
Cross-National Collaborative Group. (1992). The changing rate of major depression: Cross-national comparisons. *Journal of the American Medical Association*, 268 (21), 3098-3105.
Csikszentmihalyi, M. (1990). *Flow: The psychology of optimal experience*. New York: Harper & Row. ［M. チクセントミハイ『フロー体験――喜びの現象学』今村浩明訳、世界思想社、1996］
Csikszentmihalyi, M., Rathunde, K., & Whalen, S. (1993). *Talented teenagers: The roots of success and failure*. New York: Cambridge University Press.
Dabrowski, K., & Piechowski, M. M. (1977). *Theory of levels of emotional development* (Vols. 1 & 2). Oceanside, NY: Dabor Science.
Davidson, J., Davidson, B., & Vanderkam, L. (2004). *Genius denied: How to stop wasting our brightest minds*. New York: Simon & Shuster.
Davidson, L., & Linnoila, M. (Eds.). (1991). *Risk factors for youth suicide*. New York: Hemisphere.
Davis, G. A. (1996a). *Teaching values: An idea book for teachers (and parents)*. Cross Plains, WI: Westwood.
Davis, G. A. (1996b). *Values are forever: Becoming more caring and responsible*. Cross Plains, WI: Westwood.
Davis, G. A. (1997). Identifying creative students and measuring creativity. In N. Colangelo & G. A. Davis (Eds.), *Handbook of gifted education* (2nd ed., pp. 269-281). Boston: Allyn & Bacon.
Davis, G. A. (2006). *Gifted children and gifted education*. Scottsdale, AZ: Great Potential Press.
Davis, G. A., & Rimm, S. B. (1994). *Education of the gifted and talented* (3rd ed.) Boston: Allyn & Bacon.
Davis, G. A., & Rimm, S. B. (2003). *Education of the gifted and talented* (5th ed.). Boston: Allyn & Bacon.
Deater-Deckard, K., & Dodge, K. A. (1997). Spare the rod, spoil the authors: Emerging themes in research on parenting and child development. *Psychological Inquiry*, 8 (3), 230-235.
Delisle, J. R. (1986). Death with honors: Suicide among gifted adolescents. *Journal of Counseling and Development*, 64, 558-560.
Delisle, J. R. (1992). *Guiding the social and emotional development of gifted youth: A practical guide for educators and counselors*. New York: Longman.
Delisle, J. R. (2006). *Parenting gifted kids: Tips for raising happy and successful children*. Waco, TX: Prufrock Press.
DeVet, K. A. (1997). Parent-adolescent relationships, physical disciplinary history, and adjustment of adolescents. *Family Process*, 36 (3), 311-322.
DeVries, A. R., & Webb, J. T. (2007). *Gifted parent groups: The SENG Model* (2nd ed.).

Scottsdale, AZ: Great Potential Press.
Dodrill, C. B. (1997).Myths of neuropsychology. *The ClinicalNeuropsychologist*, 11, 1-7.
Dreikurs, R., & Grey, L. (1993). *New approach to discipline: Logical consequences*. New York: Plume.
Dreikurs, R., & Soltz, V. (1991). *Children: The challenge: The classic work on improving parent-child relations—Intelligent, humane, and eminently practical*. New York: Plume. [R. ドライカース、V. ソルツ『勇気づけて躾ける——子どもを自立させる子育ての原理と方法』早川麻百合訳、一光社、1993]
Drews, E. (1969). The four faces of able adolescents. In E. P. Torrance &W. F. White (Eds.), *Issues and advances in educational psychology*. Itasca, IL: F. E. Peacock.
Dryden, W., & Hill, L. K. (Eds.) (1992). *Innovations in Rational-Emotive Therapy*. Thousand Oaks, CA: Sage.
Dweck C. S., & Licht, B. (1980). Learned helplessness and intellectual achievement. In J. Garber & M. Seligman (Eds.), *Human helplessness: Theory and applications* (pp. 197-222). New York: Academic Press.
Egeland, J. A., & Hostetter, A. M. (1983). Amish study: I. Affective disorders among the Amish, 1976-1980. *American Journal of Psychiatry,* 140 (1), 56-61.
Eide, B. L, & Eide, F. F. (2006a). *The mislabeled child: How understanding your child's unique learning style can open the door to success*. New York: Hyperion.
Eide, B. L., & Eide, F. F. (2006b, Winter), Stealth dyslexia. *Gifted Education Communicator,* 36 (3 & 4), 50-51.
Ellis, A., & Harper, R. A. (1979). *A new guide to rational living* (3rd ed.). Los Angeles: Wilshire. [A. エリス、R. A. ハーパー『論理療法——自己説得のサイコセラピイ』国分康孝、伊藤順康訳、川島書店、1981]
Emerick, L. J. (2004). Academic underachievement among the gifted: Students perceptions of factors that reverse the pattern. In S. M. Moon (Ed.), *Social/emotional issues, underachievement, and counseling of gifted and talented students* (pp. 105-118). Thousand Oaks, CA: Corwin Press.
Evans, R. P. (2004, November 5). *Opening remarks: Inspiring vistas, inspiring minds.* Paper presented at the 51st Annual Convention of the National Association for Gifted Children, Salt Lake City, UT.
Faber, A., & Mazlish, E. (1988). *Siblings without rivalry: How to help your children live together so you can live, too*. New York: Avon Books. [A. フェイバ、E. マズリッシュ『憎しみの残らないきょうだいゲンカの対処法——子どもを育てる心理学』三津乃リーディ、中野早苗共訳、騎虎書房、1998]
Field, C. M. (1998). *A field guide to home schooling*. Grand Rapids, MI: Flemin H. Revell.
Fish, L. J., & Burch, K. (1985). Identifying gifted preschoolers. *Pediatric Nursing,* 12, 125-127.
Ford, D. Y. (1994). *The recruitment and retention of African-American students in gifted education programs: Implications and Recommendations*. Storrs, CT: National Research Center on the Gifted and Talented. (Research Monograph 9406)
Fox, L. H. (1981). Identification of the academically gifted. *American Psychologist,* 36, 1103-1111.
Fox, L. H., Brody, L., & Tobin, D. (1983). *Learning disabled/gifted children: Identification and programming*. Austin, TX: Pro-Ed.
Frankel, F. (1996). *Good friends are hard to find: Help your child find, make, and keep friends.* Glendale, CA: Perspective. [F. フランクル『なぜ、あの子は「友だちづくり」がうま

いのか』金原瑞人ほか訳、PHP 研究所、2002]
Frankl, V. (1997). *Man's search for meaning* (Rev. ed.). New York: Pocket Books. [V. E. フランクル『夜と霧』〔新版〕池田香代子訳、みすず書房、2002]
Frankl, V. (2000). *Man's search for ultimate meaning*. New York: Perseus. [V. E. フランクル『人間とは何か――実存的精神療法』岡本哲雄ほか訳、春秋社、2011]
Frasier, M. (1997). Gifted minority students: Reframing approaches to their identification and education. In N. Colangelo & G. A. Davis (Eds.), *Handbook of gifted education* (2nd ed., pp. 498-515). Boston: Allyn & Bacon.
Frasier, M. M., Garcia, J. H., & Passow, A. H. (1995). *A review of the assessment issues in gifted education and their implications for identifying gifted minority students*. Storrs, CT: National Research Center on the Gifted and Talented. (Research Monograph 95203)
Freed, J., & Parsons, L. (1997). *Right-brained children in a left-brained world: Unlocking the potential of your ADD child*. New York: Simon & Schuster.
Furman, L. (2005, December). What is Attention-Deficit Disorder (ADHD). *Journal of Child Neurology,* 20 (12), 994-1002.
Gagné, F. (1991). Toward a differentiated model of giftedness and talent. In N. Colangelo & G. A. Davis (Eds.), *Handbook of gifted education* (pp. 65-80). Boston: Allyn & Bacon.
Gagné, F. (1999). My convictions about the nature of human abilities, gifts and talents. *Journal for the Education of the Gifted,* 22, 109-136.
Gagné, F., & St. Père, F. (2002). When IQ is controlled, does motivation still predict achievement? *Intelligence,* 30, 71-100.
Galbraith, J. K. (1983). *The gifted kids' survival guide (for ages 11-18)*. Minneapolis, MN: Free Spirit.
Galbraith, J. K. (1984). *The gifted kids' survival guide (for ages 10 and under)*. Minneapolis, MN: Free Spirit.
Galbraith, J. K., & Delisle, J. (1996). *Gifted kids survival guide: A teen handbook*. Minneapolis, MN: Free Spirit.
Gallagher, J. J., & Gallagher, S. A. (1994). *Teaching the gifted child* (4th ed.). Boston: Allyn & Bacon.
Gallagher, J. J., Harradine, C. C., & Coleman, M. R. (1997). Challenge or boredom: Gifted students' views on their schooling. *Roeper Review,* 19 (3), 132-136.
Gardner, H. (1983). *Frames of mind: The theory of multiple intelligences*. New York: Basic Books.
Gardner, H. (1998). Are there additional intelligences? The case for naturalist, spiritual, and existential intelligences. In J. Kane (Ed.), *Education, information, and transformation* (pp. 11-131). Englewood Cliffs, NJ: Prentice Hall.
Gear, G. H. (1976). Teacher judgment in identification of gifted children. *Gifted Child Quarterly,* 10, 478-489.
Gear, G. H. (1978). Effects of training on teachers' accuracy in identifying gifted children. *Gifted Child Quarterly,* 12, 90-97.
Gershoff, E. T. (2002). Corporal punishment by parents and associated child behaviors and experiences: A meta-analytic and theoretical review. *Psychological Bulletin,* 128 (4), 539-579.
Ghodse, A. H. (1999). Dramatic increase in methylphenidate consumption. *Current Opinion in Psychiatry,* 12, 265-268.
Gilligan, C. (1993). *In a different voice*. Cambridge, MA: Harvard University Press. [初版の邦訳は、C. ギリガン『もうひとつの声――男女の道徳観のちがいと女性のアイデン

ティティ』岩男寿美子訳、川島書店、1986〕
Ginott, H. (2003). *Between parent and child: The best-selling classic that revolutionized parent-child communication*. New York: Three Rivers Press. ［H. ギノット『子どもの話にどんな返事をしてますか？――親がこう答えれば、子どもは自分で考えはじめる（親と子の心理学――躾を考えなおす 12 章〔改訂版〕）』菅靖彦訳、草思社、2005］
Glasser, H. N., & Easley, J. L. (1998). *Transforming the difficult child: The nurtured heart approach*. Tucson, AZ: Author.
Goerss, J., Amend, E. R., Webb, J. T., Webb, N. E., & Beljan, P. (2006, Summer). Comments on Mika's critique of Nelson, Hartnett, & Rinn's article, "Gifted or ADHD: The possibilities of misdiagnosis." *Roeper Review,* 28 (4), 249-251.
Goertzel, V., Goertzel, M. G., Goertzel, T. G., & Hansen, A. M. W. (2004). *Cradles of eminence: Childhoods of more than 700 famous men and women*. Scottsdale, AZ: Great Potential Press.
Goldberg, E. (2001). *The executive brain: Frontal lobes and the civilized mind*. New York: Oxford University Press. ［E. ゴールドバーグ『脳を支配する前頭葉――人間らしさをもたらす脳の中枢』沼尻由起子訳、講談社、2007］
Goldstein, L. H., &McNeil, J. E. (2004). *Clinical neuropsychology: A practical guide to assessment and management for clinicians*. Hoboken, NJ: John Wiley & Sons.
Goleman, D. (1995). *Emotional intelligence: Why it can matter more than IQ*. New York: Bantam Books. ［D. ゴールマン『EQ こころの知能指数』土屋京子訳、講談社、1996］
Gordon, T. (2000). *Parent effectiveness training: The proven program for raising responsible children*. New York: Three Rivers Press. ［T. ゴードン『親業――子どもの考える力をのばす親子関係のつくり方』近藤千恵訳、大和書房、1998。ただし、この邦訳の原著は 1990 年版による］
Gottfredson, L. S. (1997). Why g matters: The complexity of everyday life. *Intelligence,* 24 (1), 79-132.
Gottfried, A. E., & Gottfried, A. W. (2004, Spring). Toward the development of a conceptualization of gifted motivation. *Gifted Child Quarterly,* 48 (2), 121-132.
Gottfried, A. W., Gottfried, A. E., Bathurst, K., & Guerin, D. W. (1994). *Gifted IQ: Early developmental aspects*. (The Fullerton Longitudinal study). New York: Plenum Press.
Grandin, T. (1996). *Thinking in pictures*. New York: Vintage Press. ［T. グランディン『自閉症の才能開発――自閉症と天才をつなぐ環』カニングハム久子訳、学習研究社、1997］
Greenspon, T. S. (2001). *Freeing our families from perfectionism*. Minneapolis, MN: Free Spirit.
Gross, M. U. M. (1993). *Exceptionally gifted children*. London: Routledge.
Gross, M. U. M., & van Vliet, H. E. (2005). Radical acceleration and early entry to college: A review of the research. *Gifted Child Quarterly,* 49 (2), 154-171.
Guenther, A. (1995). *What educators and parents need to know about…ADHD, creativity, and gifted students*. Storrs, CT: National Research Center on the Gifted and Talented.
Guerin, D. W., Gottfried, A. W., Oliver, P. H., & Thomas, C. W. (2003). *Temperament: Infancy through adolescence*. New York: Plenum Press.
Guilford, J. P. (1967). *The nature of human intelligence*. New York: McGraw-Hill.
Gust-Brey, K. L., & Cross, T. L. (1998). *Incidence of suicide at state-supported residential high schools for academically gifted students: Research briefs*. Washington, DC: National Association for Gifted Children.
Halsted, J. W. (2002). *Some of my best friends are books: Guiding gifted readers from preschool*

to high school. Scottsdale, AZ: Great Potential Press.
Hartnett, D. N.,Nelson, J.M., & Rinn, A. N. (2004). Gifted or ADD/ADHD? The possibilities of misdiagnosis. *Roeper Review,* 26 (2), 73-76.
Hayes, M. L., & Sloat, R. S. (1990). Suicide and the gifted adolescent. *Journal for the Education of the Gifted,* 13 (3), 229-244.
Hébert, T. P. (1995). Using biography to counsel gifted young men. *Journal of Secondary Gifted Education,* 6 (3), 208-219.
Hébert, T. P., & Kent, R. (2000). Nurturing social and emotional development in gifted teenagers through young adult literature. *Roeper Review,* 22 (3), 167-171.
Hébert, T. P., & Neumeister, K. L. S. (2002). Fostering the social and emotional development of gifted children through guided viewing of film. *Roeper Review,* 25 (1), 17-21.
Hewitt, P. L., & Flett, G. L. (1991a). Dimensions of perfectionism in unipolar depression. *Journal of Abnormal Psychology,* 100 (1), 98-101.
Hewitt, P. L., & Flett, G. L. (1991b). Perfectionism in the self and social contexts: Conceptualization, assessment, and association with psychopathology. *Journal of Personality and Social Psychology,* 60, 456-470.
Hishinuma, E. S. (1993). Counseling gifted/at risk and gifted/dyslexic youngsters. *Gifted Child Today,* 16 (1), 30-33.
Hoge, R. D., & Renzulli, J. S. (1991). *Self-concept and the gifted child*. Storrs, CT: National Research Center on the Gifted and Talented.
Hollingworth, L. S. (1975). *Children above 180 IQ*. New York: Arno Press. (Original work published 1942)
Ilardi, S. S., Craighead, W. E., & Evans, D. D. (1997). Modeling relapse in unipolar depression: The effects of dysfunctional cognitions and personality disorders. *Journal of Consulting and Clinical Psychology,* 65 (3), 381-391.
Isaacson, K. B. (2002). *Raisin' brains: Surviving my smart family*. Scottsdale, AZ: Great Potential Press.
Jacobs, J. (1971). Effectiveness of teacher and parent identification of gifted children as a function of school level. *Psychology in the Schools,* 8, 140-142.
Jacobsen, M. E. (2000). *The gifted adult: A revolutionary guide for liberating everyday genius*. New York: Ballantine Books.
Jamison, K. R. (1995, February). Manic-depressive illness and creativity. *Scientific American,* 62-67.
Johnson, M. A. (2002). *Positive parenting with a plan (grades K-12)*. Grants Pass, OR: Publication Consultants.
Johnson, N. L. (1989). *The faces of gifted*. Marion, IL: Pieces of Learning.
Jones, C. (1994). *Mistakes that worked*. New York: Doubleday. [C. ジョーンズ『間違いを活かす発想法』左京久代訳、晶文社、1997]
Jourard, S. M. (1971). *The transparent self*. New York: Van Nostrand Reinhold. [S. M. ジュラード『透明なる自己』岡堂哲雄訳、誠信書房、1974]
Kaiser, C. F., & Berndt, D. J. (1985). Predictors of loneliness in the gifted adolescent. *Gifted Child Quarterly,* 29, 74-77.
Kalter, N. (2005). *Growing up with divorce: Helping your child avoid immediate and later emotional problems*. New York: Free Press.
Kaplan, C. (1992). Ceiling effects in assessing high-IQ children with the WPPSI-R. *Journal of Clinical Child Psychology,* 21 (4), 403-406.
Karnes, F. A., & Chauvin, J. C. (2005). *Leadership development program*. Scottsdale, AZ:

Great Potential Press.
Karnes, F. A., & Marquardt, R. G.（1991a）. *Gifted children and legal issues in education: Parents' stories of hope*. Scottsdale, AZ: Great Potential Press.
Karnes, F. A., & Marquardt, R. G.（1991b）. *Gifted children and the law: Mediation, due process and court cases*. Scottsdale, AZ: Great Potential Press.
Karnes, F. A., & Marquardt, R. G.（1999）. *Gifted children and legal issues: An update*. Scottsdale, AZ: Great Potential Press.
Kaufman, G., Raphael, L., & Espeland, P.（1999）. *Stick up for yourself: Every kid's guide to personal power and positive self-esteem*（2nd ed.）. Minneapolis, MN: Free Spirit.［G. カウフマン、L. ラファエル、P. エスペランド『強い自分になる方法――心のちからを育てよう』和歌山友子訳、筑摩書房、2005］
Kaufmann, F. A.（1981）. The 1964-1968 Presidential Scholars: A follow-up study. *Exceptional Children,* 48（2）, 164-169.
Kaufmann, F. A., Kalbfleisch, M. L., & Castellanos, F. X.（2000）. *Attention-Deficit Disorders and gifted students: What do we really know?* Storrs, CT: National Research Center on the Gifted and Talented.
Kay, K.（2000）. *Uniquely gifted: Identifying and meeting the needs of the twice-exceptional student*. Gilsom, NH: Avocus.
Kaye, K.（2005）. *Family rules: Raising responsible children*. Lincoln, NE: iUniverse.
Kearney, K.（2000）. *Frequently asked questions about testing and assessing giftedness*. Retrieved September 11, 2006, from www.gt-cybersource.org/Record.aspx?navID=2_0&rid=11376
Kerr, B. A.（1991）. *A handbook for counseling the gifted and talented*. Alexandria, VA: American Counseling Association.
Kerr, B. A.（1997）. *Smart girls: A new psychology of girls, women, and giftedness*. Scottsdale, AZ: Great Potential Press.
Kerr, B. A., & Cohn, S. J.（2001）. *Smart boys: Talent, manhood, and the search for meaning*. Scottsdale, AZ: Great Potential Press.
Kingore, B.（2000）. Parent assessment of giftedness: Using portfolios. *Tempo,* 20（2）, 6-8.
Kirschenbaum, H., Howe, L. W., & Simon, S. B.（1995）. *Values clarification*. New York: Warner Books.
Kitano, M. K.（1990）. Intellectual abilities and psychological intensities in young children: Implications for the gifted. *Roeper Review,* 13（1）, 5-10.
Klein, A.（2002）. *A forgotten voice: A biography of Leta Stetter Hollingworth*. Scottsdale, AZ: Great Potential Press.
Klin, A., Volkmarr, F., & Sparrow, S.（Eds.）.（2000）. *Asperger Syndrome*. New York: Guilford Press.［A. クライン、F. ヴォルクマー、S. スパロー『総説アスペルガー症候群』小川真弓、徳永優子、吉田美樹訳、明石書店、2008］
Kohlberg, L.（1964）. The development of moral character and moral ideology. In M. L. Hoffman & L. W. Hoffman（Eds.）, *Review of child development research*（Vol. I, pp. 281-431）. New York: Russell Sage.
Kranowitz, C. S.（1998）. *The out-of-sync child: Recognizing and coping with sensory integration dysfunction*. New York: Skylight Press.［C. S. クラノウィッツ『でこぼこした発達の子どもたち――発達障害・感覚統合障害を理解し、長所を伸ばすサポートの方法』高松綾子訳、すばる舎、2011］
Kulik, J. A., & Kulik, C. C.（1991）. Ability grouping and gifted students. In N. Colangelo & G. A. Davis（Eds.）, *Handbook of gifted education*（pp. 178-196）. Boston: Allyn & Bacon.

Lahey, B. B., Miller, T. L., Gordon, R. A., & Riley, A. W. (1999). Developmental epidemiology of the disruptive behavior disorders. In H. C. Quay & A. E. Hogan (Eds.), *Handbook of disruptive behavior disorders* (pp. 23-48). New York: Plenum Press.

Lawler, B. (2000). Gifted or ADHD:Misdiagnosis? *Understanding OurGifted,* 13 (1), 16-18.

Ledgin, N. (2000). *Diagnosing Jefferson: Evidence of a condition that guided his beliefs, behavior, and personal associations*. Arlington, TX: Future Horizons.

Ledgin, N. (2002). *Asperger's and self-esteem: Insight and hope through famous role models*. Arlington, TX: Future Horizons.

Leman, K. (2000). *Making children mind without losing yours*. Grand Rapids, MI: Revell.

Leman, K. (2004). *The birth order book: Why you are the way you are*. Grand Rapids, MI: Revell.

Leroux, J. A., & Levitt-Perlman, M. (2000). The gifted child with Attention-Deficit Disorder: An identification and intervention challenge. *Roeper Review,* 22 (3), 171-176.

Levine, M. (2002). *A mind at a time*. New York: Simon & Schuster. [M. レヴィーン『ひとりひとりこころを育てる』岩谷宏訳、ソフトバンクパブリッシング、2003]

Lind, S. (1993). Something to consider before referring for ADD/ADHD. *Counseling & Guidance,* 4, 1-3.

Lind, S. (1996). Before referring a gifted child for ADD/ADHD evaluation. Retrieved September 10, 2006, from www.sengifted.org/articles_counseling/Lind_BeforeReferringAGiftedChildForADD.shtml

Lind, S. (2001). Overexcitability and the gifted. *SENG Newsletter,* 1 (1), 3-6. Retrieved March 28, 2006, from www.sengifted.org/articles_social/ Lind_OverexcitabiliityAndTheGifted

Lewinsohn, P. M., Hops, H., Roberts, R. E., Seeley, J. R., & Andrews, J. A. (1993). Adolescent psychopathology: I. Prevalence and incidence of depression and other DSM-III-R disorders in high school students. *Journal of Abnormal Psychology*, 102 (1), 133-144.

Lovecky, D. (2004). *Different minds: Gifted children with ADD/ADHD, Asperger Syndrome, and other learning deficits*. New York: Jessica Kingsley.

Ludwig, A. L. (1995). *The price of greatness: Resolving the creativity and madness controversy*. New York: Guilford Press.

Mackenzie, R. J. (2001). *Setting limits with your strong-willed children: Eliminating conflict by establishing clear, firm, and respectful boundaries*. Rocklin, CA: Prima. [R. J. マッケンジー『子どもを上手に叱っていますか?——しあわせな親子関係を作るコツ教えます』〔改訂新版〕森かほり訳、筑摩書房、2010]

MacKinnon, D. W. (1978). *In search of human effectiveness*. Buffalo, NY: Creative Education Foundation.

Mackintosh, N. J. (1998). *IQ and human intelligence*. New York: Oxford University Press.

Maddi, S. R., Bartone, P. T., & Puccetti, M. C. (1987). Stressful events are indeed a factor in physical illness: Reply to Schroeder and Costa (1984). *Journal of Personality and Social Psychology,* 52 (4), 833-843.

Maguire, E. A., Gadian, D. G., Johnsrude, I. S., Golod, C. D., Ashburner, J., Frackowiak, R. S. J., et al. (2000). Navigation-related structural change in the hippocampi of taxi drivers. *Proceedings of the National Academy of Sciences,* 97 (8), 4398-4402.

Maker, C. J. (2005). *The DISCOVER project: Improving assessment and curriculum for diverse learners*. Storrs, CT: National Research Center on the Gifted and Talented. (Research Monograph 05206)

Malone, P. S., Brounstein, P. J., von Brock, A., & Shaywitz, S. E. (1991). Components of IQ

scores across levels of measured ability. *Journal of Applied Social Psychology,* 21, 15-28.
Mann, R. L. (2005, Winter). Gifted students with spatial strengths and sequential weaknesses: An overlooked and underidentified population. *Roeper Review,* 27 (2), 91-96.
Marland, S. (1972). *Education of the gifted and talented.* U.S. Commission of Education, 92nd Congress, 2nd Session. Washington, DC: USCPO.
Maslow, A. H. (1954). *Motivation and personality.* New York: Harper & Row. [A. H. マズロー『人間性の心理学――モチベーションとパーソナリティ』〔改訂新版〕小口忠彦訳、産業能率大学出版部、1987]
Maslow, A. H. (1971). *The farther reaches of human nature.* New York: Viking Press. [A. H. マズロー『人間性の最高価値』上田吉一訳、誠信書房、1973]
Maslow, A. H., & Lowery, R. (Ed.). (1998). *Toward a psychology of being* (3rd ed.). New York: Wiley & Sons. [A. H. マズロー『完全なる人間――魂のめざすもの』上田吉一訳、誠信書房、1964]
Matarazzo, J. D. (1972). *Wechsler's measurement and appraisal of adult intelligence.* London: Oxford University Press. [D. ウェクスラ『成人知能の測定と評価』〔第3版〕茂木茂八ほか訳、日本文化科学社、1984]
Matthews, D. J., & Foster, J. F. (2005). *Being smart about gifted children: A guidebook for parents and educators.* Scottsdale, AZ: Great Potential Press.
Maxwell, B. (1998, Spring). Diagnosis questions. *Highly Gifted Children,* 12, 1. (Also at www.sengifted.org/articles_counseling/Maxwell_DiagnosisQuestion.shtml)
May, R. (1994). *The discovery of being: Writings in existential psychology.* New York: W. W. Norton. [R. メイ『存在の発見』(ロロ・メイ著作集 5) 伊東博ほか訳、誠信書房、1986]
McCall, R. B., Appelbaum, M. I., & Hogarty, P. S. (1978). Developmental changes in mental performance. *Monographs of the Society for Research in Child Development,* 39 (3) (Serial No. 150), 1-83.
McCarney, S. B., & Anderson, P. D. (1998). *Gifted evaluation scale* (2nd ed.). Columbus, MO: Hawthorne Educational Services.
McCord, J. (Ed.). (1998). *Coercion and punishment in long-term perspectives.* Cambridge, MA: Cambridge University Press.
McPherson, M., Smith-Lovin, L., & Brashears, M. E. (2006, June). Social isolation in America: Changes in core discussion networks over two decades. *American Sociological Review,* 71, 353-375.
Meckstroth, E. A. (1991). Guiding the parents of gifted children: The role of counselors and teachers. In R. M. Milgram (Ed.), *Counseling gifted and talented children* (pp. 95-120). Norwood, NJ: Ablex.
Mendaglio, S. (1993). Counseling gifted learning disabled: Individual and group counseling techniques. In L. K. Silverman (Ed.), *Counseling the gifted and talented* (pp. 131-149). Denver, CO: Love.
Milgram, R. (Ed.). (1991). *Counseling gifted and talented children: A guide for teachers, counselors, and parents.* Norwood, NJ: Ablex.
Miller, A. (1996). *The drama of the gifted child: The search for the true self* (Rev. ed.). New York: Basic Books. [A. ミラー『才能ある子のドラマ――真の自己を求めて』〔新版〕山下公子訳、新曜社、1996]
Minner, S. (1990). Teacher evaluations of case options of LD gifted children. *Gifted Child Quarterly,* 34, 37-40.

Moon, S. M. (2002). Gifted children with Attention-Deficit/Hyperactivity Disorder. In M. Neihart, S. Reis, N. Robinson, & S. Moon (Eds.), *The social and emotional development of gifted children: What do we know?* (pp 193-201). Washington, DC: National Association for Gifted Children.

Moon, S. M., Zentall, S. S., Grskovic, J. A., Hall, A., & Stormont-Spurgin, M. (2001). Emotional, social, and family characteristics of boys with AD/HD and giftedness: A comparative case study. *Journal for the Education of the Gifted,* 24, 207-247.

Morris, J. E. (2002, Winter). African-American students and gifted education: The politics of race and culture. *Roeper Review,* 24 (2), 59-62.

Moser, A. (1991). *Don't feed the monster on Tuesdays: The children's self-esteem book.* Kansas City, KS: Landmark Editions.

National Association for Gifted Children. (1998). *Position statements of the National Association for Gifted Children.* Washington, DC: Author.

National Association for Gifted Children. (2005). *State of the states 2004-2005.* Washington, DC: Author.

National Center for Disease Control and Prevention. (1997). *Suicide in the United States.* Atlanta, GA: Author.

National Center for Disease Control and Prevention. (2006, July 7). Homicides and suicides —National violent death reporting system, United States, 2003-2004. *Morbidity and Mortality Weekly Report,* 55 (26), 721-724.

Neihart, M. (1999). The impact of giftedness on psychological well-being: What does the empirical literature say? *Roeper Review,* 22 (1), 10-17.

Neihart, M. (2000). Gifted children with Asperger's Syndrome. *Gifted Child Quarterly,* 44 (4), 222-230.

Neihart, M., Reis, S. M., Robinson, N. M., & Moon, S. M. (Eds.). (2002). *The social and emotional development of gifted children: What do we know?* Waco, TX: Prufrock Press.

Neumeister, K. L. S. (2004, Fall). Factors influencing the development of perfectionism in gifted college students. *Gifted Child Quarterly,* 48 (4), 259-274. Newsweek. (2006, May 8). *What makes a high school great.* 50-60.

Nolen-Hoeksema, S., Girgus, J., & Seligman, M. E. P. (1986). Learned helplessness in children: A longitudinal study of depression, achievement, and explanatory style. *Journal of Personality and Social Psychology,* 51, 435-442.

Nolen-Hoeksema, S., Girgus, J., & Seligman, M. E. P. (1992). Predictors and consequences of childhood depressive symptoms: A 5-year longitudinal study. *Journal of Abnormal Psychology,* 101 (3), 405-422.

Nugent, J. K. (1991). Cultural and psychological influences on the father's role in infant development. *Journal of Marriage and the Family,* 53, 475-585.

Olenchak, F. R. (1998). *They say my child's gifted: Now what? Ideas for parents for understanding and working with schools.* Waco, TX: Prufrock Press.

Olenchak, F. R. (1994). Talent development. *The Journal of Secondary Gifted Education,* 5 (3), 40-52.

Olfson, M., Marcus, S. C., Wiessman, M. M., & Jensen, P. S. (2002). National trends in the use of psychotropic medications by children. *Journal of the American Academy of Child & Adolescent Psychiatry,* 41, 514-521.

Olszewski-Kubilius, P. (2002). Parenting practices that promote talent development, creativity, and optimal development. In M. Neihart, S. Ries, N. Robinson, & S. Moon (Eds.), *The social and emotional development of gifted children: What do we know?* (pp.

205-212). Waco, TX: Prufrock Press.
Ornstein, R. (1997). *The right mind: Making sense of the hemispheres*. New York: Harcourt, Brace. [R. オーンスタイン『右脳は天才？それとも野獣？』藤井留美訳、朝日新聞社、2002]
Panati, C. (1987). *Extraordinary origins of everyday things*. New York: Harper & Row. [C. パナティ『物事のはじまりハ？』バベル訳、日本実業出版社、1998]
Parker, W. D., & Mills, C. J. (1996). The incidence of perfectionism in gifted students. *Gifted Child Quarterly,* 40 (4), 194-199.
Paterson, R. J. (2000). *The assertiveness workbook: How to express your ideas and stand up for yourself at work and in relationships*. Oakland, CA:New Harbinger.
Payne, R. (2001). *Understanding learning: The how, the why, the what*. Highlands, TX: Aha! Process.
Pegnato, C. C., & Birch, J. W. (1959). Locating gifted children in junior high schools: A comparison of methods. *Exceptional Children,* 25, 300-304.
Pelkonen, M., & Marttunen, M (2003). Child and adolescent suicide: Epidemiology, risk factors, and approaches to prevention. *Pediatric Drugs,* 5, 243-265.
Peters, M. (2003, July 11). *Everything I know I learned in the principal's office*. Paper presented at Supporting Emotional Needs of Gifted Conference, St. Louis, MO.
Peterson, J. S., & Ray, K. E. (2006, Spring). Bullying and the gifted: Victims, perpetrators, prevalence, and effects. *Gifted Child Quarterly,* 50 (2), 148-168.
Phelan, T. W. (2003). *1-2-3 magic: Effective discipline for children 2-12* (3rd ed.). Glen Ellyn, IL: ParentMagic. [T. フェラン『「させる」「やめさせる」しつけの切り札――2歳から12歳までの1-2-3方式』嶋垣ナオミ訳、東京書籍、2003]
Piechowski, M. D. (1979). Developmental potential. In N. Colangelo & T. Zaffran (Eds.), *New voices in counseling the gifted*. Dubuque, IA: Kendall/ Hunt.
Piechowksi, M. D. (1991). Emotional development and emotional giftedness. In N. Colangelo & G. A. Davis (Eds.), *Handbook of gifted education* (pp. 285-306). Boston: Allyn & Bacon.
Piechowksi, M. D. (1997). Emotional giftedness: The measure of intrapersonal intelligence. In N. Colangelo & G. A. Davis (Eds.), *Handbook of gifted education* (2nd ed., pp. 366-381). Needham Heights, MA: Allyn & Bacon.
Piechowski, M. D., & Colangelo, N. (1984). Developmental potential of the gifted. *Gifted Child Quarterly,* 18 (2), 80-88.
Piirto, J. (2004). *Understanding creativity*. Scottsdale, AZ: Great Potential Press.
Pipher, M. B. (2000). *Another country: Navigating the emotional terrain of our elders*. New York: Riverhead. [M. パイファー『アナザー・カントリー――「老い」という未知の国』小林由香利訳、日本放送出版協会、2000]
Plomin, R. (2004). *Nature and nurture: An introduction to human behavioral genetics*. Belmong, CA: Wadsworth. [R. プロミン『遺伝と環境――人間行動遺伝学入門』安藤寿康、大木秀一共訳、培風館、1994]
Plomin, R., & Petrill, S. W. A. (1997). Genetics and intelligence: What's new? *Intelligence,* 24 (1), 53-77.
Progoff, I. (1992). *At a journal workshop: Writing to access the power of the unconscious and evoke creative ability*. New York: J. P. Tarcher.
Radin, N. (1994). Primary caregiving fathers in intact families. In A. E. Gottfried & A. W. Gottfried (Eds.), *Redefining families* (pp. 11-54). New York: Plenum Press.
Reis, S. M., Colbert, R. D., & Hébert, T. P. (2005, Winter). Understanding resilience in

diverse, talented students in an urban high school. *Roeper Review, 27* (2), 110-120.
Reis, S. M., Westberg, K. L., Kulikowich, J., Caillard, F., Hébert, T., Plucker, J., et al. (1993). *Why not let high ability students start school in January? The curriculum compacting study.* Storrs, CT: National Research Center on the Gifted and Talented.
Reis, S. M., & McCoach, D. B. (2004). The underachievement of gifted students: What do we know and where do we go? In S. M. Moon (Ed.), *Social/emotional issues, underachievement, and counseling of gifted and talented students* (pp. 181-212). Thousand Oaks, CA: Corwin Press.
Reis, S. M., & Renzulli, J. S. (1982). A research report on the revolving door identification model: A case for the broadened conception of giftedness. *Phi Delta Kappan, 63*, 619-620.
Reivich, K., & Shatté, A. (2002). *The resilience factor: 7 keys to finding your inner strength and overcoming life's hurdles.* New York: Broadway Books. [K. ライビッチ、A. シャテー『レジリエンスの教科書――逆境をはね返す世界最強トレーニング』宇野カオリ訳、草思社、2015]
Renzulli, J. S., & Reis, S. M. (1991). The schoolwide enrichment model: A comprehensive plan for the development of creative productivity. In N. Colangelo & G. A. Davis (Eds.), *Handbook of gifted education* (pp. 111-141). Boston: Allyn & Bacon.
Renzulli, J. S., Smith, L. H., White, A. J., Callahan, C. M., Hartman, R. K., Westberg, K. L., Gavin, M. K., Reis, S. M., Siegle, D., & Sytsma, R. E. (2004). *Scales for rating the behavioral characteristics of superior students.* Mansfield Center, CT: Creative Learning Press.
Reynolds, C. R., & Bradley, M. (1983). Emotional stability of intellectually superior children versus nongifted peers as estimated by chronic anxiety levels. *School Psychology Review, 12*, 190-194.
Rhodes, J. E. (1994). Older and wiser: Mentoring relationships in childhood and adolescence. *The Journal of Primary Prevention, 14*, 187-196.
Richert, E. S. (1997). Excellence with equity in identification and programming. In. N. Colangelo & G. A. Davis (Eds.), *Handbook of gifted education* (2nd ed., pp. 75-88). Boston: Allyn & Bacon.
Rideout, V., Roberts, D. F., & Foehr, U. G., (2005). *Generation M: Media in the lives of 8 to 18 year olds.* Menlo Park, CA: The Henry J. Kaiser Family Foundation.
Rimm, S. B. (1995). *Why bright kids get poor grades: And what you can do about it.* New York: Crown.
Rimm, S. B. (1996). *Dr. Sylvia Rimm's smart parenting.* New York: Crown.
Rimm, S. B. (1997). Underachievement syndrome: A national epidemic. In N. Colangelo & G. A. Davis (Eds.), *Handbook of gifted education* (2nd ed., pp. 416-434). Boston: Allyn & Bacon.
Rimm, S. B. (2007). *Keys to parenting the gifted child* (3rd ed.). Scottsdale, AZ: Great Potential Press.
Rimm, S. B., & Lowe, B. (1998, Fall II). Family environments of underachieving gifted students. *Gifted Child Quarterly, 32* (4), 353-359.
Rivero, L. (2002). *Creative home schooling: A resource guide for smart families.* Scottsdale, AZ: Great Potential Press.
Robinson, N. M. (2000). Giftedness in very young children: How seriously should it be taken? In R. C. Friedman & B. M. Shore (Eds.), *Talents unfolding* (pp. 7-26). Washington, DC: American Psychological Association.

Robinson, N. M. (2006, Spring). Counseling issues for gifted students. *Gifted Education Communicator,* 37 (1), 9-10.

Robinson, N. M., Lanzi, R. G., Weinberg, R. A., Ramey, S. L., & Ramey, C. T. (2004). Family factors associated with high academic competence in former Head Start children at third grade. In S. M. Moon (Ed.), *Social/ emotional issues, underachievement, and counseling of gifted and talented students* (pp. 83-103). Thousand Oaks, CA: Corwin Press.

Robinson, N. M., & Olszewski-Kubilius, P. A. (1996). Gifted and talented child: Issues for pediatricians. *Pediatrics in Review,* 17 (12), 427-434.

Roedell, W. C., Jackson, N. E., & Robinson, H. B. (Eds.). (1980). *Gifted young children*. New York: Teachers College Press.

Roeper, A. M. (1995). *Selected writings and speeches*. Minneapolis, MN: Free Spirit Press.

Rogers, K. B. (2002). *Re-forming gifted education: How parents and teachers can match the program to the child*. Scottsdale, AZ: Great Potential Press.

Rourke, B. (1989). *The syndrome of non-verbal learning disabilities: Neurodevelopmental manifestations*. New York: Guilford Press.

Ruf, D. A. (2005). *Losing our minds: Gifted children left behind*. Scottsdale, AZ: Great Potential Press.

Satir, V. (1988). *The new peoplemaking*. Palo Alto, CA: Science & Behavior Books.

Sattler, J. M. (1988). *Assessment of children* (3rd ed.). San Diego, CA: J. M. Sattler.

Sattler, J. M. (2001). *Assessment of children: Cognitive applications* (4th ed.). San Diego, CA: J. M. Sattler.

Schiever, S. W., & Maker, C. J. (1997). Enrichment and acceleration: An overview and new directions. In N. Colangelo & G. A. Davis (Eds.), *Handbook of gifted education* (2nd ed., pp. 113-125). Boston: Allyn & Bacon.

Schiff, M. M., Kaufman, A. S., & Kaufman, N. L. (1981). Scatter analysis of WISC-R profiles for learning disabled children with superior intelligence. *Journal of Learning Disabilities,* 14, 400-404.

Scholwinski, E., & Reynolds, C. M. (1985). Dimensions of anxiety among high IQ children. *Gifted Child Quarterly,* 29 (3), 125-130.

Schuler, P. (2002). Perfectionism in gifted children and adults. In M. Neihart, S. Ries, N. Robinson, & S. Moon (Eds.), *The social and emotional development of gifted children: What do we know?* (pp. 71-79). Waco, TX: Prufrock Press.

Schutz, W. C. (1958). *FIRO-B: A three-dimensional theory of interpersonal behavior*. New York: Rinehart.

Seagoe, M. (1974). Some learning characteristics of gifted children. In R. Martinson (Ed.), *The identification of the gifted and talented* (pp. 20-21). Ventura, CA: Office of the Ventura County Superintendent of Schools.

Seligman, M. E. P. (1995). *What you can change and what you can't: The complete guide to successful self-improvement: Learning to accept who you are*. New York: Fawcett.

Seligman, M. E. P. (1996). *The optimistic child: A proven program to safeguard children against depression and build lifelong resilience*. New York: Houghton Mifflin. [M. セリグマン『つよい子を育てるこころのワクチン――メゲない、キレない、ウツにならないABC思考法』枝廣淳子訳、ダイヤモンド社、2003]

Seligman, M. E. P. (1998a). The gifted and the extraordinary. *The American Psychological Association Monitor,* 29 (11), 2.

Seligman, M. E. P. (1998b). *Learned optimism: How to change your mind and your life*. New

York: Pocket Books. [M. セリグマン『オプティミストはなぜ成功するか——ポジティブ心理学の父が教える楽観主義の身につけ方』山村宜子訳、パンローリング、2013]
Seligman, M. E. P. (2002). *Authentic happiness: Using the new positive psychology to realize your potential for lasting fulfillment*. New York: Free Press. [M. セリグマン『世界でひとつだけの幸せ——ポジティブ心理学が教えてくれる満ち足りた人生』小林裕子訳、アスペクト、2004]
Severe, S. (2003). *How to behave so your children will, too!*. New York: Penguin. [S. シビア『子どもは親をまねて育つ——しつけ上手な親になるための知恵』木村治美訳、PHP研究所、2000]
Shanley, M. K. (1993). *She taught me to eat artichokes*. Marshallton, IA: Sta-Kris.
Shaywitz, S. E. (2003). *Overcoming dyslexia: A new and complete science-based program for reading problems at any level*. New York: Knopf. [S. シェイウィッツ『読み書き障害「ディスレクシア」のすべて——頭はいいのに、本が読めない』藤田あきよ訳、PHP研究所、2006]
Shenk, J. W. (2005, October). Lincoln's great depression. *The Atlantic Monthly*, 52-68.
Siegle, D., & Powell, T. (2004). Exploring teacher biases when nominating students for gifted programs. *Gifted Child Quarterly*, 48, 21-29.
Silver, S. J., & Clampit, M. K. (1990). WISC-R profiles of high ability children: Interpretation of verbal-performance discrepancies. *Gifted Child Quarterly*, 34, 76-79.
Silverman, L. K. (1988). *Parenting the gifted child* (3rd ed.). Denver, CO: Gifted Child Development Center.
Silverman, L. K. (1993). *Counseling the gifted and talented*. Denver, CO: Love.
Silverman, L. K. (1997a). The construct of asynchronous development. *Peabody Journal of Education*, 72 (3-4), 36-58.
Silverman, L. K. (1997b). Family counseling with the gifted. In N. Colangelo & G. A. Davis (Eds.), *Handbook of gifted education*, (2nd ed., pp. 382-397). Boston: Allyn & Bacon.
Silverman, L. K. (1998). Through the lens of giftedness. *Roeper Review*, 20, 204-210.
Silverman, L. K. (2002). *Upside-down brilliance: The visual-spatial learner*. Denver, CO: DeLeon.
Silverman, L. K., & Kearney, K. (1992). The case for the *Stanford-Binet, L-M* as a supplemental test. *Roeper Review*, 15, 34-37.
Simpson, R. G., & Kaufmann, F. A. (1981, September). Career education for the gifted. *Journal of Career Education*, 38-45.
Slocumb, P. D. (2000). *Removing the mask: Giftedness in poverty*. Highlands, TX: RFT.
Smith, J. R., & Brooks-Gunn, J. (1997). Correlates and consequences of harsh discipline for young children. *Archives of Pediatric and Adolescent Medicine*, 151, 777-786.
Spreen, O., Risser, A. H., & Edgell, D. (1995). *Developmental neuropsychology*. New York: Oxford University Press.
Sternberg, R. J. (1986). Identifying the gifted through IQ: Why a little bit of knowledge is a dangerous thing. *Roeper Review*, 8, 143-147.
Sternberg, R. J. (2002). *Why smart people can be so stupid*. New Haven, CT: Yale University Press.
Streznewski, M. K. (1999). *Gifted grownups: The mixed blessings of extraordinary potential*. New York: Wiley.
Strip, C. A., & Hirsch, G. (2000). *Helping gifted children soar: A practical resource for parents and teachers*. Scottsdale, AZ: Great Potential Press.

Sweetland, J. D., Reina, J. M., & Tatti, A. F. (2006, Winter). WISC-III Verbal/Performance discrepancies among a sample of gifted children. *Gifted Child Quarterly,* 40 (1), 7-10.
Tannenbaum, A. (1991). The social psychology of giftedness. In N. Colangelo & G. A. Davis (Eds.), *Handbook of gifted education* (pp. 27-44). Boston: Allyn & Bacon.
Tannenbaum, A. J., & Neuman, E. (1980). *Somewhere to turn: Strategies for parents of gifted and talented.* New York: Teachers College Press.
Tomlinson, C. A. (2001). *How to differentiate instruction in mixed-ability classrooms* (2nd ed.). Alexandria, VA: Association for Supervision and Curriculum Development.
Tomlinson, C. A., Kaplan, S. N., Renzulli, J. S., Purcell, J., Leppien, J., & Burns, D. (2002). *The parallel curriculum: A design to develop high potential and challenge high-ability learners.* Thousand Oaks, CA: Corwin Press.
Torrance, E. P. (1966). *Torrance tests of creative thinking.* Bensenville, IL: Scholastic Testing Service.
Torrance, E. P. (1974). *Torrance tests for creative thinking: Grades K-graduate school.* Los Angeles: Western Psychological Services.
Torrance, E. P. (1981). Predicting the creativity of elementary school children and the teachers who made a difference. *Gifted Child Quarterly,* 25, 556-562.
Treffinger, D. F. (2004). *What are you doing to find and develop my child's talents: 25 tough questions that are more important than, "Is my child in the gifted program?"* Retrieved September 11, 2006, from www.creativelearning.com/ DearSchool.htm
Tucker, B., & Hafenstein, N. L. (1997). Psychological intensities in young gifted children. *Gifted Child Quarterly,* 41 (3), 66-75.
U.S. Census Bureau. (2001). *Population profile of the United States.* Washington, DC: Author.
U.S. Department of Education. (1993). *National excellence: A case for developing America's talent* (PIP 93-1202).Washington, DC: Author.
Vaillant, G. E. (1995). *Adaptation to life.* Boston: Harvard University Press.
Vaillant, G. E. (2002). *Aging well: Surprising guideposts to a happier life from the landmark Harvard study of adult development.* New York: Little Brown. [G. E. ヴァイラント『50歳までに「生き生きした老い」を準備する』米田隆訳、ファーストプレス、2008]
Van Deurzen, E. (2002). *Existential counseling and psychotherapy in practice.* Thousand Oaks, CA: Sage.
Viorst, J. (1987). *Alexander and the Terrible, Horrible, No Good, Very Bad Day.* New York: Aladdin.
Viorst, J. (1988). *Rosie and Michael.* New York: Aladdin.
Viorst, J. (1998). *Necessary losses: The loves, illusions, dependencies, and impossible expectations that all of us have to give up in order to grow.* New York: Fireside.
Wallerstein, J. S., Lewis, J. M., & Blakeslee, S. (2001). *The unexpected legacy of divorce: The 25 year landmark study.* New York: Hyperion. [J. ウォラースタインら『それでも僕らは生きていく――離婚・親の愛を失った25年間の軌跡』早野依子訳、PHP研究所、2001]
Webb, J. T. (1993). Nurturing social-emotional development of gifted children. In K. A. Heller, F. J. Monks, & A. H. Passow (Eds.), *International handbook of research and development of giftedness and talent* (pp. 525-538). Oxford, England: Pergamon Press.
Webb, J. T. (1999, January). Existential depression in gifted individuals. *Our Gifted Children,* 7-9.
Webb, J. T. (2000a). *Do gifted children need special help?* (Video/DVD). Scottsdale, AZ: Great Potential Press.

Webb, J. T. (2000b). *Is my child gifted? If so, what can I expect?* (Video/DVD). Scottsdale, AZ: Great Potential Press.

Webb, J. T. (2000c). *Parenting successful children.* (Video/DVD). Scottsdale, AZ: Great Potential Press.

Webb, J. T. (2001, Spring). Misdiagnosis and dual diagnoses of gifted children: Gifted and LD, ADHD, OCD, Oppositional Defiant Disorder. *Gifted Education Press Quarterly,* 15 (2), 9-13.

Webb, J. T., Amend, E. R., Webb, N. E., Goerss, J., Beljan, P., & Olenchak, F. R. (2005). *Misdiagnosis and dual diagnoses of gifted children and adults: ADHD, bipolar, OCD, Asperger's, depression, and other disorders.* Scottsdale, AZ: Great Potential Press. [第2版の邦訳は、J. T. ウェブら『ギフティッド その誤診と重複診断——心理・医療・教育の現場から』角谷詩織、榊原洋一監訳、北大路書房、2019]

Webb, J. T., & DeVries, E. R. (1998). *Gifted parent groups: The SENG Model.* Scottsdale, AZ: Great Potential Press.

Webb, J. T., & Dyer, S. P. (1993, November 5). *Unusual WISC-R patterns found among gifted children.* Paper presented at the National Association for Gifted Children Annual Convention, Atlanta, GA.

Webb, J. T., Gore, J. L., Karnes, F. A., & McDaniel, A. S. (2004). *Grandparents' guide to gifted children.* Scottsdale, AZ: Great Potential Press.

Webb, J. T., & Kleine, P. A. (1993). Assessing gifted and talented children. In J. L. Culbertson & D. J. Willis (Eds.), *Testing young children: A reference guide for developmental, psychoeducational and psychosocial assessments* (pp. 383-407). Austin, TX: Pro-Ed.

Webb, J. T., & Latimer, D. (1993). *ADD/ADHD and children who are gifted.* Reston, VA: Council for Exceptional Children. (ERIC Digest, July, EDO-EC-93-5)

Webb, J. T., Meckstroth, E. A., & Tolan, S. S. (1982). *Guiding the gifted child: A practical source for parents and teachers.* Scottsdale, AZ: Great Potential Press.

Webb, N. A., & Dietrich, A. (2006, Fall/Winter). Gifted and learning disabled: A neuropsychologist's approach. *Gifted Education Communicator,* 44-48.

Wechsler, D. (1935). *The range of human abilities.* Baltimore: Williams & Wilkins.

Westberg, K. L., Archambault, F. X., Jr., Dobyns, S. M., & Salvin, T. (1993). *An observational study of instructional and curricular practices used with gifted and talented students in regular classrooms.* Storrs, CT: National Research Center on the Gifted and Talented. (Research Monograph 93104)

Whitmore, J. R. (1980). *Giftedness, conflict and underachievement.* Boston: Allyn & Bacon.

Whitmore, J. R. (1986). Preventing severe underachievement and developing achievement motivation. *Journal of Children in Contemporary Society,* 18, 118-133.

Whitney, C. S., & Hirsch, G. (2007). *Motivating the gifted child.* Scottsdale, AZ: Great Potential Press.

Wilkinson, S. C. (1993). WISC-R profiles of children with superior intellectual ability. *Gifted Child Quarterly,* 37, 84-91.

Wilson, C. (1963). Using test results and teacher evaluation in identifying gifted pupils. *Personnel and Guidance,* 41, 720-721.

Winebrenner, S. (2000). *Teaching gifted children in the regular classroom: Strategies and techniques that every teacher can use to meet the academic needs of the gifted and talented.* Minneapolis, MN: Free Spirit.

Wing, L. (1981). Asperger's Syndrome: A clinical account. *Psychological Medicine,* 11, 1115-1129.

Winner, E. (1996). *Gifted children: Myths and realities.* New York: Basic Books. [E. ウィナー『才能を開花させる子供たち』片山陽子訳、日本放送出版協会、1998]

Yalom, I. D., & Yalom, B. (1998). *The Yalom reader: Selections from the work of a master therapist and story teller.* New York: Basic Books.

Zappia, I. (1989). Identification of gifted Hispanic students. In C. J. Maker & S. Schiever (Eds.), *Critical issues in gifted education: Defensible programs for cultural and ethnic minorities* (Vol. 2, pp. 19-26). Austin, TX: Pro-Ed.

おすすめ書籍

［邦訳書のみ掲載］

C・コーエン『子どもの社会性づくり10のステップ』高橋りう司ほか訳、金子書房、2005

R・ドライカース、V・ソルツ『勇気づけて躾ける――子どもを自立させる子育ての原理と方法』早川麻百合訳、一光社、1993

A・フェイバ、E・マズリッシュ『憎しみの残らないきょうだいゲンカの対処法――子どもを育てる心理学』三津乃リーディ、中野早苗訳、騎虎書房、1998

M・シーディ『言うことを聞かないのはどうしてなの？――スピリッツ・チャイルドの育て方』菅靖彦訳、サンマーク出版、2002

M・セリグマン『つよい子を育てるこころのワクチン――メゲない、キレない、ウツにならないABC思考法』枝廣淳子訳、ダイヤモンド社、2003

J・T・ウェブら『ギフティッド その誤診と重複診断――心理・医療・教育の現場から』角谷詩織、榊原洋一監訳、北大路書房、2019

E・ウィナー『才能を開花させる子供たち』片山陽子訳、日本放送出版協会、1998